에듀윌과 함께 시작하면,
당신도 합격할 수 있습니다!

에듀윌 IT자격증은 학문을 연구하지 않습니다.
가장 효율적이고 빠른 합격의 길을 연구합니다.

IT자격증은 '사회에 내딛을 첫발'을 준비하는 사회 초년생을 포함하여
새로운 준비를 하는 모든 분들의
'시작'을 위한 도구일 것입니다.

에듀윌은
IT자격증이 여러분의 최종 목표를 앞당기는 도구가 될 수 있도록
빠른 합격을 지원하겠습니다.

누구나 합격할 수 있습니다.
시작하겠다는 '다짐', 이루겠다는 '목표'면 충분합니다.

마지막 페이지를 덮으면,

에듀윌과 함께
IT자격증 합격이 시작됩니다.

IT자격증 단기 합격!
에듀윌 EXIT 시리즈

데이터자격검정

- **데이터분석 준전문가 ADsP**
  이론부터 탄탄하게! 한번에 확실한 합격!

- **SQL 개발자 SQLD**
  비전공자도 이해할 수 있게! 단 2주면 합격 구조 완성!

컴퓨터활용능력

- **필기 초단기끝장(1/2급)**
  문제은행 최적화, 이론은 가볍게 기출은 무한반복!

- **필기 기본서(1/2급)**
  기초부터 제대로, 한권으로 한번에 합격!

- **실기 기본서(1/2급)**
  출제패턴 집중훈련으로 한번에 확실한 합격!

실무 엑셀

- **회사에서 엑셀을 검색하지 마세요**
  자격증은 있지만 실무가 어려운 직장인을 위한
  엑셀 꿀기능 모음 zip

시작하는 방법은
말을 멈추고
즉시 행동하는 것이다.

– 월트 디즈니(Walt Disney)

SQL 개발자(SQLD) 자격시험에서 모두 좋은 결과 거두시길 바랍니다.

SQL 개발자(SQLD) 자격시험을 준비하시는 모든 분들 반갑습니다.

처음에는 대학 강의용으로 제작했던 유튜브 영상이 SQLD 시험을 준비하시는 많은 분들께 도움이 되었다는 이야기를 듣고 큰 보람과 책임을 느꼈습니다. 수험생 분들과 소통하는 과정에서 효과적인 학습을 위해 체계적으로 정리된 교재를 필요로 하시는 분들이 많다는 것을 알게 되었고, 이를 계기로 영상에서 다룬 핵심 이론은 물론 실제 시험 경향을 반영한 문제들까지 담아 이 책을 집필하게 되었습니다.

SQL을 처음 접하시는 분들도 어렵지 않게 이해하실 수 있도록 구성했으니, 이 책이 여러분의 합격에 작지만 확실한 도움을 드릴 수 있기를 바랍니다. 나아가 본 도서가 단순한 시험 대비를 넘어, 데이터를 더욱 잘 이해하고 데이터와 더욱 잘 소통할 수 있는 마중물이 될 수 있기를 희망합니다.

저자 | 김남규

서울대학교 컴퓨터공학(학사), 1998
KAIST 경영공학(석사), 2000
KAIST 경영공학(박사), 2007
(現) 국민대학교 경영정보학부 교수
(現) 국민대학교 비즈니스IT전문대학원 교수
(前) 국민대학교 비즈니스IT전문대학원 원장
(前) 한국지능정보시스템학회 부회장
(前) 한국경영학회 상임이사

베타 테스터 | 김현지, 전윤성, 김예린, 이서진, 김성은

국민대학교 경영정보학부 데이터베이스 학회 SITA(Strategy Information Technology Association)

2025

에듀윌 SQL 개발자
SQLD
2주끝장

우리 교재는 이렇게 만들어졌습니다.

교재 출간에 앞서 실제 수험생 5명이 참여한 베타 테스트를 통해 사용성을 꼼꼼히 점검하였습니다.
학습자의 시선에서 검증을 거친 만큼, 교재를 선택하신 분들께 보다 나은 학습 경험을
제공해 드릴 수 있기를 바랍니다.

미리 체험해봤어요!

김남규 교수님의 유튜브 강의를 바탕으로 구성된 교재라서 학습 흐름이 잘 잡히고, 내용을 이해하기
쉬웠어요. [기출 변형 모의고사]와 [시크릿 암기노트]는 실전 대비와 핵심 개념 암기에 최적화되어 있
어 큰 도움이 됐습니다!

김현지 님

교재를 유튜브 강의와 함께 공부하니 혼자 공부할 때 부족했던 부분을 강의로 보완할 수 있어 좋았습
니다. 특히 [기출 변형 모의고사]는 내가 공부한 내용을 스스로 점검하는 데 큰 도움이 되었습니다.

전윤성 님

김남규 교수님의 출중한 강의력에 한 번 놀라고, 어려운 개념이 단번에 정리되는 자신에게 두 번 놀라
는 순간을 선물해 주는 교재입니다. 명강의와 더불어 누구나 따라갈 수 있는 내용 덕분에 SQL에 눈을
뜨게 된, 제가 가장 추천하는 책입니다. 김남규 교수님, 존경하고 사랑합니다!

김예린 님

개념부터 예시까지 코드와 함께 잘 설명되어 있어 SQL 초보자인 저도 쉽게 이해할 수 있었습니다. 그
리고 각 챕터마다 [출제예상문제]가 수록되어 있어, 학습 후 바로 문제를 풀며 실력을 점검할 수 있는
점도 매우 좋았어요!

이서진 님

설명이 필요없는 김남규 교수님의 강의력을 오롯이 담은 교재 구성 덕분에 개념에 익숙치 않은 저 같
은 초보자도 막힘 없이 따라갈 수 있었습니다. 이 책과 함께라면 '2주끝장'이라는 제목에 걸맞는 최고
의 학습 효율을 뽑낼 수 있습니다!

김성은 님

EXIT 합격 서비스에서 드려요!

단순한 교재 그 이상, 공부 효율을 높이는 다양한 혜택이 기다립니다.

exit.eduwill.net

비전공자를 위한
데이터베이스 기초입문 교안

❶ 로그인
❷ 자료실 게시판
❸ 다운로드

SQL 구문의 핵심만 모은
SQL 시크릿 암기노트

❶ 로그인
❷ 자료실 게시판
❸ 다운로드

실전처럼 연습하는
필기CBT

❶ 로그인
❷ 교재 구매 인증
※ 7월 초 오픈 예정
❸ 필기CBT 게시판
❹ 응시하기

궁금증 해결을 위한
실시간 질문답변

❶ 로그인
❷ 교재 구매 인증
❸ 실시간 질문답변 게시판
❹ 질문하기

단기합격을 설계하는
SQLD 단기합격 플래너

❶ 로그인
❷ 자료실 게시판
❸ 다운로드

직접 따라해보는
오라클 설치 가이드

❶ 로그인
❷ 자료실 게시판
❸ 다운로드

교재 구매 인증 방법

EXIT 합격 서비스의 [실시간 질문답변 게시판]을 이용하기 위해서는 교재 구매 인증이 필요합니다.
❶ EXIT 합격 서비스(exit.eduwill.net) 접속 → ❷ 로그인 → ❸ 우측 구매도서 인증 아이콘 클릭 → ❹ 정답은 교재 내에서 확인

영상으로 보던 그 강의, **이제 교재로** 만나보세요!

김남규 교수님의 유튜브 명강의를 그대로 담아, 핵심만 깔끔하게 정리했습니다.

❶ 유튜브 무료특강
김남규 교수님의 유튜브 강의 무료 제공

❷ 용어 설명
이해하기 어려운 용어의 쉬운 풀이

❸ 학습TIP!
시험에 도움이 되는 TIP 제공

❹ 확인 문제
이론을 바로 적용해보는 확인 문제 수록

❺ 손글씨 첨삭
손글씨를 활용한 강의식 첨삭으로 풍부한 보충 설명

❻ 더 알아보기
추가로 알아두면 좋은 보충 이론 수록

| 특별제공 1 | 무료 강의 | 비전공자라서 아무것도 모른다구요?
김남규 교수님의 DB 기초입문 강의를 통해 데이터 모델링의 기초를 쌓아 보세요. |
| | 교안 제공 | EXIT 합격 서비스 홈페이지(exit.eduwill.net) ▶ 로그인 ▶ 자료실 ▶ SQLD |

무료특강
바로가기

최근 5회분 기출, **시험에 나올 문제만** 골랐습니다!

제52회 ~ 제56회(2024년 3월 ~ 2025년 3월) 시험의 최신 출제경향을 반영하였습니다.

[출제예상문제] 3가지 장점

❶ 이론 학습 후 문제 풀이로 개념 적용력 향상
❷ 문제 · 해설 · 정답이 한 페이지에 있어 학습 몰입도 UP
❸ 혼자서도 충분히 학습 가능한 상세한 해설

[기출 변형 모의고사] 3가지 장점

❶ 2024년 3월 ~ 2025년 3월 최신 기출 반영
❷ 책속책 구성으로 간편한 해설 확인
❸ 정답 · 오답을 구분한 명쾌한 해설

| 특별제공 2 | 시크릿 암기노트 | SQL의 주요 함수, 연산자, 정규 표현식, 명령어를 한 데 모아 정리했어요! 등하교 및 출퇴근 시간 등 자투리 시간에 간편히 암기하세요. |
| | 다운로드 경로 | EXIT 합격 서비스 홈페이지(exit.eduwill.net) ▶ 로그인 ▶ 자료실 ▶ SQLD |

SQL 개발자(SQLD)란?

- SQL(Structured Query Language)은 데이터베이스에 직접 접근하여 데이터를 정의(Data Definition), 조작(Data Manipulation), 적용 또는 취소(Transaction Control) 그리고 접근 권한을 제어(Data Control)하는 기능을 수행하는 언어입니다.
- SQLD(SQL Developer)는 데이터베이스 및 데이터 모델링에 대한 이해를 바탕으로, 응용 소프트웨어를 개발할 때 데이터를 정확하고 효율적으로 조작 및 추출할 수 있는 SQL을 작성하는 역량을 갖춘 개발자를 말합니다.

2025년 시험 일정

구분	접수 기간	수험표 발급	시험일	사전 점수 공개 및 재검토 접수	결과 발표
제56회	2.3~2.7	2.21	3.8(토)	3.28~4.1	4.4
제57회	4.28~5.2	5.16	5.31(토)	6.20~6.24	6.27
제58회	7.21~7.25	8.8	8.23(토)	9.12~9.16	9.19
제59회	10.13~10.17	10.31	11.16(일)	12.5~12.9	12.12

시험 정보

시험 접수	K data 한국데이터산업진흥원(www.dataq.or.kr)에서 온라인 접수
응시 자격	제한 없음
시험 응시료	50,000원
문제 형식	객관식 4지선다
합격 기준	총점 60점 이상
과락 기준	과목별 40% 미만 취득

출제문항 및 배점

과목명	문항 수	배점	시험 시간
데이터 모델링의 이해	10문항	20점(문항당 2점)	
SQL 기본 및 활용	40문항	80점(문항당 2점)	90분
합계	50문항	100점	

과목별 주요 항목

과목명	주요 항목
데이터 모델링의 이해	데이터 모델링의 이해
	데이터 모델과 SQL
SQL 기본 및 활용	SQL 기본
	SQL 활용
	관리 구문

Q&A로 알아보는 SQLD

Q. SQLD 시험의 난이도가 어느 정도인가요?

A. 초급에서 중급 수준입니다. SQLD는 ADsP와 함께 입문용 데이터 자격시험으로 분류되며, 처음 접하면 낯선 용어에 겁이 날 수 있지만, 핵심 개념 위주로 반복 학습하면 빠르게 익숙해질 수 있습니다.

Q. 비전공자도 SQLD 자격증 취득이 가능할까요?

A. 네, 충분히 가능합니다. SQLD는 복잡한 알고리즘이나 프로그래밍보다는 SQL 기본 문법과 데이터 모델링 개념을 중심으로 평가하기 때문에, 비전공자도 체계적으로 학습하면 충분히 대비할 수 있습니다.

Q. 비전공자는 왜 SQLD 자격증을 취득할까요?

A. 뛰어난 접근성 때문입니다. 데이터가 중요한 시대, 많은 비전공자들이 "나도 데이터 기반 실무 역량을 갖출 수 있을까?", "커리어 전환에 도움이 될까?"를 고민하며 SQLD에 도전합니다. 학습 부담이 적고, 실무 활용도가 높아 첫 데이터 자격시험으로 적합하다는 평가를 받습니다.

Q. 보통 얼마나 공부하면 합격할 수 있나요?

A. 평균 학습 기간은 2~4주입니다. 전공자라면 약 2주간의 집중 학습으로 빠르게 합격할 수 있습니다. 물론 비전공자도 2주 이내 합격이 가능하지만, 보다 안정적으로 준비하려면 3~4주 학습을 권장합니다.

Q. 효율적인 학습 방법이 있을까요?

A. 실습과 문제 풀이 중심으로 학습하세요. SQLD는 필기 시험이지만, 직접 SQL을 입력하고 결과를 확인하는 실습을 통해 문법에 대한 이해를 높일 수 있습니다. 또한, 기출 유형을 반복 학습하며 실전 감각을 기르면 합격에 더욱 가까워집니다.

무료 자료 안내

교재 보조 학습 자료
❶ 오라클 설치 가이드
❷ SQLD 실습 데이터(K-League, Company)

추가 학습 자료
❶ SQL 시크릿 암기노트: 헷갈리는 SQL 구문 모음
❷ 데이터베이스 기초입문 강의 교안
❸ SQLD 단기합격 플래너

※ 다운로드 경로
　 EXIT 합격 서비스 홈페이지(exit.eduwill.net) ▶ 로그인
　　 ▶ 자료실 ▶ SQLD

1과목
데이터 모델링의
이해

문항 수   10문항

목표점수   6문항 / 10문항

과락점수   4문항 / 10문항 미만

시험 경향 분석

1과목은 데이터베이스 설계의 기본 개념을 정확히 이해하고, 이를 다양한 상황에 맞게 해석하고 적용할 수 있는지를 평가한다. 최근 52 ～ 56회차 시험의 출제 경향은 다음과 같다.

첫째, 엔터티, 속성, 식별자, 관계 등 데이터 모델링의 핵심 개념에 대한 정의와 구분 능력을 평가하는 문제가 매 회차 출제되고 있다. 특히 엔터티 분류, 주식별자 · 보조식별자의 특성 등은 기출 빈도가 매우 높다.

둘째, 정규화는 매우 중요하게 다뤄지는 영역으로, 함수 종속성과 테이블 분해 과정을 바탕으로 정규화 단계를 판단하는 문제가 반복적으로 출제되고 있다. 반정규화와의 비교, 정규화의 필요성과 한계 등을 다루는 문항도 포함된다.

셋째, 개념적 · 논리적 · 물리적 데이터 모델링의 단계별 특징을 비교하거나 설계 관점의 차이를 묻는 문제가 출제되고 있다. 각 단계가 어떤 수준의 구조를 다루는지, 어떤 표현 방식과 목적을 갖는지를 명확히 이해해야 한다.

난이도는 전반적으로 평이한 편이지만, 개념 간 미묘한 차이를 묻는 보기형 문제가 많아 개념 정의와 비교 학습이 중요하다. 효율적인 학습을 위해서는 구조화된 개념 정리와 함께 기출 변형 문제를 반복적으로 풀며 적용력을 높이는 것이 효과적이다.

1과목 출제키워드

CHAPTER 01
- 데이터 모델의 이해
- 엔터티
- 관계
- 속성
- 식별자

CHAPTER 02
- 관계형 데이터베이스
- 성능 데이터 모델링
- 정규화
- 반정규화

데이터 모델링의 이해

무료특강
바로가기

01 데이터 모델의 이해

1 데이터 모델링의 개념 및 특징

1. 데이터 모델링의 개념

데이터 모델링은 현실 세계에서 다루는 복잡한 데이터를 단순하고 이해하기 쉬운 구조로 표현하는 과정이다. 이는 데이터를 저장하고, 관리하며, 활용하기 위한 청사진(설계도) 역할을 한다. 즉, 데이터 모델링은 '복잡한 현실세계를 추상화·단순화·명확화하여 중요한 요소와 관계를 일정한 표기법에 의해 표현하는 것'이라고 정의할 수 있다.

모델(Model)
모델링의 결과로 나타나는 결과물, 즉 설계 또는 개념적인 표현을 의미한다.

💡 **학습TIP!**
데이터 모델링의 특징에 대한 오답 보기로 '구체화', '복잡화', '일반화' 등의 표현이 자주 등장하므로 주의해야 한다.

2. 데이터 모델링의 특징

추상화(Abstraction)	• 현실의 복잡한 데이터를 중요한 정보만 남기고 표현하는 과정으로, 모형화라고도 함 • 불필요한 정보는 제외하고, 필요한 데이터와 그 관계만 집중적으로 표현함
단순화(Simplification)	복잡한 데이터를 이해하기 쉬운 구조로 표현하는 과정
명확화(Clarification)	데이터의 구조와 관계를 명확하게 표현하여 오해의 여지를 없애는 과정

확인 문제

데이터 모델링의 특징이 <u>아닌</u> 것은?

① 일반화   ② 단순화
③ 명확화   ④ 추상화

| 정답 | ①

| 해설 | 데이터 모델링의 특징은 추상화 · 단순화 · 명확화이다.

3. 데이터 모델링이 올바르게 수행되지 않는 경우

중복성	같은 데이터가 여러 곳에 저장되어 관리가 비효율적이고 불일치가 발생할 수 있음
비유연성	데이터 모델이 변화에 대응하지 못해 시스템 확장이나 수정이 어려움
비일관성	동일한 데이터가 다르게 저장되거나 표현되어 데이터의 신뢰성이 저하됨

2 데이터 모델링의 관점

1. 데이터 관점(What)

데이터 모델링은 데이터 관점에서 모델링을 수행하는 것이다. 데이터 관점이란 저장하고 관리해야 하는 데이터 자체에 초점을 맞추는 것으로, 데이터와 데이터 간의 관계, 업무와 데이터 간 관계의 모델링을 다룬다. 예를 들어, 수강 신청 과정에서는 아이디, 학번, 비밀번호 등과 같은 데이터 자체가 데이터 모델링의 관심 대상이 된다.

2. 프로세스 관점(How)

데이터 관점과 달리, 프로세스 관점은 데이터를 어떻게 처리할지에 초점을 맞춘다. 이는 업무의 흐름과 절차를 중심으로 데이터를 다루는 방식이다. 예를 들어, 수강 신청 과정을 살펴보면, '아이디/비밀번호 입력 → 수강 과목 선택 → 수강 신청서 작성 → 관리자 승인 → 학생 수강 정보 저장'과 같은 업무 절차와 데이터의 흐름을 시각적으로 표현하는 것이 프로세스 관점의 접근 방식이다.

3. 데이터와 프로세스의 상관 관점(Interaction)

데이터와 프로세스의 상관 관점은 데이터와 프로세스가 서로 밀접하게 연결되어 있다는 점을 강조하는 것이다. 데이터는 프로세스를 통해 의미를 얻고, 프로세스는 데이터를 기반으로 실행된다. 따라서 데이터와 프로세스는 상호 의존적인 관계를 가진다고 할 수 있다.

확인 문제

데이터 모델링의 관점에 대한 설명으로 가장 적절하지 않은 것은?

① 데이터 관점은 '무엇(What)'에 초점을 두어, 데이터를 저장·관리하고 데이터 간 관계를 모델링한다.
② 프로세스 관점은 '어떻게(How)' 처리할지를 중시하여 업무 흐름과 절차를 모델링한다.
③ 데이터와 프로세스의 상관 관점은 데이터와 프로세스가 서로 영향을 주고받는 상호 의존 관계를 강조한다.
④ 프로세스 관점은 데이터 자체에만 관심을 가지며, 데이터 간의 관계를 단순화하여 표현한다.

| 정답 | ④

| 해설 | 프로세스 관점은 업무의 절차와 흐름(어떻게 처리할 것인가)에 초점을 맞추며, 데이터 자체에만 관심을 두지 않는다. 데이터 자체와 관계에 중점을 두는 것은 데이터 관점에 해당한다.

3 데이터 모델링의 3단계

1. 데이터 모델링은 현실 세계의 데이터를 추상화하여 개념 세계에서 구조화한 뒤, 이를 기반으로 물리 세계에서 구현하는 일련의 과정이다. 각 세계는 아래와 같이 각 단계의 데이터 모델링을 수행함으로써 설계된다.

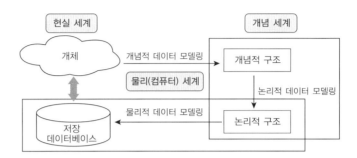

(1) 개념적 데이터 모델링

현실 세계의 데이터를 추상화하여 개념적 구조를 설계한다.

(2) 논리적 데이터 모델링

개념적 구조를 바탕으로 논리적 단계와 데이터 속성을 정의하여 논리적 구조를 설계한다.

(3) 물리적 데이터 모델링

논리적 구조를 기반으로 컴퓨터에서 데이터를 저장할 구체적인 방식, 즉 물리적 구조를 설계한다.

2. 한편, 물리적 구조(저장 데이터베이스)와 논리적 구조를 합쳐서 물리(컴퓨터) 세계라고 하고, 개념적 구조와 논리적 구조를 합쳐서 개념 세계라고 한다.

(1) 개념 세계

개념적 구조와 논리적 구조를 포함하며, 사람이 이해할 수 있는 데이터의 논리적 흐름과 관계를 설명한다.

(2) 물리 세계

논리적 구조와 물리적 구조(저장 데이터베이스)를 포함하며, 컴퓨터가 데이터를 저장하고 처리하는 구체적인 방식을 다룬다.

➕ 학계와 산업계의 구분 차이

개념적 · 논리적 · 물리적 구조의 구분은 학계와 산업계에서 다소 차이가 있다. 공식적으로 정의한 기준은 없으나, 본서에서는 일반적인 기준에서 학계와 산업계의 차이를 다음과 같이 구분하겠다.

구분	학계	산업계
개요	• 개념적/논리적 모델링을 명확히 구분 • 논리적 모델링에서 테이블 도출	• 개념적/논리적 모델링을 명확히 구분하지 않음 • 물리적 모델링에서 테이블 도출

개념적 모델링	• ERD 도출 • 주로 Chen 타입의 ERD 사용 • 관계가 자체 속성을 가질 수 있음	• 핵심 엔터티/관계/속성 중심 ERD 도출 • 추상화 수준이 높고 업무 중심적인 포괄적 모델링 • 주로 IE/Crow's Foot 타입의 ERD 사용 • 관계가 자체 속성을 가질 수 없음
논리적 모델링	• 테이블 도출 • 기본 키(PK)*와 외래 키(FK)* 지정 • 정규화 및 반정규화 수행(물리적 모델링의 요구 반영)	• 훨씬 구체적인 수준의 ERD 도출 • 시스템으로 구축하고자 하는 업무에 대해 식별자, 속성, 관계 등을 명시 • M:N관계 해소(여러 개의 1:N으로 분해)
물리적 모델링	• 실제 DBMS에 맞는 테이블 구축 • 데이터 타입 정의, 인덱스 설계, 뷰 설계	• 테이블 도출(기본 키, 외래 키, 칼럼 정의) • 정규화 및 반정규화 수행 • 데이터 타입 정의, 인덱스 설계, 뷰 설계

기본 키(Primary Key)

기본 키란 테이블의 각 행을 유일하게 식별할 수 있도록 설정한 속성을 말한다. 예를 들어, [학생] 테이블에서 '학번'은 모든 학생을 고유하게 구분할 수 있는 대표적인 기본 키이다.

외래 키(Foreign Key)

외래 키란 한 테이블의 속성이 다른 테이블의 기본 키를 참조하도록 설정한 속성을 말한다. 예를 들어, [수강] 테이블에서 '학번'은 [학생] 테이블의 기본 키를 참조하는 외래 키로 사용된다.

4 데이터 독립성

데이터 독립성은 데이터베이스 시스템의 핵심 개념 중 하나로, 데이터와 응용 프로그램을 분리하여 설계 및 관리의 효율성을 높이는 것을 목표로 한다. 이를 이해하기 위해서는 데이터베이스 시스템 이전의 '파일 시스템'에 대한 이해가 필요하다.

1. 파일 시스템의 구조와 문제점

과거에는 데이터를 관리하기 위해 파일 시스템을 사용하였다. 그림과 같이 파일 시스템에서는 각 프로그램별로 필요한 데이터를 개별 파일로 관리하였으며, 이로 인해 다음과 같은 문제가 발생하였다.

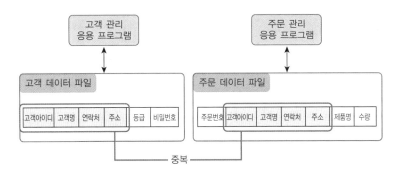

(1) 데이터 중복 관리

고객 데이터 파일과 주문 데이터 파일에 동일한 데이터(고객 아이디, 고객명, 연락처, 주소 등)가 중복 저장된다.

(2) 데이터 불일치 문제

주문 데이터 파일에서는 고객의 연락처가 수정되었지만, 고객 데이터 파일에서는 해당 데이터가 수정되지 않고 그대로 남아있는 경우가 존재할 수 있다. 이 경우 동일한 고객에 대해 서로 다른 연락처가 존재하는 데이터 불일치 현상이 발생한다. 이러한 데이터 불일치 현상은 파일 시스템의 가장 큰 단점 중 하나이다.

2. 데이터베이스 시스템

파일 시스템과 달리 데이터베이스 시스템은 데이터의 중복 관리를 제거하고, 데이터 일관성을 유지하며, 효율적으로 데이터를 공유하기 위해 설계된 시스템이다.

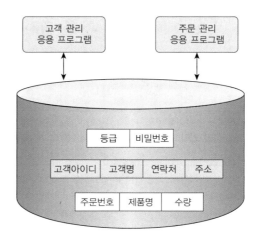

(1) 데이터의 통합 관리
동일한 데이터를 중복 관리하지 않고, 하나의 데이터베이스에서 통합 관리한다.
(2) 데이터 공유와 일관성 유지
데이터베이스에 저장된 데이터를 여러 프로그램이 공유하여 사용하므로, 데이터가 일관성을 유지할 수 있다.

5 데이터베이스의 3단계 구조

스키마는 데이터베이스를 바라보는 여러 관점에서 데이터를 표현하는 방식으로, 외부 스키마, 개념 스키마, 내부 스키마로 나뉜다.

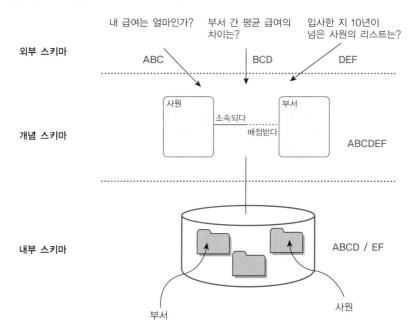

➡ 데이터 모델링은 통합 관점의 개념 스키마를 만들어 가는 과정이다.

1. 외부 스키마(External Schema)

외부 스키마는 응용 프로그램이나 사용자 관점에서 데이터를 표현한 것으로, 예를 들어, '내 급여는 얼마인가?', '부서 간 평균 급여의 차이는?', '입사한 지 10년이 넘은 사원의 리스트는?'과 같은 형태로 데이터를 보여준다.

2. 개념 스키마(Conceptual Schema)

개념 스키마는 외부 스키마에서 요구된 모든 데이터를 통합하여 설계한 데이터의 논리적 구조를 나타낸다. 이는 외부 스키마가 필요로 하는 데이터를 모아 데이터 간의 관계를 정의한 것이다. 예를 들어, 세 개의 외부 스키마에서 필요로 하는 데이터가 각각 'A, B, C', 'B, C, D', 'D, E, F'라고 했을 때, 개념 스키마는 이들을 통합하여 'A, B, C, D, E, F' 모두를 사용하기 위한 구조를 다룬다.

3. 내부 스키마(Internal Schema)

내부 스키마는 개념 스키마를 물리적으로 저장하는 구조를 나타내며, 데이터가 실제로 저장되는 방식(파일, 인덱스 등)과 최적화된 데이터베이스 구조를 포함한다.

확인 문제

외부 스키마에 대한 설명으로 가장 적절하지 않은 것은?

① 응용 프로그램 또는 사용자 관점에서 데이터를 표현한다.
② '내 급여는 얼마인가?'와 같이 특정 사용자가 필요로 하는 데이터 뷰를 제공한다.
③ 개념 스키마를 물리적으로 저장하는 구조를 나타낸다.
④ 개별 사용자나 프로그램마다 다른 형태로 데이터가 표현될 수 있다.

| 정답 | ③

| 해설 | 개념 스키마를 물리적으로 구현하는 저장 구조를 정의하는 것은 내부 스키마이다.

---

6 데이터의 종속성과 독립성

1. 데이터 종속성

데이터 종속성은 응용 프로그램과 데이터 간의 상호 의존 관계를 의미하는 것으로, 주로 '파일 시스템'에서 발생하는 문제이다. 이는 응용 프로그램과 데이터가 상호 의존적이어서 데이터 파일의 구조가 변경되면 해당 응용 프로그램도 이에 따라 수정되어야 하는 상황을 나타낸다.

2. 데이터 독립성

데이터 독립성은 데이터 구조의 변경이 응용 프로그램에 영향을 주지 않는 특성을 의미한다. 데이터베이스 시스템에서는 독립성을 유지하기 위해 논리적 독립성과 물리적 독립성이라는 두 가지 개념을 구현한다.

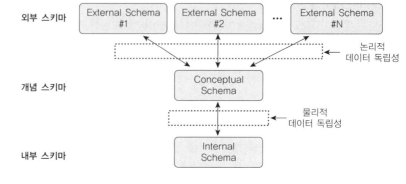

| 외부 스키마 | External Schema #1 | External Schema #2 | ... | External Schema #N |

논리적 독립성	• 논리적 사상(외부적/개념적 사상)을 통해 논리적 독립성이 보장됨 • 개념 스키마(논리적 구조)가 변경되어도 외부 스키마(응용 프로그램 관점의 데이터 구조)가 영향을 받지 않음
물리적 독립성	• 물리적 사상(개념적/내부적 사상)을 통해 물리적 독립성이 보장됨 • 내부 스키마(데이터 저장 방식 및 물리적 구조)가 변경되어도 개념 스키마가 영향을 받지 않음

3. 데이터 독립성이 유지되지 않는 경우

① 데이터 중복성과 복잡도가 증가한다. 동일한 데이터가 여러 프로그램과 파일에서 중복으로 관리되면서 데이터 불일치 문제가 발생할 수 있으며, 데이터 구조 변경 시 중복된 모든 데이터와 프로그램을 수정해야 하므로 관리가 복잡해진다.

② 요구사항에 대응하는 난이도가 증가하여 데이터 유지보수 비용이 상승한다. 데이터 구조가 변경될 때마다 관련된 모든 프로그램을 수정해야 하므로 시스템의 유연성과 효율성이 저하된다.

7 데이터 모델링의 요소

1. 데이터 모델링의 3가지 구성 요소

엔터티 (Entity)	업무에서 관리해야 할 개체 또는 대상(Thing)을 의미 ◎ 고객, 상품, 주문 등
속성 (Attribute)	엔터티가 가지는 특성이나 정보 ◎ 고객의 이름, 연락처, 주소 등
관계 (Relationship)	엔터티 간의 연결 또는 상호작용 ◎ 고객이 주문을 한다, 상품이 주문에 포함된다 등

+ 용어 사용

데이터 모델링에서는 현실 세계의 대상을 정형화하여 데이터베이스에 표현하기 위해 다양한 개념과 용어를 사용한다. 이에 따라 스키마 관점과 인스턴스 관점에서 사용되는 주요 용어들을 다음과 같이 정리할 수 있다.

	스키마 관점	인스턴스 관점
개념	복수/집합개념 타입/클래스	개별/단수개념 어커런스/인스턴스
어떤 것(Thing)	엔터티 타입(Entity Type)	엔터티(Entity)
	엔터티(Entity)	인스턴스(Instance), 어커런스(Occurrence)
어떤 것 간의 연관 (Association between Things)	관계(Relationship)	페어링(Pairing)
어떤 것의 성격 (Characteristic of a Thing)	속성(Attribute)	속성값(Attribute Value)

2. 스키마(Schema) vs. 인스턴스(Instance)

① 스키마는 데이터베이스의 구조와 설계를 정의한 것으로, 테이블, 열, 데이터 타입, 제약 조건 등을 포함하며 데이터베이스의 청사진 역할을 한다(정적인 개념).

② 인스턴스는 스키마에 따라 특정 시점에 저장된 실제 데이터를 의미하며, 데이터베이스의 동적인 상태를 나타낸다(동적인 개념).

예를 들어, 아래 테이블의 1행에서 나타난 칼럼명은 '스키마'에 해당하며, 실제 데이터 값을 나타내는 아래 6개의 행은 '인스턴스'에 해당한다.

Section_identifier	Course_number	Semester	Year	Instructor
85	MATH2410	Fall	04	King
92	CS1310	Fall	04	Anderson
102	CS3320	Spring	05	Knuth
112	MATH2410	Fall	05	Chang
119	CS1310	Fall	05	Anderson
135	CS3380	Fall	05	Stone

⇐ 스키마

⇐ 인스턴스

스키마	• 데이터 모델링의 대상 • 데이터베이스의 구조, 데이터 타입, 그리고 제약 조건에 대한 명세 • 데이터베이스 설계 단계에서 명시되며, 자주 변경되지 않음
인스턴스	• 특정 시점에 데이터베이스에 실제로 저장되어 있는 데이터 • 자주 변경됨

8 데이터 모델 표기법 및 ERD 작성 순서

1. 데이터 모델 표기법

Peter Chen	• 대학에서 가장 많이 이용하는 표기법 • 실무에서 거의 사용하지 않음 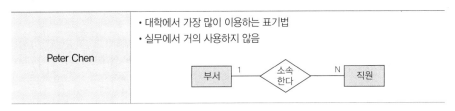

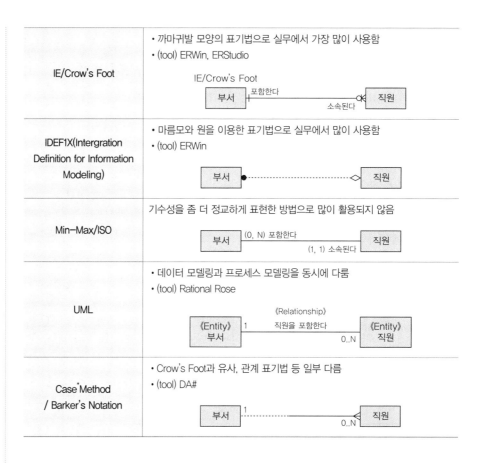

IE/Crow's Foot	• 까마귀발 모양의 표기법으로 실무에서 가장 많이 사용함 • (tool) ERWin, ERStudio
IDEF1X(Intergration Definition for Information Modeling)	• 마름모와 원을 이용한 표기법으로 실무에서 많이 사용함 • (tool) ERWin
Min-Max/ISO	기수성을 좀 더 정교하게 표현한 방법으로 많이 활용되지 않음
UML	• 데이터 모델링과 프로세스 모델링을 동시에 다룸 • (tool) Rational Rose
Case Method / Barker's Notation	• Crow's Foot과 유사, 관계 표기법 등 일부 다름 • (tool) DA#

2. ERD 작성 순서

① 엔터티를 도출하고 그린다.	• 관리해야 할 데이터를 정의하기 위해 엔터티를 식별함 • 학생, 강좌, 교수 등의 엔터티 도출함
② 엔터티를 적절하게 배치한다.	• 선이 교차하거나 꼬이지 않도록 배치함 • '왼쪽 → 오른쪽', '위 → 아래' 순으로 읽을 수 있도록 구성함
③ 엔터티 간의 관계를 설정한다.	• 식별자 관계*를 우선 설정함 • Cycle 관계(순환 관계)가 발생하지 않도록 주의함
④ 관계명을 서술한다(양 방향).	• 관계명은 현재형으로 작성하며, 지나치게 포괄적인 단어는 피함 • 실제 프로젝트에서는 관계명 자체를 크게 중요하게 다루지 않는 경우도 있음
⑤ 관계 참여도를 표현한다.	한 개의 엔터티와 다른 엔터티 간 참여하는 관계 수를 의미함 🟡 1:1, 1:N, N:M 관계
⑥ 관계의 필수 여부를 확인한다.	필수 관계와 선택 관계를 명시함

식별자 관계

식별자 관계란 부모 엔터티의 기본 키(PK)가 자식 엔터티의 외래 키(FK)로 상속될 때, 자식 엔터티의 PK의 일부가 되는 관계를 의미한다.

3. 좋은 데이터 모델의 요건

완전성(Completeness)	업무에서 필요로 하는 모든 데이터가 데이터 모델에 정의되어야 함
업무규칙(Business Rules)	업무규칙을 반영하기 위해 필요한 데이터가 데이터 모델에 표현되어야 함 🟡 '사원에는 정규직, 임시직이 있으며, 정규직만 호봉 정보를 가짐'이라는 업무규칙을 반영하기 위해, 데이터 모델에 '사원 구분', '호봉' 등의 속성이 명시되어야 함

중복배제(Non-Redundancy)	동일한 사실은 반드시 한 번만 기록하여야 함
데이터 재사용(Data Reusability)	회사 전체 관점에서 공통 데이터를 도출하고, 이를 전 영역에서 사용할 수 있도록 설계해야 함
통합성(Integration)	동일한 데이터는 조직의 전체에서 한 번만 정의되고, 이를 여러 다른 영역에서 참조, 활용해야 함

💡 **학습TIP!**

학계에서는 중복배제 특성을 지킬 것을 매우 강력히 요구하지만, 실무에서는 상황에 따라 유연하게 설계하는 경향이 있다.

02 엔터티

① 엔터티(Entity)의 개념

1. 엔터티의 정의

엔터티란 '업무에 필요한 정보를 저장하고 관리하기 위한 집합적인 것(Thing)'으로 정의할 수 있다. 여러 학자들은 각자의 관점에서 엔터티를 다음과 같이 정의하고 있다.

Peter Chen(1976)	엔터티란 변별할 수 있는 사물을 뜻함
C.J. Date(1986)	엔터티란 데이터베이스 내에서 변별 가능한 객체를 뜻함
James Martin(1989)	엔터티란 정보를 저장할 수 있는 어떤 것을 뜻함
Thomas Bruce(1992)	엔터티란 정보가 저장될 수 있는 사람, 장소, 물건, 사건, 개념 등을 뜻함

2. 엔터티의 분류

(1) 물리적 형태의 존재 여부에 따른 분류

유형(Tangible) 엔터티	물리적인 형태가 있고 안정적이며 지속적으로 활용됨 🔘 교수, 강의실, 학생 등
개념(Conceptual) 엔터티	물리적인 형태는 존재하지 않으나 관리해야 할 개념적 정보 🔘 수업, 보험상품 등
사건(Event) 엔터티	업무 수행 과정에서 발생하며 비교적 발생량이 많음(각종 통계 분석의 주요 대상이 됨) 🔘 수강신청, 주문, 입금, 로그인 로그 등

(2) 발생시점 및 상속 관계에 따른 분류

기본(Fundamental) 엔터티	다른 엔터티로부터 영향을 받지 않고 독립적으로 생성되며, 스스로 주식별자를 갖는 엔터티 🔘 직원, 고객, 상품, 부서 등
중심(Main) 엔터티	기본 엔터티로부터 주식별자를 상속받아 생성되며, 주로 업무의 핵심적인 데이터를 관리하는 엔터티 🔘 급여, 주문 등
행위(Active) 엔터티	• 특정 사건이나 활동의 결과로 생성되는 데이터 • 두 개 이상의 엔터티(중심 엔터티 또는 기본 엔터티) 간 관계를 통해 데이터가 생성됨 🔘 주문 내역, 결제 기록, 수강신청 내역 등

💡 **학습TIP!**

기본 엔터티는 '키 엔터티'라고도 표현한다.

3. 엔터티와 인스턴스

엔터티는 데이터베이스에서 관리하고자 하는 객체를 말하며, 이를 구성하는 개별 데이터를 인스턴스라고 한다. 즉, 엔터티는 동일한 성격을 가진 인스턴스의 집합이다. 예를 들어, '과목'이라는 엔터티는 (데이터베이스 입문, 3학점, 전공필수), (데이터베이스 실무, 3학점, 전공선택) 등 여러 인스턴스로 구성된다.

엔터티	인스턴스
과목	데이터베이스 입문, 3학점, 전공필수
	데이터베이스 실무, 3학점, 전공선택
강사	홍길동, 남, 정교수
	강감찬, 여, 부교수
사건	12-345-00, 도난, 해결
	12-543-11, 실종, 미해결

2 엔터티의 특징

1. 엔터티는 해당 업무(비즈니스)에서 관리할 필요가 있는 정보를 포함해야 함

어떤 정보가 엔터티로 포함될지는 조직의 관심 영역(Business Boundary)과 필요에 따라 결정된다. 예를 들어, 병원 시스템에서는 환자가 엔터티로 포함되지만, 일반 회사의 인사 시스템에서는 환자가 필요하지 않은 정보이므로 엔터티로 포함되지 않는다.

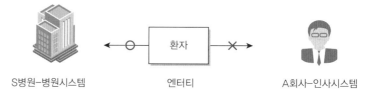

S병원-병원시스템　　　　　　　엔터티　　　　　　　A회사-인사시스템

2. 유일한 식별자(주식별자)에 의하여 식별이 가능해야 함

엔터티는 반드시 하나 이상의 주식별자(Primary Key, PK)를 가져야 한다. 이때 주식별자는 엔터티의 여러 인스턴스 중 단 하나를 명확하게 식별할 수 있는 속성을 의미한다. 예를 들어, '학생' 엔터티에 아무리 많은 인스턴스가 존재한다고 하더라도, 이들 인스턴스 중 서로 동일한 '학번'을 갖는 경우는 없으므로 '학번'은 '학생' 엔터티의 주식별자 속성이다.

3. 영속적으로 존재하는 다수(둘 이상)의 인스턴스의 집합이어야 함

엔터티는 일시적으로 존재하는 데이터가 아닌, 비교적 장기간 유지되는 영속적인 자료를 다룬다. 또한, 하나의 엔터티는 단 한 건의 인스턴스가 아니라, 보통 둘 이상의 인스턴스 집합을 갖는다. 예를 들어, '학생' 엔터티는 수많은 학생 인스턴스를 포함하는 집합으로 유지되며, 매년 졸업, 입학, 전입 등에 따라 지속적으로 변화한다.

만약 항상 단 하나의 인스턴스만 가질 수밖에 없는 엔터티를 가정한다면, 이 엔터티는 엔터티로 존재할 필요가 없다. 예를 들어, A대학교 수강신청시스템의 경우 '학교' 엔터티에는 'A대학교' 하나의 인스턴스만 존재할 수 있으므로, '학교'는 엔터티로 존재할 필요가 없다.

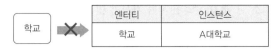

엔터티	인스턴스
학교	A대학교

▲ A대학교 수강신청시스템

엔터티	인스턴스
학교	A대학교 B대학교 C대학교

▲ 성북구 대학관리시스템

4. 업무 프로세스에 의하여 이용되어야 함(CRUD 연산 발생)

엔터티는 업무 흐름(프로세스)과 밀접하게 연관되어야 하며, 실제 업무 상황에서 생성(Create), 조회(Read), 갱신(Update), 삭제(Delete)와 같은 CRUD 연산 중 최소한 한 가지의 연산에 관여해야 한다. 예를 들어, '학생' 엔터티의 인스턴스의 경우 '입학 시 생성', '재학 중 정보 수정(예 연락처 변경)', '졸업 후 삭제'와 같은 연산이 실제 업무 현장에서 이루어진다. 어떤 엔터티가 업무적으로 전혀 읽히거나 쓰이지 않는 경우, 즉 CRUD가 발생하지 않는 경우를 가정하면 이는 해당 엔터티가 업무와 무관한 불필요한 데이터를 담고 있거나, 반대로 해당 엔터티와 관련된 업무 프로세스가 누락된 상황을 나타낸다.

5. 반드시 속성을 가져야 함

속성은 엔터티가 담고 있는 구체적인 데이터 요소를 표현하는 최소 단위이다. 엔터티는 속성을 가져야 하며, 속성 없이 이름만 존재하는 엔터티는 의미가 없다. 예를 들어, '학생' 엔터티는 '학번', '이름', '전공', '연락처'와 같은 속성들을 포함한다.

6. 주식별자만 존재하고 일반 속성은 없는 경우는 바람직하지 않음

엔터티는 구체적인 정보를 관리하기 위해 존재한다. 이러한 정보들은 각 인스턴스에서 여러 일반 속성들의 값으로 표현되며, 주식별자는 여러 인스턴스 중 하나의 인스턴스를 유일하게 식별하기 위해 사용된다. 이는 주식별자만 존재하고 일반 속성을 전혀 갖지 않는 엔터티는 존재의 의미가 없음을 나타낸다. 예를 들어, '학생' 엔터티가 주식별자인 '학번' 속성만 갖고 다른 일반 속성을 전혀 갖지 않는다면, 해당 엔터티는 실제 업무에서 거의 활용 가치가 없다고 할 수 있다.

그러나 예외적으로 두 엔터티 간의 다대다(M:N) 관계를 표현하기 위해 생성되는 연관 엔터티(Associative Entity)의 경우, 일반 속성을 갖지 않고 주식별자 속성만으로 구성되는 경우도 종종 존재한다. 이는 연관 엔터티는 일반 속성을 통해 추가 정보를 관리하지 않더라도, 두 엔터티 간의 관계를 표현하는 것 자체로 존재 의미를 갖기 때문이다. 예를 들어, '학생'과 '과목'이 M:N 관계라면 이를 해소하기 위한 '수강(등록)' 엔터티는 '학생 ID'와 '과목 ID'를 주식별자로 하여 두 엔터티 간의 관계를 관리하며, 추가 속성을 포함하지 않을 수도 있다.

7. 다른 엔터티와 최소 한 개 이상의 관계를 가져야 함

다른 엔터티와 관계를 전혀 맺지 않는 '고립 엔터티(Isolated Entity)'는 부적절하게 도출된 엔터티이거나, 관계(모델) 정의가 누락된 상태일 가능성이 있다. 그러나 예외적으로 다음과 같은 경우에는 고립 엔터티를 인정할 수 있다.

통계성 엔터티	통계 목적으로 단독 관리되는 엔터티
코드성 엔터티	참조용 코드 테이블과 같이 별도의 관계 없이 독립적으로 관리하는 엔터티
시스템 처리용 내부 엔터티	트랜잭션 로그 테이블처럼 시스템 내부 처리 기록을 위해 별도 관리되는 엔터티

확인 문제

엔터티에 대한 특징으로 가장 적절하지 <u>않은</u> 것은?

① 업무에서 관리할 필요가 있는 정보여야 한다.
② 유일한 식별자(PK)로 식별 가능해야 한다.
③ 하나의 엔터티는 단 하나의 인스턴스만 가질 수 있다.
④ CRUD 연산을 통해 실제 업무 프로세스에서 활용되어야 한다.

| 정답 | ③

| 해설 | 엔터티는 단 한 건의 인스턴스만 가질 수 있는 것이 아니라, 둘 이상의 인스턴스 집합을 관리하는 개념이다.

3 엔터티의 명명 원칙

① 엔터티 생성 의미대로, 실제 업무에서 사용하는 용어를 사용한다.
② 약어를 가급적 사용하지 않는다.
③ 단수 명사를 사용한다.
④ 이름이 동일한 엔터티가 중복으로 존재할 수 없다.

확인 문제

엔터티명으로 가장 적절한 것은?

① EMP
② Employees
③ 회사정보
④ Student

| 정답 | ④

| 해설 | ① 약어를 가급적 사용하지 않아야 한다(EMP → Employee).
② 단수명사를 사용해야 한다(Employees → Employee).
③ '회사정보'는 구체적인 업무 용어라기보다는 추상적이고 포괄적인 표현이다. '부서' '직원' 등과 같이 엔터티의 명칭은 단순하고 명확해야 한다.

03 관계

1 관계(Relationship)의 개요

1. 관계와 페어링(Pairing)

관계는 두 개 이상의 엔터티 간에 존재하는 논리적 연관성을 의미한다. 이러한 관계는 엔터티 내의 각 인스턴스 간의 개별적 연관성인 페어링으로 세분화될 수 있다. 페어링은 두 개 이상의 인스턴스가 서로 연결된 상태를 나타내며, 이러한 페어링의 집합이 관계를 구성하게 된다. 예를 들어, '강사' 엔터티와 '수강생' 엔터티는 '강의한다'라는 관계를 가지며, '강사1' 인스턴스와 '수강생1' 인스턴스는 서로 페어링되어 있다.

2. 관계의 분류

(1) 존재에 의한 관계

존재 자체로 엔터티 간 연관성이 형성되는 관계를 나타낸다. 예를 들어, '사원'과 '부서'는 존재 자체로 '소속한다'라는 관계가 형성된다.

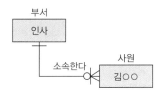

(2) 행위에 의한 관계

특정한 업무 수행이나 이벤트 발생을 통해 엔터티 간 연관성이 형성되는 관계를 나타낸다. 예를 들어, '고객'이 '주문'을 하는 행위를 통해 고객 엔터티와 주문 엔터티 간 관계가 형성된다.

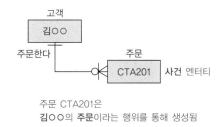

주문 CTA201은
김OO의 **주문**이라는 행위를 통해 생성됨

관계에 대한 설명으로 가장 적절하지 **않은** 것은?

> • 학생은 반드시 학부생 또는 대학원생으로 등록된다.
> • 등록 후 학부생 또는 대학원생으로 수강 신청을 통해 수업을 들을 수 있다.

① 관계는 존재적 관계와 행위에 의한 관계로 나누어 볼 수 있다.
② 학생과 수업 엔터티 간의 '수강' 관계는 행위에 의한 관계이다.
③ 학부생과 대학원생 엔터티는 상호배타적 관계이다.
④ 학생과 학부생 또는 대학원생의 관계는 행위에 의한 관계로 볼 수 있다.

| 정답 | ④

| 해설 | 학생과 학부생 또는 대학원생의 관계는 학생이라는 상위 개념에서 파생된 하위 개념 간의 관계로, 이는 존재적 관계이다. 반면, '수강'처럼 특정 행위에 의해 형성되는 관계는 행위에 의한 관계로 분류된다.

2 관계의 표기법

1. 관계명(Relationship Membership)
관계는 두 방향 모두에서 관계명을 가진다. 예를 들어, '부서'와 '사원'의 관계는 읽는 방향에 따라 '포함한다'와 '소속된다'라는 관계명을 가질 수 있다.

> **+ 관계명 명명 원칙**
> • 애매하거나 의미가 모호한 동사('관계된다', '관련있다' 등)는 피한다.
> • 관계명은 현재형으로 표현하며, 과거 혹은 미래형 표현('~할 것이다', '~했다')을 배제한다.
> • 바람직한 관계명: '신청한다', '포함한다', '관리한다' 등

2. 관계 차수(Degree)
관계 차수는 관계를 통해 엔터티 간 참조 가능한 인스턴스 수를 의미한다. 일반적으로 1:1, 1:N, M:N 등의 형태가 존재하며, 이는 학계에서 사용되는 용어인 대응수(Cardinality)[*] 개념과 유사하다.

대응수
관계의 대응수란 개체가 특정 관계에서 참여할 수 있는 관계 인스턴스의 최대 수를 의미한다. 관계형 데이터베이스에서는 1:1 관계, 1:N 관계, M:N 관계로 구분된다.

(1) 1:1 관계
한 개체가 다른 개체 하나와만 연결되는 경우를 말한다. 예를 들어, 한 명의 학생은 최대 하나의 학과의 과대표를 맡을 수 있고, 하나의 학과에는 최대 한 명의 학생이 과대표를 맡을 수 있는 경우가 이에 해당한다.

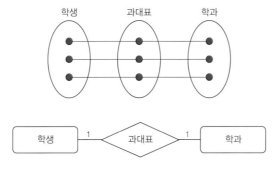

(2) 1:N 관계(또는 N:1)

한 개체가 여러 개체와 연결될 수 있는 경우를 말한다. 예를 들어, 한 명의 학생은 하나의 학과와 연결될 수 있고, 하나의 학과는 N명의 학생과 연결될 수 있는 경우가 이에 해당한다.

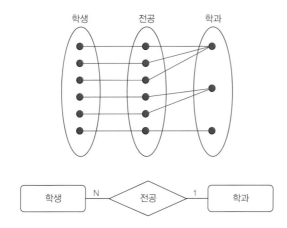

(3) M:N 관계

하나의 개체가 여러 개체와 연결될 수 있으며, 동시에 다른 개체도 여러 개체와 연결될 수 있는 관계를 의미한다. 즉, 한 개체가 다수의 개체와 관계를 맺고, 반대 개체도 다수의 개체와 관계를 맺는 구조를 가진다. 예를 들어, 한 명의 학생은 N개의 과목을 수강할 수 있고, 한 과목은 M명의 학생이 수강할 수 있는 경우가 이에 해당한다.

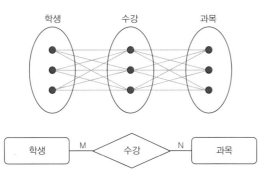

학계에서의 '차수(Degree)'는 관계에 참여하는 엔터티의 수를 의미하며, Unary, Binary, Ternary, N-ary 등으로 나타낸다.

- 단항 관계(Unary Relationship): 하나의 개체가 자기 자신과 관계를 맺는 경우를 말한다. 예를 들어, '직원' 개체에서 '상사가 부하를 관리'하는 관계를 생각해볼 수 있다. 한 직원은 상사일 수도 있고, 다른 직원의 부하일 수 있기 때문에 자기 자신과 관계를 맺는 구조가 형성될 수 있다.
- 이항 관계(Binary Relationship): 두 개체 간의 관계는 이항 관계라고 하며, 가장 일반적인 관계 유형이다. 예를 들어, '학생'과 '강의' 사이의 '수강' 관계를 들 수 있다. 한 학생은 여러 강의를 수강할 수 있고, 한 강의에는 여러 학생이 등록될 수 있다.
- 삼항 관계(Ternary Relationship): 세 개의 개체가 동시에 관계를 가지는 경우를 말한다. 예를 들어, '의사', '환자', '약' 간의 '처방' 관계를 생각할 수 있다. 한 의사가 여러 환자를 치료하며, 각각의 환자는 특정한 약을 처방받을 수 있는 구조를 가진다.
- 다항 관계(N-ary Relationship): 세 개 이상의 개체가 관계를 맺는 경우를 말한다. 일반적으로 4개 이상의 개체가 연관되는 다항 관계는 데이터 모델링에서 잘 사용되지 않는다.

3. 관계 선택성(Optionality)

관계 선택성은 관계 참여가 필수인지 여부를 나타낸다.

① 필수 참여(Mandatory Membership): 관계 형성 시 한 쪽 엔터티의 인스턴스에 대응되는 인스턴스가 반대편 엔터티에 반드시 존재해야 함을 의미한다.

② 선택 참여(Optional Membership): 관계 형성 시 한 쪽 엔터티의 인스턴스에 대응되는 인스턴스가 반대편 엔터티에 하나도 존재하지 않아도 무방함을 의미한다.

만약 관계의 양쪽이 모두 Optional로 설정되어 있다면, 해당 관계의 필요성을 다시 검토해야 한다. 이는 관계 자체가 잘못 설정되었거나, 업무 요구사항이 명확히 정의되지 않은 상황일 가능성이 있기 때문이다.

4. 관계 읽기

각	기준 엔터티 (Source)	관계차수	대상 엔터티 (Target)	선택성	관계명
각	사원은	하나의	부서에	반드시	소속된다
각	부서는	여러	사원을	선택적으로	포함한다

04 속성

❶ 속성(Attribute)의 개요

1. 속성의 정의

속성은 엔터티를 구성하는 가장 기본적인 정보 단위로, 엔터티의 고유한 특징과 성질을 구체화하는 데 사용된다.

(1) 엔터티의 특징 혹은 본질적 성질

속성은 엔터티가 무엇인지와 어떤 성격을 지니는지를 명확히 표현하는 요소이다. 속성이 없다면 엔터티를 구체화하거나 실체화하기 어려워진다.

(2) 의미상 더 이상 분리되지 않는 최소의 데이터 단위

속성은 논리적으로 더 쪼갤 수 없는 최소 단위의 정보이다. 예를 들어, '이름' 속성은 더 작은 논리적 단위로 분리하기 어렵다(단, '성'과 '이름'으로 나누는 것은 업무적 필요성에 따라 다른 속성으로 정의하는 행위임).

(3) 엔터티 인스턴스의 성격을 구체화

속성은 엔터티에 속한 각 인스턴스(개별 데이터 행) 각각에 대해 구체적인 특징을 부여한다.

(4) 엔터티, 인스턴스, 속성, 속성값 간의 대응 관계

엔터티	둘 이상(여러 개)의 인스턴스를 가짐
인스턴스	엔터티를 구성하는 개별 데이터 행으로, 각 인스턴스는 다수의 속성을 가짐
속성	엔터티가 관리해야 할 정보를 나타내며, 각 속성은 단 하나의 속성값을 가짐
속성값	각 인스턴스에 대입되는 실제 데이터 값

확인 문제

속성에 대한 설명으로 가장 적절한 것은?

① 속성은 엔터티를 논리적으로 쪼갤 수 있는 최대 단위의 데이터이다.

② 속성값은 하나의 속성에 대해 여러 개의 값을 가질 수 있다.

③ 속성이 없다면 엔터티를 구체화하거나 실체화하기 어렵다.

④ 속성은 반드시 주식별자 역할을 수행해야 한다.

| 정답 | ③

| 해설 | ① 속성은 논리적으로 쪼갤 수 없는 최소 단위의 정보이다.
② 속성은 하나의 속성값만을 가져야 한다.
④ 모든 속성이 주식별자 역할을 하는 것은 아니다.

2. 속성의 특징

① 속성은 해당 업무에서 반드시 관리해야 할 의미 있는 정보를 표현해야 한다.

② 모든 속성은 엔터티의 주식별자에 함수적으로 종속되어야 한다.

③ 하나의 속성은 단 하나의 값을 가져야 한다(원자값*). 동시에 여러 값, 즉 다중값을 갖는 속성은 별도의 엔터티로 분리하여 관리하는 것이 바람직하다.

원자값
더 이상 나눌 수 없는 단일한 값을 의미한다.

2 속성의 표기

1. 속성의 명명 원칙

① 속성명은 업무 현장에서 실제로 사용하는 용어를 기반으로 부여한다.

② 약어의 사용은 의미 전달에 혼동을 줄 수 있으므로, 가능한 한 지양한다. 단, 약어가 불가피한 경우 모든 이해관계자가 공감하고 이해할 수 있는 약어를 선택해야 한다.

③ '~하는' 등의 서술적 표현 대신 명사형을 사용하여 속성명을 간결하고 명확하게 표현한다.

④ '~의', '~에 대한' 등의 수식어와 소유격 표현은 피한다.

⑤ 속성명은 가능한 한 전체 데이터 모델 내에서 유일하게 정의한다(의무 사항은 아니고 권장 사항임).

2. 속성의 표기

IE(Information Engineering) 표기법에서는 엔터티를 사각형으로 표현하고, 그 사각형 내부를 가로선으로 구분하는 방식을 사용한다.

① 엔터티 이름(과목, 강사, 사건)은 사각형 바깥쪽에 기술하며,

② 사각형 내부 상단 부분에는 엔터티의 식별자 속성(과목코드, 강사사번, 사건번호)을,

③ 하단 부분에는 일반 속성(과목명, 과목설명 등)을 배치한다.

3 속성의 도메인(Domain)

① 도메인은 가 속성이 가질 수 있는 값의 범위와 유형을 정의하는 개념으로, 속성에 입력될 수 있는 데이터의 타입, 길이(크기), 허용 범위, 제약 사항 등을 규정한다. 이를 통해 데이터 무결성*을 보장하고, 속성값에 대한 일관된 관리와 검증을 가능하게 한다.

> **예** 평점 속성: 0.0 이상 4.5 이하의 실수형 데이터
> 주소 속성: 최대 20자 이내의 문자열

② 도메인을 적절히 설정하면 잘못된 값이 입력되는 상황을 사전에 차단할 수 있으며, 데이터베이스 설계와 유지보수에 있어 안정성과 효율성을 높여준다.

데이터 무결성
데이터 무결성이란 데이터의 정확성·일관성·신뢰성을 유지하도록 보장하는 특성을 말한다.

4 속성의 분류

1. 속성의 특성에 따른 분류

기본 속성 (Basic Attribute)	업무에서 직접 도출된, 가장 일반적인 속성	제품이름 제조년월 제조원가
설계 속성 (Designed Attribute)	• 데이터 모델링 과정에서 필요에 의해 새로 정의한 속성 • 주로 코드 형태로 추가되며, 설계 속성과 기본 속성을 명확히 구분하기는 매우 어려움	001-식품용기 002-약품용기 003-기타용기 약품용기코드
파생 속성 (Derived Attribute)	• 다른 속성들로부터 유도된 속성 • 통계용 데이터나 연산 결과가 대표적이며, 가능한 최소화하는 것이 바람직함	전체용기 수(Σ개별용기) 용기의 총금액(Σ단가) 계산값

2. 엔터티 구성 방식에 따른 분류

PK(Primary Key) 속성	• 엔터티의 각 인스턴스를 유일하게 식별할 수 있는 속성 • 반드시 존재하며, 중복될 수 없음
FK(Foreign Key) 속성	• 다른 엔터티의 PK를 참조하는 속성 • 엔터티 간 관계를 형성하며, 데이터 무결성을 유지하는 데 중요
일반 속성	• PK, FK를 제외한 나머지 모든 속성 • 엔터티의 특징과 정보를 나타내는 대부분의 속성이 여기에 해당

3. 분리 가능성에 따른 분류

복합 속성 (Composite Attribute)	하나의 속성이 의미적으로 분해 가능한 하위 속성들로 구성 예 '주소'를 '시/도', '구/군', '상세주소'로 나눌 수 있음
단순 속성 (Simple Attribute)	더 이상 분해할 수 없는 원자적 속성 예 '성별', '연령' 등

4. 속성값의 수에 따른 분류

다중값 속성 (Multi-Valued Attribute)	• 하나의 속성이 여러 값을 동시에 가질 수 있는 경우 • 데이터 정규화 관점에서 별도 엔터티 분리가 권장됨 예 '취미', '연락처' 등
단일값 속성 (Single-Valued Attribute)	하나의 속성이 하나의 값을 갖는 경우 예 '생년월일', '학번' 등

1 식별자(Identifier)의 개요

1. 식별자의 정의

식별자란 데이터 모델링에서 각 엔터티 내의 개별 데이터(인스턴스)를 고유하게 구별할 수 있는 속성을 의미한다. 식별자는 데이터의 무결성과 일관성을 유지하는 데 필수적이며, 주로 기본 키로 사용된다.

2. 식별자의 분류

대표성	주식별자	• 엔터티 내에서 각 인스턴스를 구분할 수 있음 • 타 엔터티와 참조 관계를 연결할 수 있음(Primary Key에 해당)
	보조식별자	• 엔터티 내에서 각 인스턴스를 구분할 수 있음 • 대표성을 갖지 못해 참조 관계 연결에 사용되지 않음(Candidate Key에 해당)
목적	내부식별자	엔터티 내부에서 스스로 만들어지는 식별자
	외부식별자	• 관계를 통해 유입되는 타 엔터티의 식별자(Foreign Key에 해당) • 주식별자 속성 또는 일반 속성으로 포함될 수 있음
속성 수	단일식별자	하나의 속성으로 구성된 식별자
	복합식별자	둘 이상의 속성으로 구성된 식별자
본질	본질(원조)식별자	업무상 이미 존재하는 속성으로 만들어진 식별자(기본 속성에 해당)
	인조(대리)식별자	데이터베이스 설계 과정에서 필요에 의해 인위적으로 만들어진 식별자(설계 속성에 해당)

확인 문제

아래는 특정 엔터티에서 사용되는 식별자의 예시이다. 이 식별자가 어떤 식별자에 해당하는지 적절하게 나열한 것은?

한 회사의 직원 엔터티에서 '사원번호'를 사용하여 각 사원을 구분하고 관리한다. 사원번호는 시스템에 의해 자동으로 부여되며, 업무적으로는 별 의미가 없는 값이다.

① 단일식별자 – 본질식별자
② 복합식별자 – 인조식별자
③ 단일식별자 – 인조식별자
④ 복합식별자 – 본질식별자

| 정답 | ③

| 해설 | 사원번호 하나의 속성만으로 사원을 구분하므로 단일식별자에 해당한다. 또한, 사원번호는 시스템이 자동으로 생성한 값으로, 업무적으로는 의미가 없기 때문에 인조식별자로 분류된다.

3. 식별자의 특징

특징	내용	예
유일성	주식별자에 의해 엔터티 내의 각 인스턴스들을 모두 유일하게 구분할 수 있어야 함	각 회원들에 대해 ID가 개인별로 고유하게 부여됨
최소성	주식별자를 구성하는 속성의 수는 유일성을 만족하는 최소의 수가 되어야 함	ID만으로도 유일성이 만족되면, 'ID + 이름'의 조합은 주식별자가 아님
불변성	주식별자가 지정되면, 그 식별자의 값은 변하지 않아야 함	회원의 ID의 값은 변하지 않음. 만약 ID의 값이 변한다면, 이는 DB 관점에서는 이전의 회원기록이 말소되고 새로운 회원이 생성되었다는 개념임
존재성	주식별자의 값은 NULL이 될 수 없음	ID가 없는 회원은 있을 수 없음

2 주식별자 도출 기준

1. 업무 활용도가 높은 속성 선택

엔터티 내 유일성을 갖춘 속성 중에서 해당 업무에서 빈번히 조회되고 활용되는 속성을 주식별자로 설정하는 것이 바람직하다. 예를 들어, 사원번호와 주민번호가 모두 유일성을 갖춘 속성이라고 할 때, 업무에서 사원번호가 더 많이 활용된다면 사원번호를 주식별자로 설정하는 것이 적합하다. 이때 유일성을 갖지만 주식별자로 선정되지 못한 주민번호는 보조식별자로 역할을 수행하게 된다.

2. 명칭 기반 속성 지양

명칭이나 내역 등 문자 정보로 표현되는 속성은 업무 관점에서 자주 변경되거나 중복될 가능성이 높으므로, 일반적으로 주식별자로 지정하지 않는 것이 바람직하다.

3. 복합식별자 구성 시 과도한 속성 포함 방지

여러 속성을 결합하여 복합식별자를 구성할 경우, 지나치게 많은 속성을 포함하지 않도록 주의한다. 예를 들어, 접수일자, 관할부서, 입력자사번 등 여러 속성을 결합해 복합식별자를 구성하는 대신, '접수번호'와 같은 인조식별자를 새로 생성하여 주식별자를 단순화하는 것이 더 바람직하다.

접수

접수일자
관할부서
입력자사번
접수방법코드
신청인구분코드
신청자주민번호
신청회수
신청자명
⋮

너무 많은 주식별자 속성

접수번호 =
관할부서(3) + 접수일자(8) + 일련번호(3)

접수

접수번호

신청자명
장소
계약금
접수일자
관할부서
입력자사번
접수방법코드
⋮

인조식별자를 통해 단순화한 주식별자 속성

주식별자로 가장 적합한 것은?

① 상품명

② 상품코드

③ 상품 설명

④ 생산일자와 가격을 결합한 속성

| 정답 | ②

| 해설 | 상품코드는 엔터티 내에서 유일성을 가지며, 업무에서 자주 활용되는 속성이므로 주식별자로 적합하다.

① 명칭 기반 속성은 중복되거나 변경될 가능성이 높기 때문에 주식별자로 적합하지 않다.

③ 설명은 문자 기반 속성으로 중복되거나 변경될 가능성이 높아 주식별자로 부적절하다.

④ 복합식별자는 주식별자로 활용할 수 있으나, 과도한 속성을 포함하면 관리가 어렵다. 이 경우 단순화된 식별자(예 상품코드)를 사용하는 것이 더 바람직하다.

❸ 식별자 관계와 비식별자 관계

엔터티 간 관계를 정의할 때, 부모 엔터티의 주식별자를 자식 엔터티에 어떻게 상속하느냐에 따라 식별자 관계와 비식별자 관계로 나눌 수 있다.

> 부모 엔터티의 식별자 A를 자식 엔터티의 외부식별자 A(FK)로 포함할 때
> • A(FK)가 주식별자에 포함된 경우 → 식별자 관계
> • A(FK)가 일반(비식별자) 속성으로 포함된 경우 → 비식별자 관계

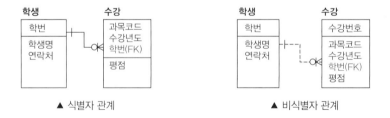

학생

학번

학생명
연락처

수강

과목코드
수강년도
학번(FK)

평점

▲ 식별자 관계

학생

학번

학생명
연락처

수강

수강번호

과목코드
수강년도
학번(FK)
평점

▲ 비식별자 관계

1. 식별자 관계(Identifying Relationship)

부모 엔터티의 주식별자 속성을 자식 엔터티가 주식별자로 상속받는 경우를 말하며, 다음과 같은 특징을 갖는다.

① 부모 엔터티가 생성되지 않으면 자식 엔터티도 존재할 수 없다.

② 자식 엔터티는 주식별자에 부모 엔터티의 식별자(FK)가 반드시 포함되며, 이 속성은 NULL을 허용하지 않는다.

③ 관계 차수에 따른 분류

    ㉠ 자식 엔터티의 주식별자가 부모 식별자만으로 구성되면 → 1:1 관계

    ㉡ 자식 엔터티의 주식별자가 부모 식별자 + 추가 속성으로 구성되면 → 1:N 관계

2. 비식별자 관계(Non-Identifying Relationship)

부모 엔터티의 주식별자 속성을 자식 엔터티의 일반(비식별자) 속성으로 포함하는 경우를 말하며, 다음과 같은 특징을 갖는다.

① 부모 엔터티 없이도 자식 엔터티의 인스턴스 생성이 가능하다(즉, 부모와의 결합도가 약함).

② 주식별자로 포함할 수도 있지만, 일반 속성으로 두는 것이 더 유리하다면 비식별자 관계를 선택할 수 있다. 예를 들어, '학생'과 '수강' 엔터티 간 관계에서 학생의 학번은 수강 엔터티로 넘어갈 때 외래 키(FK)가 된다. 이때 자식 엔터티의 주식별자를 복합식별자로 생성하고, '학번'을 그 복합식별자의 일부로 구성하게 되면 이는 식별자 관계가 된다. 이와 달리 자식 엔터티에서 '수강번호'라는 인조식별자를 생성하게 되면, '학번'은 자식 엔터티의 일반 속성으로 존재하게 되어 이는 비식별자 관계가 된다.

확인 문제

부모 엔터티의 주식별자가 자식 엔터티에서 외부식별자이면서 동시에 주식별자로 사용되는 관계는?

① 식별자 관계   ② 비식별자 관계

③ 필수 관계   ④ 선택 관계

| 정답 | ①

| 해설 | 식별자 관계는 부모 엔터티의 주식별자를 자식 엔터티로 전달하며, 이 주식별자가 자식 엔터티의 주식별자이자 외부식별자 역할을 한다. 즉, 부모 엔터티의 식별자가 자식 엔터티의 고유 식별에 직접적으로 사용되는 관계이다.

4 식별자/비식별자 관계 남용 시 문제

1. 식별자 관계 남용 시 문제

식별자 관계를 과도하게 사용하면 주식별자 속성이 점점 늘어나는 문제가 발생한다. 예를 들어, K대학교와 H대학교 모두 단과대학으로 경영대학과 공과대학이 있고, 각 대학(= 단과대학)에서 학번 '1', '2'를 사용하고 있다고 가정해본다. 이 경우 단순히 '학번'만으로는 학생을 유일하게 식별하기 어렵다. 예를 들어, 학번이 '1'인 학생이 총 4명 존재한다고 가정할 때, 특정 학생을 정확히 구분하기 위해서는 '학교명', '대학코드', '학번'과 같이 추가적인 속성들을 주식별자에 포함해야 한다. 이러한 식별자 관계 남용은 주식별자를 복잡하게 만들어 데이터 모델의 이해도와 관리 효율성을 저하시킨다.

예 K대학교 경영대학 '1'번 홍길동 (3학년) 학생을 가리키는 경우

(K대학교, A, 1, 홍길동, 3)

학교	K대학교		H대학교	
대학	경영대학(A)	공과대학(B)	공과대학(A)	경영대학(B)
학번	1	2	1	2	1	2	1	2

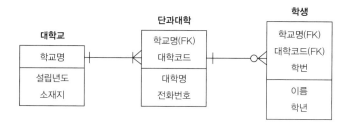

2. 비식별자 관계 남용 시 문제

비식별자 관계를 과도하게 사용하면 데이터 조회 시 조인(JOIN) 횟수 증가라는 문제가 발생할 수 있다. 예를 들어, K대학교와 H대학교를 통틀어 대학코드와 학번을 모두 고유하게 부여했다고 가정하면 '학번' 한 가지 속성만으로도 학생을 유일하게 구분할 수 있다. 하지만 이때 이름이 '홍길동'인 특정 학생의 소속 학교가 위치한 소재지를 조회하려면, 먼저 '학생' 엔터티에서 홍길동의 대학코드인 'KA'를 찾은 뒤, '단과대학' 엔터티에서 'KA'가 속한 학교명인 'K대학교'를 확인해야 한다. 그리고 다시 '대학교' 엔터티에서 'K대학교'의 소재지를 확인해야 하므로, 연속적으로 여러 번의 조인 연산이 발생하게 된다. 이러한 조인 증가 현상은 비식별자 관계 남용으로 인해 데이터 구조가 복잡해졌음을 보여주는 대표적인 예이다.

@ 'KA1'번 홍길동 (3학년) 학생을 가리키는 경우

(KA1, 홍길동, 3, KA)

학교	K대학교		H대학교	
대학	경영대학(KA)	공과대학(KB)	공과대학(HA)	경영대학(HB)
학번	KA1	KA2 KB3 KB4	HA1 HA2	HB3 HB4

3. 비식별자 관계를 고려해야 하는 경우

(1) 부모–자식 관계 강도가 약할 때

부모 엔터티가 존재하지 않아도 자식 엔터티가 독립적으로 생성되고 운영될 수 있는 경우, 비식별자 관계를 적용함으로써 부모 엔터티와의 약한 종속성을 표현할 수 있다.

(2) 자식 엔터티가 독립적인 주식별자를 갖는 경우

자식 엔터티가 자체적인 주식별자를 갖고 있어서 독립적인 식별이 가능한 상황이라면, 비식별자 관계를 통해 모델을 단순화하고 유연성을 확보할 수 있다.

(3) PK 속성의 단순화 필요성

식별자 관계를 남용하면 PK(주식별자)에 여러 속성이 쌓여 복잡해질 수 있다. 반면, 비식별자 관계를 활용하면 복합식별자의 복잡성을 줄이고 PK 구성을 단순화하여, 데이터 모델의 관리 효율성과 성능을 향상시킬 수 있다.

4. 식별자 관계와 비식별자 관계 비교

구분	식별자 관계	비식별자 관계
관계 강도	강한 연결관계 표현	약한 연결관계 표현
상속 위치	자식 엔터티의 주식별자에 포함됨	자식 엔터티의 비식별자 속성에 포함됨
표기법	실선 표현	점선 표현
연결 고려사항	• 자식 엔터티가 부모 엔터티에 종속됨 • 상속받은 주식별자 속성을 타 엔터티에 전달할 필요가 있는 경우	• 자식 주식별자를 독립적으로 구성함 • 상속받은 주식별자 속성을 타 엔터티에 전달하지 않고 차단하고자 하는 경우

본질식별자 vs. 인조식별자

◼ 본질식별자

1. 개념

본질식별자는 엔터티의 고유성을 나타내는 본질적인 속성을 식별자로 사용하는 것이다. 예를 들어, 주민등록번호, 자동차의 차량번호, 상품의 고유코드 등이 이에 해당한다.

2. 특징

① 엔터티의 속성에서 도출된 실제 데이터로 구성되며, 데이터 해석이 쉽다.
② 본질적으로 데이터의 고유성을 보장하며, 중복 데이터를 방지할 수 있다.
③ 본질식별자가 여러 속성으로 구성되거나 데이터 구조가 복잡한 경우, 관리와 인덱싱이 어려울 수 있다.

◼ 인조식별자

1. 개념

인조식별자는 시스템에서 고유성을 보장하기 위해 인위적으로 생성된 값을 식별자로 사용하는 것이다. 예를 들어, 주문 테이블에서 각 주문을 고유하게 식별하기 위해 시스템에서 생성한 주문번호를 식별자로 사용하는 경우가 이에 해당한다.

2. 특징

① 단일 속성으로 구성되며 본질식별자보다 관리가 단순하다. 본질식별자가 복잡한 경우 이를 대체하기 위해 사용된다.
② 인조식별자는 본질적인 고유성을 나타내지 않으므로, 중복 데이터를 방지하거나 데이터의 의미를 유지하기 위해 추가적인 인덱스나 제약 조건이 필요하다.
③ 데이터의 본질적 의미를 포함하지 않아, 데이터 해석에 어려움이 있을 수 있다.
④ 단순한 관리와 성능 최적화로 개발 편의성을 높일 수 있으나, 모든 상황에서 사용이 바람직한 것은 아니다.

3 본질식별자와 인조식별자 비교

구분	본질식별자	인조식별자
정의	엔터티의 고유성을 나타내는 본질적인 속성을 식별자로 사용함	시스템에서 인위적으로 생성된 값을 식별자로 사용함
구성 요소	실제 데이터에서 도출된 속성(주민등록번호, 차량번호 등)	시스템에서 생성된 값(ID, Auto Increment, UUID 등)
해석	데이터의 의미를 포함하여 해석이 용이함	데이터의 본질적 의미를 포함하지 않아 해석이 어려움
고유성	데이터의 본질적 고유성을 보장함	본질적 고유성을 보장하지 않으며, 추가 제약 조건이 필요할 수 있음
관리 복잡성	여러 속성으로 구성되거나 복잡한 경우 관리와 인덱싱이 어려울 수 있음	단일 속성으로 구성되어 관리와 인덱싱이 단순함
중복 방지	데이터 자체로 고유성을 보장하며, 중복 데이터를 방지할 수 있음	추가적인 인덱스나 제약 조건을 통해 중복을 방지해야 함
사용 목적	데이터의 고유성과 의미를 유지해야 할 때 적합함	본질식별자가 복잡하거나 관리가 어려울 때 대체용으로 사용함
예시	주민등록번호, 차량번호, ISBN 등	주문번호, 시스템 생성 ID 등

01

데이터 모델링의 특징으로 가장 적절하지 않은 것은?

① 현실 세계를 일정한 형식에 맞추어 표현하며 중요한 정보만 남기는 추상화 과정을 포함한다.
② 데이터 모델링은 데이터베이스 구축을 위한 사전단계로서, 복잡한 데이터를 단순화하는 작업을 포함한다.
③ 데이터 모델링은 가능한 많은 세부 정보를 포함하여 현실을 최대한 구체적으로 표현하는 것을 목표로 한다.
④ 데이터의 구조와 관계를 명확히 표현하여 오해를 방지하는 명확화 과정을 포함한다.

| 해설 | 데이터 모델링은 복잡한 데이터를 이해하기 쉬운 구조로 표현하는 단순화 과정을 포함한다.

02

데이터 모델링을 할 때 유의해야 할 사항으로 가장 적절하지 않은 것은?

① 데이터 간 연관 관계를 명확히 정의하여 데이터의 일관성과 신뢰성을 유지한다.
② 여러 장소의 데이터베이스에 동일한 정보를 저장하지 않도록 하여 중복성을 최소화한다.
③ 보고서나 화면의 요구사항에 따라 데이터베이스 구조를 즉각적으로 변경하여 적합성을 높인다.
④ 데이터의 정의를 비즈니스 프로세스와 분리하여 유연성을 확보한다.

| 해설 | 데이터베이스 구조를 화면이나 보고서의 요구사항에 따라 자주 변경하면 안정성과 일관성이 훼손될 수 있다.

03

아래에서 설명하는 데이터 모델링의 유의사항으로 가장 적절한 것은?

> 데이터 모델이 명확하게 정의되지 않으면 동일한 데이터가 서로 다른 형태로 저장되거나 해석될 수 있다. 이는 데이터의 신뢰성을 떨어뜨리고, 시스템 간 데이터 호환에 문제를 일으킬 수 있다. 데이터 모델링은 데이터 간 정의와 규칙을 명확히 하여 이러한 문제를 방지해야 한다.

① 비일관성   ② 비유연성
③ 복잡성   ④ 중복성

| 해설 | 비일관성 문제로, 동일한 데이터가 서로 다른 형태로 저장되거나 해석되어 데이터 신뢰성과 시스템 간 호환에 문제가 발생하는 것을 말한다.

04

데이터 모델링의 단계 중 추상화 수준이 높으며, 업무 중심적인 포괄적 모델링 방식으로 가장 적절한 것은?

① 개념적 데이터 모델링
② 논리적 데이터 모델링
③ 물리적 데이터 모델링
④ 계층적 데이터 모델링

| 해설 | 개념적 데이터 모델링은 추상화 수준이 높으며, 업무 중심적인 포괄적 모델링 방식이다.

| 정답 | 01 ③   02 ③   03 ①   04 ①

05

데이터 모델링의 순서로 가장 적절한 것은?

① 논리적 데이터 모델링 → 개념적 데이터 모델링 → 물리적 데이터 모델링

② 개념적 데이터 모델링 → 논리적 데이터 모델링 → 물리적 데이터 모델링

③ 개념적 데이터 모델링 → 물리적 데이터 모델링 → 논리적 데이터 모델링

④ 물리적 데이터 모델링 → 개념적 데이터 모델링 → 논리적 데이터 모델링

| 해설 | '개념적 데이터 모델링 → 논리적 데이터 모델링 → 물리적 데이터 모델링'의 순이다.

06

데이터베이스 3단계 구조에 속하지 않는 것은?

① 응용 스키마(Application Schema)

② 외부 스키마(External Schema)

③ 개념 스키마(Conceptual Schema)

④ 내부 스키마(Internal Schema)

| 해설 | 데이터베이스 3층 스키마는 외부 스키마, 개념 스키마, 내부 스키마이다.

07

데이터 독립성과 3단계 구조에 대한 설명으로 가장 적절하지 않은 것은?

① 외부 스키마는 사용자 관점에서 데이터를 표현하며, 사용자별 요구사항을 반영한다.

② 개념 스키마는 통합된 데이터의 논리적 구조를 표현하며, 외부 스키마가 필요로 하는 데이터를 통합하여 설계한다.

③ 내부 스키마는 물리적인 저장 구조를 나타내며, 데이터의 실제 저장 방식을 정의한다.

④ 외부 스키마는 데이터의 물리적 저장 방식에 대한 최적화를 포함한다.

| 해설 | 외부 스키마는 사용자 관점에서 데이터를 표현하며, 물리적 저장 방식이나 최적화는 내부 스키마에서 다룬다.

08

개념 스키마가 변경되어도 외부 스키마가 영향을 받지 않는 데이터 독립성은?

① 외부 데이터 독립성

② 논리적 데이터 독립성

③ 물리적 데이터 독립성

④ 데이터 무결성

| 해설 | 논리적 데이터 독립성은 개념 스키마가 변경되더라도 외부 스키마(사용자의 관점)가 영향을 받지 않는 것을 보장한다.

09

아래 그림에 해당하는 ERD 표기법으로 가장 적절한 것은?

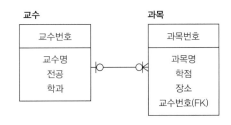

① IE
② Barker
③ Peter Chen
④ IDEF1X

| 해설 | IE 표기법에서는 개체 타입에 관계없이 직사각형으로 표시하며, 관계는 다양한 모양의 선과 까마귀 발 등으로 표현한다.

10

ERD 작성 순서를 올바르게 나열한 것은?

> (가) 엔터티 간의 관계를 설정한다.
> (나) 관계명을 서술한다.
> (다) 엔터티를 적절하게 배치한다.
> (라) 관계의 필수 여부를 확인한다.
> (마) 관계 참여도를 표현한다.
> (바) 엔터티를 도출하고 그린다.

① (가) – (나) – (다) – (라) – (마) – (바)
② (가) – (바) – (나) – (다) – (라) – (마)
③ (바) – (다) – (가) – (나) – (마) – (라)
④ (바) – (나) – (가) – (다) – (마) – (라)

| 해설 | ERD 작성 순서는 다음과 같다.
1. 엔터티를 도출하고 그린다. – (바)
2. 엔터티를 적절하게 배치한다. – (다)
3. 엔터티 간의 관계를 설정한다. – (가)
4. 관계명을 서술한다. – (나)
5. 관계 참여도를 표현한다. – (마)
6. 관계의 필수 여부를 확인한다. – (라)

11

좋은 데이터 모델의 요건으로 가장 적절하지 <u>않은</u> 것은?

① 데이터의 중복을 최소화하고 일관성을 유지해야 한다.
② 업무에서 필요로 하는 모든 데이터를 포함해야 한다.
③ 동일한 데이터는 여러 위치에 중복 저장하여 접근성을 높여야 한다.
④ 데이터 모델은 확장성과 수정이 용이해야 한다.

| 해설 | 동일한 데이터를 여러 위치에 중복 저장하면 일관성이 떨어지고, 관리 효율성이 저하되기 때문에 바람직하지 않다.

12

발생시점에 따라 구분할 수 있는 엔터티의 유형으로 가장 적절하지 <u>않은</u> 것은?

① 기본 엔터티(Fundamental Entity)
② 사건 엔터티(Event Entity)
③ 중심 엔터티(Main Entity)
④ 행위 엔터티(Active Entity)

| 해설 | 발생시점에 따라 기본 엔터티, 중심 엔터티, 행위 엔터티로 분류하고, 유/무형에 따라 유형 엔터티, 개념 엔터티, 사건 엔터티로 분류한다.

13

아래는 데이터 모델링의 일부이다. 데이터 모델 정의에 대한 설명으로 가장 적절하지 <u>않은</u> 것은?

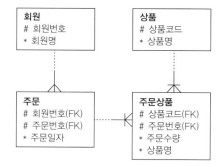

① 회원은 개별 인스턴스 고유하게 식별할 수 있는 기본 속성을 가지므로 기본 엔터티이다.
② 주문은 회원의 행동에 의해 발생하는 사건 엔터티이다.
③ 주문상품은 회원과 주문 간의 상호작용에서 발생한 엔터티로, 관계의 성격을 가진다.
④ 각 회원은 하나 이상의 주문을 반드시 가져야 한다.

| 해설 | 회원 엔터티 쪽은 점선으로 표시되어 있으므로 주문은 선택사항이다. 따라서 회원은 하나 이상의 주문을 가질 수 있지만, 주문이 없어도 된다.

> **➕ Barker 표기법의 특징**
>
> • 식별자 속성 앞에는 # 기호를 붙여 표시한다.
> • 반드시 값이 입력되어야 하는 필수 속성은 * 기호로 표시한다.
> • 관계선이 실선인 경우는 필수사항을 의미하며, 이는 상대 엔터티에 대해 조건을 만족하는 엔터티가 반드시 존재함을 나타낸다.
> • 관계선이 점선인 경우는 선택사항을 의미하며, 이는 상대 엔터티에 대해 조건을 만족하는 엔터티가 존재할 수도 있고, 존재하지 않을 수도 있음을 나타낸다.

14

엔터티에 대한 설명으로 가장 적절한 것은?

① 엔터티는 업무적으로 필요하지 않은 데이터라도 시스템에 기록되면 포함될 수 있다.

② 모든 엔터티는 주식별자만으로 구성되어야 하며, 일반 속성은 없어도 무방하다.

③ 엔터티는 실제 업무 상황에서 CRUD 연산 중 최소 한 가지의 연산에 관여해야 한다.

④ 엔터티는 비교적 단기간 유지되는 일시적인 자료를 다룬다.

| 해설 | 엔터티는 업무적으로 관리할 필요가 있는 정보를 포함하고, 생성 (Create), 조회(Read), 갱신(Update), 삭제(Delete) 등의 CRUD 연산이 실제로 발생해야 한다.
① 엔터티는 반드시 업무적으로 필요하고 관리해야 할 데이터를 포함해야 하며, 불필요한 데이터는 엔터티로 정의되지 않는다.
② 일반적으로 엔터티는 주식별자와 함께 속성을 가져야 한다. 다만, 예외적으로 연관 엔터티는 주식별자만으로 구성될 수 있지만 일반적인 경우는 아니다.
④ 엔터티는 비교적 장기간 유지되는 영속적인 자료를 다룬다.

15

엔터티의 명명 원칙에 위배되는 것은?

① 엔터 생성 의미를 반영하며, 현업의 업무 용어를 사용한다.

② 약어 사용은 혼란을 초래하므로, 약어 사용을 지양한다.

③ 각 엔터티는 고유의 이름이 부여되어야 한다.

④ 가능한 여러 속성을 포함할 수 있는 복수형 명사를 사용해야 한다.

| 해설 | 엔터티는 단수형 명사를 사용해야 한다.

16

아래 내용에서 엔터티로 생성할 수 있는 것은? (단, 업무 범위와 데이터 특성은 아래 내용의 사항만을 근거하여 판단함)

> 한 온라인 쇼핑몰에서는 고객들의 주문을 관리하기 위해 주문 날짜, 주문 번호, 주문된 상품의 정보, 결제 방법 등을 저장하고 추적해야 한다.

① 주문
② 주문 날짜
③ 결제 방법
④ 상품 정보

| 해설 | "주문 날짜, 주문 번호, 주문된 상품의 정보, 결제 방법 등을 저장하고 추적해야 한다."라는 내용은 업무에서 관리할 필요가 있는 정보를 포함한 주문이 엔터티로 생성될 수 있음을 의미한다.
② 주문 날짜는 주문 엔터티의 속성으로 포함될 정보이므로 독립적인 엔터티로 보기 어렵다.
③ 결제 방법도 주문과 관련된 속성으로 포함될 정보이다.
④ 상품 정보는 상품이라는 별도의 엔터티로 정의될 수 있지만, 문제에서 엔터티로 관리되는 대상은 주문이므로 속성으로 간주된다.

17

아래 시나리오에서 엔터티로 가장 적절한 것은? (단, 업무 범위와 데이터 특성은 아래 내용의 사항만을 근거하여 판단함)

> A회사는 여러 명의 직원이 소속되어 있으며, 각 직원의 이름, 사번, 소속 부서, 연락처 등의 정보를 관리해야 한다. 또한, 각 부서는 고유한 부서명을 가지고 있다.

① 회사
② 부서
③ 직원
④ 연락처

| 해설 | 직원은 시나리오에서 관리해야 할 주요 정보 집합이며, 엔터티로 가장 적합하다.
① 회사는 시나리오의 배경이 될 뿐, 시나리오에서 관리 대상이 되는 정보는 아니므로 엔터티로 적합하지 않다.
② 부서는 직원 엔터티와 관계를 형성할 수 있는 엔터티로 활용될 가능성이 있지만, 시나리오의 주된 관리 대상은 직원이다.
④ 연락처는 직원 엔터티의 속성으로, 독립적인 엔터티가 아니라 직원 정보에 포함되어 관리되는 데이터이다.

| 정답 | 14 ③   15 ④   16 ①   17 ③

18

아래 ERD에 대한 설명으로 가장 적절하지 <u>않은</u> 것은?

① 하나의 부서는 반드시 한 명 이상의 사원을 포함해야 한다.

② 각 사원은 하나의 부서에 반드시 소속된다.

③ 한 명의 사원은 여러 부양가족이 있을 수 있다.

④ 각 부양가족은 반드시 한 명의 사원에 포함된다.

| 해설 | ○ 기호는 선택적 관계를 의미한다. 따라서 하나의 부서에는 사원이 없을 수 있다.

19

아래에서 설명하는 데이터 모델의 개념으로 가장 적절한 것은?

> 논리적으로 쪼갤 수 없는 최소 단위의 정보로, 이것이 없다면 엔터티 자체를 구체화하거나 실체화하기 어렵다.

① 테이블(Table)　　② 속성(Attribute)

③ 도메인(Domain)　　④ 관계(Relationship)

| 해설 | 속성은 엔터티를 구성하는 최소 단위의 정보를 의미하며, 엔터티를 구체화하고 실체화하는 데 필수적인 요소이다.

20

속성 명명 원칙으로 가장 적절하지 <u>않은</u> 것은?

① 속성명은 업무 현장에서 사용하는 용어를 기반으로 명명해야 한다.

② 약어는 가능한 한 사용하지 않으며, 불가피할 경우 모든 이해관계자가 이해할 수 있는 약어를 선택한다.

③ 속성명은 서술적 표현보다 명사형을 사용하여 간결하게 작성한다.

④ 속성명은 동일한 데이터 모델 내에서 중복될 수 있으며, 상황에 따라 다르게 해석 가능하다.

| 해설 | 속성명은 가능한 한 전체 데이터 모델 내에서 유일하게 정의되어야 하며, 동일한 이름의 속성이 존재해서는 안 된다. 중복 속성명은 데이터의 혼란을 초래할 수 있다.

21

아래에서 설명하는 데이터 모델의 개념으로 가장 적절한 것은?

> 학생 엔터티의 평점 속성은 0.0 이상 4.5 이하의 실수형 데이터여야 하며, 주소 속성은 최대 20자 이내의 문자열로 정의된다.

① 속성 사전(Attribute Dictionary)

② 시스템 카탈로그(System Catalog)

③ 관계(Relationship)

④ 도메인(Domain)

| 해설 | 도메인(Domain)은 속성값이 가질 수 있는 범위나 조건을 정의하는 개념이다.

22

데이터 모델링 과정에서 필요에 의해 새로 정의된 속성으로, 주로 코드 형태로 추가되는 속성은?

① PK 속성(Primary Key Attribute)

② 파생 속성(Derived Attribute)

③ 설계 속성(Designed Attribute)

④ 기본 속성(Basic Attribute)

| 해설 | 설계 속성은 데이터 모델링 과정에서 필요에 의해 새로 정의한 속성으로, 주로 코드 형태로 추가되며, 설계 속성인지 여부를 명확히 구분하기 어렵다.

23

다른 속성을 이용해 값을 계산하거나 도출할 수 있는 속성으로 가장 적절한 것은?

① 설계 속성(Designed Attribute)

② 파생 속성(Derived Attribute)

③ 관계 속성(Associative Attribute)

④ 기본 속성(Basic Attribute)

| 해설 | 파생 속성은 다른 속성들로부터 유도된 속성으로, 다른 속성을 이용해 값을 계산하거나 도출할 수 있다.

| 정답 | 18 ①　19 ②　20 ④　21 ④　22 ③　23 ②

24

엔터티, 인스턴스, 속성, 속성값 간의 관계에 대한 설명으로 가장 적절하지 않은 것은?

① 하나의 엔터티는 여러 개의 인스턴스를 가지지 못한다.
② 엔터티는 최소한 두 개 이상의 속성을 포함해야 한다.
③ 속성은 하나의 인스턴스 내에서 하나의 속성값을 갖는다.
④ 하나의 엔터티 인스턴스는 다른 엔터티 인스턴스와 관계(Pairing)를 가질 수 있다.

| 해설 | 하나의 엔터티는 두 개 이상의 인스턴스를 포함하는 데이터 집합을 관리하는 개념이다.

25

1:1, 1:N, M:N 등의 형태로, 관계를 통해 엔터티 간 참조 가능한 인스턴스 수를 의미하는 것은?

① 관계 차수(Degree/Cardinality)
② 관계 선택성(Optionality)
③ 관계명(Relationship Membership)
④ 관계 속성(Relationship Attribute)

| 해설 | 관계 차수란 관계에 참여할 수 있는 엔터티 인스턴스의 수를 의미하며, 일반적으로 1:1, 1:N, M:N 등의 형태가 존재한다.

26

아래 식별자에 대한 설명 중 빈칸 ㉠, ㉡, ㉢에 들어갈 내용으로 가장 적절한 것은?

> 대표성을 가지며 엔터티 내에서 각 인스턴스를 구분할 수 있는 식별자를 [㉠], 관계를 통해 유입되는 타 엔터티의 식별자를 [㉡], 원조식별자가 복잡한 구성을 가지고 있기 때문에 의도적으로 만든 식별자를 [㉢]라고 한다.

① ㉠ 본질식별자, ㉡ 외부식별자, ㉢ 인조식별자
② ㉠ 주식별자, ㉡ 외부식별자, ㉢ 인조식별자
③ ㉠ 본질식별자, ㉡ 인조식별자, ㉢ 외부식별자
④ ㉠ 주식별자, ㉡ 인조식별자, ㉢ 외부식별자

| 해설 | ㉠ 주식별자: 엔터티 내부에서 각 인스턴스를 고유하게 식별할 수 있는 대표 속성이다.
㉡ 외부식별자: 다른 엔터티와의 관계를 통해 유입되는 식별자로, 주로 부모 엔터티의 주식별자가 자식 엔터티로 전달되어 참조되는 형태이다.
㉢ 인조식별자: 원래의 주식별자가 복잡하거나 실무에서 다루기 어렵기 때문에, 의도적으로 단순하게 새로 생성한 식별자이다.

27

식별자로 가장 적절하지 않은 것은?

① **학생**

주민번호: NUMBER(13)
학번: NUMBER(7)
이름: VARCHAR2(20)

② **학생**

학번: NUMBER(7)
주민번호: NUMBER(13)
이름: VARCHAR2(20)

③ **사원**

사원번호: NUMBER(10)
주민번호: NUMBER(13)
이름: VARCHAR2(20)

④ **사원**

부서번호: NUMBER(8)
주민번호: NUMBER(13)
이름: VARCHAR2(20)

| 해설 | 부서번호는 사원이 속한 부서를 구분하는 속성이며, 사원을 고유하게 식별할 수 있는 속성이 아니므로 식별자로 적절하지 않다.

28

주식별자의 특징에 대한 설명으로 가장 적절하지 않은 것은?

① 주식별자는 데이터 생명주기 동안 변경할 수 있어야 한다.
② 주식별자는 항상 값이 존재해야 하며, NULL 값을 가질 수 없다.
③ 주식별자는 엔터티 내 모든 인스턴스를 고유하게 식별할 수 있어야 한다.
④ 주식별자는 유일성을 만족하면서 최소 개수의 속성이 되어야 한다.

| 해설 | 주식별자는 한 번 지정되면 데이터 생명주기 동안 변경되지 않아야 한다.

| 정답 | 24 ① 25 ① 26 ② 27 ④ 28 ①

29

아래에서 설명하는 식별자의 특징으로 가장 적절한 것은?

> '학번'만으로 엔터티 내의 각 인스턴스를 모두 구분할 수 있다면, '학번 + 이름'의 조합은 주식별자가 아니다.

① 유일성　　　　② 최소성
③ 불변성　　　　④ 존재성

| 해설 | 주식별자는 유일성을 만족하는 최소한의 속성으로 구성되어야 한다(최소성). 따라서 '학번'만으로 유일성이 만족된다면, '학번 + 이름'의 조합은 최소성을 만족하지 않으므로 주식별자가 아니다.

30

데이터 모델링에서 비식별자 관계로 연결하는 경우로 가장 적절하지 <u>않은</u> 것은?

① 부모 엔터티 없이도 자식 엔터티의 인스턴스가 독립적으로 생성될 수 있는 경우 비식별자 관계로 연결한다.
② 부모 엔터티와 자식 엔터티 간 관계에서 부모의 주식별자를 자식의 일반 속성으로 포함하는 것이 더 유리한 경우 비식별자 관계로 연결한다.
③ 부모 엔터티와 자식 엔터티 간 관계에서 자식 엔터티의 주식별자가 부모 엔터티의 주식별자를 상속받아야 할 경우 비식별자 관계로 연결한다.
④ 부모 엔터티와 자식 엔터티 간 결합도가 약하고, 부모와 자식의 생명주기가 독립적인 경우 비식별자 관계로 연결한다.

| 해설 | 자식 엔터티의 주식별자가 부모 엔터티의 주식별자를 상속받아야 하는 경우는 식별자 관계에 해당한다.

31

본질식별자와 인조식별자에 대한 설명으로 가장 적절하지 <u>않은</u> 것은?

① 본질식별자는 엔터티의 고유 속성(예 주민등록번호, 차량번호 등)에서 도출된 실제 데이터로 구성되어, 데이터 해석이 용이하고 중복을 방지하기 쉽다.
② 인조식별자는 시스템에서 인위적으로 생성된 값으로, 본질식별자가 복잡하거나 여러 속성으로 구성된 경우 이를 대신하여 관리와 성능 최적화를 높일 수 있다.
③ 본질식별자는 데이터의 본질적인 의미를 포함하기 때문에 여러 속성(복합 키)으로 구성될 수 없으며, 단일 속성으로 구성되어야 한다.
④ 인조식별자는 본질적인 고유성을 나타내지 않으므로, 데이터 중복 방지나 무결성 유지를 위해 추가적인 인덱스나 제약 조건이 필요할 수 있다.

| 해설 | 본질식별자는 실제 데이터에 기반하여 여러 속성(복합 키)으로 구성될 수도 있고, 본질적 의미를 포함하기 때문에 중복 방지에도 효과적이다.

01 관계형 데이터베이스

1 DBMS의 발전 과정

데이터베이스 관리 시스템(DBMS)은 1960년대부터 현재까지 지속적으로 발전하며 데이터 저장 및 관리의 핵심 기술로 자리 잡았다.

1. 1960년대: 파일 기반 데이터 관리 시대

Flowchart를 중심으로 개발 방법을 설계하였으며, 데이터는 주로 파일 구조를 통해 저장하고 관리되었다. 그러나 이러한 방식은 데이터 중복과 일관성 문제 등으로 인해 데이터 관리에 뚜렷한 한계를 드러냈다.

2. 1970년대: DBMS의 초기 등장

데이터베이스 관리 기법이 처음으로 등장하면서 본격적인 DBMS* 개념이 도입되었다. 이 시기에 계층형 데이터베이스(Hierarchical DB)와 망형 데이터베이스(Network DB)가 상용화되었으며, 이를 통해 데이터의 구조적 관리가 가능해졌다.

3. 1980년대: 관계형 데이터베이스의 상용화

관계형 데이터베이스(Relational Database)가 상용화되면서 데이터 관리의 새로운 패러다임이 등장하였다. 관계형 데이터 모델은 데이터를 표(테이블) 형식으로 관리하며, SQL(Structured Query Language)을 기반으로 데이터 처리가 이루어졌다. 이 시기에 Oracle, Sybase, DB2 등의 제품이 시장에 출시되어 상용화되었다.

4. 1990년대: 관계형 데이터베이스의 확장과 객체 관계형 데이터베이스의 등장

관계형 데이터베이스가 시장의 주류로 자리 잡으며, Oracle, Sybase, Informix, DB2, Teradata, SQL Server 등 다양한 DBMS 제품이 등장하였다. 또한, 객체 지향 프로그래밍의 개념이 통합된 객체 관계형 데이터베이스(Object—Relational Database)의 개념이 발전하며 데이터베이스 관리 기술이 더욱 확장되었다.

DBMS
데이터베이스를 효율적으로 관리하고 사용자나 프로그램이 데이터를 저장 · 수정 · 조회할 수 있도록 도와주는 소프트웨어이다.

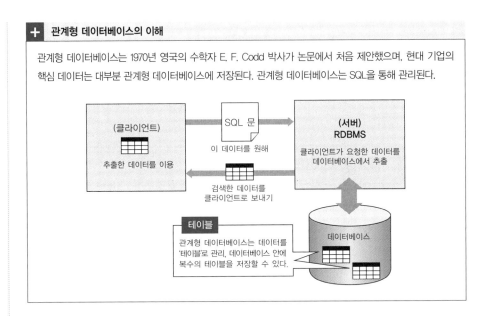

관계형 데이터베이스의 이해

관계형 데이터베이스는 1970년 영국의 수학자 E. F. Codd 박사가 논문에서 처음 제안했으며, 현대 기업의 핵심 데이터는 대부분 관계형 데이터베이스에 저장된다. 관계형 데이터베이스는 SQL을 통해 관리된다.

2 관계형 데이터베이스(Relational Database)

1. 관계형 데이터베이스의 개념

관계형 데이터 모델은 데이터를 표(Table) 형태로 표현하는 데이터베이스 모델을 의미한다. 표는 행(Row)과 열(Column)로 구성되어 있고, 이 표들이 서로 관계(Relationship)를 가질 수 있다.

테이블 (Table)	• 행과 열의 2차원 구조를 가진 데이터 저장 객체(Object) • 관계형 데이터베이스의 기본 단위로 릴레이션(Relation)이라고도 함
칼럼/열 (Column)	• 테이블에서 세로 방향으로 이루어진 개별 속성으로, 더 이상 나눌 수 없음 • 필드(Field)라고도 함
로우/행 (Row)	• 테이블에서 가로 방향으로 이루어진 연결된 데이터 • 튜플(Tuple), 레코드(Record)라고도 함

[선수]　　　　　　　　　　　[구단]

기본 키(Primary Key)와 외래 키(Foreign Key)

• 기본 키: 테이블에서 각 행을 고유하게 식별하기 위한 하나 이상의 속성을 말한다.
• 외래 키: 한 테이블의 속성 중에서 다른 테이블의 기본 키를 참조하여 두 테이블 간의 관계를 연결하는 속성을 말한다.

관계형 데이터베이스에서 행(Row)에 대한 설명으로 가장 적절한 것은?

① 테이블에서 세로 방향으로 이루어진 개별 속성으로, 필드(Field)라고도 한다.

② 테이블에서 가로 방향으로 연결된 데이터로, 튜플(Tuple) 또는 레코드(Record)라고도 한다.

③ 데이터를 저장하는 기본 단위로, 행과 열의 2차원 구조를 가진다.

④ 테이블에서 데이터를 그룹화하거나 정렬할 때 사용하는 객체이다.

| 정답 | ②

| 해설 | ① 열(Column)에 대한 설명이다.
　　　　③ 테이블(Table)에 대한 설명이다.
　　　　④ 관계형 데이터베이스의 특정 기능(그룹화, 정렬 등)에 대한 설명으로, 행(Row)과는 관련이 없다.

2. 제약 조건(Relational Model Constraints)

도메인 제약	속성(Attribute)에 대한 제약
키 제약	테이블, 즉 릴레이션(Relation)에 대한 제약
개체 무결성 제약	기본 키(Primary Key)에 대한 제약
참조 무결성 제약	외래 키(Foreign Key)에 대한 제약

(1) 도메인 제약(Domain Constraint)

데이터베이스에서 각 속성(칼럼)의 값이 특정 도메인에서 정의된 값이어야 한다는 제약 조건이다. 속성값은 원자성*을 가져야 하며, 복합 속성*이나 다중값 속성*은 허용되지 않는다. 단, NOT NULL 제약 조건이 설정되지 않은 경우 NULL 값은 허용될 수 있다.

학번	이름	나이	차량번호	취미
1234	홍길동	21	01가1234	체조
5678	강감찬	고려 (❶)	(❷)	축구, 농구, 배구(❸)

예를 들어, '나이'는 0 ~ 150 등 일정 범위의 정수가 나와야 하는데 ❶과 같이 '고려'라는 글자가 나오거나 범위에서 벗어난 '1,000'과 같은 숫자가 나왔다면, 이는 도메인에서 정의된 값에서 벗어났으므로 이러한 경우를 도메인 제약 조건에 위배되었다고 한다. 한편, 차량번호(❷)와 같이 비어 있는 값(NULL)은 허용된다. 다만, 반드시 값이 채워져야 하는 값(NOT NULL), 즉 학번이나 이름의 경우 비어 있는 값이 허용되지 않는다. 또한, 취미(❸)와 같이 여러 값을 가질 수 있는 속성은 원자성을 갖지 않는다. 따라서 해당 경우는 도메인 제약에 위배되었다고 볼 수 있다.

(2) 키 제약(Key Constraint)

릴레이션의 모든 튜플이 서로 고유하게 식별될 수 있도록 보장하는 제약 조건이다.

원자성(Atomicity)
더 이상 쪼개질 수 없는 성질을 의미한다.

복합 속성(Composite Attribute)
하나의 속성이 여러 개의 하위 속성으로 구성된 속성을 의미하며, 시 · 군 · 구 · 번지 등으로 분해되는 주소가 대표적인 예이다.

**다중값 속성
(Multivalued Attribute)**
하나의 개체가 여러 개의 값을 가질 수 있는 속성을 의미하며, '취미'는 한 사람이 여러 개를 가질 수 있으므로 다중값 속성의 대표적인 예이다.

	이름	나이	혈액형	전공
튜플 →	홍길동	21	A	경영정보
튜플 →	강감찬	22	O	정보시스템
	⋮	⋮	⋮	⋮

[예시 1]

이름	나이	학번	주민번호
홍길동	21	1234	111-2222
강감찬	22	5678	333-4444
⋮	⋮	⋮	⋮

[예시 2]

위의 예시에서 [예시 1]은 키 제약 조건에 위배된다. 그 이유는 해당 테이블에서 한 튜플을 유일하게 식별할 수 있는 속성이 존재하지 않기 때문이다. 예를 들어, 이름으로도 유일한 튜플을 식별할 수 없고, 이름과 나이의 조합으로도 역시 유일한 튜플을 식별할 수 없다. 심지어 모든 속성을 조합하더라도 이름, 나이, 혈액형, 전공이 모두 동일한 튜플이 얼마든지 존재할 수 있기 때문에, 해당 테이블은 한 튜플을 유일하게 식별할 수 있는 속성이 존재하지 않아 키 제약 조건에 위배된다. 이와 달리 [예시 2]는 키 제약 조건을 만족한다. 그 이유는 학번이 동일한 튜플은 존재할 수 없으며 주민번호가 동일한 튜플도 존재할 수 없기 때문이다. 즉, 학번이나 주민번호 둘 중 하나의 속성만 있어도 전체 테이블에서 한 튜플을 유일하게 식별할 수 있으므로 키 제약 조건에 위배되지 않는다.

(3) 개체 무결성 제약(Entity Integrity Constraint)

기본 키가 반드시 고유한 값(UNIQUE)을 가지며, NULL 값을 허용하지 않아야 한다는 제약 조건이다.

	학번	이름	나이	차량번호
❶	1234	홍길동	21	01가1234
❷	5678	강감찬	22	
❸		김유신	23	
❹	1234	유관순		02나3456

[예시]

위의 예시에서 개체 무결성 제약에 위배되지 않는 튜플은 ❷번 튜플이다. ❶, ❹의 경우 기본 키가 중복되므로 UNIQUE하지 않다. 또한, ❸은 기본 키가 비어 있는 NULL 상태이다. 따라서 ❶, ❸, ❹는 개체 무결성 제약 조건에 위배된다.

(4) 참조 무결성 제약(Referential Integrity Constraint)

외래 키의 값은 NULL 값이거나, 해당 외래 키가 참조하는 테이블의 기본 키와 일치해야 한다는 제약 조건이다.

💡학습TIP!

외래 키의 특징

• 테이블 생성 시 설정 가능
• NULL 값을 가질 수 있음
• 한 테이블에 하나 이상 설정 가능

	학번	이름	나이	소속	멘토
❶	1234	홍길동	21	MIS	
❷	2345	강감찬	22	MIS	1234
❸	3456	김유신	23		5678
❹	4567	유관순	22	자동차	2345

[학생]

학과명	정원	위치
MIS	100	경상관
경영	200	경상관
컴공	100	공학관
수학	50	자연관

[학과]

❶~❹ 중 참조 무결성 제약 조건을 위배한 튜플은 ❸, ❹이다.

소속 관점에서 보면, ❹번 튜플이 참조 무결성 제약 조건을 위배하였다. 이는 외래 키인 소속의 값이 '자동차'인데, 해당 외래 키가 참조하고 있는 [학과] 테이블의 기본 키인 학과명에는 '자동차'가 존재하지 않기 때문이다.

한편, ❸번 튜플은 멘토 관점에서 참조 무결성 제약 조건을 위배하였다. 외래 키 멘토의 학번이 '5678'인데, 해당 외래 키가 참조하고 있는 [학생] 테이블의 기본 키인 학번에는 '5678'이 존재하지 않기 때문이다.

확인 문제

아래 연산들이 수행되었을 때 발생하게 되는 문제로 가장 적절하지 <u>않은</u> 것은? (단, 감독자 주민번호와 관리자 주민번호는 [직원] 테이블의 주민번호를 참조함)

- 새 직원 〈'유관순', '555', NULL, 4〉 삽입
- 새 직원 〈'이방원', '123', '456', 5〉 삽입
- 새 직원 〈'을지문덕', '234', '567', 5〉 삽입
- 주민번호 = '666'인 직원 삭제

[직원]

이름	주민번호	감독자 주민번호	부서번호
강감찬	111	222	5
김유신	222	888	5
이성계	333	444	4
이순신	444	888	4
정몽주	555	222	5
최무선	666	222	5
최치원	777	444	4
홍길동	888	NULL	1

[부서]

부서명	부서번호	관리자 주민번호
개발팀	5	222
인사팀	4	444
기획팀	1	666

① 새 직원 〈'유관순', '555', NULL, 4〉 삽입 연산은 개체 무결성에 위배된다.

② 새 직원 〈'이방원', '123', '456', 5〉 삽입 연산은 참조 무결성에 위배된다.

③ 새 직원 〈'을지문덕', '234', '567', 5〉 삽입 연산은 개체 무결성에 위배된다.

④ 주민번호 = '666'인 직원 삭제 연산은 참조 무결성에 위배된다.

───────────────────────────────

| 정답 | ③

| 해설 | 〈'을지문덕', '234', '567', 5〉 삽입 연산 시 주민번호 '234'을 가진 직원이 없으므로 개체 무결성에 위배되지 않는다. 다만, 본 연산은 2번 선지와 동일한 이유로 참조 무결성에 위배된다.

　① 주민번호가 555인 직원(정몽주)이 존재하므로 개체 무결성에 위배된다.

　② 감독자 주민번호는 직원 테이블의 주민번호를 참조하는데, 456이라는 주민번호가 없으므로 감독자 주민번호에 456을 넣을 수 없다. 따라서 참조 무결성에 위배된다.

　④ 관리자 주민번호는 [직원] 테이블의 주민번호를 참조한다. 이때 주민번호 666인 직원을 삭제하면 기획팀의 관리자 주민번호에 대응되는 값이 [직원] 테이블의 주민번호에 존재하지 않게 되므로 참조 무결성에 위배된다.

1 성능 데이터 모델링의 개념

1. 정의

성능 데이터 모델링이란 데이터베이스의 성능을 최적화하기 위해 정규화, 반정규화, 테이블 통합 및 분할, 조인 구조 개선, 기본 키(PK)와 외래 키(FK)의 적절한 설정 등을 고려하여 데이터 모델링을 수행하는 것을 의미한다.

2. 수행시점

성능 데이터 모델링은 가능한 빠른 시점에 수행하는 것이 가장 효과적이다. 분석 및 설계 단계에서 성능 모델링을 수행하면, 이후 발생할 수 있는 성능 문제를 사전에 예방하고, 재작업으로 인한 비용과 시간을 최소화할 수 있다.

일반적으로 데이터 모델링을 대략적으로 설계한 뒤 성능 저하가 발생하면, 해당 부분만을 SQL 튜닝으로 보완하는 경우가 많다. 이는 근본적인 해결책이 아니므로, 초기 단계부터 성능을 고려한 모델링이 중요하다.

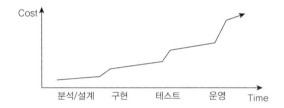

2 성능 데이터 모델링의 진행 순서

① 정규화 수행	• 데이터 중복 제거와 데이터 무결성 확보를 위해 정규화를 정확히 수행함 • 주요 관심사별로 테이블을 분산시켜 데이터 관리를 체계화함
② 데이터베이스 용량 산정	• 각 엔터티에 저장될 데이터의 양과 크기를 계산함 • 엔터티별로 처리될 트랜잭션의 양을 파악하여 용량을 예측함
③ 트랜잭션 유형 분석	• 데이터베이스에 발생하는 트랜잭션의 유형(읽기, 쓰기, 업데이트 등)을 파악함 • CRUD 매트릭스를 활용해 각 테이블과 트랜잭션 간의 관계를 분석함
④ 반정규화 수행	• 용량과 트랜잭션 유형을 고려하여 성능을 향상시킬 수 있도록 필요한 부분에 대해 반정규화를 적용함 • 테이블 병합, 중복 칼럼 추가, 관계 변경 등 반정규화 기법을 사용함
⑤ 세부 설계 조정 및 성능 검증	• 이력 모델의 조정, 인덱스를 고려한 PK/FK의 순서 조정, 슈퍼타입/서브타입 조정 등을 수행함 • 성능 관점에서 데이터 모델을 최종적으로 검증함

03 정규화

■1 정규화(Normalization)의 개념

1. 이상 현상(Anomaly)

(1) 개념

데이터베이스 설계에서 정규화가 제대로 이루어지지 않았거나 비효율적인 데이터 구조로 인해 발생하는 문제점을 말한다. 이상 현상은 주로 데이터를 삽입, 삭제, 갱신하는 과정에서 비정상적인 결과나 데이터 불일치를 초래한다. 이러한 현상을 방지하려면 데이터베이스를 적절히 정규화해야 한다.

(2) 종류

과목코드	과목명	학번	이름	연락처
C01	DB개론	1101	홍길동	010-1111-2222
C02	DB실무	1101	홍길동	010-1111-2222
A01	마이닝	1102	강감찬	010-2222-3333
B01	통계	1101	홍길동	010-1111-2222
C01	DB개론	1103	김유신	010-3333-4444

① 삭제 이상(Delete Anomaly): 데이터 삭제 시 의도치 않게 다른 관련 데이터까지 손실되는 문제를 '삭제 이상'이라고 한다. 예를 들어, '1102(학번)' 학생이 'A01' 과목을 수강한 기록을 삭제할 때, 'A01' 과목코드와 함께 '마이닝' 과목명 및 담당 교수인 '강감찬'의 이름도 삭제되는 상황이 발생할 수 있다. 이는 '1102(학번)' 학생의 수강 기록만 삭제하려 했음에도 불구하고, 다른 중요한 데이터까지 함께 손실되는 문제가 발생하는 것이다.

② 삽입 이상(Insert Anomaly): 데이터를 삽입할 때 불필요하거나 불완전한 데이터를 함께 입력해야 하는 비효율적인 상황을 '삽입 이상'이라고 한다. 예를 들어, '1104, 유관순, 010-4444-5555' 학생 정보를 추가하려 할 때, 과목코드가 없어서 삽입할 수 없는 상황이 이에 해당한다. 즉, 관련 없는 다른 정보(과목코드)가 없기 때문에 원하는 정보(1104, 유관순, 010-4444-5555)를 입력할 수 없는 문제가 발생하는 것이다.

③ 갱신 이상(Update Anomaly): 데이터 수정 시 동일한 데이터가 여러 곳에 중복 저장되어 있을 경우, 한 곳의 데이터를 수정해도 다른 곳의 데이터와 불일치가 발생하는 문제를 '갱신 이상'이라고 한다. 예를 들어, '1101(학번)' 학생의 연락처를 변경하려 할 때, 홍길동의 연락처가 여러 곳에 기재되어 있다면 이를 모두 수정해야 하는 상황이 발생한다. 이는 데이터 공간과 연산 시간을 낭비할 뿐만 아니라, 일부 데이터가 수정되지 않을 경우 데이터 불일치 현상을 초래할 수 있다.

2. 정규화

(1) 개념

데이터베이스의 구조를 체계적으로 설계하여 데이터의 중복을 최소화하고, 이상 현상을 방지하며, 데이터 무결성과 효율성을 높이는 것이다. 이를 통해 데이터베이스의 일관성을 유지하고, 저장 공간을 절약하며, 데이터를 삽입, 삭제, 갱신할 때 발생할 수 있는 문제를 예방할 수 있다.

(2) 함수적 종속성(FD, Functional Dependency)에 기반

함수는 주어진 x값에 대해 대응하는 y값이 유일하게 결정되는 관계를 의미한다. 예를 들어, '학번'과 '혈액형'이라는 속성이 있을 때, 특정 혈액형을 기준으로 조회하면 여러 학번이 나올 수 있다. 이 관계는 함수가 아니며, 데이터베이스에서는 "혈액형이 학번을 함수적으로 결정하지 못한다."고 표현한다. 또한, "학번은 혈액형에 함수적으로 종속되지 않는다."고도 말한다. 반대로, 특정 학번을 기준으로 혈액형을 조회하면 항상 하나의 혈액형만 결정된다. 이러한 관계는 "학번이 혈액형을 함수적으로 결정한다."고 하며, "혈액형은 학번에 함수적으로 종속된다(functionally dependent)."고 표현한다.

(3) 종류

① 제1정규형(1NF): 모든 속성이 원자값(더 이상 나눌 수 없는 값)을 가진다.
② 제2정규형(2NF): 부분 함수 종속을 제거하여 비효율성을 줄인다.
③ 제3정규형(3NF): 이행 함수 종속을 제거하여 데이터 무결성을 유지한다. 식별자가 아닌 속성(주식별자의 일부 또는 일반 속성)이 결정자 역할을 하는 함수 종속을 제거하여 제3정규형(3NF)를 얻을 수 있다.

> **➕ 정규형**
>
> 정규형은 정규화 과정을 통해 테이블이 도달하는 설계 상태를 의미한다. 예를 들어, 데이터베이스를 1차 정규화하여 만들어진 테이블은 제1정규형에 해당한다. 이후 제1정규형을 2차 정규화하면, 해당 테이블은 제2정규형이 된다.

2 정규화의 종류

1. 제1정규형

(1) 개념

제1정규형은 데이터베이스 정규화의 첫 번째 단계로, 테이블의 모든 속성이 원자값을 가져야 함을 의미한다. 즉, 각 칼럼은 더 이상 분리할 수 없는 단일값만 포함해야 하며, 중복된 데이터 구조(반복 그룹)가 없어야 한다.

(2) 특징

① 원자값: 각 칼럼에는 하나의 값만 저장되며, 값이 리스트나 배열처럼 다중값을 가지면 안 된다.
② 반복 그룹 제거: 한 행에 같은 종류의 데이터가 반복되지 않아야 한다. 데이터가 테이블의 칼럼이나 행에서 불필요하게 반복되면 분리해야 한다.

제1정규형을 위반한 것은?

①

학생번호(PK)	이름	과목명
1001	김유신	수학
1002	강감찬	과학

②

학생번호(PK)	이름	취미
2001	이순신	독서, 음악, 여행
2002	홍길동	요리, 그림

③

학생번호(PK)	이름	성별
3001	김유신	남자
3002	유관순	여자

④

학생번호(PK)	주문상품코드(PK)	상품명
4001	P101	핸드폰
4002	P102	노트북

| 정답 | ②

| 해설 | 취미 속성이 여러 개의 값을 쉼표로 구분해 저장되어 있으므로 원자값이 아니다.

2. 제2정규형

(1) 개념

제1정규형(1NF)을 만족하면서, 기본 키의 부분 함수 종속(Partial Dependency)을 제거한 상태를 의미한다.

(2) 제2정규형 조건

① 제1정규형(1NF) 만족: 모든 속성이 원자값으로 구성되어야 한다. 즉, 테이블에 중복된 그룹이나 비정규적인 데이터가 없어야 한다.

② 부분 함수 종속 제거: 기본 키가 복합 키(두 개 이상의 속성으로 이루어진 키)일 때, 기본 키의 일부 속성에만 종속되는 비기본 속성이 없어야 한다.

　예 기본 키(A, B)가 있을 때, 비기본 속성 C가 A 또는 B에만 종속되면 부분 함수 종속이다.

(3) 제2정규형(2NF) 생성의 예

① 다음과 같이 모든 속성이 원자값으로 구성된 테이블이 있다고 가정한다.

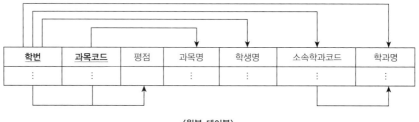

〈원본 테이블〉

② 해당 테이블에서 Primary Key의 일부인 과목코드와 과목코드에 의해 결정되는 과목명의 경우 테이블을 따로 분리하되, 과목코드는 기존 테이블에 남겨둔다.

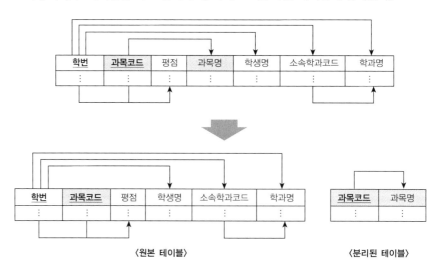

〈원본 테이블〉　　　　　　　　　　　　　　　　　〈분리된 테이블〉

③ 학번은 학생명, 소속학과코드, 학과명을 결정하는데, 이 역시 테이블을 따로 분리하되, 학번은 기존 테이블에 남겨둔다.

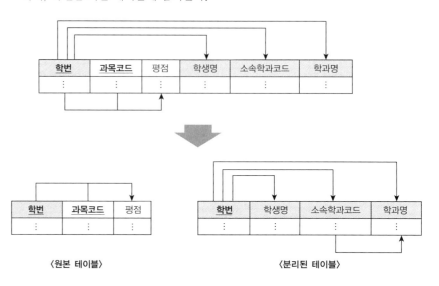

〈원본 테이블〉　　　　　　　　　　　　　　　　　〈분리된 테이블〉

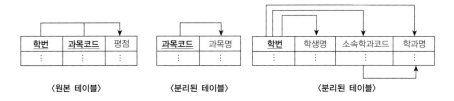

④ 결과적으로 원본 테이블은 아래와 같이 (학번, 과목코드, 평점)으로 이루어지게 되고, (과목코드, 과목명)으로 이루어진 테이블과 (학번, 학생명, 소속학과코드, 학과명)으로 이루어진 테이블이 따로 분리되어 생성된다. 그리고 각각의 스키마는 부분 함수 종속이 모두 제거되었으므로, 아래의 3개 테이블은 제2정규형을 만족한다고 볼 수 있다.

학번	과목코드	평점
⋮	⋮	⋮

〈원본 테이블〉

과목코드	과목명
⋮	⋮

〈분리된 테이블〉

학번	학생명	소속학과코드	학과명
⋮	⋮	⋮	⋮

〈분리된 테이블〉

확인 문제

아래 주문 상세 엔터티의 주식별자가 (주문번호, 상품번호)일 때, 이 엔터티가 만족하지 <u>않는</u> 정규형은?

주문번호	상품번호	상품명
20001	501	프로그래밍 입문
20001	502	알고리즘 강의
20002	501	프로그래밍 입문
20003	501	프로그래밍 입문
20004	502	알고리즘 강의

① 제1정규형 ② 제2정규형
③ 제3정규형 ④ 제4정규형

| 정답 | ②

| 해설 | 부분 함수 종속(상품번호 → 상품명)으로 인해 제2정규형을 만족하지 않는다.

---

3. 제3정규형

(1) 개념

제2정규형(2NF)을 만족하면서, 이행 함수 종속(Transitive Dependency)을 제거한 상태를 의미한다.

(2) 제3정규형 조건

① 제2정규형(2NF) 만족: 기본 키의 부분 함수 종속이 없어야 한다.

② 이행 함수 종속 제거: 비기본 속성이 다른 비기본 속성에 종속되는 경우를 제거해야 한다.

　🔴 기본 키 A가 B를 결정하고, B가 C를 결정한다면, A와 C 간의 관계는 이행 함수 종속이다.

(3) 제3정규형(3NF) 생성의 예

소속학과코드와 학과명 칼럼을 따로 분리하고, 소속학과코드는 원본 테이블에서 유지
한다.

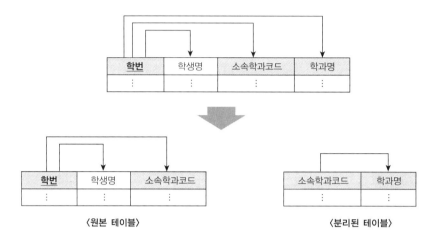

〈원본 테이블〉　　　　　　　　　　　　　　　〈분리된 테이블〉

확인 문제

아래 학생 엔터티의 주식별자가 학번(PK)일 때, 이 엔터티가 만족하지 <u>않는</u> 정규형은?

<u>학번</u>	이름	학과	학과장
2021001	김철수	컴퓨터공학	홍길동
2021002	이영희	경영학	김유신
2021003	박민수	컴퓨터공학	홍길동
2021004	최수진	경영학	김유신

① 제1정규형　　　　　　　　　　② 제2정규형
③ 제3정규형　　　　　　　　　　④ 제4정규형

| 정답 |　③

| 해설 |　주식별자(학번)가 단일 속성이므로, 부분 함수 종속은 발생하지 않는다. 따라서 제2정규형을 만족한다. 다만, 학
번이 학과를 결정하고, 학과가 학과장을 결정하는 이행 함수 종속이 존재하므로, 해당 테이블은 제3정규형을 만
족하지 않는다.

3 정규화와 성능

1. 정규화의 효과

(1) 데이터 중복 감소 ⇨ 성능 향상

데이터를 중복 없이 체계적으로 관리할 수 있어 저장 공간이 절약되고, 데이터 일관성
이 유지된다.

(2) 데이터가 관심사별로 묶임 ⇨ 성능 향상

테이블이 논리적으로 분리되면서 데이터 관리와 유지보수가 쉬워지고, 효율적인 설계가 가능하다.

(3) 조회 시 조인이 많이 발생 ⇨ 성능 저하

테이블이 분리되면서 조회 질의에서 조인이 자주 발생해 성능이 저하될 수 있다.

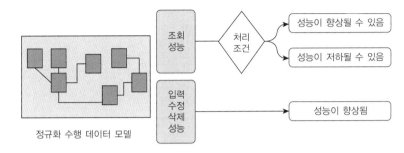

정규화 수행 데이터 모델

➡ 정규화는 일반적으로 성능을 향상시키지만, 조회 작업의 조건에 따라 성능이 향상되거나 저하될 수 있다. 따라서 데이터베이스 설계 시 정규화와 조회 성능 간의 균형을 고려해야 한다.

2. 정규화를 통한 성능 개선의 예

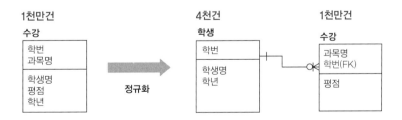

(1) 특정 학생의 학년 변경 시

정규화 전	해당 학생이 수강 테이블에서 나타나는 수만큼 변경
정규화 후	해당 학생의 학년 한 건만 변경

(2) 3학년 학생의 학번, 이름 조회 시

정규화 전	수강 이력이 누적된 수만큼 인스턴스 조회
정규화 후	학생 수만큼 인스턴스 조회 ⇨ 성능 향상

(3) 학번, 학생명, 과목명, 평점 조회 시

정규화 전	하나의 테이블에서 모두 조회
정규화 후	조인 필요 ⇨ 약간의 성능 저하

04 반정규화

■1 반정규화(Denormalization)의 개념

1. 반정규화

(1) 개념

정규화된 데이터베이스의 성능을 향상시키기 위해 중복과 통합, 분리를 수행하는 데이터 모델링 기법을 의미한다. 이는 주로 데이터 조회 성능을 개선하거나 시스템의 특정 요구사항을 충족하기 위해 사용된다.

(2) 특징

① 테이블, 칼럼, 관계의 반정규화: 반정규화는 테이블 구조, 칼럼의 중복, 테이블 간의 관계를 종합적으로 고려하여 설계된다. 이는 성능 최적화를 위한 설계 과정의 핵심이다.

② 속성(칼럼)의 중복 허용: 데이터 조회 성능을 개선하기 위해 칼럼의 중복 저장을 시도한다. 이를 통해 조인 과정을 줄이고, 데이터 접근 속도를 높일 수 있다.

③ 과도한 반정규화의 데이터 무결성 침해: 지나치게 많은 반정규화를 적용하면 데이터 중복이 심해져 데이터 무결성이 침해될 수 있다. 데이터 변경 시 일관성 유지가 어려워지며, 관리 복잡도가 증가한다.

학습TIP!
반정규화는 '역정규화'라고도 한다. 한편, 비정규화는 정규화를 전혀 수행하지 않는 것을 의미하므로, 반정규화(역정규화)와 혼동해서는 안 된다.

정규화된 데이터 모델의
반정규화 수행

조회 성능
향상

테이블의 중복성
칼럼의 중복성
관계의 중복성

반정규화에 대한 설명으로 가장 적절하지 않은 것은?

① 반정규화는 데이터 조회 성능을 개선하기 위해 테이블, 칼럼, 관계를 종합적으로 고려하여 설계된다.

② 반정규화를 통해 데이터 중복을 허용함으로써 조인을 줄이고 데이터 접근 속도를 높일 수 있다.

③ 과도한 반정규화는 데이터 중복이 심해져 데이터 무결성이 침해될 가능성이 있다.

④ 반정규화는 정규화된 데이터베이스 구조를 항상 그대로 유지하면서 성능을 최적화한다.

| 정답 | ④

| 해설 | 반정규화는 정규화된 데이터베이스 구조를 그대로 유지하지 않는다. 성능 최적화를 위해 데이터 중복이나 통합, 분리를 통해 정규화된 구조를 일부 변경하는 설계 기법이다.

2. 반정규화의 사전 절차

1. 반정규화 대상 조사	2. 다른 방법 유도 검토	3. 반정규화 적용
• 범위 처리 빈도수 조사 • 대량의 범위 처리 조사 • 통계성 프로세스 조사 • 테이블 조인 개수	• 뷰(View) 테이블 • 클러스터링 적용 • 인덱스의 조정 • 응용 애플리케이션	• 테이블 반정규화 • 속성의 반정규화 • 관계의 반정규화

반정규화를 적용하기 전에, 반정규화 대상을 조사하고 데이터베이스 성능을 개선할 수 있는 다른 방법들을 우선적으로 검토해야 한다. 이는 데이터의 무결성을 유지하면서 성능을 최적화하기 위한 중요한 단계이다.

(1) 뷰(View) 생성

뷰(View)는 자체적으로 직접적인 성능 향상을 제공하지는 않지만, 신중하게 설계된 뷰를 재사용함으로써 효율적인 데이터 접근을 가능하게 한다. 이는 반복적인 조회 작업을 단순화하기 위해 활용될 수 있다.

(2) 클러스터링(Clustering)

자주 함께 사용되는 테이블 데이터를 디스크의 동일한 블록에 저장함으로써 조회 성능을 향상시키는 기법이다. 이를 통해 디스크 접근 속도를 줄이고, 관련 데이터를 더 빠르게 로드할 수 있다.

(3) 인덱스의 조정

성능 최적화를 위해 필요한 인덱스를 추가하거나 불필요한 인덱스를 삭제하고, 인덱스의 순서를 조정하는 작업이다. 효율적인 인덱스 설계는 검색 속도와 쿼리 성능을 크게 개선할 수 있다.

(4) 응용 애플리케이션 로직 변경

데이터 처리와 관련된 로직을 수정하여 데이터베이스에 대한 의존성을 줄이고 성능을 개선하는 방법이다. 애플리케이션 수준에서 최적화가 가능하다면, 반정규화 없이도 성능 문제를 해결할 수 있다.

2 반정규화 기법

칼럼 반정규화	테이블 반정규화	관계 반정규화
• 중복 칼럼 추가 • 파생 칼럼 추가 • 이력 테이블 칼럼 추가 • PK의 의미적 분리를 위한 칼럼 추가 • 데이터 복구를 위한 칼럼 추가	• 테이블 병합: 관계 병합, 슈퍼/서브타입 병합 • 테이블 분할: 수직/수평 분할 • 테이블 추가: 중복/통계/이력/부분 테이블 추가	중복 관계 추가

1. 칼럼 반정규화

중복 칼럼 추가	조인 횟수를 감소시키기 위해 다른 테이블의 칼럼을 중복으로 저장함
파생 칼럼 추가	예상되는 질의에 대한 값을 미리 계산하여 중복으로 저장함
이력 테이블 칼럼 추가	이력 데이터 처리의 성능 향상을 위해 종료 여부, 최근값 여부 등의 칼럼을 추가로 저장함
PK의 의미적 분리를 위한 칼럼 추가	PK가 복합 의미를 갖는 경우, 구성 요소 값의 조회 성능 향상을 위해 일반 속성을 추가함
데이터 복구를 위한 칼럼 추가	사용자의 실수 또는 응용프로그램 오류로 인해 데이터가 잘못 처리된 경우, 원래 값으로의 복구를 위해 이전 데이터를 중복 저장함

(1) 중복 칼럼 추가

조인 횟수를 줄이기 위해 다른 테이블의 칼럼을 중복으로 저장하는 방식이다. 예를 들어, 사원의 이름과 소속 지점명을 자주 조회해야 하는 경우, [사원] 테이블에 지점명이 없다면 지점번호(FK)를 이용해 [지점] 테이블에서 지점명을 조회해야 하므로 조인이 발생한다. 이를 해결하기 위해 소속 지점명을 [사원] 테이블에 중복 칼럼으로 추가하면 조인 없이 바로 조회할 수 있어 성능이 향상된다.

(2) 파생 칼럼 추가

예상되는 질의에 대비해 값을 미리 계산하여 중복 저장하는 방식이다. 예를 들어, 각 주문번호에 대한 주문총금액을 확인하는 질의가 자주 발생할 경우, 주문총금액은 주문번호와 제품번호를 기준으로 '수량 × 단가'를 반복적으로 계산해야 하므로 질의 처리 시간이 늘어날 수 있다. 이를 해결하기 위해 [주문] 테이블에 '주문총금액'이라는 파생 칼럼을 추가하고, 각 주문의 총금액을 미리 계산해 저장하면, 조회 시 복잡한 계산 없이 즉시 값을 확인할 수 있어 성능이 향상된다.

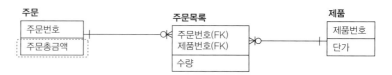

(3) 이력 테이블 칼럼 추가

이력 데이터 처리의 성능을 향상시키기 위해 종료 여부나 최근값 여부와 같은 칼럼을 추가로 저장하는 방식이다. 예를 들어, 직원이 여러 대의 차량을 등록한 경우, 등록 차량 중 가장 최근 차량만 자주 조회해야 한다면, [이력] 테이블에 최근 차량 여부를 나타내는 칼럼을 추가하여 조회를 간소화할 수 있다.

(4) PK의 의미적 분리를 위한 칼럼 추가

PK가 복합적인 의미를 가질 경우, 구성 요소 값의 조회 성능을 향상시키기 위해 일반 속성을 추가하는 방식이다. 예를 들어, 차량번호가 '서울 가 1234'처럼 '지역'과 '일련 번호'로 구성된 경우, 특정 지역(예 서울)에 등록된 차량만 조회하려면 PK(차량번호)를 활용하기 어렵다. 이를 해결하기 위해 '지역' 칼럼을 별도로 추가하면 조회 성능을 개선할 수 있다.

(5) 데이터 복구를 위한 칼럼 추가

사용자의 실수나 응용프로그램 오류로 인해 데이터가 잘못 처리된 경우, 원래 값으로 복구할 수 있도록 이전 데이터를 중복 저장하는 방식이다. 예를 들어, 주소 변경 과정에서 잘못된 값이 입력되거나 기존 주소를 복구해야 하는 상황이 발생할 수 있다. 이를 해결하기 위해 '이전주소'라는 칼럼을 추가하면, 데이터가 잘못 입력되었거나 변경 후 복구가 필요할 때 이전주소를 활용하여 데이터를 복원할 수 있다.

아래에서 설명하는 칼럼 반정규화 기법으로 가장 적절한 것은?

특정 칼럼의 값을 빠르게 조회하기 위해 기존에 존재하지 않던 데이터를 추가로 생성하여 저장한다. 예를 들어, '주문총금액'처럼 자주 사용되는 값을 미리 계산해 저장하면, 조회 시 복잡한 연산을 생략하고 바로 값을 참조할 수 있다.

① 중복 칼럼 추가
② 파생 칼럼 추가
③ 이력 데이터 칼럼 추가
④ 데이터 복구를 위한 칼럼 추가

| 정답 | ②

| 해설 | 파생 칼럼 추가는 기존 데이터를 바탕으로 계산된 값을 미리 생성해 저장하는 반정규화 기법이다. '주문총금액' 과 같은 값을 사전에 계산하여 저장하면 조회 성능이 향상된다.

2. 테이블 반정규화

테이블 병합	관계 병합	1:1 또는 1:M 관계를 병합함(두 테이블의 동시 조회가 많은 경우)
	슈퍼/서브타입 병합	슈퍼/서브타입 관계를 병합함(One To One Type / Single Type / Plus Type)
테이블 분할	수직 분할	디스크 I/O의 분산을 위해 테이블을 칼럼 단위로 분리함
	수평 분할	디스크 I/O의 분산을 위해 테이블을 로우 단위로 분리함
테이블 추가	중복 테이블 추가	원격 조인(다른 서버 간 조인)을 제거하기 위해 동일한 테이블 구조를 중복시킴
	통계 테이블 추가	SUM, AVG 등의 통계값을 미리 계산하여 저장함
	이력 테이블 추가	이력 테이블 중 일부 레코드를 마스터 테이블에서 중복 관리함
	부분 테이블 추가	하나의 테이블에서 집중적으로 이용되는 칼럼들만을 추출하여 별도의 테이블 생성함(테이블 수직 분할과 유사하지만, 원본 테이블을 유지하면서 추가함)

(1) 테이블 병합

① **관계 병합**: 두 개 이상의 테이블에서 동시 조회가 많은 경우 테이블을 하나로 합쳐 조회 성능을 개선하는 방식이다.

② **슈퍼/서브타입 병합**: 슈퍼/서브타입 모델은 일반화 관계를 표현하는 데이터베이스 설계 방식으로, 여러 엔터티의 공통 속성과 개별 속성을 체계적으로 관리하기 위해 사용된다.

슈퍼타입 (Super Type)	• 여러 엔터티에서 공통으로 사용하는 속성을 포함함 • 상위 개념에 해당하며, 각 서브타입의 기본 정보를 저장함
서브타입 (Sub Type)	• 각 엔터티에서 고유하게 사용하는 속성을 포함함 • 슈퍼타입을 기반으로 파생된 하위 개념으로, 각 타입별 세부 정보를 저장함

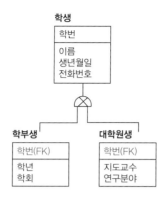

데이터의 양과 트랜잭션 유형에 따라 슈퍼/서브타입을 개별 테이블로 분리하거나 하나의 테이블로 병합하는 방식으로 결정된다.

- 개별 접근 트랜잭션이 많은 경우 ▷ One To One Type으로 변환
- 슈퍼타입 + 서브타입 접근 트랜잭션이 많은 경우 ▷ Plus Type으로 변환
- 여러 서브타입에 대한 동시 접근이 많은 경우 ▷ Single Type으로 변환

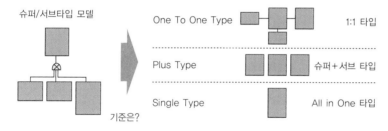

구분	One To One Type	Plus Type	Single Type
특징	개별 테이블	슈퍼 + 서브타입 테이블	하나의 통합 테이블
확장성	우수함	보통	나쁨
조인 필요 수	많음	보통	적음
I/O 성능 저하	양호	양호	나쁨
관리 용이성	나쁨	나쁨	좋음
적합 트랜잭션 유형	개별 테이블로 접근이 많은 경우	슈퍼 + 서브 형식 데이터 처리가 많은 경우	전체에 대한 일괄 처리가 많은 경우

(2) 테이블 분할

데이터베이스 성능을 최적화하기 위해 대량 데이터를 효율적으로 관리하는 설계 기법이다. 수직 분할과 수평 분할로 나뉘며, 아래와 같은 절차를 통해 수행된다.

> [테이블 분할 절차]
> 데이터 모델링 수행 ⇨ 데이터베이스 용량 산정 ⇨ 트랜잭션 처리 패턴 분석 ⇨ 트랜잭션 칼럼 단위
> 집중 시 수직 분할, 로우 단위 집중 시 수평 분할 수행

① **수직 분할**: 많은 칼럼을 가진 테이블에서 프로세스가 칼럼 유형마다 다르게 발생하는 경우, 테이블을 칼럼 단위로 분리하여 설계하는 방법이다.

② **수평 분할**: 테이블이 많은 양의 데이터를 가질 것으로 예상되는 경우, 데이터의 행을 기준으로 분리하여 관리하는 방법을 말한다. 이를 파티셔닝(Partitioning)이라고도 한다.

Range Partition (범위 파티션)	데이터를 특정 범위로 나누는 방식 📍 고객번호를 기준으로 1~1,000, 1,001~2,001 등 범위로 분할
List Partition (리스트 파티션)	데이터를 특정 값의 목록으로 나누는 방식 📍 지역을 기준으로 서울, 대구, 부산으로 분할
Hash Partition (해시 파티션)	• 해시 함수*를 사용하여 데이터를 고르게 분산시키는 방식 • 고객 ID를 해시 함수로 계산하여 데이터를 파티션에 분배

해시 함수(Hash Function)
임의의 길이의 데이터를 고정된 길이의 데이터로 매핑하는 함수이다.

(3) 테이블 추가

① **이력 테이블 추가**: 이력 테이블은 데이터 변경 이력을 관리하고, 특정 시점의 데이터를 조회하거나 복구할 수 있도록 설계된 테이블이다. 특히, 특정 데이터의 최근 값을 자주 조회하는 경우 이를 효율적으로 처리하기 위해 최근 값을 모아 중복 속성을 생성한 테이블을 활용할 수 있다.

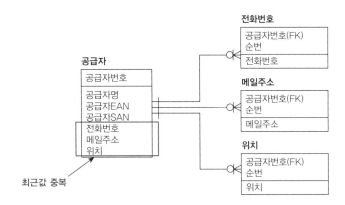

② **부분 테이블 추가**: 부분 테이블 추가는 원본 테이블의 일부 속성만 별도의 테이블로 분리하여 설계하는 기법으로, 자주 사용되는 특정 속성을 효율적으로 관리하고 조회 성능을 향상시키기 위한 방법이다. 이 방식은 원본 테이블을 유지하면서 추가적인 테이블을 통해 특정 데이터에 빠르게 접근할 수 있도록 한다.

아래에서 설명하는 테이블 반정규화 기법으로 가장 적절한 것은?

> 두 개 이상의 테이블에서 동시 조회가 자주 발생할 경우, 성능을 향상시키기 위해 테이블을 하
> 나로 합치는 방식이다. 예를 들어, '[주문] 테이블'과 '[주문 상세] 테이블'을 병합하여 조회 시
> 조인을 줄이고 데이터를 빠르게 확인할 수 있도록 한다.

① 관계 병합   ② 테이블 분할
③ 속성 통합   ④ 파생 칼럼 추가

| 정답 | ①

| 해설 | 관계 병합은 두 개 이상의 테이블에서 동시 조회가 빈번하게 발생하는 경우, 성능을 향상시키기 위해 테이블을
         하나로 병합하는 반정규화 기법이다. 이는 조인 과정을 줄이고 조회 성능을 최적화할 수 있도록 한다.

3. 관계 반정규화 – 중복관계 추가

조인을 통해 정보 조회가 가능하지만 조인 연산이 자주 발생하거나 성능 저하가 우려될
때, 조인 경로를 단축하기 위하여 테이블 간 중복 관계를 추가하는 반정규화 기법이다.

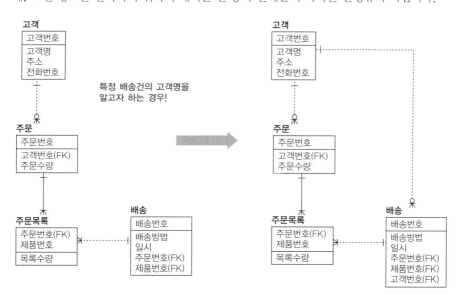

3 인덱스(Index) 조정

1. 인덱스의 개념

인덱스는 테이블의 특정 열(칼럼)에 대해 생성된 구조로, 데이터 조회 시 검색 속도를 빠르게 하기 위해 사용된다. 예를 들어, 학번이 3000 초과 5000 미만인 학생을 조회하고자 다음과 같은 SQL 문을 실행했다고 가정한다.

```
질의
SELECT    학번, 이름, 학년
FROM      학생
WHERE     학번 > 3000 AND 학번 < 5000;
```

학생

학번	이름	학년
1122	강감찬	2
2233	김유신	2
2211	홍길동	3
3321	을지문덕	3
2354	유관순	4
5434	이순신	1
2324	이성계	1
4321	단군	2

(1) 문제점

학번이 3000보다 크고 5000보다 작은 학생을 찾기 위해 테이블 전체를 탐색해야 하는 경우(Full Scan)가 발생할 수 있다. 이는 관계형 데이터베이스에서 데이터가 순서 없이 저장되기 때문에 효율적인 검색이 어려운 상황을 의미한다.

(2) 인덱스 적용

학번에 대해 인덱스를 생성하면, [인덱스] 테이블이 학번 값을 순서대로 정렬하여 저장한다. 이를 통해 SQL 문 실행 시 테이블 전체를 탐색하지 않고 [인덱스] 테이블만 탐색하므로 검색 속도가 크게 향상된다.

2. 인덱스의 특징

(1) 장점

인덱스는 데이터베이스의 검색 속도를 향상시키는 데 유용한 구조이다. 인덱스를 사용하면 테이블 전체를 탐색하지 않고, [인덱스] 테이블만을 탐색하여 필요한 데이터를 빠르게 조회할 수 있다. 이는 Full Scan을 방지함으로써 효율적인 데이터 검색을 가능하게 한다.

(2) 단점

지나치게 많은 인덱스를 생성하면 저장 공간이 낭비되고, 인덱스 관리 비용이 증가할 수 있다. 또한, 인덱스가 적용된 필드의 데이터가 수정되면 인덱스를 갱신해야 하므로 삽입 및 갱신 작업의 처리 시간이 늘어나는 단점이 있다.

(3) 생성 방식

Primary Key(PK)나 Unique 조건이 설정된 필드에 대해 자동으로 생성되며, 특정 필드에 대해 명시적으로 인덱스를 생성하려면 CREATE INDEX 구문을 사용해야 한다.

확인 문제

데이터베이스 인덱스에 대한 설명으로 가장 적절하지 않은 것은?

① 인덱스는 테이블의 특정 열에 대해 데이터를 빠르게 검색할 수 있도록 돕는 구조이다.
② 인덱스를 사용하면 SELECT 쿼리 성능은 향상되지만, 데이터 삽입, 수정, 삭제 성능은 저하될 수 있다.
③ 인덱스는 모든 열에 생성하는 것이 성능 향상에 항상 유리하다.
④ 인덱스는 Primary Key나 Unique 제약 조건이 설정된 열에 자동으로 생성된다.

| 정답 | ③

| 해설 | 모든 열에 인덱스를 생성하면 성능이 향상되는 것이 아니라, 불필요한 인덱스는 저장 공간 낭비와 데이터 변경 시 성능 저하를 초래할 수 있다. 인덱스는 사용 빈도가 높은 열에 적절히 생성해야 한다.

출제예상문제

01

관계형 데이터베이스에 대한 설명으로 가장 적절하지 <u>않은</u> 것은?

① 테이블은 행과 열로 구성되며, 관계형 데이터베이스의 기본 단위이다.
② 기본 키는 테이블의 각 행을 고유하게 식별하기 위해 사용하는 속성이다.
③ 외래 키는 다른 테이블의 기본 키 값을 참조할 수 있으며, NULL 값을 가질 수 없다.
④ 로우(Row)는 테이블에서 가로 방향으로 이루어진 연결된 데이터로 튜플 또는 레코드라고도 한다.

| 해설 | 외래 키는 NULL 값을 가질 수 있다. 외래 키의 값은 NULL이거나, 해당 외래 키가 참조하는 테이블의 기본 키 값과 일치해야 한다.

02

제약 조건에 대한 설명으로 가장 적절하지 <u>않은</u> 것은?

① 도메인 제약은 각 속성값이 특정 도메인에서 정의된 값이어야 한다는 제약 조건이다.
② 키 제약은 모든 튜플이 서로 고유하게 식별될 수 있어야 한다는 제약 조건이다.
③ 개체 무결성 제약은 기본 키는 반드시 고유한 값이거나, NULL 값이어야 한다는 제약 조건이다.
④ 참조 무결성 제약은 외래 키는 NULL 값을 가지거나 참조하는 테이블의 기본 키 값과 일치해야 한다는 제약 조건이다.

| 해설 | 개체 무결성 제약 조건에서는 기본 키는 중복될 수 없으며, 반드시 고유해야 하고 NULL 값을 허용하지 않는다.

03

아래의 데이터가 위배한 제약 조건은? (단, 아래의 테이블은 학번을 주식별자로 하며, 나이 속성은 정수값이어야 함)

학번	이름	나이	학과
2025A001	홍길동	21	NULL
2025A002	강감찬	23	경영학
2025A003	김유신	축구	컴퓨터공학

① 도메인 제약 위반
② 개체 무결성 제약 위반
③ 키 제약 위반
④ 참조 무결성 제약 위반

| 해설 | 나이 속성은 정수값이어야 하지만, 세 번째 행에서 '축구'라는 문자값이 입력되었다. 이는 속성값이 정의된 도메인에서 벗어난 값이므로 도메인 제약 조건에 위배되었다.

04

외래 키에 대한 설명으로 가장 적절한 것은?

① 외래 키 값은 참조 무결성 제약을 받을 수 있다.
② 한 테이블에 하나 이상의 외래 키를 생성할 수 없다.
③ 외래 키는 NULL 값을 가질 수 없다.
④ 테이블을 생성할 때에는 외래 키를 설정할 수 없다.

| 해설 | ② 한 테이블에 하나 이상의 외래 키를 생성할 수 있다.
③ 외래 키는 NULL 값을 가질 수 있다.
④ 외래 키는 테이블 생성 시에 설정할 수 있다.

| 정답 | 01 ③   02 ③   03 ①   04 ①

05

속성 {a, b, c, d, e}로 구성된 릴레이션에서 아래와 같은 함수 종속성이 존재할 때, 이 릴레이션의 후보 키로 가장 적절하지 <u>않은</u> 것은?

> [함수 종속성]
> • ab → cde   • c → e
> • d → a   • ad → b

① ab
② bd
③ ad
④ ce

| 해설 | 'c → e'이므로, ce로 {c, e}를 얻을 수 있으나, 다른 속성 {a, b, d}을 포함하지 못한다. 따라서 ce는 후보 키가 아니다.

① 'b → cde'이므로, ab는 {a, b} + {c, d, e}에 도달할 수 있어 모든 속성을 포함한다. 따라서 ab는 후보 키이다.

② 'd → a'이므로, bd는 {a, b, d}를 얻을 수 있고, 'ab → cde'이므로 bd는 {a, b, d} + {c, b, d}에 도달할 수 있어 모든 속성을 포함한다. 따라서 bd는 후보 키이다.

③ 'ad → b'이므로, ad로 {a, b, d}를 얻을 수 있고, 'ab → cde'이므로 ad로 {a, b, d} + {c, d, e}에 도달할 수 있어 모든 속성을 포함한다. 따라서 ad는 후보 키이다.

06

빈칸 ㉠, ㉡에 들어갈 내용으로 가장 적절한 것은?

> [㉠]을 만족하면서, 기본 키의 부분 함수 종속을 제거한 상태를 [㉡]이라고 한다.

① ㉠ 제1정규형, ㉡ 제2정규형
② ㉠ 제2정규형, ㉡ 제3정규형
③ ㉠ 제1정규형, ㉡ 제3정규형
④ ㉠ 제2정규형, ㉡ 제1정규형

| 해설 | 제1정규형을 만족하면서, 기본 키의 부분 함수 종속을 제거한 상태를 제2정규형이라고 한다.

07

정규화에 대한 설명으로 가장 적절하지 <u>않은</u> 것은?

학생번호(PK)	이름	학과코드	학과명
1001	김유신	CS01	컴퓨터공학
1002	강감찬	MG02	경영학
1003	유관순	CS01	컴퓨터공학

① 모든 속성이 원자값을 가지므로 제1정규형을 만족한다.
② '학생번호 → 학과코드 → 학과명'이라는 이행 함수 종속이 존재한다.
③ 학생번호가 단일 키로 설정되어 있으므로 부분 함수 종속은 발생하지 않는다.
④ 학과코드가 학생번호에 종속되고, 학과명이 학과코드에 종속되어 제2정규형을 위반한다.

| 해설 | 학과코드가 학생번호에 종속되고, 학과명이 학과코드에 종속되므로 이행 함수 종속이 존재한다. 따라서 이행 함수 종속을 제거하지 못했으므로 제3정규형을 위반한 것이다.

08

아래의 테이블을 (가)에서 (나)로 변환하였다. 이에 관한 설명으로 가장 적절한 것은? [단, (가) 테이블의 주식별자는 학번과 학과코드임]

(가)

학번	학과코드	학과명
001	A001	경제학과
002	B001	경영학과
003	C001	국문학과
004	B001	경영학과
005	A001	경제학과

(나)

학번	학과코드	학과코드	학과명
001	A001	A001	경제학과
002	B001	B001	경영학과
003	C001	C001	국문학과
004	B001		
005	A001		

① (가)에서 (나)로의 변환은 1차 정규화를 수행한 것이다.
② (나)는 제3정규형을 만족하지 못한다.
③ (가)에서 (나)로 변환함으로써 일반 속성이 주식별자에 부분적으로 종속되는 현상을 해결하였다.
④ (가)에서 (나)로 변환함에 따라 특정 학번의 학과명 조회 시 조회 성능이 향상되었다.

| 해설 | 일반 속성이 학과명이 주식별자 중 학과코드에 종속되어 있는 부분 함수 종속을 제거하였다.
① 부분 함수 종속을 제거하였으므로, 2차 정규화를 수행한 것이다.
② (나)는 부분 함수 종속과 이행 함수 종속이 없으므로 제3정규형을 만족한다.
④ (가)에서 (나)로의 정규화 후에 조인이 필요하게 되어 약간의 조회 성능이 저하되었다.

09

사원 엔터티에 필요한 정규화와 분리된 스키마 구조로 가장 적절한 것은?

```
사원
┌─────────────────┐
│ 사원번호          │
│ 부서코드          │
├─────────────────┤
│ 사원명            │
│ 직급             │
│ 입사일            │
│ 부서명            │
│ 근속연수          │
└─────────────────┘
```

[함수 종속성(FD)]
• {사원번호, 부서코드} → {근속연수}
• {사원번호} → {사원명, 직급, 입사일}
• {부서코드} → {부서명}

① 2차 정규화 – {사원번호, 부서코드, 근속연수}, {사원번호, 사원명, 직급, 입사일}, {부서코드, 부서명}
② 2차 정규화 – {사원번호, 사원명, 직급, 입사일, 근속연수}, {부서코드, 부서명}
③ 3차 정규화 – {사원번호, 부서코드, 근속연수}, {사원번호, 사원명, 직급, 입사일}, {부서코드, 부서명}
④ 3차 정규화 – {사원번호, 사원명, 직급, 입사일}, {부서코드, 부서명, 근속연수}

| 해설 | 기본 키인 {사원번호, 부서코드}가 있을 때, 비기본 속성인 {사원명, 직급, 입사일}은 {사원번호}에만 종속되고, {부서명}은 {부서코드}에만 종속되므로 부분 함수 종속이다. 따라서 2차 정규화를 통해 부분 함수 종속을 제거해야 하며, 이에 따라 분리된 스키마는 {사원번호, 사원명, 직급, 입사일}, {부서코드, 부서명}, {사원번호, 부서코드, 근속연수}이다.

10

아래에서 설명하는 정규형으로 가장 적절한 것은?

> 엔터티의 모든 일반 속성은 다른 일반 속성에 종속되지 않아야 한다.

① 제1정규형
② 제2정규형
③ 제3정규형
④ BCNF(보이스-코드 정규형)

| 해설 | 제3정규형은 엔터티의 일반 속성 간에는 서로 종속되지 않아야 한다.

11

정규화와 성능에 대한 설명으로 가장 적절하지 <u>않은</u> 것은?

① 정규화는 테이블을 논리적으로 분리하여 데이터 관리와 유지보수를 더욱 용이하게 만든다.
② 정규화를 통해 테이블을 분리하면 조회 성능이 저하될 수 있다.
③ 반정규화는 조회 성능 향상을 위해 조인 과정을 최소화한다.
④ 반정규화는 데이터 중복을 제거하여 저장 공간을 절약하고 데이터 일관성을 유지하기 위해 사용된다.

| 해설 | 반정규화는 데이터 중복을 제거하기 위한 방법이 아니라, 성능 최적화를 위해 데이터 중복을 허용하거나 테이블을 병합하는 방식이다.

12

반정규화가 필요한 경우로 가장 적절한 것은?

① 데이터 중복이 발생하여 일관성이 유지되지 않을 때
② 테이블이 세분화되어 조회 시 조인 연산이 자주 발생하여 성능이 저하될 때
③ 복합 속성이 존재하여 데이터를 단순화해야 할 때
④ 외래 키 제약 조건이 없어 테이블 간의 무결성이 유지되지 않을 때

| 해설 | 테이블이 세분화되어 조인 연산이 자주 발생하면 성능 저하가 발생할 수 있으므로 반정규화를 통해 성능을 개선할 수 있다.
① 데이터 중복은 정규화 과정을 통해 해결할 수 있다.
③ 복합 속성은 정규화를 통해 단순화할 수 있다.
④ 외래 키 제약 조건은 참조 무결성 설정을 통해 해결할 수 있다.

13

반정규화 기법에 대한 설명으로 가장 적절한 것은?

① 중복 칼럼 추가 기법은 예상되는 질의에 대한 값을 미리 계산하여 중복으로 저장하는 반정규화 기법이다.
② 한 명의 직원이 여러 대의 차량을 등록한 경우, 등록 차량 중 가장 최근 차량만 조회해야 한다면 이력 테이블을 추가하여 조회를 간단히 처리할 수 있다.
③ 수직 분할은 디스크 I/O의 분산을 위해 테이블을 로우 단위로 분리하는 것을 말한다.
④ 슈퍼/서브타입 모델에서 슈퍼타입은 각 엔터티가 고유하게 사용하는 속성을 포함하는 개념이다.

| 해설 | ① 예상되는 질의에 대한 값을 미리 계산하여 중복으로 저장하는 반정규화 기법은 파생 칼럼 추가 기법이다.
③ 디스크 I/O의 분산을 위해 테이블을 로우 단위로 분리하는 것은 수평 분할이다.
④ 슈퍼타입은 모든 서브타입이 공통으로 사용하는 속성만을 포함해야 한다. 각 엔터티(서브타입)에서 고유하게 사용하는 속성은 서브타입에 정의되어야 한다.

14

데이터베이스 성능 향상을 위해 주문 테이블에 '총주문금액(= 수량 × 단가)' 칼럼을 추가한 경우, 적용된 반정규화 기법은?

① 이력 테이블 칼럼 추가
② 중복 칼럼 추가
③ 파생 칼럼 추가
④ PK의 의미적 분리를 위한 칼럼 추가

| 해설 | '총주문금액(= 수량 × 단가)'은 기존 데이터를 바탕으로 계산된 값이므로, 파생 칼럼 추가에 해당한다.

| 정답 | 10 ③　11 ④　12 ②　13 ②　14 ③

15

데이터베이스 성능 향상을 위해 [직원] 테이블에 '최종 근무일', '재직 상태'와 같은 칼럼을 추가한 경우, 적용된 반정규화 기법은?

① 이력 테이블 칼럼 추가
② 중복 칼럼 추가
③ 파생 칼럼 추가
④ PK의 의미적 분리를 위한 칼럼 추가

| 해설 | '최종 근무일', '재직 상태'와 같은 칼럼은 데이터의 이력 관리를 목적으로 추가된 것으로, 이는 이력 테이블 칼럼 추가에 해당한다.

16

슈퍼/서브타입 병합 방식에 대한 설명으로 가장 적절하지 않은 것은?

① 개별 접근 트랜잭션이 많은 경우 One To One 타입으로 변환하는 것이 바람직하다.
② One To One 타입과 Plus 타입은 관리가 어려운 방식이다.
③ Single 타입은 다른 방식에 비해 확장성이 떨어진다
④ Single 타입은 조인 성능이 떨어지므로 관리가 어렵다.

| 해설 | Single 타입은 조인 성능이 우수하여 관리가 편리하다.

17

슈퍼타입과 서브타입 변환 방법 중 조인이 가장 많이 필요한 타입으로 가장 적절한 것은?

① One To One 타입
② Plus 타입
③ Single 타입
④ Composite 타입

| 해설 | One To One 타입은 슈퍼타입과 서브타입이 각각 개별 테이블로 존재하므로 데이터를 조회할 때 조인이 가장 많이 발생하게 된다.

18

아래의 '학생정보'는 슈퍼타입이고, '학부생'과 '대학원생'은 서브타입이다. 애플리케이션에서 학생정보 조회 시 항상 학부생과 대학원생 정보를 동시에 조회하는 특성이 있을 때, 슈퍼타입과 서브타입을 변환하는 방법으로 가장 적절한 것은?

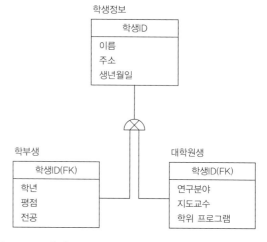

① Single 타입
② One To One 타입
③ Plus 타입
④ Class Table 타입

| 해설 | 항상 학부생과 대학원생 정보를 동시에 조회하는 특성이 있다고 하였으므로 하나의 통합 테이블을 만드는 Single 타입이 가장 적절한 방법이다.

19

인덱스 조정에 대한 설명으로 가장 적절하지 않은 것은?

① 인덱스 사용 시 테이블 전체를 탐색하지 않고, 인덱스 테이블만 탐색하여 필요한 데이터를 빠르게 검색할 수 있다.
② 인덱스가 많아질수록 조회 성능은 향상되며, 수정 및 삭제 성능도 함께 개선된다.
③ Primary Key나 Unique 제약 조건이 설정된 열에는 인덱스가 자동으로 생성된다.
④ CREATE INDEX 구문을 통해 특정 필드에 대해 명시적으로 인덱스를 생성할 수 있다.

| 해설 | 인덱스는 조회 성능을 향상시키지만, 인덱스가 많아질 경우 수정 및 삭제 시 인덱스 갱신 작업이 추가되기 때문에 성능이 저하될 수 있다.

| 정답 | 15 ① 16 ④ 17 ① 18 ① 19 ②

실패가 두려워서
새로운 시도를 거부해서는 안 된다.

서글픈 인생은
"할 수 있었는데"
"할 뻔 했는데"
"해야 했는데"
라는 세 마디로 요약된다.

– 루이스 E. 분(Louis E. Boone)

2과목
SQL 기본 및 활용

문항 수	40문항
목표점수	24문항 / 40문항
과락점수	16문항 / 40문항 미만

시험 경향 분석

2과목은 SQL 문법의 이해를 바탕으로, 다양한 실무 상황에 SQL을 정확히 적용하고 결과를 해석할 수 있는지를 평가한다. 단순 암기보다는 실행 결과의 예측력과 문제 해결 능력을 함께 요구하는 과목이다. 최근 52~56회차 시험의 출제 경향은 다음과 같다.

첫째, SELECT, WHERE, ORDER BY 등 기본 구문은 모든 회차에 출제되며, 단일행 함수, 조건식, 정렬 방식 등 기본적인 문법 요소를 정확히 이해하고 있어야 한다.

둘째, JOIN, 집합 연산자, 서브쿼리는 긴 SQL 문으로 구성된 고난도 문제로 자주 출제되며, 수험생이 가장 어려워하는 영역이다. 그러나 전략적으로 학습하면 고득점을 노릴 수 있는 핵심 영역이기도 하다.

셋째, 다중행 함수는 단순한 문법이 아닌 실행 결과 예측 문제로 출제되며, 결과를 정확히 도출하는 능력이 중요한 평가 요소이다.

난이도는 중상 수준이며, 특히 실행 결과를 직접 도출하거나 오류를 찾아내야 하는 문항이 많아 실전 감각이 필요하다. 효과적인 학습을 위해서는 SQL 문장을 직접 작성하고 실행해보는 연습과 기출 변형 문제 유형의 반복 학습이 반드시 병행되어야 한다.

2과목 출제키워드

CHAPTER 01
- SELECT 문
- ORDER BY, WHERE 절
- 레코드 삽입, 삭제, 갱신

CHAPTER 02
- 단일행 함수의 종류
- CASE 표현식
- NULL 관련 함수

CHAPTER 03
- JOIN
- 계층형 질의
- 집합 연산자

CHAPTER 04
- 서브쿼리
- 뷰

CHAPTER 05
- 집계 함수
- GROUP BY, HAVING 절
- 윈도우 함수

CHAPTER 06
- 테이블 생성
- 제약 조건의 지정
- 테이블 변경, 삭제

CHAPTER 07
- 트랜잭션
- TCL
- DCL

Basic DML

무료특강
바로가기

---

01   SQL

1 SQL(Structured Query Language)의 개념 및 유형

SQL은 관계형 데이터베이스에서 데이터를 정의 · 조작 · 제어하기 위해 사용하는 언어이다.

데이터 정의어(DDL; Data Definition Language)	· 데이터 스키마를 설정하거나 수정하는 작업을 의미함 · CREATE, ALTER, DROP, RENAME, TRUNCATE
데이터 조작어(DML; Data Manipulation Language)	· 데이터베이스 내의 인스턴스(레코드)를 다루는 작업을 의미함 · SELECT, INSERT, UPDATE, DELETE
데이터 제어어(DCL; Data Control Language)	· 사용자 계정을 생성하거나 권한을 부여하는 등 데이터베이스의 접근 및 사용을 관리하는 작업을 의미함 · GRANT, REVOKE
트랜잭션 제어어(TCL; Transaction Control Language)	· 데이터의 일관성과 무결성을 보장하기 위해 작업을 트랜잭션 단위로 묶어서 관리하는 작업을 의미함 · COMMIT, ROLLBACK

따라서 SQL은 DDL, DML, DCL, TCL이 결합되어 SQL의 전체적인 문법을 형성한다고 볼 수 있으며, 이는 영어에서 동명사, 전치사, to 부정사 등 다양한 문법 요소가 결합되어 하나의 언어 체계를 이루는 것과 유사한 원리이다.

> **➕ 표준 SQL**
>
> SQL은 관계형 데이터베이스의 표준 언어로, ISO(International Organization for Standardization)에서 정의한 표준 규격을 따른다. 표준 SQL은 통일된 질의 언어에 대한 필요성에서 출발하였다. 과거, 서로 다른 기업에서 개발한 DBMS는 해당 DBMS의 고유한 쿼리 언어를 사용했기 때문에 기업 간의 데이터 교환과 처리에 어려움이 있었다. 이러한 문제를 해결하고 기업 간 데이터 교환을 원활히 하기 위해, 서로 다른 DBMS에서도 일관되게 사용 가능한 표준 SQL이 등장하게 되었다.

2 SQL 기본 작성 규칙

(1) 문장 종료

    SQL 문장은 세미콜론(;)으로 종료한다.

> **질의**
> ```
> SELECT * FROM employees;
> ```

(2) 대소문자 구분

명령어, 객체명, 변수명은 대소문자를 구분하지 않는다. 그러나 데이터 값은 대소문자를 구분(예 데이터 값인 'KIM'과 'kim'은 다르게 인식)한다.

① 명령어, 객체명, 변수명: 대소문자를 구분하지 않는다.

대문자   소문자   대소문자 혼합

② 데이터 값: 대소문자를 구분한다.

(3) 문자열 및 날짜 값

문자열(String)과 날짜(Date) 값은 작은따옴표(' ')를 사용한다.

(4) 공백과 줄 바꿈

단어와 단어 사이는 공백 또는 줄 바꿈으로 구분한다.

(5) 주석문

코드의 실행에는 영향을 미치지 않지만, 가독성을 높이고 내용을 설명하기 위해 사용된다.

① 단일행 주석: 주석 내용 앞에 --을 입력한다.

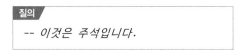

② 다중행 주석: 주석 내용의 시작에 /*를, 끝에 */를 입력한다.

```
질의
/*
    여기서부터 여기까지 주석입니다.
*/
```

스크립트(Script)

스크립트란 여러 SQL 문장(쿼리)을 하나의 파일이나 블록에 작성하여, 순차적으로 실행할 수 있도록 만든 코드 집합을 의미한다.

본격적인 SQL 학습에 앞서 Oracle과 SQL Developer를 설치하고, 계정 생성까지 완료한다. 이어서 'K-League'와 'Company' 스크립트* 파일을 다운로드하여 실습 테이블을 생성한다.

※ 다운로드 경로: EXIT 합격 서비스 홈페이지(exit.eduwill.net) ▶ 로그인 ▶ 자료실 ▶ SQLD

■ SQL Developer 실행

1. SQL Developer 접속

SQL Developer를 실행한 후 사용자 계정인 'my_conn'으로 접속한다.

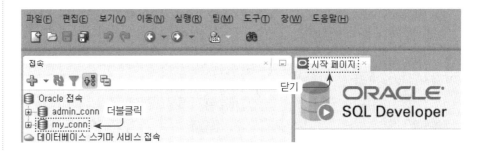

2. 접속 확인

사용자 계정에 접속이 제대로 되어 있는지 확인하기 위해 **SELECT * FROM DUAL;** 명령어를 실행하여 결과를 확인한다. **FROM DUAL** 구문과 그 결과에 대한 의미는 추후 살펴보기로 하며, 지금은 DBMS가 정상적으로 동작하는지 확인하기 위해 우선 해당 명령어를 실행하도록 한다.

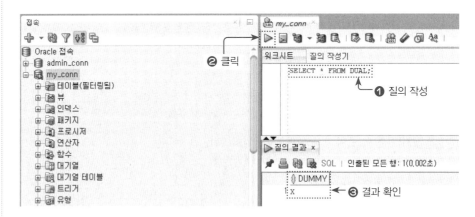

3. 문장을 실행하는 방법

SQL Developer에서는 질의문을 1문장씩 실행하거나, 여러 문장을 동시에 실행할 수 있다.

(1) 단일 문장 실행

F9 키 또는 실행 버튼을 사용하면 현재 커서가 위치한 단일 SQL 문장을 실행할 수 있다.

학습TIP!

새로운 워크시트를 추가하는 단축키는 'Alt + F10'이다.

(2) 여러 문장 실행

F5 키 또는 스크립트 실행 버튼을 사용하면 전체 스크립트를 실행할 수 있다.

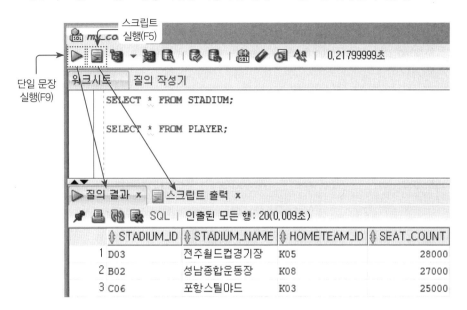

2 실습 테이블 확인

본 교재에서는 'K-League'와 'Company' 데이터를 실습하며 SQL에 대한 주요 내용을 살펴볼 예정이다. 학습에 필요한 실습파일을 아래와 같이 표기하여 안내하고 있으니, 해당 파일을 참고하여 실습에 활용하도록 한다.

실습파일 | K-League   실습파일 | Company

이 중 'K-League' 데이터가 어떠한 테이블과 칼럼으로 구성되어 있는지 살펴보면 다음과 같다.

[PLAYER] 테이블

PLAYER_ID	PLAYER_NAME	TEAM_ID	E_PLAYER_NAME	NICKNAME
⋮	⋮	⋮	⋮	⋮

JOIN_YYYY	POSITION	BACK_NO	NATION	BIRTH_DATE
⋮	⋮	⋮	⋮	⋮

SOLAR	HEIGHT	WEIGHT
⋮	⋮	⋮

[TEAM] 테이블

TEAM_ID	REGION_NAME	TEAM_NAME	E_TEAM_NAME
⋮	⋮	⋮	⋮

ORIG_YYYY	STADIUM_ID	ZIP_CODE1	ZIP_CODE2	ADDRESS
⋮	⋮	⋮	⋮	⋮

DDD	TEL	FAX	HOMEPAGE	OWNER
⋮	⋮	⋮	⋮	⋮

[STADIUM] 테이블

STADIUM_ID	STADIUM_NAME	HOMETEAM_ID
⋮	⋮	⋮

SEAT_COUNT	ADDRESS	DDD	TEL
⋮	⋮	⋮	⋮

[SCHEDULE] 테이블

STADIUM_ID	SCHE_DATE	GUBUN	HOMETEAM_ID
⋮	⋮	⋮	⋮

AWAYTEAM_ID	HOME_SCORE	AWAY_SCORE
⋮	⋮	⋮

밑줄 친 PLAYER_ID, TEAM_ID, STADIUM_ID, (STADIUM_ID, SCHE_DATE)는 각 테이블의 Primary Key에 해당한다. 그리고 [PLAYER] 테이블의 TEAM_ID(FK)는 [TEAM] 테이블의 TEAM_ID를 참조하고, [TEAM] 테이블의 STADIUM_ID(FK)는 [STADIUM] 테이블의 STADIUM_ID를 참조한다. 각 테이블의 관계를 그림으로 살펴보면 다음과 같다.

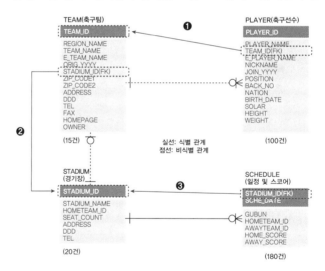

❶ [PLAYER] 테이블의 TEAM_ID는 [TEAM] 테이블의 TEAM_ID를 참조한다. 따라서 [PLAYER] 테이블이 생성되려면 [TEAM] 테이블이 먼저 생성되어야 한다.

❷ [TEAM] 테이블의 STADIUM_ID는 [STADIUM] 테이블의 STADIUM_ID를 참조한다. 따라서 [TEAM] 테이블이 생성되려면 [STADIUM] 테이블이 먼저 생성되어야 한다.

❸ [SCHEDULE] 테이블의 STADIUM_ID는 [STADIUM] 테이블의 STADIUM_ID를 참조한다. 따라서 [SCHEDULE] 테이블이 생성되려면 [STADIUM] 테이블이 먼저 생성되어야 한다.

FK를 고려한 테이블 생성 순서

[STADIUM] 테이블 ⇨ [TEAM] 테이블과 [SCHEDULE] 테이블 ⇨ [PLAYER] 테이블

3 실습 (실습파일 | K-League)

1. 실습 순서

> **❶** SQL Developer를 실행하고 사용자 계정인 'my_conn'에 접속한다.
> **❷** K-League.sql 파일을 열고, 전체 내용을 복사하여 워크시트에 붙여 넣는다.
> **❸** 스크립트를 실행(F5)한다.
> **❹** 스크립트 출력 창에서 실행 결과를 확인한다.

2. 스크립트 주요 명령어

'K-League' 스크립트를 보면, DROP TABLE, CREATE TABLE, INSERT ALL 명령어가 포함되어 있음을 확인할 수 있다.

> **학습TIP!**
> 여기서 DROP TABLE을 실행하는
> 이유는, 원활한 실습 진행을 위해
> 이전에 사용했던 테이블을 모두
> 삭제한 후 새롭게 테이블을 생성
> 하기 위함이다.

3. 테이블 구조 확인

테이블 구조의 확인은 **DESCRIBE 테이블명;** 또는 **DESC 테이블명;**을 사용하며, 출력된 스크립트에 대한 자세한 내용은 추후 살펴보기로 한다.

질의

```
DESCRIBE PLAYER;
     └─ 테이블 구조를 확인할 때 사용되는 명령어
```

=

질의

```
DESC PLAYER;
```

스크립트

```
이름             널?        유형
------------   --------   ------------
PLAYER_ID      NOT NULL   CHAR(7)
PLAYER_NAME    NOT NULL   VARCHAR2(20)
TEAM_ID        NOT NULL   CHAR(3)
E_PLAYER_NAME             VARCHAR2(40)
NICKNAME                  VARCHAR2(30)
JOIN_YYYY                 CHAR(4)
POSITION                  VARCHAR2(10)
BACK_NO                   NUMBER(2)
NATION                    VARCHAR2(20)
BIRTH_DATE                DATE
SOLAR                     CHAR(1)
HEIGHT                    NUMBER(3)
WEIGHT                    NUMBER(3)
```

03 SELECT 문

1 SELECT 문의 개념 및 작성 방법 〔실습파일 | K-League〕

1. 개념

SELECT 문은 데이터베이스 테이블에서 원하는 데이터를 조회할 때 사용하는 명령어이다.

2. 작성 방법

(1) SELECT *

　　SELECT *은 SQL에서 테이블의 모든 칼럼을 조회할 때 사용한다.

질의

```
SELECT   *
FROM     PLAYER;
```

질의 결과

	PLAYER_ID	PLAYER_NAME	TEAM_ID	E_PLAYER_NAME	NICKNAME
1	2009175	우르모브	K06	(null)	(null)
2	2007188	윤희준	K06	(null)	(null)
3	2012073	김규호	K06	(null)	(null)
4	2007178	김민성	K06	(null)	(null)
5	2007191	김장관	K06	(null)	배추도사, 작은삼손
6	2008384	김정효	K06	(null)	깜둥이, 통키통

(2) 특정 칼럼 조회(SELECT)

예를 들어, [PLAYER] 테이블에서 'PLAYER_ID', 'PLAYER_NAME', 'TEAM_ID', 'POSITION' 칼럼만을 조회하고자 한다면 다음과 같이 SQL 문을 작성할 수 있다.

질의

```
SELECT    PLAYER_ID, PLAYER_NAME, TEAM_ID, POSITION
          ↳ 칼럼1      ↳ 칼럼2       ↳ 칼럼3    ↳ 칼럼4
FROM      PLAYER;
```

질의 결과

	PLAYER_ID	PLAYER_NAME	TEAM_ID	POSITION
1	2009175	우르모브	K06	DF
2	2007188	윤희준	K06	DF
3	2012073	김규호	K06	DF

2 ALL과 DISTINCT [실습파일 | K-League]

1. ALL

① SELECT와 칼럼 사이에 ALL을 명시하면 중복 데이터를 포함하여 모든 데이터를 출력한다.

② ALL은 기본값(Default)으로, 별도로 명시하지 않아도 SELECT만 사용하면 SELECT ALL로 처리된다.

질의

```
SELECT    ALL POSITION
FROM      PLAYER;
```

=

질의

```
SELECT    POSITION
          ↳ ALL 생략
FROM      PLAYER;
```

질의 결과

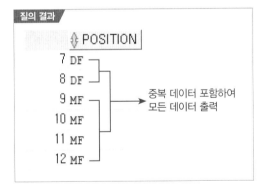

	POSITION
7	DF
8	DF
9	MF
10	MF
11	MF
12	MF

→ 중복 데이터 포함하여 모든 데이터 출력

2. DISTINCT

① 중복 데이터를 제거하고, 고유한 데이터만 출력한다(중복 데이터를 1건으로 출력).

② DISTINCT는 SELECT 키워드 바로 뒤, 첫 번째 칼럼 앞에 위치해야 한다.

③ DISTINCT는 단순히 하나의 칼럼만 중복 체크를 하는 것이 아니라, 지정된 여러 칼럼의 조합을 기준으로 중복을 판단한다.

④ DISTINCT는 NULL 값을 하나의 고유한 값으로 간주한다. 예를 들어, POSITION 칼럼에 여러 개의 NULL 값이 있더라도 결과에는 하나의 NULL 값만 출력된다.

⑤ 실습

　ㄱ 단일칼럼에 DISTINCT 적용

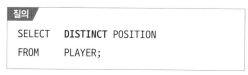

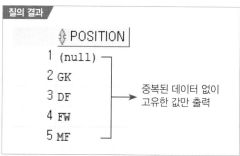

　ㄴ 다중칼럼에 DISTINCT 적용

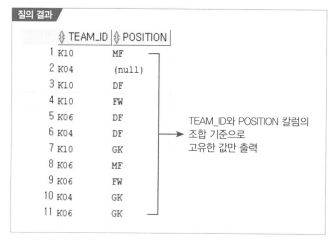

❸ 각종 SELECT 문법 [실습파일 | K-League]

1. FROM 절

FROM 절은 데이터를 조회할 테이블을 지정하는 구문으로, SELECT~ FROM~;와 같이 SELECT 문에서 반드시 필요한 요소이다. 예를 들어, SELECT 문을 사용하여 5+4라는 산술 연산의 결과를 출력하고자 하는 경우 어떤 테이블도 필요하지 않지만, FROM 절을 생략하면 오류 메시지가 뜨게 된다.

2. DUAL 테이블

앞선 예에서 SELECT 5+4 FROM PLAYER;를 실행하면, 테이블의 행 수만큼 '5+4'의 결과가 반복 출력된다. 이는 해당 연산이 [PLAYER] 테이블의 데이터를 사용하지는 않지만 테이블의 행 수만큼 반복 수행되기 때문이다.

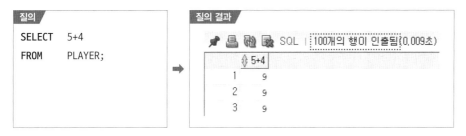

만약, 단순히 '5+4'의 값을 확인하고 싶지만 FROM 절에 사용할 적절한 테이블이 없다면, 이때 [DUAL] 테이블을 활용할 수 있다.

DUAL은 Oracle에 내장된 테이블로, 하나의 행과 하나의 칼럼만 가지고 있다. 칼럼의 이름은 'DUMMY'이며, 해당 칼럼의 값은 'x'이다. 이 테이블은 테스트나 임시 연산을 위해 만들어진 것으로, 산술 연산의 FROM 절에 사용 시 다음과 같이 1개의 결과만을 출력한다. 이는 [PLAYER] 테이블이 100개의 행을 갖고 있는 것과 달리, [DUAL] 테이블은 1개의 행만을 갖고 있기 때문이다.

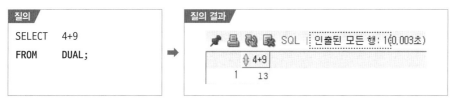

3. 별칭(Alias)

(1) 개념

SELECT 문에서 별칭은 테이블이나 칼럼에 임시 이름을 붙여서 결과를 더 이해하기 쉽게 만들거나 간결하게 표현할 때 사용하는 기능이다. 즉, 조회 결과에 별칭을 부여하여 칼럼명을 변경하는 것으로 이해할 수 있다.

① 별칭을 사용하지 않은 경우 질의 결과의 칼럼명이 '5+4'로 나타난다.

② 별칭을 사용한 경우 질의 결과의 칼럼명이 'RESULT'로 나타난다.

(2) 작성 위치

칼럼명과 별칭 사이에 AS 키워드를 사용한다(Optional, 생략 가능).

(3) 큰따옴표

별칭에 공백이나 특수문자가 포함될 경우 큰따옴표("")를 사용해야 한다.

확인 문제

오류가 발생하는 SQL은?

① SELECT PLAYER_NAME 선수명, POSITION 위치, HEIGHT 키

　FROM PLAYER;

② SELECT PLAYER_NAME AS 선수명, POSITION AS 위치, HEIGHT AS 키

　FROM PLAYER;

③ SELECT PLAYER_NAME AS 선수 이름, POSITION AS 위치, HEIGHT AS 선수-키

　FROM PLAYER;

④ SELECT PLAYER_NAME AS "선수 이름", POSITION AS 위치, HEIGHT AS "선수-키"

　FROM PLAYER;

| 정답 |　③

| 해설 |　① 콤마(,) 사이를 하나의 칼럼으로 인식하고, 칼럼 내부의 공백은 AS가 생략된 것으로 인식하여 다음과 같은
　　　　결과를 출력한다.

　　　② 콤마(,) 사이를 하나의 칼럼으로 인식하고, AS 뒤를 별칭으로 인식하여 1번 선지와 동일한 결과를 출력한다.

　　　③ AS 뒤에 입력되는 별칭에 공백이나 특수문자가 포함될 경우 큰따옴표를 사용해야 한다. 해당 문장은 AS 뒤
　　　　에 큰따옴표 없이 공백 또는 특수문자를 사용하여 에러가 발생한다.

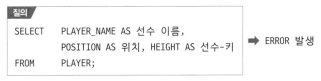

　　　④ AS 뒤에 입력되는 별칭에 공백이나 특수문자가 포함되어 큰따옴표를 사용하였으므로, 다음과 같은 결과를
　　　　출력한다.

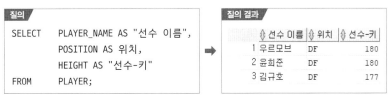

04 ORDER BY 절

1 ORDER BY 절의 개념

기본적으로 관계형 데이터베이스의 레코드는 저장 순서와 관계없이 출력된다. 하지만 데이터를 특정 순서대로 출력해야 하는 경우가 있을 수 있는데, 이때 사용하는 명령어가 ORDER BY이다. 즉, ORDER BY 절을 통해 결과 데이터를 원하는 순서대로 정렬하여 출력할 수 있다.

2 ORDER BY 절의 작성 〔실습파일 | K-League〕

1. 작성 방법

① ORDER BY는 SQL 문장에서 가장 마지막에 위치한다.
② 오름차순은 ASC 키워드를 사용하며, 생략할 수 있다.
③ 내림차순은 DESC 키워드를 사용하며, 생략할 수 없다.

> **학습TIP!**
> ORDER BY 정렬 시 ORACLE에서 NULL은 가장 큰 값으로 취급된다.

2. 작성 예시

[PLAYER] 테이블에서 선수의 키(HEIGHT)를 오름차순으로 정렬하려면 SQL 문장의 마지막에 **ORDER BY HEIGHT ASC;**를 작성하면 된다(ASC는 생략 가능). 또한, **ORDER BY 2;**를 입력해도 동일한 결과를 얻을 수 있다. 여기서 숫자 2는 두 번째 칼럼(HEIGHT)을 의미한다.

질의
```
SELECT    PLAYER_NAME, HEIGHT
FROM      PLAYER
ORDER BY HEIGHT ASC;
                    └→ ASC 생략 가능
```

(동일)

질의
```
SELECT    PLAYER_NAME, HEIGHT
              └→칼럼1      └→칼럼2
FROM      PLAYER
ORDER BY 2;
           └→ 숫자 2는 칼럼2를 의미함
```

➡

질의 결과

	PLAYER_NAME	HEIGHT
1	하리	168
2	오비나	169
3	김장관	170
4	정동선	170
5	정민기	171
6	정호곤	172
7	정국진	172
8	홍광철	172
9	장철우	172
10	김용하	173

선수명(PLAYER_NAME)과 키(HEIGHT)를 키 내림차순, 선수명 오름차순으로 출력하고자 할 때, SQL 문을 작성하시오. 실습파일 | K-League

| 정답 | 질의

```
SELECT    PLAYER_NAME, HEIGHT
FROM      PLAYER
ORDER BY  HEIGHT DESC, PLAYER_NAME ASC;
```

| 해설 | ORDER BY는 SQL 문장에서 가장 마지막에 위치하며, 키(HEIGHT)를 DESC로, 선수명(PLAYER_NAME)은 ASC(생략 가능)로 입력하여 결과를 정렬하여 출력한다.

질의

```
SELECT    PLAYER_NAME, HEIGHT
FROM      PLAYER
ORDER BY  HEIGHT DESC, PLAYER_NAME ASC;
```

➡

질의 결과

	PLAYER_NAME	HEIGHT
1	김경태	(null)
2	김태호	(null)
3	전기현	(null)
4	정상수	(null)
5	최경훈	(null)
6	김석	194
7	이현	192
8	우성용	191
9	다오	190
10	정용대	189

05 WHERE 절

1 WHERE 절의 개념 실습파일 | K-League

1. 개념

WHERE 절은 특정 조건을 만족하는 데이터만을 선택하기 위해 사용하는 SQL 구문이다. 이를 통해 SELECT로 데이터를 조회할 때 조건을 지정하여 필요한 데이터만 한정적으로 추출할 수 있다. WHERE 절은 **SELECT ~ FROM ~ WHERE ~**의 형태로 작성하며, 지정된 조건에 따라 데이터가 조회된다. 예를 들어, [PLAYER] 테이블에서 POSITION 값이 GK인 선수의 PLAYER_ID와 POSITION 값을 출력하려면, 다음과 같은 질의를 사용할 수 있다.

```
SELECT   PLAYER_ID, POSITION
FROM     PLAYER
WHERE    POSITION = 'GK';
         연산자(=)      데이터 값이므로
                        대소문자를 구분함
```

	PLAYER_ID	POSITION
1	2008499	GK
2	2011021	GK
3	2012052	GK
4	2012047	GK
5	2010057	GK
6	2007298	GK
7	2011052	GK
8	2012076	GK
9	2010108	GK
10	2010059	GK

2. 연산자의 종류

WHERE 절에서 사용하는 연산자는 산술, 비교, 논리, SQL 등 다양한 종류로 나뉜다. 이들 연산자를 조합하여 데이터를 효율적으로 조회할 수 있다.

구분	연산자	의미
산술 연산자	+	덧셈
	−	뺄셈
	*	곱셈
	/	나눗셈
비교 연산자	=	같음
	<>	같지 않음
	>	큼
	>=	크거나 같음
	<	작음
	<=	작거나 같음
논리 연산자	AND	제시된 두 조건이 모두 참이면 참
	OR	제시된 두 조건 중 하나만 참이어도 참
	NOT	제시된 조건이 거짓이어야 참
SQL 연산자	||	두 문자열을 하나로 연결한 문자열 반환 예 str = 'a' || 'bcd' ⇨ str = 'abcd'
	BETWEEN a AND b	• a와 b의 사이의 값 반환(a, b 포함) • cf) NOT BETWEEN a AND b
	IN(list)	• list에 있는 값 중 하나만 일치해도 참 • cf) NOT IN(list)
	LIKE '비교 문자열'	• 비교 문자열과 일치하면 참 • 와일드카드(%, _)와 함께 사용 가능 • cf) NOT LIKE '비교 문자열'
	IS NULL	• NULL 값인 경우 참 • cf) IS NOT NULL: NULL 값이 아닌 경우 참

💡 학습TIP!
SQL 표준 연산자가 아니지만, !=와 ^=는 <>와 마찬가지로 '같지 않음'을 의미한다.

💡 학습TIP!
IS NOT NULL은 NOT IS NULL이 아님에 유의해야 한다.

3. 연산자의 우선순위

우선순위	연산자 종류	연산자
1	괄호	( )
2	산술 연산자	*, /
3	산술 연산자	+, −
4	SQL(결합) 연산자	||
5	비교 연산자	=, !=, <>, >, <, >=, <=, ^=
6	SQL(조건) 연산자	BETWEEN, LIKE, IN, NOT IN, IS NULL, IS NOT NULL
7	논리 연산자	NOT
8	논리 연산자	AND
9	논리 연산자	OR

2 산술 연산자 [실습파일 | K-League]

1. 개념

산술 연산자는 SQL에서 NUMBER와 DATE 자료형에 적용할 수 있는 연산자이다. 숫자 데이터를 대상으로 산술 계산을 수행하거나, 날짜 데이터를 계산하여 특정 날짜 간의 차이를 구하거나 새로운 날짜를 생성할 수 있다. 산술 연산자에는 곱하기(*), 나누기(/), 더하기(+), 빼기(-)가 있다.

2. 실습

① 과체중인 선수들, 즉 키에서 100을 뺀 값에 0.9를 곱한 결과가 자신의 몸무게보다 큰 선수들만 조회하려면 다음과 같은 SQL 문을 작성할 수 있다.

질의

```
SELECT   PLAYER_NAME, ((HEIGHT-100) * 0.9 - WEIGHT)
FROM     PLAYER
WHERE    ((HEIGHT-100) * 0.9 - WEIGHT) > 0;
```

질의 결과

	PLAYER_NAME	((HEIGHT-100)*0.9-WEIGHT)
1	우르모브	2
2	김민성	0.8
3	김장관	2
4	박상수	0.7
5	정재영	3.3

② 만약 과체중인 선수의 이름만 조회하고 싶다면, **SELECT** 문 뒤에 PLAYER_NAME 칼럼만 지정하면 된다.

③ 연산자는 **WHERE** 절뿐만 아니라 **SELECT** 문에서도 사용할 수 있다. 예를 들어, 키에서 100을 뺀 값에 0.9를 곱한 결과를 계산하고, 해당 결과에 '적정 체중'이라는 칼럼 이름을 부여하려면 다음과 같은 SQL 문을 작성할 수 있다.

질의
```
SELECT    PLAYER_NAME, HEIGHT, (HEIGHT-100)*0.9 AS "적정 체중"
FROM      PLAYER;                          별칭에 공백이 있으므로 큰따옴표 표시 ↵
```

⬇

질의 결과

PLAYER_NAME	HEIGHT	적정 체중
1 우르모브	180	72
2 윤희준	180	72
3 김규호	177	69.3
4 김민성	182	73.8
5 김장관	170	63

확인 문제

김태호 선수의 HEIGHT 값은 NULL이다. NULL 값에 대한 산술 연산의 결과를 조회하시오.

[실습파일 | K-League]

| 해설 | NULL 값에 더하기(+), 빼기(−), 곱하기(*), 나누기(/)를 적용하면, 모두 NULL 값이 조회된다.

질의
```
SELECT    PLAYER_NAME, HEIGHT,
          HEIGHT+0, HEIGHT-0, HEIGHT*0, HEIGHT/0
FROM      PLAYER
WHERE     PLAYER_NAME = '김태호';
```

⬇

질의 결과

PLAYER_NAME	HEIGHT	HEIGHT+0	HEIGHT-0	HEIGHT*0	HEIGHT/0
1 김태호	(null)	(null)	(null)	(null)	(null)

3 비교 연산자 실습파일 | K-League

1. 개념
비교 연산자는 SQL에서 데이터를 비교하기 위해 사용되는 연산자로, 모든 자료형(숫자, 날짜, 문자열 등)에 적용할 수 있다. 비교 연산자로는 =, <>, >=, >, <=, < 등이 있으며, 이를 활용하여 데이터 간의 동등성이나 크기 관계를 평가할 수 있다.

비교 연산자	=	같음
	<>	같지 않음
	>	큼
	>=	크거나 같음
	<	작음
	<=	작거나 같음

2. 문자열 데이터
① 문자열 데이터의 경우 크기 비교는 사전 순(가나다 순 또는 알파벳 순)으로 수행된다. 예를 들어, 문자열 '국민'과 '나라'를 비교하면, '국민' < '나라' 순서로 정렬된다.
② 데이터가 숫자인지 문자열인지에 따라 비교 결과가 달라질 수 있다. 예를 들어, '01', '02', '1', '11', '2'가 숫자라면 1 = 01 < 2 = 02 < 11 순서로 비교되지만, 문자열로 취급되면 '01' < '02' < '1' < '11' < '2'와 같은 순서로 비교된다.

3. NULL 값의 처리
NULL 값은 비교 연산자로 평가할 수 없으며, 이를 처리하기 위해서는 IS NULL 또는 IS NOT NULL과 같은 별도의 SQL 연산자를 사용해야 한다.
(1) 비교 연산자(= NULL)와 SQL 연산자(IS NULL) 비교

(2) 비교 연산자(<> NULL)와 SQL 연산자(IS NOT NULL) 비교

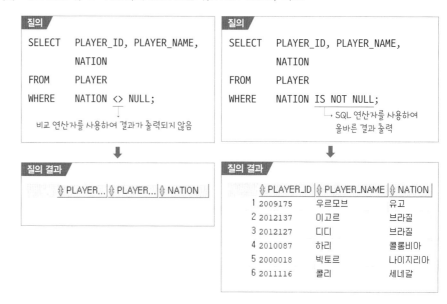

4 논리 연산자

1. 개념

논리 연산자는 SQL에서 조건식을 결합하거나 부정하기 위해 사용하는 연산자로, 모든 자료형에 대해 적용할 수 있다. 주요 논리 연산자로는 **NOT**, **AND**, **OR**이 있으며, 이를 활용하여 복잡한 조건을 표현할 수 있다.

	AND	제시된 두 조건이 모두 참이면 참
논리 연산자	OR	제시된 두 조건 중 하나만 참이어도 참
	NOT	제시된 조건이 거짓이어야 참

2. 우선순위

논리 연산자의 우선순위는 **NOT**이 가장 높고, 그 다음이 **AND**, 마지막이 **OR**이다. 따라서 여러 연산자를 함께 사용할 경우 우선순위에 따라 조건이 평가되며, 필요에 따라 괄호를 사용하여 연산 순서를 명시적으로 지정할 수 있다.

확인 문제

아래 SQL 문 중 실행 결과가 다른 하나를 고르시오. (실습파일 | K-League)

① 질의
```
SELECT   PLAYER_NAME, POSITION, HEIGHT FROM PLAYER
WHERE    POSITION <> 'GK' AND HEIGHT > 180;
```

② 질의
```
SELECT   PLAYER_NAME, POSITION, HEIGHT FROM PLAYER
WHERE    NOT(POSITION = 'GK') AND HEIGHT > 180;
```

③ 질의
```
SELECT   PLAYER_NAME, POSITION, HEIGHT FROM PLAYER
WHERE    NOT(POSITION = 'GK' AND HEIGHT > 180);
```

| 정답 | ③

| 해설 | ①② POSITION이 'GK'가 아니면서, 동시에 HEIGHT가 180 초과인 선수가 조회된다.

질의 결과

	PLAYER_NAME	POSITION	HEIGHT
1	김민성	DF	182
2	장대일	DF	184
3	정재영	MF	187
4	이고르	MF	181
5	정기종	FW	182

③ POSITION이 'GK'가 아니거나, HEIGHT가 180 이하인 선수가 조회된다.

질의 결과

	PLAYER_NAME	POSITION	HEIGHT
1	우르모브	DF	180
2	윤희준	DF	180
3	김규호	DF	177
4	김민성	DF	182
5	김장관	DF	170

3. 진리표

논리 연산자의 진리표는 SQL에서 **AND, OR, NOT** 연산자가 조건을 조합할 때 결과를 결정하는 방식을 나타낸다.

(1) AND 연산자

두 조건이 모두 참(TRUE)일 때만 참을 반환한다.

조건 P	조건 Q	P AND Q
참(TRUE)	참(TRUE)	참(TRUE)
참(TRUE)	거짓(FALSE)	거짓(FALSE)
거짓(FALSE)	참(TRUE)	거짓(FALSE)
거짓(FALSE)	거짓(FALSE)	거짓(FALSE)

(2) OR 연산자

두 조건 중 하나라도 참(TRUE)이면 참을 반환한다.

조건 P	조건 Q	P OR Q
참(TRUE)	참(TRUE)	참(TRUE)
참(TRUE)	거짓(FALSE)	참(TRUE)
거짓(FALSE)	참(TRUE)	참(TRUE)
거짓(FALSE)	거짓(FALSE)	거짓(FALSE)

(3) NOT 연산자

NOT 연산자는 조건의 값을 반대로 바꾼다. 참(TRUE)이면 거짓(FALSE)이 되고, 거짓(FALSE)이면 참(TRUE)이 된다.

조건 P	NOT P
참(TRUE)	거짓(FALSE)
거짓(FALSE)	참(TRUE)

확인 문제

NULL을 포함한 진리표의 (1) ~ (7)을 완성하시오.

조건 P	조건 Q	P AND Q
참	참	참
참	거짓	거짓
참	NULL	(1)
거짓	참	거짓
거짓	거짓	거짓
거짓	NULL	(2)
NULL	참	(1)
NULL	거짓	(2)
NULL	NULL	(3)

조건 P	조건 Q	P OR Q
참	참	참
참	거짓	참
참	NULL	(4)
거짓	참	참
거짓	거짓	거짓
거짓	NULL	(5)
NULL	참	(4)
NULL	거짓	(5)
NULL	NULL	(6)

조건 P	NOT P
참	거짓
거짓	참
NULL	(7)

| 정답 | (1) NULL
      (2) 거짓
      (3) NULL
      (4) 참
      (5) NULL
      (6) NULL
      (7) NULL

5 SQL 연산자 〔실습파일 | K-League〕

1. 합성(연결) 연산자

합성(연결) 연산자는 문자열과 문자열을 연결하여 하나의 새로운 문자열을 생성하는 데 사용된다. 문자열 연결은 다음 두 가지 방법으로 수행할 수 있다.

(1) CONCAT 함수

CONCAT(str1, str2) 형태로 사용하며, str1과 str2를 연결하여 하나의 문자열로 반환한다.

질의
```
SELECT   PLAYER_NAME, CONCAT(HEIGHT, 'Cm') AS "선수 신장"
FROM     PLAYER;
                    └→ HEIGHT와 문자열 'Cm'을 연결
```

⬇

질의 결과

	PLAYER_NAME	선수 신장
1	우르모브	180Cm
2	윤희준	180Cm
3	김규호	177Cm
4	김민성	182Cm
5	김장관	170Cm

(2) 연결 연산자(||)

str1 || str2 형태로 사용하며, str1과 str2를 바로 연결한다.

질의
```
SELECT   PLAYER_NAME, HEIGHT || 'Cm' AS "선수 신장"
FROM     PLAYER;
                 └→ HEIGHT와 문자열 'Cm'을 연결
```

⬇

질의 결과

	PLAYER_NAME	선수 신장
1	우르모브	180Cm
2	윤희준	180Cm
3	김규호	177Cm
4	김민성	182Cm
5	김장관	170Cm

CONCAT 함수는 두 개의 문자열만 연결할 수 있지만, 연결 연산자(||)는 여러 개의 문자열을 연속적으로 연결할 수 있다.

질의
```
SELECT   CONCAT('A', 'B', 'C')
FROM     DUAL;
              └→ 문자열 3개 오류 발생
```
➡ ERROR 발생

질의
```
SELECT   'A' || 'B' || 'C'
FROM     DUAL;
```

➡

질의 결과

	'A'||'B'||'C'
1	ABC

[PLAYER] 테이블에서 PLAYER_NAME과 HEIGHT 칼럼을 활용하여 다음의 결과를 출력하기 위한 SQL 문을 작성하시오. (실습파일 | K-League)

질의 결과

⟳ 선수 신장
1 우르모브 선수: 180Cm
2 윤희준 선수: 180Cm
3 김규호 선수: 177Cm
4 김민성 선수: 182Cm
5 김장관 선수: 170Cm

| 정답 |

질의

```
SELECT    PLAYER_NAME || ' 선수: ' || HEIGHT || 'Cm' AS "선수 신장"
FROM      PLAYER;
```

| 해설 | PLAYER_NAME과 ' 선수: ', HEIGHT, 'Cm'을 연결하기 위해 연결 연산자(||)를 사용하고, Alias로 칼럼의 별칭을 "선수 신장"으로 지정한다.

2. BETWEEN 연산자

BETWEEN 연산자는 SQL에서 특정 범위 내의 값을 조회할 때 사용하는 연산자이다. 지정된 시작 값과 끝 값 사이에 있는 데이터를 선택하며, 이때 범위의 양 끝 값도 포함된다. BETWEEN 연산자는 항상 AND와 함께 사용되며, 숫자, 날짜, 문자열 등 다양한 자료형에 적용할 수 있다.

(1) BETWEEN

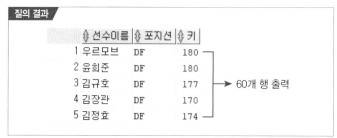

(2) NOT BETWEEN

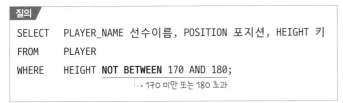

현재 'K-League' 데이터에는 총 100명의 선수가 있다. 이 중 **HEIGHT**가 170 이상 180 이하인 선수는 60명이고, 170 미만 또는 180 초과인 선수는 35명이므로, 5명이 출력되지 않았음을 알 수 있다. 출력되지 않은 나머지 5명의 **HEIGHT** 값은 **NULL**일 가능성이 있으며, 이를 확인하기 위해 **IS NULL**을 사용하여 **HEIGHT**가 **NULL** 값인 데이터를 조회하면 다음과 같이 5명의 값을 확인할 수 있다.

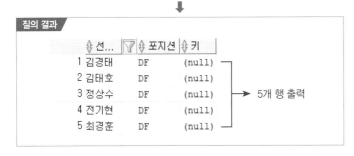

BETWEEN을 사용하지 않고 아래의 결과와 동일한 SQL 문을 각각 작성하시오.

① **질의**

```
SELECT   PLAYER_NAME 선수이름, POSITION 포지션, HEIGHT 키
FROM     PLAYER
WHERE    HEIGHT BETWEEN 170 AND 180;
```

② **질의**

```
SELECT   PLAYER_NAME 선수이름, POSITION 포지션, HEIGHT 키
FROM     PLAYER
WHERE    HEIGHT NOT BETWEEN 170 AND 180;
```

| 정답 | ① **질의**

```
SELECT   PLAYER_NAME 선수이름, POSITION 포지션, HEIGHT 키
FROM     PLAYER
WHERE    HEIGHT >= 170 AND HEIGHT <= 180;
```

② **질의**

```
SELECT   PLAYER_NAME 선수이름, POSITION 포지션, HEIGHT 키
FROM     PLAYER
WHERE    HEIGHT < 170 OR HEIGHT > 180;
```

3. IN 연산자

IN 연산자는 특정 조건 값이 지정한 집합 내에 포함되는지를 확인하는 조건식이다. 다수의 값을 OR 조건으로 비교할 때 간결하게 표현할 수 있다.

(1) IN: TEAM_ID가 'K04' 또는 'K06'인 선수 조회

질의

```
SELECT   PLAYER_NAME, TEAM_ID
FROM     PLAYER
WHERE    TEAM_ID = 'K04'
         OR TEAM_ID = 'K06';
              └→ IN 연산자 사용 X
```

(동일)

질의

```
SELECT   PLAYER_NAME, TEAM_ID
FROM     PLAYER
WHERE    TEAM_ID IN ('K04', 'K06');
              └→ IN 연산자 사용 O
```

질의 결과

	PLAYER_NAME	TEAM_ID
25	우성용	K06
26	장기봉	K06
27	이광수	K06
28	하리	K06
29	박상남	K06
30	빅토르	K06
31	이윤겸	K04
32	하재훈	K04
33	김출호	K04
34	임기한	K04
35	김경태	K04
36	남현우	K04
37	김출호	K04
38	이현	K04
39	한동진	K04
40	다오	K04

(2) NOT IN: TEAM_ID가 'K04'가 아니고 'K06'도 아닌 선수 조회

확인문제

[PLAYER] 테이블에서 특정 조건에 맞는 선수를 조회하고자 한다. 조회하고자 하는 칼럼이
PLAYER_NAME(AS 선수이름), TEAM_ID, POSITION인 경우, 다음의 조건을 만족하는 SQL 문을
각각 작성하시오. (실습파일 | K-League)

① TEAM_ID가 'K04'이면서 POSITION이 'GK'인 선수 또는 TEAM_ID가 'K06'이면서
POSITION이 'MF'인 선수
② TEAM_ID가 'K04'이면서 POSITION이 'GK'인 선수와 TEAM_ID가 'K06'이면서
POSITION이 'MF'인 선수를 제외한 나머지 선수
③ TEAM_ID 또는 POSITION 중 한 가지라도 NULL 값을 갖는 선수

| 해설 |

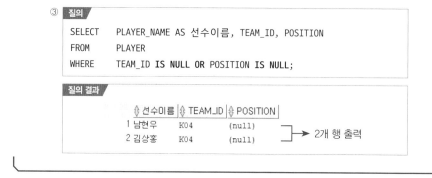

③ 질의

```
SELECT    PLAYER_NAME AS 선수이름, TEAM_ID, POSITION
FROM      PLAYER
WHERE     TEAM_ID IS NULL OR POSITION IS NULL;
```

질의 결과

	선수이름	TEAM_ID	POSITION
1	남현우	K04	(null)
2	김상홍	K04	(null)

→ 2개 행 출력

4. LIKE 연산자

LIKE 연산자는 문자열의 특정 패턴과 일치하는 데이터를 비교하는 데 사용된다. 문자열 내에서 와일드카드(**%**: 임의의 문자 N개, **_**: 임의의 문자 1개)를 활용해 부분 일치 검색이 가능하다. 예를 들어, 선수 이름에 '**김**'이 들어간 선수를 검색하고자 할 때 와일드카드를 사용하지 않은 경우와 사용한 경우를 비교하면 다음과 같다.

(1) 와일드카드를 사용하지 않은 경우

질의
```
SELECT    PLAYER_NAME
FROM      PLAYER
WHERE     PLAYER_NAME LIKE '김';
```

질의 결과

PLAYER...

와일드카드 없이 '**김**'만 입력한 경우, 선수 이름이 정확히 '**김**'인 데이터만 조회되며, 선수 이름 중 '**김**'만 있는 데이터가 없다면 아무 결과도 출력되지 않는다. 즉, 와일드카드 없이 **LIKE**를 사용하면 '**=**' 연산자를 사용한 것과 동일한 결과를 얻는다.

질의
```
SELECT    PLAYER_NAME
FROM      PLAYER
WHERE     PLAYER_NAME = '김';
          연산자(=)를 사용한 경우
```

질의 결과

PLAYER...

(2) 와일드카드를 사용한 경우

① **%**는 '**김**' 뒤에 임의의 문자 N개가 올 수 있음을 의미하며, 다음과 같은 결과를 출력한다.

질의
```
SELECT    PLAYER_NAME
FROM      PLAYER
WHERE     PLAYER_NAME LIKE '김%';
          '김○', '김○○', '김○○○'…
```

질의 결과

PLAYER_NAME
1 김규호
2 김민성
3 김장관
4 김정효
5 김용하

② _는 '김' 뒤에 임의의 문자 한 개가 올 수 있음을 의미하며, 다음과 같은 결과를 출력한다.

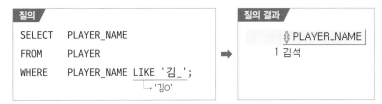

질의
```
SELECT    PLAYER_NAME
FROM      PLAYER
WHERE     PLAYER_NAME LIKE '김_';
                          └─ '김○'
```

질의 결과

	⬦ PLAYER_NAME
1	김석

6 출력 개수 지정(ROWNUM) 〔실습파일 | K-League〕

1. 개념

ROWNUM은 데이터베이스에서 특정 순서에 따라 레코드에 고유 번호를 부여하는 Pseudo Column(가상 칼럼, 의사 칼럼)이다. 사용자가 아닌 시스템이 자동으로 관리하며, 주로 채번 및 출력 개수를 지정할 때 사용된다.

[PLAYER] 테이블의 구조를 확인하기 위해 DESCRIBE(= DESC) 명령을 실행하면 ROWNUM 칼럼은 확인할 수 없는데, 이는 ROWNUM이 실제로 존재하는 칼럼이 아닌 Pseudo Column(가상 칼럼)이기 때문이다.

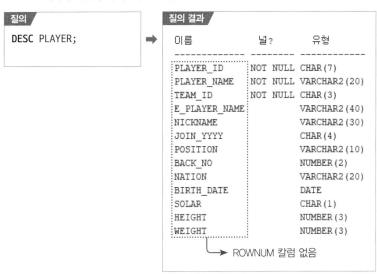

질의
```
DESC PLAYER;
```

질의 결과

이름	널?	유형
PLAYER_ID	NOT NULL	CHAR(7)
PLAYER_NAME	NOT NULL	VARCHAR2(20)
TEAM_ID	NOT NULL	CHAR(3)
E_PLAYER_NAME		VARCHAR2(40)
NICKNAME		VARCHAR2(30)
JOIN_YYYY		CHAR(4)
POSITION		VARCHAR2(10)
BACK_NO		NUMBER(2)
NATION		VARCHAR2(20)
BIRTH_DATE		DATE
SOLAR		CHAR(1)
HEIGHT		NUMBER(3)
WEIGHT		NUMBER(3)

└─→ ROWNUM 칼럼 없음

ROWNUM은 실제로 존재하지 않지만, 다음과 같이 SELECT 문에서 명시적으로 지정하여 사용할 수 있다.

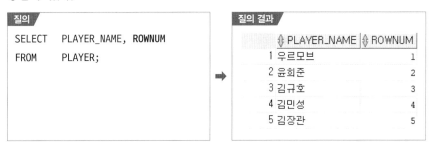

질의
```
SELECT    PLAYER_NAME, ROWNUM
FROM      PLAYER;
```

질의 결과

	⬦ PLAYER_NAME	⬦ ROWNUM
1	우르모브	1
2	윤희준	2
3	김규호	3
4	김민성	4
5	김장관	5

2. TOP N개의 레코드 반환

ROWNUM은 데이터의 순서에 따라 TOP N개(상위 N개)의 레코드를 반환할 때 주로 사용된다. 조회 결과는 항상 1번부터 시작하며, ROWNUM은 아래와 같이 지정된 형태로 사용된다.

(1) 한 행만 반환

(2) 여러 행 반환

ROWNUM 조건은 TOP N개(상위 N개)의 레코드를 반환하므로, 항상 1부터 순서대로 충족되어야 한다. 따라서 아래의 'ROWNUM = 3' 조건은 결과를 출력하지 않는다.

이처럼 ROWNUM은 'ROWNUM = 1'을 제외하고는 등호(=)를 사용하는 것이 적절하지 않으며, 부등호(<, <=)와 함께 사용된다.

하지만 경우에 따라 ROWNUM을 활용하여 특정 행만을 출력하고자 할 때가 있는데, 등호(=)를 사용할 수 없다는 점은 아쉬운 부분이다. 이에 대한 대안으로 테이블에 실제 칼럼을 새롭게 생성한 뒤, ROWNUM 값을 해당 칼럼에 할당하여 사용하는 방법을 생각해 볼 수 있다. 이는 UPDATE 문을 활용하여 구현할 수 있는데, 이에 대한 내용은 UPDATE 학습 과정에서 자세히 다루도록 하겠다.

1 레코드 삽입(INSERT) 〔실습파일 | K-League〕

1. INSERT 문의 개념 및 작성 방법

(1) 개념

INSERT 문은 테이블에 새로운 데이터를 추가할 때 사용되며, 테이블의 특정 칼럼 또는 전체 칼럼의 값을 지정하여 레코드를 입력할 수 있다. 일반적으로 1건의 레코드를 추가하지만, INSERT ALL 구문을 활용하여 여러 건의 데이터를 한꺼번에 입력할 수도 있다.

(2) 유의사항

① 문자 또는 날짜 값은 작은따옴표(' ')를 사용한다.

② 숫자 데이터는 작은따옴표 없이 사용한다.

(3) 작성 방법

① 특정 칼럼의 값만 지정하여 레코드 추가

㉠ 작성 방법

> **질의**
>
> ```
> INSERT INTO 테이블명 (COLUMN_LIST)
> VALUES      (VALUE_LIST);
> ```

㉡ 실습

질의	**질의**
	`INSERT INTO PLAYER`
	　　　　`(PLAYER_ID, PLAYER_NAME, TEAM_ID, BIRTH_DATE)`
	　　　　↳ 칼럼 순서는 실제 테이블의 칼럼 순서와 무관함
	`VALUES ('2999001', '손흥민', 'K07', '1999-01-01');`
	　　　　↳ 각 칼럼에 대응하는 값을 순서대로 입력,
	　　　　　정의되지 않은 칼럼은 자동으로 NULL 값이 입력됨

스크립트 출력	**스크립트** `1 행 이(가) 삽입되었습니다.`
조회	**질의** `SELECT * FROM PLAYER;`
결과 확인	**질의 결과** <table><tr><th></th><th>PLAYER_ID</th><th>PLAYER_NAME</th><th>TEAM_ID</th><th>E_PLAYER_NAME</th><th>NICKNAME</th><th>JOIN_YYYY</th><th>POSITION</th></tr><tr><td>97</td><td>2011046</td><td>서용혁</td><td>K06</td><td>(null)</td><td>터프가이</td><td>2011</td><td>DF</td></tr><tr><td>98</td><td>2010058</td><td>심재원</td><td>K06</td><td>(null)</td><td>도날드 덕</td><td>2010</td><td>DF</td></tr><tr><td>99</td><td>2007123</td><td>김일생</td><td>K04</td><td>(null)</td><td>(null)</td><td>(null)</td><td>DF</td></tr><tr><td>100</td><td>2007022</td><td>장형석</td><td>K04</td><td>(null)</td><td>(null)</td><td>(null)</td><td>DF</td></tr><tr><td>101</td><td>2999001</td><td>손흥민</td><td>K07</td><td>(null)</td><td>(null)</td><td>(null)</td><td>(null)</td></tr></table>

② 전체 칼럼의 값을 지정하여 레코드 추가

　ㄱ 작성 방법

> **질의**
>
> INSERT INTO 테이블명
> VALUES　　　(전체 COLUMN의 VALUE_LIST);

　ㄴ 실습

질의	**질의** INSERT INTO PLAYER VALUES ('2999002', '이강인', 'K07', '', '', '2010', 'MF', 　　　　'10', NULL, NULL, NULL, NULL, NULL); 　　　↳ 전체 칼럼의 모든 값을 순서대로 입력해야 함. 　　　　빈 값은 NULL 또는 작은따옴표('')를 공백 없이 입력함
스크립트 출력	**스크립트** 1 행 이(가) 삽입되었습니다.
조회	**질의** SELECT * FROM PLAYER;
결과 확인	**질의 결과** 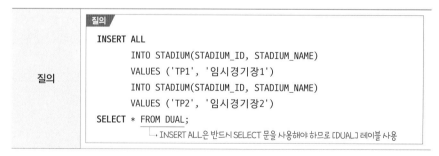

2. INSERT ALL 구문

(1) 개념

　　INSERT ALL은 한 번의 질의로 여러 레코드를 테이블에 동시에 삽입할 수 있는 명령어이다. 주로 초기 데이터를 일괄 추가하거나, 기존 테이블의 레코드 조회 결과를 다른 테이블에 일괄 삽입할 때 사용된다.

(2) 작성 방법

　　INSERT ALL은 반드시 SELECT 문과 함께 사용해야 한다. 예를 들어 [STADIUM] 테이블에 STADIUM_ID와 STADIUM_NAME 칼럼에 대응하는 ① 'TP1', '임시경기장1'과 ② 'TP2', '임시경기장2' 두 개의 레코드를 동시에 삽입하는 SQL 문을 실행하면 다음과 같다.

질의	**질의** INSERT ALL 　　　INTO STADIUM(STADIUM_ID, STADIUM_NAME) 　　　VALUES ('TP1', '임시경기장1') 　　　INTO STADIUM(STADIUM_ID, STADIUM_NAME) 　　　VALUES ('TP2', '임시경기장2') SELECT * FROM DUAL; 　　　↳ INSERT ALL은 반드시 SELECT 문을 사용해야 하므로 [DUAL] 테이블 사용

스크립트 출력	**스크립트** 2개 행 이(가) 삽입되었습니다.
조회	**질의** SELECT * FROM STADIUM;
결과 확인	**질의 결과** 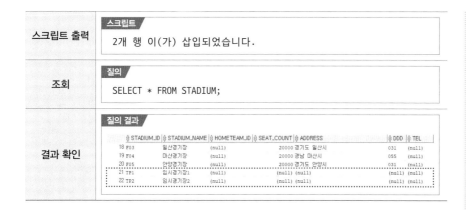

2 레코드 삭제(DELETE) [실습파일 | K-League]

1. 개념

DELETE 문은 테이블에 존재하는 데이터를 삭제할 때 사용된다.

2. 작성 방법

(1) 테이블에 존재하는 전체 레코드 삭제

DELETE 테이블명; 또는 DELETE FROM 테이블명;을 실행하면 해당 테이블에 존재하는 모든 레코드(데이터)가 삭제된다.

질의	**질의**
DELETE 테이블명;	DELETE FROM 테이블명;

(2) 특정 레코드 삭제

특정 레코드만 삭제하려면 DELETE 문에 WHERE 절을 추가하여 조건을 지정해야 한다. 예를 들어, [STADIUM] 테이블에서 STADIUM_ID가 'TP1'인 레코드를 삭제하는 질의는 다음과 같다.

질의	**질의**
	`DELETE    FROM STADIUM`
	`WHERE    STADIUM_ID = 'TP1';`

스크립트 출력	**스크립트** 1 행 이(가) 삭제되었습니다.
조회	**질의** SELECT * FROM STADIUM;
결과 확인	**질의 결과**

❸ 레코드 갱신(UPDATE) [실습파일 | K-League]

1. 개념

UPDATE 문은 테이블에 존재하는 데이터를 수정할 때 사용된다.

2. 작성 방법

(1) 테이블에 존재하는 전체 레코드 값 변경

> **질의**
> ```
> UPDATE 테이블명 SET 칼럼명 = 새로운 값;
> ```

예를 들어, [PLAYER] 테이블에서 모든 레코드의 POSITION을 'GK'로 변경하는 경우 다음과 같이 SQL 문을 작성한다.

> **질의**
> ```
> UPDATE PLAYER SET POSITION = 'GK';
> ```

(2) 특정 레코드 변경

특정 레코드만 변경하려면 UPDATE 문에 WHERE 절을 추가하여 조건을 지정해야 한다.
예를 들어, [STADIUM] 테이블에서 STADIUM_ID가 'TP2'인 레코드의 STADIUM_NAME 을 '우리경기장'으로 변경하는 질의는 다음과 같다.

질의	**질의**
	```UPDATE STADIUM SET STADIUM_NAME = '우리경기장'```
	```WHERE STADIUM_ID = 'TP2';```

스크립트 출력	**스크립트** 1 행 이(가) 업데이트되었습니다.
조회	**질의** ```SELECT * FROM STADIUM;```
결과 확인	**질의 결과** <table><tr><th>STADIUM_ID</th><th>STADIUM_NAME</th><th>HOMETEAM_ID</th><th>SEAT_COUNT</th><th>ADDRESS</th><th>DDD</th><th>TEL</th></tr><tr><td>17 F02</td><td>부산시민경기장</td><td>(null)</td><td>30000</td><td>부산광역시</td><td>051</td><td>(null)</td></tr><tr><td>18 F03</td><td>일산경기장</td><td>(null)</td><td>20000</td><td>경기도 일산시</td><td>031</td><td>(null)</td></tr><tr><td>19 F04</td><td>마산경기장</td><td>(null)</td><td>20000</td><td>경남 마산시</td><td>055</td><td>(null)</td></tr><tr><td>20 F05</td><td>안양경기장</td><td>(null)</td><td>20000</td><td>경기도 안양시</td><td>031</td><td>(null)</td></tr><tr><td>21 TP2</td><td>우리경기장</td><td>(null)</td><td>(null)</td><td>(null)</td><td>(null)</td><td>(null)</td></tr></table>

3. UPDATE와 ROWNUM을 이용한 채번

UPDATE 문과 ROWNUM을 활용하면 테이블 내에 고유한 일련번호(UNIQUE ID)를 생성할 수 있다. ROWNUM은 데이터베이스에서 각 행에 고유번호를 부여하는 Pseudo Column(가 상 칼럼)으로, 이를 활용하여 특정 칼럼에 번호를 할당할 수 있다.

예를 들어, [PLAYER] 테이블에 ROW_ID라는 빈 열을 추가하고, ROWNUM의 값을 ROW_ID로 복사하는 질의를 실행하면 다음과 같다.

① [PLAYER] 테이블에 ROW_ID라는 빈 열을 추가한다.

> 열 추가는 DDL(Data Definition Language)에 해당하는 내용으로, 챕터 6에서 다룰 예정이다.
> 이번 챕터에서는 아래 질의를 활용하여 실습만 진행한다.

질의
```
ALTER TABLE PLAYER ADD (ROW_ID NUMBER);
```

스크립트
```
Table PLAYER이(가) 변경되었습니다.
```

② ROWNUM의 값을 ROW_ID로 복사하는 질의를 실행한다.

질의
```
UPDATE PLAYER SET ROW_ID = ROWNUM;
```

스크립트
```
102개 행 이(가) 업데이트되었습니다.
```

③ [PLAYER] 테이블을 조회하면 ROW_ID 칼럼이 추가되었고, ROWNUM 값이 해당 칼럼에 복사되었음을 확인할 수 있다.

질의
```
SELECT * FROM PLAYER;
```

질의 결과

	PL...	P...	T...	E...	NI...	J...	P...	B...	N...	BI...	S...	H...	W...	ROW_ID
1	20...	...	K06	(n...	(n...	2009	DF	4	유고	87...1		180	70	1
2	20...	...	K06	(n...	(n...	2005	DF	15	(n...	82...1		180	74	2
3	20...	...	K06	(n...	(n...	2011	DF	23	(n...	89...1		177	72	3
4	20...	...	K06	(n...	(n...	(...	DF	20	(n...	83...1		182	73	4
5	20...	...	K06	(n...	배...	2007	DF	18	(n...	84...2		170	61	5

④ ROW_ID가 3인 데이터를 조회하면, ROWNUM의 경우와 달리 정상적으로 결과를 출력함을 확인할 수 있다.

질의
```
SELECT   ROW_ID, PLAYER_NAME
FROM     PLAYER
WHERE    ROW_ID = 3;
```

질의 결과

	ROW_ID	PLAYER_NAME
1	3	김규호

결과적으로, ROWNUM은 등호(=)를 사용하여 특정 행을 출력할 수 없었지만, ROWNUM의 값을 ROW_ID로 복사하여 특정 행을 출력할 수 있게 되었다.

CHAPTER 01

출제예상문제

01

데이터 조작어(DML)에 해당하지 <u>않는</u> 명령어는?

① INSERT   ② DELETE

③ SELECT   ④ CREATE

| 해설 | CREATE는 데이터 정의어(DDL)에 해당하는 명령어이다.

02

SQL 명령어의 종류가 유형별로 올바르게 연결된 것은?

① DML – COMMIT

② TCL – ROLLBACK

③ DCL – SELECT

④ DDL – REVOKE

| 해설 | ① COMMIT은 TCL에 해당한다.
③ SELECT는 DML에 해당한다.
④ REVOKE는 DCL에 해당한다.

> **➕ 명령어의 종류**
>
> • 데이터 정의어(DDL): CREATE, ALTER, DROP, RENAME, TRUNCATE
> • 데이터 조작어(DML): SELECT, INSERT, UPDATE, DELETE
> • 데이터 제어어(DCL): GRANT, REVOKE
> • 트랜잭션 제어어(TCL): COMMIT, ROLLBACK

03

아래 내용에 해당하는 SQL 명령어의 종류로 가장 적절한 것은?

> 사용자 계정을 생성하거나 권한을 부여하는 등 데이터베이스의 접근 및 사용을 관리하는 작업을 의미한다.

① TCL   ② DML

③ DCL   ④ DDL

| 해설 | 사용자 계정을 생성하거나 권한을 부여하는 작업은 데이터 제어어(DCL)에 해당한다. DCL은 데이터베이스의 보안 및 접근 권한 관리를 담당하며, 대표적인 명령어로는 GRANT(권한 부여)와 REVOKE(권한 취소)가 있다.

04

SQL에서 중복 데이터를 제거하고, 고유한 데이터만 출력하는 키워드로 가장 적절한 것은?

① DISTINCT   ② UNION

③ GROUP BY   ④ ORDER BY

| 해설 | DISTINCT는 중복 데이터를 제거하고, 고유한 데이터만 출력하는 키워드이다.

05

SELECT 문에 대한 설명으로 가장 적절하지 <u>않은</u> 것은?

① SELECT *은 테이블의 모든 열을 출력할 때 사용된다.

② SELECT 문은 반드시 FROM 절과 함께 작성해야 한다.

③ SELECT 문에서 WHERE 절은 생략할 수 있다.

④ 모든 데이터를 중복 포함하여 조회하려면 SELECT와 칼럼 사이에 ALL을 반드시 명시해야 한다.

| 해설 | ALL은 기본값으로, 별도로 명시하지 않아도 SELECT만 사용하면 SELECT ALL로 처리된다.

| 정답 | 01 ④   02 ②   03 ③   04 ①   05 ④

06

아래의 SQL 문 실행 시 오류가 발생하는 부분은?

```
[SQL]
SELECT PLAYER_NAME AS 선수 이름
FROM PLAYER
WHERE TEAM_ID = 'K06';
```

① SELECT PLAYER_NAME
② AS 선수 이름
③ FROM PLAYER
④ WHERE TEAM_ID = 'K06';

| 해설 | 별칭에 공백이나 특수문자가 포함될 경우 큰따옴표("선수 이름")로 묶어야 한다.

07

별칭(Alias)에 대한 설명으로 가장 적절하지 않은 것은?

① Alias는 SELECT 문에서 칼럼이나 테이블에 임시 이름을 부여할 때 사용된다.
② AS 키워드는 생략할 수 있으며, 생략해도 동일하게 동작한다.
③ Alias에 공백이나 특수문자가 포함될 경우 큰따옴표(" ")로 묶어야 한다.
④ Alias는 칼럼 앞뒤에 위치하여 사용할 수 있다.

| 해설 | SELECT PLAYER_NAME AS 선수명 FROM PLAYER;와 같이 Alias는 칼럼 뒤에만 위치할 수 있다.

08

데이터베이스에서 조회된 데이터의 출력 순서를 지정하기 위해 사용하는 절로 가장 적절한 것은?

① ORDER BY 절
② GROUP BY 절
③ WHERE 절
④ HAVING 절

| 해설 | ORDER BY 절은 조회된 데이터의 출력 순서를 오름차순(ASC) 또는 내림차순(DESC)으로 정렬할 때 사용된다.

09

아래 SQL의 실행 결과가 다른 하나는?

```
[SQL]
SELECT PLAYER_NAME 선수명, HEIGHT 키,
       POSITION 포지션
FROM PLAYER
ORDER BY HEIGHT, POSITION DESC;
```

① SELECT PLAYER_NAME 선수명, HEIGHT 키,
   POSITION 포지션
  FROM PLAYER
  ORDER BY HEIGHT ASC, POSITION DESC;
② SELECT PLAYER_NAME 선수명, HEIGHT 키,
   POSITION 포지션
  FROM PLAYER
  ORDER BY 키, 포지션 DESC;
③ SELECT PLAYER_NAME 선수명, HEIGHT 키,
   POSITION 포지션
  FROM PLAYER
  ORDER BY 2, 3 DESC
④ SELECT PLAYER_NAME 선수명, HEIGHT 키,
   POSITION 포지션
  FROM PLAYER
  ORDER BY HEIGHT ASC, POSITION;

| 해설 | 오름차순 ASC는 생략이 가능하지만, 내림차순 DESC는 생략할 수 없다. 4번 선지는 ORDER BY절의 POSTION 뒤에 아무런 키워드가 없으므로 오름차순(ASC)으로 정렬되어 다른 결과가 출력된다.
① 오름차순 ASC는 생략해도 되고, 명시해도 된다.
② ORDER BY 절에는 칼럼명 대신에 별칭을 사용할 수 있다.
③ ORDER BY 절에는 칼럼명 대신에 SELECT 절에 기술한 칼럼의 순서(1, 2, 3)를 사용할 수 있다.

| 정답 | 06 ② 07 ④ 08 ① 09 ④

10

아래 연산자를 동시에 적용할 때 우선순위가 가장 낮은 연산자는?

① 괄호
② SQL 연산자
③ AND
④ OR

| 해설 | 연산자의 우선순위는 다음과 같다. 따라서 우선순위가 가장 낮은 연산자는 OR이다.

우선순위	연산자 종류	연산자
1	괄호	( )
2	산술 연산자	*, /
3	산술 연산자	+, -
4	SQL(결합) 연산자	‖
5	비교 연산자	=, !=, <>, >, <, >=, <=, ^=
6	SQL(조건) 연산자	BETWEEN, LIKE, IN, NOT IN, IS NULL, IS NOT NULL
7	논리 연산자	NOT
8	논리 연산자	AND
9	논리 연산자	OR

11

아래 SQL의 실행 결과는?

```
[SQL]
SELECT 10 + 5 * 2 - 4 / 2
FROM DUAL;
```

① 8
② 13
③ 18
④ 20

| 해설 | 산술 연산자의 우선순위는 사칙연산의 순서와 같이 괄호, 곱셈과 나눗셈(동일한 우선순위로 왼쪽부터 순차 계산), 덧셈과 뺄셈(동일한 우선순위로 왼쪽부터 순차 계산) 순이다.

12

아래 SQL을 실행하여 NULL이 아닌 실행 결과를 출력하고자 한다. 빈칸 ㉠에 들어갈 내용으로 가장 적절한 것은?

```
[SQL]
SELECT *
FROM PLAYER
WHERE POSITION       ㉠
```

① <> NULL
② != NULL
③ NOT NULL
④ IS NOT NULL

| 해설 | NULL 값은 비교 연산자(!=, <> 등)로 평가할 수 없으며, IS NULL 또는 IS NOT NULL을 사용해야 한다. 해당 문제에서는 NULL이 아닌 실행 결과를 출력해야 하므로, IS NOT NULL이 정답이다.

13

아래의 SQL 실행 결과로 출력될 행의 개수는?

[직원]

EMPNO	NAME	JOB	SAL
ID001	홍길동	PRESIDENT	6000
ID002	김유신	ANALYST	5500
ID003	이몽룡	MANAGER	4500
ID004	이춘향	CLERK	3000
ID005	강감찬	MANAGER	5000

```
[SQL]
SELECT *
FROM 직원
WHERE SAL >= 5000 AND JOB <> 'MANAGER';
```

① 0
② 1
③ 2
④ 3

| 해설 | SAL이 5000 이상이고, JOB이 'MANAGER'가 아닌 직원은 홍길동과 김유신이므로, 2개의 행이 출력된다.

| 정답 | 10 ④ 11 ③ 12 ④ 13 ③

14

아래 SQL의 실행 결과는?

[직원]

EMPNO	JOB	SAL	DEPT
ID001	PRESIDENT	6000	SALES
ID002	ANALYST	5500	IT
ID003	MANAGER	4500	SALES
ID004	CLERK	3000	HR
ID005	MANAGER	5000	IT

[SQL]
```
SELECT EMPNO
FROM 직원
WHERE JOB = 'MANAGER' OR DEPT = 'SALES';
```

① ID003

② ID003, ID005

③ ID001, ID003, ID005

④ ID002, ID004, ID005

| 해설 | WHERE 절에서 OR 조건을 사용하였으므로 JOB이 'MANAGER'이 거나 DEPT가 'SALES'인 직원을 찾는다. ID001(부서가 SALES), ID003(직무가 MANAGER이면서 부서도 SALES), ID005(직무가 MANAGER)가 조건을 만족 한다.

15

아래 SQL의 실행 결과가 <u>다른</u> 하나는?

① SELECT *
  FROM EMP
  WHERE SAL >= 1000 AND SAL <= 3000;

② SELECT *
  FROM EMP
  WHERE SAL BETWEEN 1000 AND 3000;

③ SELECT *
  FROM EMP
  WHERE NOT (SAL < 1000 AND SAL > 3000);

④ SELECT *
  FROM EMP
  WHERE NOT (SAL < 1000 OR SAL > 3000);

| 해설 | 괄호 안 부분이 어떤 경우에도 FALSE가 나오기 때문에, WHERE 조 건 절의 NOT (SAL < 1000 AND SAL > 3000);은 항상 참이 되어서 모든 행 이 출력된다.
① WHERE 절의 SAL >= 1000 AND SAL <= 3000;은 1000 ≤ SAL ≤ 3000 의 값이 출력된다.
② WHERE 절의 SAL BETWEEN 1000 AND 3000;은 1000과 3000을 포함하 므로, 1000 ≤ SAL ≤ 3000의 값이 출력된다.
④ WHERE 절의 NOT (SAL < 1000 OR SAL > 3000);을 다시 풀어쓰면 SAL >= 1000 AND SAL <= 3000;이 된다. 따라서 1000 ≤ SAL ≤ 3000의 값 이 출력된다.

16

오류가 발생하는 SQL은?

① SELECT CONCAT('에', '듀', '월') AS "NO.1"
  FROM DUAL;

② SELECT CONCAT('에듀', '월') AS "NO.1"
  FROM DUAL;

③ SELECT '에'||'듀'||'월' AS "NO.1"
  FROM DUAL;

④ SELECT '에'||'듀월' AS "NO.1"
  FROM DUAL;

| 해설 | CONCAT 함수는 2개의 문자열만 연결할 수 있으므로, SELECT CONCAT('에', '듀', '월') AS "NO.1" FROM DUAL;의 실행 결과는 오류이다.

17

아래 SQL의 실행 결과는?

[선수]

NAME	HEIGHT
홍길동	NULL
이몽룡	172
이춘향	152
강감찬	180
최무선	170

[SQL]
```
SELECT NAME
FROM 선수
WHERE HEIGHT BETWEEN 170 AND 180;
```

① 이몽룡
② 이몽룡, 강감찬
③ 이몽룡, 최무선
④ 이몽룡, 강감찬, 최무선

| 해설 | BETWEEN 연산자는 HEIGHT 값이 170과 180을 포함하여 그 사이의 값을 출력하므로, 이몽룡, 강감찬, 최무선이 출력된다.

18

아래 SQL의 실행 결과가 <u>다른</u> 하나는?

[직원]

EMPNO	SAL	DEPT
ID001	6000	SALES
ID002	5500	IT
ID003	4500	SALES
ID004	3000	HR
ID005	5000	IT

①
```
SELECT EMPNO
FROM 직원
WHERE DEPT = 'SALES' OR DEPT = 'HR';
```
②
```
SELECT EMPNO
FROM 직원
WHERE DEPT IN ('SALES', 'HR');
```
③
```
SELECT EMPNO
FROM 직원
WHERE DEPT NOT IN ('IT', 'HR');
```
④
```
SELECT EMPNO
FROM 직원
WHERE DEPT <> 'IT';
```

| 해설 | DEPT 값이 'IT' 또는 'HR'인 EMPNO를 제외한 나머지를 출력하므로, ID001, ID003이 출력된다.
① DEPT 값이 'SALES' 또는 'HR'인 EMPNO를 출력하므로, ID001, ID003, ID004가 출력된다.
② DEPT 값이 'SALES' 또는 'HR'인 EMPNO를 출력하므로, ID001, ID003, ID004가 출력된다.
④ DEPT 값이 'IT'인 EMPNO를 제외한 나머지를 출력하므로, ID001, ID003, ID004가 출력된다.

19

아래 SQL의 실행 결과는?

[선수]

EMPNO	NAME
ID001	정상묵
ID002	김유정
ID003	정유리
ID004	김정숙
ID005	정상
ID006	이무진

[SQL]
```
SELECT EMPNO
FROM 선수
WHERE NAME LIKE '%정%';
```

① ID004

② ID001, ID002, ID003

③ ID001, ID002, ID003, ID004

④ ID001, ID002, ID003, ID004, ID005

| 해설 | %는 임의의 문자 N개가 올 수 있음을 의미한다. 따라서 '%정%'는 '정' 앞뒤로 임의의 문자가 포함된 행을 출력하게 되므로, [선수] 테이블에서 NAME에 '정'이 들어간 ID001, ID002, ID003, ID004, ID005가 출력된다.

20

NAME이 5문자 이상이고, 3번째 문자가 E인 ID를 출력하는 SQL로 가장 적절하지 <u>않은</u> 것은?

① SELECT NAME
   FROM PLAYER
   WHERE NAME LIKE '__E%__'
② SELECT NAME
   FROM PLAYER
   WHERE NAME LIKE '__E_%_';
③ SELECT NAME
   FROM PLAYER
   WHERE NAME LIKE '%E___'
④ SELECT NAME
   FROM PLAYER
   WHERE NAME LIKE '__E__%'

| 해설 | '%'는 임의의 문자 N개, '_'는 임의의 문자 1개를 의미한다. 해당 선지의 LIKE 구문에서는 E 뒤에 '_'가 3개가 있으므로 4문자 이상임을 보장한다. 추가로 E 앞에 '%'를 입력하면 E는 3번째 문자가 아닌 경우도 출력이 되므로 적절하지 않다.

21

ROWNUM에 대한 설명으로 가장 적절하지 <u>않은</u> 것은?

① ROWNUM은 가상 칼럼이다.
② DESCRIBE(= DESC) 명령을 실행하면 ROWNUM 칼럼을 확인할 수 있다.
③ ROWNUM의 조회 결과는 항상 1번부터 시작한다.
④ ROWNUM에 대해 '='은 1일 때만 사용이 가능하고, 나머지 경우에는 '<' 또는 '<='로 사용해야 한다.

| 해설 | ROWNUM은 실제로 존재하는 칼럼이 아니므로 DESCRIBE(= DESC) 명령을 실행하면 ROWNUM 칼럼을 확인할 수 없다.

| 정답 | 19 ④   20 ③   21 ②

22

아래 [EMP] 테이블을 참고할 때, 오류가 발생하지 <u>않는</u> SQL은?

```
[SQL]
CREATE TABLE EMP (
    EMPNO NUMBER PRIMARY KEY,
    NAME VARCHAR2(50) NOT NULL,
    HIRE_DATE DATE,
    SALARY NUMBER(10, 2) DEFAULT 3000
);
```

① INSERT INTO
   EMP (EMPNO, NAME, HIRE_DATE, SALARY)
   VALUES (1001, 홍길동, '20250201', 5000);
② INSERT INTO
   EMP (EMPNO, NAME, HIRE_DATE, SALARY)
   VALUES (1002, NULL, '20250301', 4500);
③ INSERT INTO
   EMP (EMPNO, NAME, HIRE_DATE, SALARY)
   VALUES (1003, '이순신', '20250328', NULL);
④ INSERT INTO
   EMP (EMPNO, NAME, HIRE_DATE, SALARY)
   VALUES (1004, '강감찬', 20250302, 6000);

| 해설 | ① 문자 값은 작은따옴표(' ')를 사용해야 하므로, 홍길동은 '홍길동'
으로 입력해야 한다.
② NAME 칼럼은 NOT NULL 제약 조건이 포함되어 있으므로, NULL 값을 허
  용하지 않는다.
④ 날짜 값은 작은따옴표(' ')를 사용해야 하므로, 20250302는 '20250302'로
  입력해야 한다.

23

아래 SQL을 순차적으로 실행할 경우, SELECT 문의 실행 결과는?

[직원]

EMPNO	JOB	SAL	DEPT
ID001	CLERK	6000	SALES
ID002	CLERK	5500	IT
ID003	MANAGER	4500	SALES
ID004	MANAGER	3000	HR
ID005	CLERK	5000	IT

```
[SQL]
UPDATE 직원
SET JOB = 'MANAGER'
WHERE SAL > 5000 AND DEPT = 'IT';

SELECT EMPNO
FROM 직원
WHERE JOB = 'MANAGER';
```

① ID002
② ID003, ID004
③ ID002, ID003, ID004
④ ID002, ID003, ID004, ID005

| 해설 | 주어진 테이블은 UPDATE 문의 WHERE SAL > 5000 AND DEPT =
'IT';에 따라 SAL 값이 5000을 초과하고, DEPT가 'IT'인 ID002의 JOB이
'MANAGER'로 수정된다. 따라서 SELECT 문의 WHERE JOB = 'MANAGER';
의 결과는 ID002, ID003, ID004이다.

24

아래 SQL을 실행한 후 삭제되는 행의 개수는?

[직원]

EMPNO	JOB	SAL	DEPT
ID001	PRESIDENT	6000	SALES
ID002	ANALYST	5500	IT
ID003	MANAGER	4500	SALES
ID004	CLERK	3000	IT
ID005	MANAGER	5000	IT
ID006	ANALYST	3500	SALES

[SQL]
```
DELETE FROM 직원
WHERE JOB IN ('MANAGER', 'ANALYST')
    AND SAL > 4000;
```

① 0

② 1

③ 2

④ 3

| 해설 | WHERE JOB IN ('MANAGER', 'ANALYST') AND SAL > 4000;에 따라 JOB이 'MANAGER' 또는 'ANALYST'인 행만 선택한 후 SAL이 4000을 초과하는 행을 삭제한다. 따라서 ID002, ID003, ID005의 행이 삭제되므로, 삭제되는 행의 개수는 3개이다.

함수(Function)

무료특강
바로가기

01 함수

1 함수(Function)의 개념 및 유형

1. 함수의 개념

SQL에서의 함수는 특정 입력값에 대해 연산이나 처리 등 특정 기능을 수행한 결과를 반환하는 단위이다.

2. 함수의 유형

(1) 생성 주체에 따른 분류

사용자 정의 함수	사용자가 필요에 따라 직접 정의하여 사용하는 함수
내장 함수	데이터베이스 벤더(Vendor)가 미리 정의하여 제공하는 함수

💡 **학습TIP!**
벤더(Vendor)는 데이터베이스 관리 시스템(DBMS)을 개발하고 제공하는 회사로 Oracle, Microsoft 등이 이에 해당한다.

(2) 적용 범위에 따른 분류

단일행 함수	단일행 함수는 하나의 행에 대한 연산 및 처리 결과를 반환함 • 문자형 함수, REGEXP 함수, 숫자형 함수, 날짜형 함수 • 제어 함수, 변환 함수, NULL 관련 함수
다중행 함수	다중행 함수는 여러 행의 데이터를 하나로 집계하거나 분석함 • 그룹 함수(집계 함수 포함) • 윈도우 함수

2 단일행 함수 [실습파일 | K-League]

1. 단일행 함수의 특징

① 단일행 함수는 SQL에서 하나의 행에 대해 개별적으로 작용하며, 입력값에 따른 결과를 반환하는 함수이다.
    ㉠ 단일행 내의 하나 또는 복수의 칼럼을 인수로 사용할 수 있다.
    ㉡ 여러 행에 걸친 값을 입력값으로 사용할 수는 없다.
② 다른 함수의 결과를 인수로 사용하는 함수 중첩이 가능하다.
③ SQL 문장에서 SELECT, WHERE, ORDER BY 절 등에 사용할 수 있다.

2. 활용

LENGTH 함수를 사용하여 PLAYER_NAME 칼럼에 속한 데이터 값의 글자 수를 출력하기 위해 다음과 같은 질의를 수행할 수 있다.

```
질의
SELECT    PLAYER_NAME, LENGTH(PLAYER_NAME) AS 길이
                      └→ PLAYER_NAME 칼럼 데이터 값의 글자 수를 반환함

FROM      PLAYER;
```

```
질의 결과
   ⇕ PLAYER_NAME ⇕ 길이
 1 우르모브           4
 2 윤희준            3
 3 김규호            3
 4 김민성            3
 5 김장관            3
```

결과에서 확인할 수 있듯이, 단일행 함수(LENGTH 등)는 입력된 하나의 행에 대한 결과를 반환한다. 즉, 테이블에 여러 행이 존재하더라도, 단일행 함수는 각 행의 값을 개별적으로 처리한 결과를 출력한다.

3 Oracle의 단일행 내장 함수

종류	개요	주요함수
문자형 함수	문자형 변수 처리	LOWER, UPPER, ASCII, CHR, CONCAT, SUBSTR, INSTR, LENGTH, LTRIM, RTRIM, TRIM, REPLACE
REGEXP 함수	정규 표현식을 사용한 문자열 처리	REGEXP_LIKE, REGEXP_REPLACE, REGEXP_INSTR, REGEXP_SUBSTR, REGEXP_COUNT
숫자형 함수	숫자형 변수 처리	ABS, SIGN, MOD, CEIL, FLOOR, ROUND, TRUNC, SIN, COS, TAN, EXP, POWER, SQRT, LOG, LN
변환 함수	문자, 숫자, DATE형 간 타입 변환	TO_CHAR, TO_NUMBER, TO_DATE
날짜형 함수	DATE 타입의 변수 처리	SYSDATE, EXTRACT, TO_NUMBER(TO_CHAR(d,'DD'|'MM'|'YY'))
제어 함수	논리값에 따른 값의 처리	CASE, DECODE
NULL 관련 함수	NULL 처리	NVL, NULLIF, COALESCE

4 ASCII(American Standard Code for Information Interchange) 코드

1. 개념

ASCII는 문자, 숫자, 기호 등을 이진 코드로 표현하여 컴퓨터가 텍스트 데이터를 처리할 수 있도록 만든 인코딩 표준 중 하나이다.

2. ASCII 코드표

ASCII 코드에서 각 문자는 0~127 사이의 10진수 값으로 표현되며, 동일한 문자를 16진수 값으로도 표현할 수 있다. 예를 들어, 'A'는 10진수로 65, 16진수로 41이고, 'a'는 10진수로 97, 16진수로 61로 표현된다.

10진수	16진수	문자	10진수	16진수	문자	10진수	16진수	문자	10진수	16진수	문자
0	0X00	NULL	16	0X10	DLE	32	0X20	SP	48	0X30	0
1	0X01	SOH	17	0X11	DC1	33	0X21	!	49	0X31	1
2	0X02	STX	18	0X12	DC2	34	0X22	"	50	0X32	2
3	0X03	ETX	19	0X13	DC3	35	0X23	#	51	0X33	3
4	0X04	EOT	20	0X14	DC4	36	0X24	$	52	0X34	4
5	0X05	ENQ	21	0X15	NAK	37	0X25	%	53	0X35	5
6	0X06	ACK	22	0X16	SYN	38	0X26	&	54	0X36	6
7	0X07	BEL	23	0X17	ETB	39	0X27	'	55	0X37	7
8	0X08	BS	24	0X18	CAN	40	0X28	(	56	0X38	8
9	0X09	HT	25	0X19	EM	41	0X29	)	57	0X39	9
10	0X0A	LF	26	0X1A	SUB	42	0X2A	*	58	0X3A	:
11	0X0B	VT	27	0X1B	ESC	43	0X2B	+	59	0X3B	;
12	0X0C	FF	28	0X1C	FS	44	0X2C	,	60	0X3C	<
13	0X0D	CR	29	0X1D	GS	45	0X2D	–	61	0X3D	=
14	0X0E	SO	30	0X1E	RS	46	0X2E	.	62	0X3E	>
15	0X0F	SI	31	0X1F	US	47	0X2F	/	63	0X3F	?

10진수	16진수	문자	10진수	16진수	문자	10진수	16진수	문자	10진수	16진수	문자
64	0X40	@	80	0X50	P	96	0X60	`	112	0X70	p
65	0X41	A	81	0X51	Q	97	0X61	a	113	0X71	q
66	0X42	B	82	0X52	R	98	0X62	b	114	0X72	r
67	0X43	C	83	0X53	S	99	0X63	c	115	0X73	s
68	0X44	D	84	0X54	T	100	0X64	d	116	0X74	t
69	0X45	E	85	0X55	U	101	0X65	e	117	0X75	u
70	0X46	F	86	0X56	V	102	0X66	f	118	0X76	v
71	0X47	G	87	0X57	W	103	0X67	g	119	0X77	w
72	0X48	H	88	0X58	X	104	0X68	h	120	0X78	x
73	0X49	I	89	0X59	Y	105	0X69	i	121	0X79	y
74	0X4A	J	90	0X5A	Z	106	0X6A	j	122	0X7A	z
75	0X4B	K	91	0X5B	[	107	0X6B	k	123	0X7B	{
76	0X4C	L	92	0X5C	\	108	0X6C	l	124	0X7C		
77	0X4D	M	93	0X5D	]	109	0X6D	m	125	0X7D	}
78	0X4E	N	94	0X5E	^	110	0X6E	n	126	0X7E	~
79	0X4F	O	95	0X5F	_	111	0X6F	o	127	0X7F	DEL

02 | 단일행 함수의 종류

1 문자형 함수

1. 개념

문자형 함수는 SQL에서 문자열 데이터를 처리하고 변환하는 데 사용되는 함수이다.

```
질의
SELECT 문자형 함수 FROM DUAL;
```

2. 문자형 함수의 사용

(1) LOWER(문자열)

입력된 문자열의 모든 문자를 소문자로 변환하는 함수이다.

(2) UPPER(문자열)

입력된 문자열의 모든 문자를 대문자로 변환하는 함수이다.

(3) ASCII(문자)

입력된 문자의 **ASCII** 값을 반환하는 함수이다.

(4) CHR(ASCII 코드)

입력된 **ASCII** 코드 값에 해당하는 문자를 반환하는 함수이다.

(5) CONCAT(문자열1, 문자열2)

입력된 두 문자열을 하나의 문자열로 결합하여 반환하는 함수이다.

＋ 문자열 결합 연산자(||)

||는 SQL에서 문자열을 결합하는 데 사용하는 문자열 결합 연산자이다. 입력된 문자열을 연결하여 하나의 문자열로 반환한다.

(6) SUBSTR

문자열의 특정 위치에서 부분 문자열을 추출하는 함수이다. 지정된 위치와 길이에 따라 원하는 부분을 가져올 때 사용된다.

① SUBSTR(문자열, m): 문자열의 m번째 문자(공백 포함)부터 끝까지 추출한다.

② SUBSTR(문자열, m, n): 문자열의 m번째 문자(공백 포함)부터 n개의 문자를 추출한다.

(7) INSTR

문자열 내에서 특정 문자나 문자열이 처음 또는 특정 위치에 등장하는 인덱스를 반환하는 함수이다.

① INSTR(문자열, 찾을 문자): 문자열 내에서 찾을 문자 또는 문자열이 처음 등장하는 위치를 반환한다.

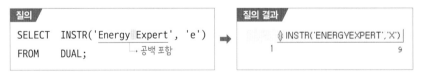

② INSTR(문자열, 찾을 문자, 시작 위치): 문자열 내에서 지정한 시작 위치부터 찾을 문자 또는 문자열이 처음 등장하는 위치를 반환한다.

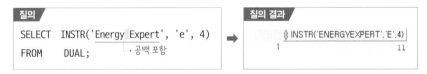

(8) LENGTH(문자열)

입력된 문자열의 길이를 반환하는 함수이다. 문자열에 포함된 문자 수를 확인할 때 사용된다.

(9) LTRIM

입력된 문자열에서 왼쪽에 있는 공백 또는 지정된 문자를 제거하고 남은 문자열을 반환하는 함수이다.

① LTRIM(문자열): 문자열의 왼쪽부터 다른 문자를 만나기 전까지의 공백을 제거한다.

② LTRIM(문자열, 지정문자): 문자열의 왼쪽부터 다른 문자를 만나기 전까지의 지정문자를 제거한다.

(10) RTRIM

입력된 문자열에서 오른쪽에 있는 공백 또는 지정된 문자를 제거하고 남은 문자열을 반환하는 함수이다.

① RTRIM(문자열): 문자열의 오른쪽부터 다른 문자를 만나기 전까지의 공백을 제거한다.

② RTRIM(문자열, 지정문자): 문자열의 오른쪽부터 다른 문자를 만나기 전까지의 지정문자를 제거한다.

(11) TRIM

입력된 문자열에서 양쪽에 있는 공백 또는 지정된 문자를 제거하고 남은 문자열을 반환하는 함수이다.

① TRIM(문자열): 문자열의 양쪽에서 시작해서 다른 문자를 만나기 전까지 공백을 제거한다.

② TRIM(지정문자 FROM 문자열): 문자열의 양쪽에서 시작해서 다른 문자를 만나기 전까지 지정문자를 제거한다.

(12) REPLACE(문자열, 찾을 문자, 바꿀 문자)

문자열 내에서 찾을 문자 또는 문자열을 모두 찾아서 지정한 문자열로 대체한다. 대소문자를 구분하며, 대상 문자열에 일치하는 모든 부분이 바뀐다.

확인 문제

CONCAT, SUBSTR, LENGTH 함수를 사용하여 'K-League' 데이터의 [PLAYER] 테이블에서 PLAYER_NAME의 맨 마지막 문자를 '*'로 대체한 '비식별화' 칼럼을 출력하시오. `실습파일 | K-League`

| 정답 |

```
질의
SELECT    PLAYER_NAME,
              CONCAT(
                 SUBSTR(PLAYER_NAME, 1, LENGTH(PLAYER_NAME) - 1), '*')
              AS 비식별화
FROM      PLAYER;
```

| 해설 | SUBSTR 함수는 문자열에서 특정 위치의 부분 문자열을 추출한다. **SUBSTR(PLAYER_NAME, 1, LENGTH(PLAYER_NAME) - 1)** 은 PLAYER_NAME의 첫 번째 문자부터 '문자열 길이 - 1' 위치까지의 부분 문자열을 반환한다. **LENGTH(PLAYER_NAME)** 은 PLAYER_NAME의 전체 길이를 반환하며, -1은 마지막 문자를 제외하기 위해 사용된다.

```
질의
                              ┌→ 1번째 문자부터
SUBSTR(PLAYER_NAME, 1, LENGTH(PLAYER_NAME) - 1)
            └→ PLAYER_NAME에서    └→ 'PLAYER_NAME의 문자열 길이 - 1'만큼 추출
```

CONCAT 함수는 두 개의 문자열을 결합한다. CONCAT(SUBSTR(PLAYER_NAME, 1, LENGTH(PLAYER_NAME) - 1), '*')은 추출된 문자열의 끝에 '*'을 추가하는 역할을 수행한다.

> **질의**
>
> ```
> CONCAT(SUBSTR(PLAYER_NAME, 1, LENGTH(PLAYER_NAME) - 1), '*')
>           └→ 'SUBSTR~'과 '*'을 결합
> ```

SELECT 절에서 원본 PLAYER_NAME과 비식별화된 데이터를 함께 출력하며, 비식별화된 데이터는 별칭을 사용하여 '비식별화'라는 이름으로 출력한다.

> **질의**
>
> ```
> SELECT    PLAYER_NAME,
>           CONCAT(
>             SUBSTR(PLAYER_NAME, 1, LENGTH(PLAYER_NAME) - 1), '*')
>           AS 비식별화
> FROM      PLAYER;
> ```

② REGEXP(Regular Expression) 함수 (실습파일 | K-League)

1. 개념

REGEXP 함수는 정규 표현식*을 사용하여 문자열을 처리하는 SQL 함수이다. 특정 패턴을 기반으로 텍스트를 검색하거나, 데이터를 검증하고, 문자열을 치환하는 데 활용된다. 예를 들어, [PLAYER] 테이블에서 PLAYER_NAME 중 '김'으로 시작하는 데이터만 조회하려면 다음과 같은 SQL 문을 사용할 수 있다.

> **정규 표현식**
> 문자열 내에서 특정 패턴을 찾기 위해 사용되는 문자와 기호(메타문자)의 조합이다.

> **질의**
>
> ```
> SELECT    PLAYER_NAME FROM PLAYER
> WHERE     REGEXP_LIKE(PLAYER_NAME, '^김');
>                           └→ "'김'으로 시작하는"으로 해석
> ```

한편, '정'이라는 글자가 포함된 데이터를 조회하려면 아래와 같이 작성할 수 있다.

> **질의**
>
> ```
> SELECT    PLAYER_NAME FROM PLAYER
> WHERE     REGEXP_LIKE(PLAYER_NAME, '정');
>                           └→ '정○○', '○정○', '○○정' 등 '정'이 들어간 데이터 모두 출력
> ```

2. REGEXP 함수의 종류

(1) REGEXP_LIKE

문자열이 정규 표현식 패턴과 일치하는지 여부를 확인하는 함수이다.

> **질의**
>
> ```
> SELECT    PLAYER_NAME FROM PLAYER
> WHERE     REGEXP_LIKE(PLAYER_NAME, '호$');
>                   '호'로 끝나는 데이터 출력 ←┘
> ```
>
> **질의 결과**
>
> | ♦ PLAYER_NAME |
> | --- |
> | 1 김규호 |
> | 2 김충호 |
> | 3 김충호 |
> | 4 조승호 |
> | 5 김태호 |

> **학습TIP!**
> SQL에서 $는 문자열의 끝, 즉 특정 문자열로 끝나는 패턴을 찾고자 할 때 사용된다. '호$'는 '호'로 끝나는 패턴을 의미한다.

(2) REGEXP_REPLACE

문자열에서 정규 표현식 패턴과 일치하는 부분을 찾아 다른 문자열로 치환하는 함수이다.

(3) REGEXP_INSTR

문자열에서 정규 표현식 패턴이 처음으로 나타나는 위치를 반환하는 함수이다.

(4) REGEXP_SUBSTR

문자열에서 정규 표현식 패턴과 일치하는 부분 문자열을 추출하는 함수이다.

(5) REGEXP_COUNT

문자열 내에서 정규 표현식 패턴이 등장한 횟수를 반환하는 함수이다.

3. 주요 메타 문자

메타 문자(Meta Characters)는 정규 표현식에서 특별한 의미를 가지는 문자로, 패턴을 정의하거나 특정 조건을 표현하는 데 사용된다.

메타 문자	설명	예시
.	임의의 한 문자와 일치	• 패턴 예시: a.b • 매칭 문자열 예시: 'a b', 'a1b', 'aab', 'abb', 'acb'
^	문자열의 시작과 일치	• 패턴 예시: ^abc • 매칭 문자열 예시: 'abc', 'abc123'
$	문자열의 끝과 일치	• 패턴 예시: abc$ • 매칭 문자열 예시: 'abc', '123abc'
*	선행 문자 0회 이상 반복	• 패턴 예시: ab*c • 매칭 문자열 예시: 'ac', 'abc', 'abbc', 'abbbc'
+	선행 문자 1회 이상 반복	• 패턴 예시: ab+c • 매칭 문자열 예시: 'abc', 'abbc', 'abbbc'
?	선행 문자 1회 이하 출현	• 패턴 예시: ab?c • 매칭 문자열 예시: 'ac', 'abc'
|	OR 연산	• 패턴 예시: ab|cd • 매칭 문자열 예시: 'abd', 'acd'
( )	그룹화 → 한 문자로 취급	• 패턴 예시: a(bc)+d • 매칭 문자열 예시: 'abcd', 'abcbcd'
{n}	n만큼 반복	• 패턴 예시: ab{2}c(de){2} • 매칭 문자열 예시: 'abbcdede'
{n,}	n회 이상 반복	• 패턴 예시: a{2,} • 매칭 문자열 예시: aa, aaa 등
{n,m}	n~m회 반복	• 패턴 예시: a{2,4} • 매칭 문자열 예시: aa, aaa, aaaa
[ ]	나열된 문자들 중 하나라도 일치	• 패턴 예시: [abc] • 매칭 문자열 예시: 'a', 'b', 'abe', 'cup'
[–]	연속 문자의 범위 지정	• 패턴 예시: [a–c] • 매칭 문자열 예시: 'a', 'b', 'abe', 'cup'
[^]	나열된 문자들을 제외한 전체 문자들 중 하나라도 일치	• 패턴 예시: [^abc] • 매칭 문자열 예시: 'd', 'bde', 'abcd'
\d	숫자를 의미	• 패턴 예시: \d • 매칭 문자열 예시: REGEXP_COUNT('ab 123 _!', '\d') → 3
\w	문자를 의미(숫자와 '_'를 포함하지만 공백과 다른 기호는 제외함)	• 패턴 예시: \w • 매칭 문자열 예시: REGEXP_COUNT('ab 123 _!', '\w') → 6
\W	문자, 숫자 '_'를 제외한 기호를 의미	• 패턴 예시: \W • 매칭 문자열 예시: REGEXP_COUNT('ab 123 _!', '\W') → 3
\s	공백, 탭, 줄 바꿈을 의미	• 패턴 예시: \s • 매칭 문자열 예시: REGEXP_COUNT('ab 123 _!', '\s') → 2
\S	공백, 탭, 줄 바꿈이 아닌 문자 의미	• 패턴 예시: \S • 매칭 문자열 예시: REGEXP_COUNT('ab 123 _!', '\S') → 7

아래는 [STADIUM] 테이블에서 ADDRESS만 출력한 결과이다. 정규 표현식을 사용하여 [STADIUM] 테이블에서 ADDRESS 중 '서울' 또는 '인천'을 포함하는 행만 출력하되, 모든 숫자는 'X'로 대체하여 출력하는 질의를 작성하시오. (실습파일 | K-League)

ADDRESS
1 전북 전주시 덕진구 반월동 763-1
2 경기도 성남시 분당구 야탑동 486
3 경북 포항시 남구 괴동 1
4 전남 광양시 금호동 700
5 서울특별시 마포구 난지도길 66
6 인천광역시 남구 문학동 482
7 경남 창원시 두대동 145
8 울산광역시 남구 옥산 산5
9 대전광역시 유성구 노은동 270
10 수원시 팔달구 우만1동 228번지
11 광주광역시 서구 풍암동 423-2
12 부산광역시 서구 서대신동 3가 210번지
13 강원 강릉시 교동 산58
14 제주 서귀포시 법환동
15 대구광역시 수성구 대흥동 504
16 대구광역시
17 부산광역시
18 경기도 일산시
19 경남 마산시
20 경기도 안양시

| 정답 |

질의

```
SELECT    REGEXP_REPLACE(ADDRESS, '[0-9]', 'X')
FROM      STADIUM
WHERE     REGEXP_LIKE(ADDRESS, '서울|인천');
```

질의 결과

REGEXP_REPLACE(ADDRESS,'[0-9]','X')
1 서울특별시 마포구 난지도길 XX
2 인천광역시 남구 문학동 XXX

| 해설 | WHERE 절에 REGEXP_LIKE 함수를 사용하여 ADDRESS 열에서 '서울' 또는 '인천'이라는 문자열이 포함된 행을 필터링한다. **REGEXP_LIKE(ADDRESS, '서울|인천')** 에서 |는 OR(또는)의 의미로, '서울' 또는 '인천'이 포함된 데이터를 찾는다.

질의

```
SELECT    ADDRESS
FROM      STADIUM
WHERE     REGEXP_LIKE(ADDRESS, '서울|인천');
```

REGEXP_REPLACE(ADDRESS, '[0-9]', 'X')는 ADDRESS 열에서 숫자([0-9])를 찾아 모두 'X'로 대체한다. 이때, [0-9]는 정규 표현식에서 0부터 9까지의 모든 숫자를 의미한다.

질의
```
SELECT    REGEXP_REPLACE(ADDRESS, '[0-9]', 'X')
FROM      STADIUM
WHERE     REGEXP_LIKE(ADDRESS, '서울|인천');
```

❸ 숫자형 함수

1. 개념

숫자형 함수는 SQL에서 숫자 데이터를 처리하고 변환하는 데 사용되는 함수이다. 숫자형 함수를 이용하여 반올림, 절댓값 계산 등 데이터에 대한 다양한 수학적 연산을 수행할 수 있다.

질의
```
SELECT 숫자형 함수 FROM DUAL;
```

2. 숫자형 함수의 종류

(1) ABS(숫자)

숫자의 절댓값을 반환하는 함수이다.

(2) SIGN(숫자)

숫자의 부호를 반환하는 함수이다. 양수를 넣으면 1, 음수를 넣으면 -1, 0을 넣으면 0을 반환한다.

(3) MOD(숫자1, 숫자2)

숫자1을 숫자2로 나눈 나머지를 반환하는 함수이다.

학습TIP!
MOD 함수의 특징
• 숫자1과 숫자2가 모두 음수인 경우, 두 수를 나눈 나머지의 부호도 음수
• 숫자2가 0인 경우 숫자1 반환
• 두 수를 나눈 나머지가 0인 경우 0을 반환

(4) CEIL(숫자)

주어진 숫자보다 크거나 같은 최소 정수를 반환(올림)하는 함수이다.

(5) FLOOR(숫자)

주어진 숫자보다 작거나 같은 최대 정수를 반환(내림)하는 함수이다.

(6) ROUND

숫자를 반올림하여 반환하는 함수이다.

① ROUND(숫자): 소수점 첫째 자리에서 반올림한다.

② ROUND(숫자, m): 소수점 m째 자리까지 나타나도록 (m+1)째 자리에서 반올림한다.

(7) TRUNC

숫자를 절삭(버림)하여 특정 자리까지 반환하는 함수이다.

① TRUNC(숫자): 소수점을 버리고 정수만 반환한다.

② TRUNC(숫자, m): 소수점 m째 자리까지 남기고 나머지 부분은 버린다.

(8) 기타 함수

SIN(숫자)	주어진 숫자(라디안 값)에 대한 사인값을 반환
EXP(숫자)	자연로그의 밑 e(약 2.718)의 주어진 숫자만큼의 거듭제곱 값을 반환
POWER(숫자1, 숫자2)	숫자1을 숫자2의 거듭제곱으로 계산하여 반환
SQRT(숫자)	주어진 숫자의 제곱근을 반환
LOG(숫자1, 숫자2)	숫자2를 밑으로 하는 숫자1의 로그 값을 반환
LN(숫자)	주어진 숫자의 자연로그(밑이 e) 값을 반환

4 변환형 함수

1. 개념

변환형 함수는 데이터를 다른 데이터 타입으로 변환하기 위해 사용되는 함수이다. 변환형 함수를 사용하여 데이터 타입을 변환하는 것을 명시적 변환이라고 하며, 변환형 함수를 사용하지 않고 시스템에서 자동으로 데이터 타입을 변환하는 것을 암시적 변환이라고 한다.

명시적(Explicit) 데이터 타입 변환	• 사용자가 변환형 함수를 직접 호출하여 명시적으로 데이터 타입을 변환함 • 데이터 변환이 명확하여, 일반적으로 성능과 안정성이 높음
암시적(Implicit) 데이터 타입 변환	• 시스템이 자동으로 데이터 타입을 변환하여 연산을 수행함 • 간편하지만, 성능 저하와 에러 발생의 가능성이 있음

2. 변환형 함수의 종류

(1) TO_CHAR

숫자나 날짜 데이터를 문자열로 변환하는 함수이다.

① TO_CHAR(날짜): 날짜 데이터를 다양한 형식의 문자열로 변환한다.

학습TIP!

SYSDATE는 SQL에서 현재 날짜와 시간을 반환하는 함수이다. 데이터베이스 서버의 시스템 시간을 기준으로 현재 시각을 반환하며, 날짜와 시간 데이터가 필요한 상황에서 유용하게 사용된다.

```
질의
SELECT  TO_CHAR(SYSDATE, 'YYYY/MM/DD') AS 타입1,
            └→ SYSDATE 날짜를 YYYY/MM/DD 형태의 문자열로 변환
        TO_CHAR(SYSDATE, 'YYYY.MM.DD.HH24.MI.SS') AS 타입2,
        TO_CHAR(SYSDATE) AS 타입3
FROM    DUAL;
```

질의 결과

타입1	타입2	타입3
1 2025/02/26	2025.02.26.11.45.28	25/02/26

→ 다양한 형식의 문자열 데이터

② TO_CHAR(숫자, FORMAT): 숫자 데이터를 특정 형식의 문자열로 변환한다.

```
질의
SELECT  TO_CHAR(12345.6789, '99999.99') AS 포맷
FROM    DUAL;  └→ 숫자 12345.6789를 정수 5자리(99999.)와
                    소수 2자리(.99) 포맷의 문자열로 출력
```

질의 결과

포맷
1 12345.68

→ 99999.99 포맷의 문자열 데이터

(2) TO_NUMBER(문자열)

문자열 데이터를 숫자 데이터로 변환하는 함수이다.

① 암시적 변환

```
질의
SELECT  '1' + '1' AS 계산
FROM    DUAL;
```
➡

질의 결과

계산
1   2

② 명시적 변환

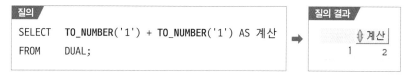

```
질의
SELECT  TO_NUMBER('1') + TO_NUMBER('1') AS 계산
FROM    DUAL;
```
➡

질의 결과

계산
1   2

(3) TO_DATE

문자열 데이터를 날짜 데이터로 변환하는 함수이다.

① TO_DATE(문자열): 문자열을 기본 형식의 날짜 데이터로 변환한다.

```
질의
SELECT  TO_DATE('2025-01-08') AS DATE_VALUE
FROM    DUAL;  └→ 문자열인 '2025-01-08'을 날짜 데이터로 변환
```

질의 결과

DATE_VALUE
1 25/01/08

② TO_DATE(문자열, FORMAT): 문자열을 지정된 **FORMAT**의 날짜 데이터로 변환한다.

질의
```
SELECT   TO_DATE('2025-01-08', 'YY/MM/DD') AS DATE_VALUE
FROM     DUAL;
```

질의 결과

	DATE_VALUE
1	25/01/08

5 날짜형 함수

1. 개념

날짜형 함수는 SQL에서 날짜와 시간 데이터를 처리하고 변환하는 데 사용되는 함수이다. 날짜 연산, 특정 날짜의 정보 추출 등 다양한 작업에서 활용된다.

2. 날짜형 함수의 종류

(1) SYSDATE

현재 날짜와 시간을 반환하는 함수이다.

질의
```
SELECT SYSDATE
FROM DUAL;      → 현재 날짜 반환
```
➡
질의 결과

	SYSDATE
1	25/02/28

(2) EXTRACT('YEAR' | 'MONTH' | 'DAY' FROM 날짜)

날짜 데이터에서 특정 구성 요소(연도, 월, 일 등)를 추출하는 함수이다. **EXTRACT** 함수는 날짜 데이터를 추출하는 것이므로, 해당 함수의 입력으로 반드시 날짜 유형의 데이터가 사용되어야 결과가 올바르게 출력된다는 점에 유의해야 한다.

질의
```
SELECT   EXTRACT(YEAR FROM SYSDATE)
FROM     DUAL;        → 날짜 데이터 SYSDATE에서 연도만 출력
```

질의 결과

	EXTRACT(YEARFROMSYSDATE)
1	2025

질의
```
SELECT   EXTRACT(YEAR FROM '2025/01/20')
FROM     DUAL;        → '2025/01/20'은 날짜 데이터가 아닌
                        문자열이므로 ERROR 발생
```
➡ ERROR 발생

질의
```
SELECT   EXTRACT(YEAR FROM TO_DATE('2025/01/20'))
FROM     DUAL;        → 문자열인 '2025/01/20'을 날짜 데이터(TO_DATE)로
                        변환 후 연도(YEAR)만 출력
```

질의

```
SELECT    EXTRACT(MONTH FROM BIRTH_DATE)
FROM      PLAYER;          └→ BIRTH_DATE에서 월만 출력
```

(3) TRUNC(날짜, 'DD')

주어진 날짜에서 시/분/초를 제거하고 날짜만 반환하는 함수이다.

질의

```
SELECT TO_CHAR(TRUNC(SYSDATE, 'DD'),   → 시간 부분 제거
        'YYYY.MM.DD.HH24.MI.SS')
FROM    DUAL;         └→ 시, 분, 초까지 조회하면 시, 분, 초 부분은 00.00.00으로 출력
```

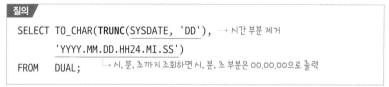

(4) ADD_MONTHS(날짜, n)

날짜에 지정한 개월 수를 더하거나 빼서 새로운 날짜를 반환하는 함수이다.

[PLAYER] 테이블에서 PLAYER_NAME, BIRTH_DATE와 함께, 태어난 날부터 오늘까지 지난 날 수를 계산하여 출력하시오. (실습파일 | K-League)

| 정답 |

질의
```
SELECT    PLAYER_NAME, BIRTH_DATE, TRUNC(SYSDATE - BIRTH_DATE) AS DAY_PASSED
FROM      PLAYER;
```

질의 결과

	PLAYER_NAME	BIRTH_DATE	DAY_PASSED
1	우르모브	87/08/30	13695
2	윤희준	82/11/01	15458
3	김규호	89/07/13	13012
4	김민성	83/06/23	15224
5	김장관	84/06/05	14876

| 해설 | SELECT 문에서 PLAYER_NAME과 BIRTH_DATE를 선택하여 출력한다.

질의
```
SELECT    PLAYER_NAME, BIRTH_DATE
FROM      PLAYER;
```

날짜 데이터는 SQL에서 뺄셈(-) 연산을 통해 일수 차이를 계산할 수 있다. SYSDATE - BIRTH_DATE는 오늘 날짜(SYSDATE)에서 선수의 생년월일(BIRTH_DATE)을 뺀 결과로, 태어난 날부터 오늘까지 경과한 일수를 반환한다.

질의
```
SELECT    PLAYER_NAME, BIRTH_DATE, SYSDATE - BIRTH_DATE
FROM      PLAYER;
```

날짜 연산 결과는 소수점(시간 차이 포함)을 포함할 수 있으므로, TRUNC 함수를 사용해 소수점을 제거하고 정수 값(경과 일수)만 반환한다. Alias를 사용해 계산된 일수를 "DAY_PASSED"라는 이름으로 출력한다.

질의
```
SELECT    PLAYER_NAME, BIRTH_DATE, TRUNC(SYSDATE - BIRTH_DATE) AS DAY_PASSED
FROM      PLAYER;
```

6 CASE Expression (실습파일 | K-League)

1. 개념
CASE 표현식은 SQL에서 조건에 따라 다른 값을 반환하는 기능을 제공하며, IF ~ THEN ~ ELSE 논리 흐름을 기반으로 동작하는 표현식이다. 데이터 처리와 가공에서 조건별로 다른 결과를 출력할 때 활용된다.

2. Case Expression의 종류
CASE 표현식은 Searched CASE Expression과 Simple CASE Expression으로 구분된다. Searched CASE Expression은 조건을 명시적으로 설정하여 좀 더 정교한 표현식을 작성할 수 있는 방식이다. 한편, Simple CASE Expression은 간단한 표현식으로 단순하게 조건을 비교하고 처리하는 방식이다.

(1) Searched CASE Expression

① 작성 방법

질의

```
SELECT PLAYER_NAME,
            CASE → 조건을 평가하기 위한 논리 시작
                WHEN POSITION = 'GK' THEN '골키퍼'
                                 └→ POSITION이 'GK'이면 '골키퍼'로 출력
                WHEN POSITION = 'DF' THEN '수비수'
                WHEN POSITION = 'MF' THEN '미드필더'
                WHEN POSITION = 'FW' THEN '공격수'
                                 └→ 등호(=)뿐만 아니라 다양한 조건 사용 가능
                ELSE '그 외' → 어떤 조건에도 해당하지 않는 데이터 처리
            END AS 포지션 → CASE 표현식 종료
FROM PLAYER;
```

② 특징

ㄱ 표준 SQL에 따라 작성된다.

ㄴ 다양한 조건(=, <, BETWEEN, LIKE 등)을 사용할 수 있다.

ㄷ 표현식이 복잡하다.

(2) Simple CASE Expression

① 작성 방법

질의

```
SELECT PLAYER_NAME,
            CASE POSITION → 평가할 칼럼(POSITION)을 지정
                WHEN 'GK' THEN '골키퍼'
                            └→ POSITION = 'GK'이면 '골키퍼'로 출력
                WHEN 'DF' THEN '수비수'
                WHEN 'MF' THEN '미드필더'
                WHEN 'FW' THEN '공격수'
                            └→ 등호(=) 비교에만 사용할 수 있음
                ELSE '그 외' → 어떤 조건에도 해당하지 않는 데이터 처리
            END AS 포지션 → CASE 표현식 종료
FROM PLAYER;
```

② 특징

ㄱ 표준 SQL에 따라 작성된다.

ㄴ 동등(=) 비교에만 사용할 수 있다.

ㄷ 표현식이 명료하다.

3. CASE 표현식의 중첩

중첩된 CASE 표현식은 하나의 CASE 블록 안에 또 다른 CASE 표현식을 포함하여 복잡한 조건을 처리할 때 사용된다.

```
질의
SELECT PLAYER_NAME,
        CASE
            WHEN HEIGHT > 185 THEN '장신'
                └→ HEIGHT 값이 185보다 크면 '장신' 출력
            ELSE (
                └→ HEIGHT 값이 185보다 크지 않으면 중첩된 CASE 표현식 실행
                    CASE
                        WHEN HEIGHT BETWEEN 175 AND 185 THEN '평균'
                        ELSE '단신'
                        END  └→ HEIGHT 값이 175와 185 사이이면 '평균', 아니면 '단신' 출력
                )
        END AS 신장
FROM PLAYER;
```

4. DECODE 함수

Oracle에서만 사용되는 함수로, 주어진 값과 여러 기준 값을 비교하여 조건에 맞는 결과를 반환하는 조건부 논리 함수이다. SQL에서 간단한 조건부 처리를 구현할 때 사용된다.

```
질의
SELECT 칼럼명
        DECODE(표현식, 기준값1, 출력값1 [, 기준값2, 출력값2, … , 디폴트값])
               ❶        ❷        ❸                                    ❹
FROM 테이블명;
```

학습TIP!
[, COL2, …]와 같은 표현은 COL2, … 등의 추가 칼럼은 생략될 수 있음을 의미한다.

❶ 표현식: 평가할 값
❷ 기준값: 표현식과 비교할 값
❸ 출력값: 표현식이 해당 기준값과 일치할 때 반환할 값
❹ 디폴트값: 표현식이 어떠한 기준값과도 일치하지 않을 때 반환할 값

```
질의
SELECT PLAYER_NAME,
        DECODE(POSITION,
                └→ 표현식
            'GK', '골키퍼',  → POSITION 값이 'GK'이면 '골키퍼' 출력
            └→ 기준값  └→ 출력값
            'DF', '수비수',
            'MF', '미드필더',
            'FW', '공격수',
            '그 외') AS 포지션
            └→ 디폴트값
FROM PLAYER;
```

7 NULL 관련 함수 [실습파일 | K-League]

1. NULL의 정의

NULL은 비어 있는 값을 의미하며, 데이터베이스에서 값이 없음을 나타내는 특별한 상태이다. 이는 데이터가 존재하지 않음을 나타내는 것으로, 공백(Space)이나 숫자 0과는 다른 의미를 가진다.

2. NULL과 산술 연산

NULL이 포함된 모든 산술 연산의 결과는 항상 NULL이다.

```
• NULL + 0 → NULL
• NULL - 1 → NULL
• NULL * 0 → NULL
• NULL / 1 → NULL
```

3. NULL과 공집합의 차이

NULL은 결과가 존재하지만 해당 값이 비어 있음을 나타낸다. 반면, 공집합은 쿼리 조건을 만족하는 데이터 자체가 존재하지 않는 경우를 의미하며, 이 경우 결과가 나타나지 않는다. 예를 들어, [PLAYER] 테이블에서 '남현우' 선수의 POSITION을 조회하면 NULL로 조회되지만, '아무개'와 같이 데이터 자체가 존재하지 않는 선수의 POSITION을 조회하면 아무런 결과가 나타나지 않는다. 이렇게 결과가 나타나지 않는 것을 공집합이라고 한다.

① NULL

② 공집합

확인 문제

데이터베이스에서 NULL에 대한 설명으로 가장 적절하지 않은 것은?

① NULL은 값이 비어 있음을 의미하며, 공백(Space)이나 숫자 0과는 전혀 다른 상태이다.

② NULL이 포함된 산술 연산의 결과는 항상 NULL이 된다.

③ NVL 함수는 NULL 값을 특정 값으로 변환할 때 사용되며, COALESCE 함수는 여러 값 중 NULL이 아닌 첫 번째 값을 반환한다.

④ NULL은 쿼리 조건을 만족하는 데이터 자체가 존재하지 않는 경우를 의미하여 결과가 나타나지 않는다.

| 정답 | ④

| 해설 | NULL은 결과가 존재하지만, 해당 값이 비어 있음을 나타낸다. 한편, 공집합은 쿼리 조건을 만족하는 데이터 자체가 존재하지 않는 경우를 의미하여 결과가 나타나지 않는다.

4. NULL 관련 함수

(1) NVL(표현식, 대체값)

NULL 값을 특정 값으로 변환할 때 사용하는 SQL 함수이다. 표현식의 값이 NULL이면 대체값을 반환하고, NULL이 아니면 표현식의 값을 반환한다. 이때, 표현식과 대체값의 데이터 타입이 같아야 한다.

질의

```
SELECT   PLAYER_NAME, POSITION,
         NVL(POSITION, '없음') AS 포지션
FROM     PLAYER;   └→ POSITION이 NULL이면 '없음' 출력
```

질의 결과

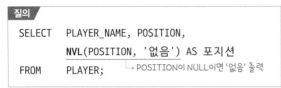

	⊕ PLAYER_NAME	⊕ POSITION	⊕ 포지션
34	임기한	DF	DF
35	김경태	DF	DF
36	남현우	(null)	없음

➕ IS NULL과 CASE를 사용한 NVL의 구현

NVL을 IS NULL과 CASE 구문으로 구현하면 다음과 같다.

질의

```
SELECT   PLAYER_NAME, POSITION,
         CASE WHEN POSITION IS NULL THEN '없음'
              ELSE POSITION   └→ POSITION이 NULL이면 '없음' 출력
         END AS 포지션
FROM     PLAYER;
```

➕ NVL의 사용   실습파일 | Company

'Company' 데이터를 활용하여 각 직원의 연봉(= SAL * 12 + COMM)을 계산하고자 한다. 이를 위해 [EMP] 테이블을 조회하면 SAL(급여) 칼럼과 COMM(성과급) 칼럼을 확인할 수 있으며, COMM(성과급) 값에 NULL이 포함되어 있음을 알 수 있다.

질의

```
SELECT   *
FROM     EMP;
```

질의 결과

	⊕ EMPNO	⊕ ENAME	⊕ JOB	⊕ MGR	⊕ HIREDATE	⊕ SAL	⊕ COMM	⊕ DEPTNO
1	7369	SMITH	CLERK	7902	80/12/17	800	(null)	20
2	7499	ALLEN	SALESMAN	7698	81/02/20	1600	300	30
3	7521	WARD	SALESMAN	7698	81/02/22	1250	500	30

예를 들어, EMPNO가 7369인 직원의 연봉을 계산하려고 다음 질의를 실행하면, 연봉 값이 9600(= 800 * 12)이 아니라 NULL로 산출된다. 이는 NULL 값이 포함된 산술 연산의 결과는 항상 NULL이 되기 때문이다.

질의
```
SELECT    ENAME, SAL, COMM, (SAL*12) + COMM AS 연봉
FROM      EMP
WHERE     EMPNO = 7369;
```

질의 결과

	ENAME	SAL	COMM	연봉
1	SMITH	800	(null)	(null)

따라서 이러한 산술 연산 시 NULL 값을 처리하기 위해 일반적으로 NULL 값을 0으로 변환해야 하며, Oracle에서는 이를 위해 NVL 함수를 사용할 수 있다.

질의
```
SELECT    ENAME, SAL, COMM, NVL(SAL, 0)*12 + NVL(COMM, 0) AS 연봉
FROM      EMP          └→ SAL과 COMM이 NULL이면 숫자 0 출력
WHERE     EMPNO = 7369;
```

질의 결과

	ENAME	SAL	COMM	연봉
1	SMITH	800	(null)	9600

(2) NULLIF(표현식1, 표현식2)

특정 값을 **NULL**로 변환할 때 사용하는 SQL 함수이다. 지정된 두 값이 같으면 **NULL**을 반환하고, 그렇지 않으면 표현식1의 값을 반환한다.

질의
```
SELECT    PLAYER_NAME, POSITION, NULLIF(POSITION, 'GK')
FROM      PLAYER;          └→ POSITION이 GK면 NULL, 아니면 POSITION 값을 출력
```

질의 결과

	PLAYER_NAME	POSITION	NULLIF(POSITION,'GK')
37	김충호	GK	(null)
38	이현	GK	(null)
39	한동진	GK	(null)
40	다오	DF	DF
41	최철	DF	DF

➕ CASE를 사용한 NULLIF의 구현

NULLIF를 CASE 구문으로 구현하면 다음과 같다.

질의
```
SELECT    PLAYER_NAME, POSITION,
              CASE WHEN POSITION = 'GK' THEN NULL
                         └→ POSITION이 GK면 NULL
                   ELSE POSITION → 그렇지 않으면 POSITION 값 출력
              END AS 포지션
FROM      PLAYER;
```

(3) COALESCE(표현식1, 표현식2, …)

여러 값 중 NULL이 아닌 첫 번째 값을 반환하는 함수이다. 다중 대체값을 지정할 수 있어 NVL보다 유연하다. 모든 표현식이 NULL인 경우만 NULL을 반환한다.

질의

```
SELECT   E_PLAYER_NAME, NICKNAME, PLAYER_NAME,
         COALESCE(E_PLAYER_NAME, NICKNAME, PLAYER_NAME)
                        ❶              ❷            ❸
FROM     PLAYER;
```

❶의 값이 NULL이 아니면 ❶의 값 출력
❶의 값이 NULL이고, ❷의 값이 NULL이 아니면 ❷의 값 출력
❶과 ❷의 값이 NULL이고, ❸의 값이 NULL이 아니면 ❸의 값 출력
❶❷❸의 값이 모두 NULL이면 NULL을 출력

질의 결과

	E_PLAYER_NAME	NICKNAME	PLAYER_NAME	COALESCE(E_P...
1	(null)	(null)	우르모브	우르모브
2	(null)	(null)	윤희준	윤희준
3	(null)	(null)	김규호	김규호
4	(null)	(null)	김민성	김민성
5	(null)	배추도사, 작은삼손	김장관	배추도사, 작은삼손

✚ CASE를 사용한 COALESCE의 구현

COALESCE를 CASE 구문으로 구현하면 다음과 같다.

질의

```
SELECT E_PLAYER_NAME, NICKNAME,
        CASE WHEN E_PLAYER_NAME IS NOT NULL THEN E_PLAYER_NAME
                        └→ E_PLAYER_NAME이 NULL이 아니면 E_PLAYER_NAME 출력
             WHEN NICKNAME IS NOT NULL THEN NICKNAME
                        └→ NICKNAME이 NULL이 아니면 NICKNAME 출력
             WHEN PLAYER_NAME IS NOT NULL THEN PLAYER_NAME
                        └→ PLAYER_NAME이 NULL이 아니면 PLAYER_NAME 출력
             ELSE NULL
                  └→ 그렇지 않으면 NULL 출력
        END AS 명칭
FROM PLAYER;
```

CHAPTER 02

출제예상문제

01

단일행 함수에 대한 설명으로 가장 적절하지 <u>않은</u> 것은?

① 단일행 함수는 각 행에 대해 개별적으로 연산을 수행하고, 하나의 결과를 반환한다.

② 단일행 함수는 SELECT 절에서만 사용 가능하며, WHERE 절이나 ORDER BY 절에서는 사용할 수 없다.

③ 단일행 함수는 다른 함수의 결과를 인수로 받아서 중첩 사용이 가능하다.

④ LENGTH, SUBSTR, ROUND 등은 단일행 함수에 해당한다.

| 해설 | 단일행 함수는 SELECT 절뿐만 아니라 WHERE 절, ORDER BY 절 등 다양한 절에서 사용할 수 있다.

02

문자형 함수가 <u>아닌</u> 것은?

① LOWER　　　　② SUBSTR
③ LENGTH　　　　④ ROUND

| 해설 | ROUND 함수는 숫자형 함수로서, 숫자 값을 반올림하여 지정한 자릿수까지 출력하는 기능을 한다.
① LOWER: 문자열을 모두 소문자로 변환하는 문자형 함수이다.
② SUBSTR: 문자열에서 특정 위치의 부분 문자열을 추출하는 문자형 함수이다.
③ LENGTH: 문자열의 길이(문자 수)를 반환하는 문자형 함수이다.

03

아래 SQL에 대한 실행 결과로 가장 적절하지 <u>않은</u> 것은?

```
[SQL]
(가) SELECT UPPER('Eduwill')
    FROM DUAL;
(나) SELECT SUBSTR('Best Player', 6, 2)
    FROM DUAL;
(다) SELECT CONCAT('SQL', 'Expert')
    FROM DUAL;
(라) SELECT RTRIM('ethereale', 'e')
    FROM DUAL;
```

① (가) EDUWILL　　　② (나) la
③ (다) SQLExpert　　　④ (라) ethereal

| 해설 | SUBSTR(문자열, m, n)은 문자열의 m번째 문자(공백 포함)부터 n개의 문자를 추출한다. 'Best Player'의 6번째 문자(공백 포함)는 P이며, P부터 2개의 문자는 P l이다.
(가) UPPER(문자열)은 입력된 모든 문자를 대문자로 변환하는 함수이다.
(다) CONCAT(문자열1, 문자열2)은 입력된 두 문자열을 하나의 문자열로 결합하여 반환하는 함수이다.
(라) RTRIM(문자열, 지정문자)는 문자열의 오른쪽부터 다른 문자를 만나기 전까지의 지정문자를 제거하는 함수이다.

04

입력된 ASCII 코드 값에 해당하는 문자를 반환하는 함수로 가장 적절한 것은?

① ASCII　　　　② LOWER
③ CHR　　　　④ LENGTH

| 해설 | CHR 함수는 입력된 ASCII 코드 값에 해당하는 문자를 반환하는 함수이다. 반대로 ASCII 함수는 입력된 문자의 ASCII 값을 반환하는 함수이다.

| 정답 | 01 ②　02 ④　03 ②　04 ③

05

아래 SQL의 실행 결과는?

```
[SQL]
SELECT REPLACE('DEVELOPER', 'E') AS COL1,
       SUBSTR('SQL DBMS', 5) AS COL2,
       LENGTH(RTRIM('DATABASE', 'S')) AS COL3
FROM DUAL;
```

①
COL1	COL2	COL3
DVLOPR	DBMS	8

②
COL1	COL2	COL3
DEVELOPR	DBMS	7

③
COL1	COL2	COL3
DVLOPR	BMS	8

④
COL1	COL2	COL3
DEVELOPR	BMS	7

| 해설 | · REPLACE('DEVELOPER', 'E')는 'DEVELOPER'의 'E'를 대체할 문
자열을 입력하지 않았으므로 'E'가 제거된다. 따라서 COL1은 'DVLOPR'이 출
력된다.
· SUBSTR('SQL DBMS', 5)는 공백을 포함한 5번째 문자('D')부터 끝까지 추출
한다. 따라서 COL2는 'DBMS'가 출력된다.
· LENGTH(RTRIM('DATABASE', 'S'))에서 RTRIM 함수는 오른쪽에서 'S'를 제
거하지만, 마지막 문자가 'S'가 아니므로, 'DATABASE'가 그대로 반환된다.
LENGTH 함수는 문자열의 길이를 반환하므로, 'DATABASE'의 길이는 8이
된다. 따라서 COL3는 '8'이 출력된다.

06

아래 SQL의 실행 결과는?

```
[SQL]
SELECT SUBSTR(
       REPLACE('DIGITAL', 'I', 'X'), 3)
FROM DUAL;
```

① G   ② GITAL
③ GXTAL   ④ DXG

| 해설 | · REPLACE('DIGITAL', 'I', 'X')는 'DIGITAL'의 'I'를 'X'로 대체한다. 따
라서 'DIGITAL'은 'DXGXTAL'로 변환된다.
· SUBSTR('DXGXTAL', 3)은 3번째 문자인 'G'부터 끝까지 추출한다. 따라서
결과는 'GXTAL'이 출력된다.

07

대상 문자열에서 정규 표현식 패턴이 처음으로 나타나는 위
치를 반환하는 함수로 가장 적절한 것은?

① REGEXP_SUBSTR
② REGEXP_INSTR
③ REGEXP_COUNT
④ REGEXP_REPLACE

| 해설 | REGEXP_INSTR은 대상 문자열에서 정규 표현식 패턴이 처음으로
나타나는 위치를 반환하는 함수이다.
① REGEXP_SUBSTR은 대상 문자열에서 정규 표현식 패턴과 일치하는 부분
   의 문자열을 추출하는 함수이다.
③ REGEXP_COUNT는 대상 문자열에서 정규 표현식 패턴이 등장한 횟수를
   반환하는 함수이다.
④ REGEXP_REPLACE는 대상 문자열에서 정규 표현식 패턴과 일치하는 부
   분을 찾아 다른 문자열로 치환하는 함수이다.

08

아래 SQL의 실행 결과는?

```
[SQL]
SELECT REGEXP_INSTR('success', 'c.s')
FROM DUAL;
```

① 1   ② 2
③ 3   ④ 4

| 해설 | REGEXP_INSTR('success', 'c.s')는 'success' 문자열에서 정규 표
현식 패턴 'c.s'와 처음으로 일치하는 위치를 반환한다. 'c.s'에서 'c'는 'c'로 시
작하는 문자열을 의미하고, '.'은 임의의 한 문자를 의미하며, 's'는 's'로 끝나
는 문자열을 의미한다. 따라서 'success' 문자열에서 'c'로 시작하고 중간에
임의의 문자 하나가 있으며 's'로 끝나는 패턴은 'ces'이다. 'ces'는 문자열의 4
번째 문자부터 시작되므로, 4가 반환된다.

09

'test123'을 추출하기 위해 아래 SQL의 빈칸 ㉠에 들어갈 내용으로 가장 적절하지 <u>않은</u> 것은?

```
[SQL]
SELECT REGEXP_SUBSTR(
        'Email: test123@example.com',   ㉠   )
FROM DUAL;
```

① `\w+123`
② `(test123)`
③ `[a-z][0-9]`
④ `\w+\d+`

| **해설** | '[a-z][0-9]'는 소문자 1글자 + 숫자 1글자에 해당하는 두 글자만 추출하므로, t1 문자열이 추출된다.

① '\w+123'는 알파벳/숫자/밑줄로 이루어진 문자 1개 이상 뒤에 숫자 123이 따라오는 패턴으로, test123 문자열이 추출된다.

② '(test123)'은 괄호로 그룹화된 리터럴 문자열 'test123' 자체를 찾는 패턴으로, test123 문자열이 추출된다.

④ '\w+\d+'는 알파벳/숫자/밑줄이 포함된 문자 1개 이상 뒤에 숫자 1개 이상이 오는 패턴으로, test123 문자열이 추출된다.

10

숫자형 함수의 실행 결과로 가장 적절하지 <u>않은</u> 것은?

① ROUND(12.3456, 2) = 12.35
② TRUNC(56.789, 1) = 56.7
③ MOD(10, 3) = 3
④ CEIL(7.1) = 8

| **해설** | MOD(10, 3) 함수는 10을 3으로 나눈 나머지 값을 반환한다. 10 ÷ 3 = 3(몫) → 나머지는 1이므로 결과는 1이 된다.

① ROUND(12.3456, 2)는 12.3456을 소수점 2번째 자리까지 나타나도록 3번째 자리에서 반올림하므로 결과는 12.35가 된다.

② TRUNC(56.789, 1)는 56.789에서 소수점 1번째 자리까지 나타나도록 2번째 자리에서 버림하므로 결과는 56.70이 된다.

④ CEIL(7.1)은 7.1에서 소수점 자리의 값을 올림하므로 결과는 8이 된다.

11

아래 SQL의 실행 결과는?

```
[SQL]
SELECT ABS(-15), SIGN(-15), ABS(0), SIGN(0)
FROM DUAL;
```

① −15, −1, 0, 0
② 15, −1, 0, 0
③ 15, 1, 0, 1
④ −15, 1, 0, 1

| **해설** | ABS 함수는 절댓값을 반환하므로, ABS(-15)는 15, ABS(0)은 0이 반환된다. SIGN 함수는 값의 부호(양수인 경우 1, 음수인 경우 −1, 0인 경우 0)를 반환하므로, SIGN(-15)는 −1, SIGN(0)은 0이 반환된다.

12

아래 SQL에 대한 실행 결과로 가장 적절하지 <u>않은</u> 것은?

```
[SQL]
(가) SELECT MOD(-7, 0) FROM DUAL;
(나) SELECT MOD(-7, -4) FROM DUAL;
(다) SELECT MOD(-7, -1) FROM DUAL;
(라) SELECT MOD(-7, 4) FROM DUAL;
```

① (가) −7
② (나) 3
③ (다) 0
④ (라) −3

| **해설** | 두 인자값이 모두 음수인 경우 두 인자값을 나눈 나머지의 부호도 음수로 반환된다.

(가) 두 번째 인자값이 0인 경우 첫 번째 인자값이 반환된다.

(다) 나머지가 없으므로 0이 반환된다.

(라) −7을 4로 나눈 나머지는 −3이므로, −3이 반환된다.

13

SQL의 실행 결과로 가장 적절한 것은? (단, DBMS는 오라클로 가정함)

```
[SQL]
SELECT TO_CHAR(
    TO_DATE('2025-06-10 14:23:45',
    'YYYY-MM-DD HH24:MI:SS')
    + 1/24/60, 'YYYY.MM.DD HH24:MI:SS')
FROM DUAL;
```

① 2025.06.10 14:23:45
② 2025.06.10 14:24:45
③ 2025.06.10 14:25:45
④ 2025.06.10 14:33:45

| 해설 | TO_DATE('2025-06-10 14:23:45', 'YYYY-MM-DD HH24:MI:SS')는 문자열 '2025-06-10 14:23:45'를 날짜 형식으로 변환한다. 1/24/60은 하루(1)를 24시간으로 나눈 시간(1시간)을 60분으로 나눈 1분을 의미하므로, 날짜 값에 1분이 더해진다. 따라서 '2025-06-10 14:23:45'에서 1분이 추가되면 '2025-06-10 14:24:45'가 된다.

+ 날짜 연산

- +1: +1일
- +1/24: +1시간(= 1일을 24시간으로 나눔)
- +1/24/60: +1분(= 1시간을 60분으로 나눔)
- +1/24/60/60: +1초(= 1분을 60초로 나눔)

14

SQL의 실행 결과로 가장 적절한 것은? (단, DBMS는 오라클로 가정함)

```
[SQL]
SELECT TO_CHAR(
    TO_DATE('2025-05-28', 'YYYY-MM-DD HH24:MI:SS')
    + 5/24/(60/30), 'YYYY.MM.DD HH24:MI:SS')
FROM DUAL;
```

① 2025.05.28 00:00:00
② 2025.05.28 01:00:00
③ 2025.05.28 01:30:00
④ 2025.05.28 02:30:00

| 해설 | TO_DATE('2025-05-28', 'YYYY-MM-DD HH24:MI:SS')는 문자열 '2025-05-28'을 날짜 형식으로 변환한다. 5/24/(60/30)은 5일을 24시간으로 나눈 시간(5시간)을 (60/30)분으로 나눈 2시간 30분을 의미하므로, 날짜 값에 2시간 30분이 더해진다. 따라서 '2025-05-28 00:00:00'에서 2시간 30분이 추가되면 '2025-05-28 02:30:00'가 된다.

| 정답 | 13 ② 14 ④

15

아래 SQL의 실행 결과는?

[직원]

NAME	SAL
홍길동	3000
이순신	6000
장영실	400
이몽룡	900
이춘향	1000

[SQL]
```
SELECT SAL
FROM 직원
ORDER BY TO_CHAR(SAL);
```

①

SAL
400
900
1000
3000
6000

②

SAL
6000
3000
1000
900
400

③

SAL
1000
3000
400
6000
900

④

SAL
900
6000
400
3000
1000

| 해설 | TO_CHAR(SAL)은 SAL 값을 문자열로 변환한다. 문자열로 변환된 값은 문자 코드 값을 기준으로 정렬된다. 문자열은 왼쪽에서부터 문자 코드 값에 따라 정렬되므로, 1000 < 3000 < 400 < 6000 < 900 순으로 정렬된다.

16

아래 SQL의 실행 결과는?

[직원]

EMPNO	JOB	SSN	DEPT
ID001	PRESIDENT	870930	SALES
ID002	ANALYST	920508	IT
ID003	MANAGER	881101	SALES
ID004	CLERK	780314	HR
ID005	MANAGER	820728	IT

[SQL]
```
SELECT EMPNO
FROM 직원
ORDER BY TO_CHAR(
  TO_NUMBER(SUBSTR(SSN, 5, 2)));
```

①

EMPNO
ID001
ID002
ID003
ID004
ID005

②

EMPNO
ID004
ID005
ID001
ID003
ID002

③

EMPNO
ID003
ID002
ID004
ID005
ID001

④

EMPNO
ID003
ID004
ID005
ID001
ID002

| 해설 | SUBSTR(SSN, 5, 2)는 SSN의 다섯 번째 문자부터 두 자리를 추출한다.
- '870930' → '30'
- '920508' → '08'
- '881101' → '01'
- '780314' → '14'
- '820728' → '28'

TO_NUMBER(SUBSTR(SSN, 5, 2))는 추출된 문자열 값을 숫자로 변환한다.
- '30' → 30
- '08' → 8
- '01' → 1
- '14' → 14
- '28' → 28

문자열은 왼쪽에서부터 문자 코드 값에 따라 정렬되므로, '1' < '14' < '28' < '30' < '8' 순으로 정렬된다. 이에 따라 EMPNO는 ID003 > ID004 > ID005 > ID001 > ID002 순으로 출력된다.

17

아래 SQL의 실행 결과로 가장 적절하지 않은 것은? (단, 날짜 출력 기본 형식은 '연/월/일'로 가정함)

```
[SQL]
(가) SELECT EXTRACT(
          YEAR FROM TO_DATE(
          '2025-06-10 14:23:45',
          'YYYY-MM-DD HH24:MI:SS')
          ) AS RESULT
     FROM DUAL;
(나) SELECT EXTRACT(
          MONTH FROM TO_DATE(
          '2025-06-10 14:23:45',
          'YYYY-MM-DD HH24:MI:SS')
          ) AS RESULT
     FROM DUAL;
(다) SELECT TRUNC(
          TO_DATE(
          '2025-06-10 14:23:45',
          'YYYY-MM-DD HH24:MI:SS'), 'YEAR'
          ) AS RESULT
     FROM DUAL;
(라) SELECT TRUNC(
          TO_DATE(
          '2025-06-10 14:23:45',
          'YYYY-MM-DD HH24:MI:SS'), 'MONTH'
          ) AS RESULT
     FROM DUAL;
```

① (가) 25/01/01   ② (나) 6
③ (다) 25/01/01   ④ (라) 25/06/01

| 해설 | EXTRACT는 날짜 데이터에서 특정 구성 요소(연, 월, 일 등)를 추출하는 함수이다. 해당 SQL 문에서는 YEAR(연도)를 추출하도록 하였으므로 실행 결과는 2025가 된다.

(나) 해당 SQL 문에서는 MONTH(월)를 추출하도록 하였으므로 실행 결과는 6이 반환된다.

(다) TRUNC는 날짜 또는 숫자에서 지정한 단위까지만 값을 표시하고 그 이후의 값을 삭제하는 함수이다. 해당 SQL 문에서는 'YEAR'까지 값을 표시하고 그 이후의 값은 삭제하므로 실행 결과는 '2025-01-01 00:00:00'이 반환된다. 날짜 출력의 기본 형식에 따라 '25/01/01'로 출력된다.

(라) 해당 SQL 문에서는 'MONTH'까지 값을 표시하고 그 이후의 값은 삭제하므로 실행 결과는 '2025-06-01 00:00:00'이 반환된다. 날짜 출력의 기본 형식에 따라 '25/06/01'로 출력된다.

18

오류가 발생하는 SQL은?

```
① SELECT EXTRACT(YEAR FROM SYSDATE)
          AS RESULT
   FROM DUAL;
② SELECT EXTRACT(
          YEAR FROM '2025/07/28') AS RESULT
   FROM DUAL;
③ SELECT TRUNC(SYSDATE, 'MM') AS RESULT
   FROM DUAL;
④ SELECT TRUNC(TO_DATE('2025/07/28'), 'MM')
          AS RESULT
   FROM DUAL;
```

| 해설 | '2025/07/28'은 문자열 데이터이므로 EXTRACT 함수에서 처리할 수 없다. 이 경우 TO_DATE 함수를 통해 '2025/07/28'를 날짜 데이터로 변환해야 한다.

```
SELECT EXTRACT(
      YEAR FROM TO_DATE('2025/07/28')) AS RESULT
   FROM DUAL;
```

19

아래 SQL의 실행 결과는?

[직원]

EMPNO	SAL	JOB	DEPT
ID1001	5000	MANAGER	SALES
ID1002	6000	ANALYST	IT
ID1003	4000	CLERK	SALES
ID1004	7000	PRESIDENT	HR
ID1005	3000	CLERK	IT

[SQL]
```
SELECT EMPNO, CASE
    WHEN JOB = 'PRESIDENT'
        THEN '최고 관리자'
    WHEN SAL >= 5000 AND DEPT = 'SALES'
        THEN '영업 관리자'
    WHEN JOB IN ('MANAGER', 'ANALYST')
        THEN '관리자'
    WHEN SAL BETWEEN 4000 AND 6000
        THEN '중소득자'
    ELSE '일반 직원'
  END AS ROLE
FROM 직원;
```

①

EMPNO	ROLE
ID1001	영업 관리자
ID1002	관리자
ID1003	중소득자
ID1004	최고 관리자
ID1005	일반 직원

②

EMPNO	ROLE
ID1001	관리자
ID1002	관리자
ID1003	중소득자
ID1004	최고 관리자
ID1005	일반 직원

③

EMPNO	ROLE
ID1001	영업 관리자
ID1002	중소득자
ID1003	일반 직원
ID1004	최고 관리자
ID1005	일반 직원

④

EMPNO	ROLE
ID1001	영업 관리자
ID1002	관리자
ID1003	관리자
ID1004	최고 관리자
ID1005	중소득자

| 해설 | • JOB이 'PRESIDENT'이면 ROLE이 '최고 관리자'이므로, ID1004는 '최고 관리자'가 된다.

• SAL이 5000 이상이고 DEPT가 'SALES'이면 ROLE이 '영업 관리자'이므로, ID1001은 '영업 관리자'가 된다.

• JOB이 'MANAGER' 또는 'ANALYST'이면 ROLE이 '관리자'이므로, ID1002 는 '관리자'가 된다. 단, ID1001은 JOB이 'MANAGER'이지만, SAL >= 5000 이고 DEPT가 'SALES' 조건을 먼저 만족하므로 '관리자'가 아닌 '영업 관리 자'가 된다.

• SAL이 4000 이상 6000 이하이면 ROLE이 '중소득자'이지만, ID1001과 ID1002는 이미 다른 ROLE이 지정되었기 때문에 '중소득자'로 처리되지 않 는다. 따라서 ID1003만 '중소득자'로 처리된다.

• 그 외에 해당하지 않는 경우는 ROLE이 '일반 직원'이 되므로, ID1005는 '일 반 직원'이 된다.

20

아래 SQL의 실행 결과는?

[선수]

PLAYER_ID	POSITION	TEAM_NAME
P001	GK	FC서울
P002	DF	수원삼성
P003	FW	울산현대

[SQL]
```
SELECT CASE
  WHEN POSITION = 'GK'
        THEN SUBSTR(TEAM_NAME, 3, 1)
  WHEN POSITION = 'DF'
        THEN LOWER('DEFENDER')
  WHEN POSITION = 'FW'
        THEN TO_CHAR(LENGTH('FORWARD'))
  ELSE 'X'
  END AS RESULT
FROM 선수;
```

①
RESULT
서
DEFENDER
7

②
RESULT
FC서
defender
7

③
RESULT
FC서
defender
6

④
RESULT
서
defender
7

| 해설 | • P001의 POSITION 값이 'GK'이므로 SUBSTR(TEAM_NAME, 3, 1)이 실행된다. 'FC서울'의 세 번째 문자는 '서'이므로 결과는 '서'가 출력된다.
• P002의 POSITION 값이 'DF'이므로 LOWER('DEFENDER')가 실행된다. 'DEFENDER'는 LOWER 함수에 의해 모두 소문자로 변환되어 'defender'가 출력된다.
• P003의 POSITION 값이 'FW'이므로 LENGTH('FORWARD')가 실행된다. 'FORWARD'의 길이는 7이므로 결과는 '7'이 출력된다.

21

아래 SQL의 실행 결과 중 'S005'의 평가등급으로 가장 적절한 것은?

[학생]

STUDENT_ID	GRADE	SCORE
S001	A	95
S002	B	85
S003	C	75
S004	F	55
S005	NULL	90

[SQL]
```
SELECT STUDENT_ID,
  DECODE(GRADE,
        'A', '우수',
        'B', '양호',
        'C', '보통',
        'F', '미흡',
  CASE
    WHEN SCORE >= 90 THEN '우수'
    WHEN SCORE >= 80 THEN '양호'
    WHEN SCORE >= 70 THEN '보통'
    ELSE '미흡'
  END
  ) AS 평가등급
FROM 학생;
```

① NULL
② 보통
③ 미흡
④ 우수

| 해설 | S005의 GRADE가 NULL이므로 DECODE가 동작하지 않고 CASE 구문이 실행된다. CASE 구문에서 SCORE가 90 이상이면 '우수'에 해당하므로, S005의 평가등급은 '우수'이다.

22

아래 SQL의 실행 결과가 <u>다른</u> 하나는? (단, DBMS는 오라클로 가정함)

[TBL]

C1	C2
100	200
200	NULL
300	400
400	NULL

① SELECT CASE

         WHEN C2 IS NULL THEN 0 ELSE C2

      END AS RESULT

   FROM TBL;

② SELECT CASE C2

         WHEN NULL THEN 0 ELSE C2

      END AS RESULT

   FROM TBL;

③ SELECT DECODE(C2, NULL, 0, C2) AS RESULT

   FROM TBL;

④ SELECT NVL(C2, 0) AS RESULT

   FROM TBL;

| 해설 | CASE 문에서 WHEN 조건은 값의 일치 여부를 비교한다. 하지만 NULL은 값이 없는 상태이기 때문에 어떠한 값과도 일치하지 않게 되어 비교 자체가 성립되지 않아 NULL 값을 그대로 반환한다.

RESULT
200
NULL
400
NULL

①③④의 실행 결과는 다음과 같다.

RESULT
200
0
400
0

23

NULL에 대한 설명으로 가장 적절하지 <u>않은</u> 것은?

① NULL은 비어 있는 값을 의미하며, 공백(Space)이나 숫자 0과는 구분되는 특별한 상태이다.

② NULL이 포함된 산술 연산 결과는 항상 0으로 계산된다.

③ NULL은 결과가 존재하지만 비어 있는 것이고, 공집합은 쿼리 조건에 맞는 데이터 자체가 존재하지 않아 결과가 나타나지 않는 것을 의미한다.

④ 결과를 NULL이 아닌 다른 값으로 나타내고자 하는 경우 NVL 함수를 사용한다.

| 해설 | NULL이 포함된 모든 산술 연산의 결과는 NULL로 처리된다.

24

아래 SQL의 실행 결과는?

[TBL]

COL1	COL2
NULL	10
10	10
10	NULL

[SQL]

```
SELECT COL1 * 2 + COL2 * 2 AS RESULT
FROM TBL;
```

① NULL, 40, NULL   ② 20, 40, 20

③ 20, 40, NULL   ④ NULL, 40, 20

| 해설 | • 첫 번째 행에서 COL1 값이 NULL이므로 COL1 * 2 + COL2 * 2에서 NULL 값과의 연산은 항상 NULL이 된다.

• 두 번째 행에서는 COL1 값이 10, COL2 값이 10이므로 COL1 * 2 + COL2 * 2는 10 * 2 + 10 * 2 = 20 + 20 = 40이 된다.

• 세 번째 행에서 COL2 값이 NULL이므로 COL1 * 2 + COL2 * 2에서 NULL 값과의 연산은 항상 NULL이 된다.

| 정답 | 22 ②   23 ②   24 ①

25

[PLAYER] 테이블에서 POSITION의 값이 NULL이면 '미정'을 반환하고, 값이 존재하면 POSITION 값을 그대로 반환하려고 한다. 빈칸 ㉠에 들어갈 함수는?

```
[SQL]
SELECT PLAYER_NAME, TEAM, POSITION,
        ㉠    (POSITION, '미정')
        AS NEW_POSITION
FROM PLAYER;
```

① COALESE
② NULLIF
③ NVL
④ DECODE

| 해설 | NVL 함수는 첫 번째 인자가 NULL이면 두 번째 인자를 반환하고, NULL이 아니면 첫 번째 인자를 반환한다. 따라서 NVL(POSITION, '미정')은 POSITION 값이 NULL이면 '미정'을 반환하고, 값이 있으면 POSITION 값을 반환한다.

26

아래 SQL에 대한 실행 결과를 분석한 내용으로 가장 적절하지 <u>않은</u> 것은?

[선수]

PLAYER_NAME	SAL	BONUS
홍길동	4000	NULL
김유신	6000	1000
이몽룡	4000	0
장영실	NULL	2000

```
[SQL]
SELECT PLAYER_NAME 선수명, SAL 월급여,
        BONUS 성과급,
        NVL(SAL, 0) * 12 + NVL(BONUS, 0)
        AS 연봉
FROM 선수;
```

① 김유신의 연봉이 가장 높다.
② 홍길동의 연봉은 48000이다.
③ 이몽룡과 홍길동의 연봉은 동일하다.
④ 장영실의 연봉은 NULL이다.

| 해설 | NVL(SAL, 0) 또는 NVL(BONUS, 0)에서 SAL과 BONUS 값이 NULL이면 0이 반환된다. 따라서 해당 SQL의 실행 결과는 다음과 같다.

선수명	월급여	성과급	연봉
홍길동	4000	NULL	48000
김유신	6000	1000	73000
이몽룡	4000	0	48000
장영실	NULL	2000	2000

27

SQL의 실행 결과가 NULL인 것은? (단, DBMS는 오라클로 가정함)

① SELECT COALESCE(
              NULL, NULL, 100, NULL) AS RESULT
  FROM DUAL;
② SELECT NULLIF(100, 100) AS RESULT
  FROM DUAL;
③ SELECT NVL(NULL, '값 없음') AS RESULT
  FROM DUAL;
④ SELECT DECODE(NULL, NULL, 100) AS RESULT
  FROM DUAL;

| 해설 | NULLIF(표현식1, 표현식2)는 지정된 두 값이 같으면 NULL을 반환하고, 그렇지 않으면 표현식1을 반환한다. 2번 선지에서 NULLIF(100, 100)은 두 값이 같으므로 NULL을 반환한다.

① COALESCE(표현식1, 표현식2, …)는 여러 값 중 NULL이 아닌 첫 번째 값을 반환한다. 따라서 COALESCE(NULL, NULL, 100, NULL)은 첫 번째로 NULL이 아닌 값인 100을 반환한다.
③ NVL(표현식, 대체값)은 첫 번째 값이 NULL이면 대체값을 반환하고, NULL이 아니면 첫 번째 값을 반환한다. 따라서 NVL(NULL, '값 없음')은 첫 번째 값이 NULL이므로 '값 없음'을 반환한다.
④ DECODE(표현식, 기준값1, 출력값1)는 표현식이 기준값과 일치하면 출력값1을 반환한다. 따라서 DECODE(NULL, NULL, 100)은 표현식 값이 NULL이고 기준값도 NULL이므로 100을 반환한다.

28

아래 SQL의 실행 결과와 동일한 것은?

[TBL]

COL1	COL2
X	100
Y	200
Z	300

[SQL]
```
SELECT CASE
           WHEN COL1 = 'X' THEN NULL
           ELSE COL1
       END AS RESULT
FROM TBL;
```

① SELECT NULLIF(COL1, 'X') AS RESULT
  FROM TBL;
② SELECT NVL(COL1, 'X') AS RESULT
  FROM TBL;
③ SELECT COALESCE(COL1, 'X') AS RESULT
  FROM TBL;
④ SELECT NVL(NULL, COL1) AS RESULT
  FROM TBL;

| 해설 | CASE 문에서 WHEN COL1 = 'X' THEN NULL은 값이 'X'이면 NULL을 반환하고, 그렇지 않으면 COL1 값을 반환하므로, 실행 결과는 (NULL, Y, Z)이다.

① NULLIF(COL1, 'X')는 COL1 값이 'X'와 같으면 NULL을 반환하고, 그렇지 않으면 COL1을 반환하므로, 실행 결과는 (NULL, Y, Z)이다.
② NVL(COL1, 'X')은 COL1 값이 NULL이면 'X'를 반환하고, NULL이 아니면 'COL1'을 반환하므로, 실행 결과는 (X, Y, Z)이다.
③ COALESCE(COL1, 'X')는 NULL이 아닌 첫 번째 값을 반환하므로, 실행 결과는 (X, Y, Z)이다.
④ NVL(NULL, COL1)은 첫 번째 값이 NULL이면 COL1을 반환하므로, 실행 결과는 (X, Y, Z)이다.

29

아래 SQL의 실행 결과는?

```
[SQL]
SELECT COALESCE(
        NULL, NULL, 100, NULL, 600) AS R1
FROM DUAL;
```

① 100

② 100, 600

③ NULL

④ 600

| 해설 | COALESCE 함수는 여러 개의 값 중에서 첫 번째로 NULL이 아닌 값을 반환한다. 따라서 실행 결과는 100이 반환된다.

30

아래 SQL의 실행 결과는?

[TBL]

A	B
NULL	5
20	4
NULL	NULL

```
[SQL]
SELECT COALESCE(A, 30 * B, 100) AS RESULT
FROM TBL;
```

① 150, 20, 100

② 150, 30, 100

③ 150, 4, NULL

④ 150, 20, NULL

| 해설 | • 첫 번째 행에서 A 값이 NULL이므로 COALESCE(A, 30 * B, 100)에서 첫 번째 값이 NULL이어서 두 번째 값인 30 * B가 실행된다. B 값이 5이므로 30 * 5 = 150이 되어 결과는 150이 된다.
• 두 번째 행에서 A 값이 20이므로 COALESCE(A, 30 * B, 100)에서 첫 번째 값이 NULL이 아니므로 첫 번째 값인 20이 반환된다.
• 세 번째 행에서 A 값과 B 값이 모두 NULL이므로 COALESCE(A, 30 * B, 100)에서 첫 번째 값과 두 번째 값이 NULL이므로 세 번째 값인 100이 반환된다.

CHAPTER 03

조인과 집합 연산자 (Join&Set Operation)

무료특강 바로가기

01 JOIN의 개요

1 E.F.Codd의 연산자

현재 SQL의 많은 기능은 관계형 데이터베이스(RDB) 이론을 수립한 E.F.Codd 박사의 논문에서 제시된 개념에 기반을 두고 있다. 이 논문에서는 데이터를 어떻게 저장할지에 대한 원칙을 정의하고, 관계형 데이터 모델의 이론적 토대를 제시하였다. 특히, 일반집합 연산자 4개(UNION, INTERSECTION, DIFFERENCE, PRODUCT)와 순수관계 연산자 4개 (JOIN, SELECT, PROJECT, DIVIDE)를 정의하였는데, 이 연산자들이 현재 SQL에서 어떻게 구현되고 있는지를 살펴보면 다음과 같다.

1. 일반집합 연산자

관계형 데이터베이스에서 집합 연산을 수행하는 데 사용되며, 모두 SQL로 구현되어 있다. 주요 연산자로는 UNION(합집합), INTERSECTION(교집합), DIFFERENCE(차집합), PRODUCT(곱집합)가 있다.

연산자	SQL 구현 방식	설명
UNION	UNION, UNION ALL	합집합 반환(UNION ALL은 중복 허용)
INTERSECTION	INTERSECT	교집합 반환
DIFFERENCE	MINUS(Oracle), EXCEPT(MS-SQL)	차집합 반환
PRODUCT	CROSS JOIN	두 집합의 가능한 모든 조합을 반환

2. 순수관계 연산자

관계형 데이터베이스의 핵심 연산으로, 데이터를 필터링·결합하는 작업에 사용된다. 주요 연산자로는 SELECT(행 선택), PROJECT(열 선택), JOIN(결합), DIVIDE가 있다.

연산자	SQL 구현 방식	설명
SELECT	WHERE 절	조건에 따라 특정 행 선택
PROJECT	SELECT 절	특정 칼럼(속성) 선택
JOIN	다양한 JOIN 구현	두 테이블을 특정 조건에 따라 결합
DIVIDE	현재 SQL에서 직접 구현되지 않음	한 테이블을 모든 값을 포함하는 다른 테이블의 부분 집합 반환

2 정규화와 JOIN

1. 정규화

① 정규화는 데이터베이스에서 이상 현상(Anomaly)을 방지하기 위해 테이블을 분할하고 데이터를 정리하는 과정이다. 이상 현상은 데이터 삽입·갱신·삭제 시 발생하는 비정상적인 데이터 상태를 의미하며, 이를 제거하기 위해 데이터 중복을 최소화하고 테이블 간 논리적 관계를 명확히 한다. 정규화는 단계적으로 이루어지며, 학계나 실무에서는 주로 3NF(제3정규형)까지 사용한다.

② 정규화를 통해 데이터 중복을 줄이고 무결성을 강화할 수 있지만, 정규화의 결과로 테이블이 여러 테이블로 분할되는 경향이 있다. 따라서 여러 테이블의 정보를 종합적으로 사용하는 질의를 수행하기 위해서는 여러 테이블을 연결할 수 있는 JOIN 연산이 수행되어야 한다.

2. JOIN

① JOIN은 여러 테이블의 데이터를 연결하여 통합적으로 사용할 수 있도록 하는 연산이다. 관계형 데이터베이스에서는 데이터가 여러 테이블에 분산되어 저장되기 때문에, 필요한 정보를 결합하기 위해 JOIN 연산이 필수적이다.

② JOIN의 중요한 특징 중 하나는 테이블의 구조를 변경하지 않고 데이터를 일시적으로 연결한다는 점이다. 이는 데이터베이스 성능 향상을 위해 테이블을 통합하는 반정규화와는 구분된다. 즉, JOIN은 물리적으로 새로운 테이블을 생성하거나 기존 테이블을 수정하지 않으며, 단지 질의가 실행되는 동안에만 데이터를 연결하여 통합된 관점을 제공한다.

③ JOIN 연산은 한 번에 두 테이블 간에만 적용된다. 예를 들어, A, B, C 세 개의 테이블을 JOIN할 경우, 실제 JOIN 연산은 먼저 A와 B를 JOIN한 결과를 생성하고, 그 결과를 다시 C와 JOIN하는 방식으로 진행된다. 즉, JOIN 연산은 항상 두 개의 테이블 간에만 적용되며, 이러한 과정을 연속적으로 수행함으로써 여러 테이블을 JOIN할 수 있다.

④ JOIN은 일반적으로 테이블 간의 기본 키(Primary Key)와 외래 키(Foreign Key) 간의 연관성에 의해 수행된다. 그러나 경우에 따라서는 기본 키와 외래 키 간의 연관성이 없더라도 특정 칼럼 간의 논리적 연관성을 통해 JOIN을 수행할 수 있다.

3 JOIN의 예 실습파일 | Company

① 관계형 데이터베이스에서 JOIN 연산은 서로 다른 테이블의 데이터를 연결하여 통합된 정보를 제공하는 중요한 역할을 한다. 이를 이해하기 위해, 직원 정보를 담고 있는 [EMP] 테이블과 부서 정보를 담고 있는 [DEPT] 테이블을 활용한 예를 살펴본다.

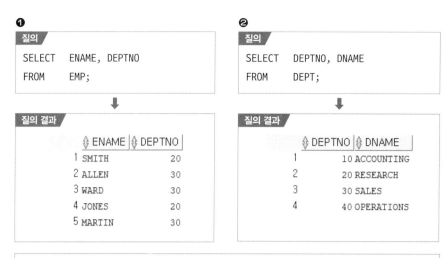

❶

> **질의**
>
> SELECT ENAME, DEPTNO
> FROM   EMP;

> **질의 결과**
>
> | | ⬍ ENAME | ⬍ DEPTNO |
> |---|---|---|
> | 1 | SMITH | 20 |
> | 2 | ALLEN | 30 |
> | 3 | WARD | 30 |
> | 4 | JONES | 20 |
> | 5 | MARTIN | 30 |

❷

> **질의**
>
> SELECT DEPTNO, DNAME
> FROM   DEPT;

> **질의 결과**
>
> | | ⬍ DEPTNO | ⬍ DNAME |
> |---|---|---|
> | 1 | 10 | ACCOUNTING |
> | 2 | 20 | RESEARCH |
> | 3 | 30 | SALES |
> | 4 | 40 | OPERATIONS |

> ❶ 먼저, [EMP] 테이블에서 직원 이름(ENAME)과 소속 부서 번호(DEPTNO)를 조회할 수 있다. 이 정보는 직원이 어느 부서에 속해 있는지를 확인하기 위한 기초 데이터가 된다.
> ❷ 다음으로, [DEPT] 테이블에서는 각 부서의 번호(DEPTNO)와 이름(DNAME)을 확인할 수 있다.

부서 번호(DEPTNO)는 두 테이블 간의 관계를 연결하는 공통 정보로 사용된다. 예를 들어, [EMP] 테이블에서 직원 SMITH의 부서 번호는 20번, [DEPT] 테이블에서 20번 부서의 이름은 RESEARCH임을 확인할 수 있으며, 이를 통해 SMITH가 RESEARCH 부서 소속임을 알 수 있다. 하지만 이러한 정보를 두 테이블에서 각각 조회하는 방식은 비효율적이므로, JOIN 연산을 사용하여 한 번의 질의로 통합된 데이터를 조회할 수 있다.

② JOIN 연산을 활용한 SQL 문은 다음과 같다.

> **질의**
>
> SELECT ENAME, DNAME
>   ❶
> FROM   EMP, DEPT
>   ❷
> WHERE   EMP.DEPTNO = DEPT.DEPTNO;
>   ❸

> **질의 결과**
>
> | | ⬍ ENAME | ⬍ DNAME |
> |---|---|---|
> | 1 | SMITH | RESEARCH |
> | 2 | ALLEN | SALES |
> | 3 | WARD | SALES |
> | 4 | JONES | RESEARCH |
> | 5 | MARTIN | SALES |

> ❶ ENAME과 DNAME 칼럼을 조회하라.
> ❷ [EMP]와 [DEPT] 테이블로부터
> ❸ [EMP] 테이블의 DEPTNO와 [DEPT] 테이블의 DEPTNO를 같은 행에 대해

이 명령어는 [EMP] 테이블과 [DEPT] 테이블을 결합하여 직원 이름(ENAME)과 부서 이름(DNAME)을 조회한다. 여기서 **EMP.DEPTNO = DEPT.DEPTNO**는 두 테이블 간의 결합 조건으로 사용되며, 두 테이블 간 DEPTNO 값이 동일한 행을 연결한다. 이 결과로 각 직원이 소속된 부서의 이름을 한눈에 확인할 수 있다.

③ 결론적으로, JOIN 연산은 테이블 간 관계를 통해 데이터를 논리적으로 연결하고, 여러 테이블에서 필요한 정보를 통합하여 효율적으로 조회하는 데 사용된다. 이를 통해 데이터베이스의 관계성을 적극적으로 활용할 수 있다.

4 JOIN의 유형

JOIN의 유형은 조인의 조건, 표현 방식 또는 사용 목적 등 여러 기준에 따라 구분된다. 따라서 하나의 JOIN이 EQUI JOIN이면서 동시에 암시적 조인이고, INNER JOIN일 수도 있다.

조건에 따른 구분	EQUI JOIN	두 테이블 간의 동등(=) 관계를 조건으로 조인
	Non EQUI JOIN	두 테이블 간 동등이 아닌 조건(>, <, BETWEEN 등)을 사용하여 조인
조건 명시 방식에 따른 구분	암시적 조인 (Implicit Join)	WHERE 절에 조건을 명시하여 테이블을 조인
	명시적 조인 (Explicit Join)	JOIN 절을 사용하여 테이블 간의 관계를 명확히 기술
사용 목적에 따른 구분	INNER JOIN	두 테이블 간 조건을 만족하는 데이터만 반환
	OUTER JOIN	조건을 만족하지 않는 데이터도 포함하여 반환
	CROSS JOIN	두 테이블의 데이터를 곱집합 형태로 반환
	SELF JOIN	동일한 테이블에 대해 자기 자신과의 조인 수행

---

02 EQUI JOIN(동등 조인)과 Non EQUI JOIN(비동등 조인)

1 EQUI JOIN(동등 조인)

1. 개념

EQUI JOIN은 Equal(=) 연산을 사용하여 두 테이블 간의 데이터를 연결하는 가장 기본적인 JOIN 방식이다. 두 테이블의 공통 칼럼 값을 기준으로 데이터를 결합하며, 관계형 데이터베이스에서 자주 사용된다.

2. 중복 칼럼 처리 실습파일 | Company

테이블 간 중복된 칼럼이 있을 경우, 질의에서 반드시 칼럼명 앞에 테이블명을 명시해야 한다. 다음의 두 질의는 EQUI JOIN을 사용하여 [직원(EMP)] 테이블과 [부서(DEPT)] 테이블을 연결한 예이다(DEPTNO 칼럼은 두 테이블에서 중복되는 칼럼임).

❶ ERROR 발생 예시

질의

```
SELECT   ENAME, DEPTNO, DNAME
                └→ 테이블명 명시 X
FROM     EMP, DEPT
WHERE    EMP.DEPTNO = DEPT.DEPTNO;
```

➡ ERROR 발생

❷ 올바른 예시

| 질의 | 질의 결과 |

```
SELECT    EMP.ENAME, EMP.DEPTNO,
          DEPT.DNAME    └→ 테이블명 명시 O
FROM      EMP, DEPT
WHERE     EMP.DEPTNO = DEPT.DEPTNO;
```

→

```
        ENAME    DEPTNO  DNAME
1 SMITH          20 RESEARCH
2 ALLEN          30 SALES
3 WARD           30 SALES
```

두 질의의 차이점은 SELECT 문의 칼럼명 앞에 테이블명을 명시했는지 여부이다. 테이블
명을 명시하지 않은 ❶번 질의는 ERROR가 발생한 반면, 테이블명을 명시한 ❷번 질의는
원하는 결과를 올바르게 출력하였다.

❶번 질의에서 ERROR가 발생한 이유는 중복 칼럼인 DEPTNO 앞에 테이블명을 명시하지
않았기 때문이다. 중복 칼럼의 경우, 테이블명을 명시하지 않으면 DBMS가 어느 테이블
의 칼럼을 참조해야 할지 결정할 수 없으므로 오류가 발생한다. 따라서 중복된 칼럼 앞에
는 반드시 테이블명을 명시해야 한다.

한편, 중복되지 않은 칼럼(ENAME과 DNAME)은 테이블명을 생략해도 문제가 없지만, 모든
칼럼 앞에 테이블명을 명시하는 것이 권장된다. 다만, 테이블명을 모두 명시하면 질의가
지나치게 길어질 수 있으므로, 이를 간결하게 하기 위해 별칭을 사용하는 것이 효과적이다.

3. 별칭(Alias) 사용 실습파일 | Company

별칭은 테이블 이름이 길거나 반복적으로 사용될 때, 질의를 간결하게 작성하고 가독성을
높이는 데 사용된다.

(1) 별칭 미사용

[EMP]와 [DEPT]라는 테이블 이름을 반복적으로 명시하는 경우 질의가 길어진다.

| 질의 |

```
SELECT    EMP.ENAME, EMP.DEPTNO, DEPT.DNAME
FROM      EMP, DEPT
WHERE     EMP.DEPTNO = DEPT.DEPTNO;
```

(2) 별칭 사용

[EMP]는 E, [DEPT]는 D라는 별칭을 정의하여, 이후 질의에서 해당 별칭을 사용한다.
이로 인해 질의가 간결해지고 가독성이 높아진다.

| 질의 |

```
SELECT    E.ENAME, E.DEPTNO, D.DNAME
               └→ 별칭 사용
FROM      EMP E, DEPT D
WHERE     E.DEPTNO = D.DEPTNO;
```

(3) 접두어 일부 생략

별칭을 정의한 경우, SELECT 절에서 접두어를 일부 생략해도 SQL이 인식할 수 있다.
하지만 이는 데이터베이스 설정에 따라 다를 수 있으므로 명확성을 위해 사용하는 것
이 권장된다.

```
        ┌→ 중복 칼럼은 접두어(E.) 생략 불가
SELECT   ENAME, E.DEPTNO, DNAME
         └→ 중복 칼럼이 아닌 ENAME과 DNAME은 접두어(E.) 생략 가능
FROM     EMP E, DEPT D
WHERE    E.DEPTNO = D.DEPTNO;
```

(4) ERROR 발생

FROM 절에서 별칭을 정의한 후에는 **WHERE/SELECT** 절에서 원래의 테이블명을 사용할 수 없다. 예를 들어, 아래 질의는 별칭을 정의했음에도 불구하고 별칭을 사용하지 않고 원래 테이블 이름(**EMP, DEPT**)을 사용했기 때문에 오류가 발생한다. 즉, 별칭을 정의한 후에는 반드시 별칭을 사용해야 한다.

```
SELECT   EMP.ENAME, EMP.DEPTNO, DEPT.DNAME
         └→E로 수정  └→E로 수정    └→D로 수정
FROM     EMP E, DEPT D
WHERE    E.DEPTNO = D.DEPTNO;
```

4. 셋 이상의 테이블 조인 [실습파일 | K-League]

SQL에서 셋 이상의 테이블을 JOIN할 때, 실제로는 두 테이블 간의 JOIN이 연쇄적으로 수행된다. 이는 데이터베이스 엔진이 JOIN 조건을 순차적으로 처리하여 결과를 결합하는 방식으로 작동하기 때문이다.

```
SELECT   P.PLAYER_NAME, P.POSITION, T.REGION_NAME,
         T.TEAM_NAME, S.STADIUM_NAME
FROM     PLAYER P, TEAM T, STADIUM S
         └→ 각 테이블에 대해 P, T, S라는 별칭(Alias) 사용
WHERE    P.TEAM_ID = T.TEAM_ID AND T.STADIUM_ID = S.STADIUM_ID;
         └→ P와 T테이블의 TEAM_ID(중복 칼럼) 결합   └→ T와 S테이블의 STADIUM_ID(중복 칼럼) 결합
```

질의 결과

	PLAYER_NAME	POSITION	REGION_NAME	TEAM_NAME	STADIUM_NAME
1	우르모브	DF	부산	아이파크	부산아시아드경기장
2	윤희준	DF	부산	아이파크	부산아시아드경기장
3	김규호	DF	부산	아이파크	부산아시아드경기장
4	김민성	DF	부산	아이파크	부산아시아드경기장
5	김장관	DF	부산	아이파크	부산아시아드경기장

2 Non EQUI JOIN(비동등 조인)

1. 개념

Non EQUI JOIN은 테이블 간의 데이터를 결합할 때 Equal(=) 연산이 아닌 다른 연산자(예 BETWEEN, >, <, >=, <=)를 사용하는 조인 방식이다. 이 방식은 특정 값이 범위나 조건에 따라 매칭될 때 유용하며, 일반적으로 범위 기반 데이터(예 급여 등급, 연령 그룹 등)를 처리할 때 자주 사용된다.

2. 예시 실습파일 | Company

[직원(EMP)] 테이블에서 직원 이름과 급여(SAL) 정보를 확인할 수 있고, [급여등급 (SALGRADE)] 테이블에서 급여의 범위에 따른 등급을 확인할 수 있다.

직원(EMP)

ENAME	SAL
SMITH	800
ALLEN	1600
WARD	1250
JONES	2975
⋮	⋮

급여등급(SALGRADE)

GRADE	LOSAL	HISAL
1	700	1200
2	1201	1400
3	1401	2000
4	2001	3000
5	3001	9999

이 경우 [EMP] 테이블과 [SALGRADE] 테이블을 활용하여 직원의 이름, 급여, 그리고 급여에 맞는 급여등급을 조회하기 위해 Non EQUI JOIN을 수행하는 예는 다음과 같다.

질의
```
SELECT   E.ENAME 사원명, E.SAL 급여, S.GRADE 급여등급
FROM     EMP E, SALGRADE S
WHERE    E.SAL BETWEEN S.LOSAL AND S.HISAL;
```
└→ E테이블의 SAL 값이 S테이블의 LOSAL과 HISAL 사이 값에 있음을 의미함

질의 결과

	사원명	급여	급여등급
1	SMITH	800	1
2	ADAMS	1100	1
3	JAMES	950	1
4	WARD	1250	2
5	MARTIN	1250	2
6	MILLER	1300	2
7	ALLEN	1600	3

INNER JOIN(내부 조인)

1 INNER JOIN의 개념 및 특징

1. 개념

INNER JOIN(내부 조인)은 관계형 데이터베이스에서 가장 일반적으로 사용되는 조인으로, 두 테이블 간의 데이터를 결합할 때 조건에 일치하는 데이터, 즉 두 테이블의 교집합에 해당하는 공통된 데이터만 결과로 출력한다.

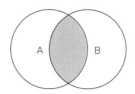

2. 특징

① INNER JOIN을 사용할 때는 반드시 조건절을 지정해야 한다. 조건절은 두 테이블 간의 데이터를 연결하는 기준이 되며, 조건이 일치하지 않는 행은 결과에 포함되지 않는다. 결과적으로 INNER JOIN은 두 테이블의 교집합에 해당하는 데이터를 반환한다.

② INNER JOIN은 SQL에서 기본(Default) 조인 방식으로 설정되어 있으므로, 명시적으로 INNER JOIN을 작성하지 않고 단순히 JOIN만 사용해도 동일하게 작동한다. 이는 INNER JOIN이 SQL에서 가장 보편적인 데이터 결합 방식임을 나타낸다.

3. 예시

예를 들어, [PLAYER] 테이블과 [TEAM] 테이블을 TEAM_ID를 기준으로 조인하는 상황을 가정해본다. 이 경우 PLAYER.TEAM_ID와 TEAM.TEAM_ID가 같아야 한다는 조건절을 지정하면, 조건을 만족하지 않는 데이터(유관순, 최무선, K03, K04)는 결과에서 제외된다.

2 암시적 조인과 명시적 조인

1. 암시적 조인

암시적 조인은 JOIN 키워드 없이 WHERE 절에서 조인 조건을 기술하는 방식이다. 이는 과거부터 사용되어 온 방식으로, 조인 조건과 일반 조건이 섞여서 나타난다. 예를 들어, [EMP] 테이블과 [DEPT] 테이블을 DEPTNO 기준으로 조인하고, 급여(SAL)가 2000을 초과하는 직원 정보를 조회하는 질의는 다음과 같다.

```
질의
SELECT   E.ENAME, E.DEPTNO, E.SAL, D.DNAME
FROM     EMP E, DEPT D
WHERE    E.DEPTNO = D.DEPTNO AND E.SAL > 2000;
              └→ 조인 조건           └→ 일반 조건
```

위 질의의 WHERE 절을 보면 **E.DEPTNO = D.DEPTNO**라는 조인 조건과 **E.SAL > 2000**이라는 일반 조건이 혼용되어 있음을 확인할 수 있다. 이처럼 JOIN 키워드가 없는 암시적 조인은 조인 조건과 일반 조건이 구분되지 않아 가독성이 떨어질 수 있다. 특히, 조건이 많아질수록 질의를 해석하고 유지보수하는 데 어려움이 발생할 수 있다.

2. 명시적 조인(= 표준 조인)

① 명시적 조인은 JOIN 키워드를 사용하여 조인 조건과 일반 조건을 분리하는 방식이다. 이는 SQL 표준으로 채택된 방식으로, 최근 대부분의 DBMS에서 권장된다.

② 명시적 조인을 사용하면 조인 관련 조건은 ON 절에 기술하고, 일반 조건은 WHERE 절에 기술하여 질의의 가독성을 높일 수 있다. 위와 동일한 질의를 명시적 조인으로 작성하면 다음과 같다.

```
질의
SELECT   E.ENAME, E.DEPTNO, E.SAL, D.DNAME
FROM     EMP E INNER JOIN DEPT D
                  └→ INNER JOIN에서 INNER 생략 가능
ON       E.DEPTNO = D.DEPTNO
                  └→ 조인 조건 작성
WHERE    E.SAL > 2000;
                  └→ 일반 조건 작성
```

04   NATURAL JOIN

■1 NATURAL JOIN의 개념

NATURAL JOIN(또는 NATURAL INNER JOIN)은 INNER JOIN의 특수한 경우이며, 두 테이블 간 동일한 이름을 가진 칼럼들에 대해 EQUI JOIN을 수행하는 조인 방식이다. 동일한 이름의 칼럼들은 칼럼 이름뿐 아니라 데이터 타입도 동일해야 조인이 가능하며, 별도의 조인 칼럼 및 조건을 지정할 수 없다. 또한, 조인의 대상이 되는 칼럼에는 접두사(테이블명 또는 Alias)를 사용할 수 없다.

■2 INNER JOIN과 NATURAL JOIN의 비교   실습파일 | Company

1. 작성 방법 비교

[EMP] 테이블과 [DEPT] 테이블을 DEPTNO를 기준으로 JOIN하는 경우를 살펴본다.

```
질의
SELECT    E.ENAME, E.DEPTNO, E.SAL, D.DNAME
FROM      EMP E INNER JOIN DEPT D
                 └→ INNER JOIN에서 INNER 생략 가능
ON        E.DEPTNO = D.DEPTNO
                 └→ 조인 조건 작성
WHERE     E.SAL > 2000;
                 └→ 일반 조건 작성
```

❶ INNER JOIN

```
질의
SELECT    EMPNO, ENAME, E.DEPTNO, DNAME
                            └→ 접두사 O
FROM      EMP E INNER JOIN DEPT D
ON        E.DEPTNO = D.DEPTNO;
```

=

❷ NATURAL JOIN

```
질의
SELECT    EMPNO, ENAME, DEPTNO, DNAME
                          └→ 접두사 X
FROM      EMP NATURAL JOIN DEPT;
                 └→ = NATURAL INNER JOIN
```

INNER JOIN(❶)은 ON 절을 사용하여 조인 조건을 명시할 수 있으며, 중복 칼럼(DEPTNO)에는 반드시 접두사(테이블명 또는 Alias)를 사용해야 한다.

한편, NATURAL JOIN(❷)은 두 테이블 간의 동일한 이름의 모든 칼럼에 대해 EQUI JOIN을 수행하기 때문에 조인 조건을 명시하는 ON 절이 없다. 또한, JOIN의 대상이 되는 칼럼(DEPTNO)에는 별도의 접두사(테이블명 또는 Alias)를 사용할 수 없다.

2. 출력 결과 비교

INNER JOIN과 NATURAL JOIN은 두 테이블을 조인하여 데이터를 결합하는 방식에서 차이가 있으며, 이로 인해 출력되는 칼럼의 개수와 순서에 차이가 발생한다.

(1) INNER JOIN

예를 들어, [EMP] 테이블에 8개의 칼럼, [DEPT] 테이블에 3개의 칼럼이 있을 경우, 두 테이블을 INNER JOIN하면 총 11개의 칼럼이 출력된다. 이 중 중복 칼럼인 DEPTNO는 각 테이블에서 1번씩, 총 2번 출력되며, 하나는 DEPTNO, 다른 하나는 DEPTNO_1과 같은 별칭으로 나타난다. 즉, 출력 결과에는 EMP.DEPTNO와 DEPT.DEPTNO가 모두 포함된다.

질의

```
SELECT   *
FROM     EMP INNER JOIN DEPT
ON       EMP.DEPTNO = DEPT.DEPTNO;
```

질의 결과

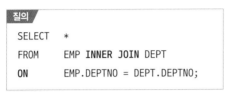

	EMPNO	ENAME	JOB	MGR	HIREDATE	SAL	COMM	DEPTNO	DEPTNO_1	DNAME	LOC
1	7369	SMITH	CLERK	7902	80/12/17	800	(null)	20	20	RESEARCH	DALLAS
2	7499	ALLEN	SALESMAN	7698	81/02/20	1600	300	30	30	SALES	CHICAGO
3	7521	WARD	SALESMAN	7698	81/02/22	1250	500	30	30	SALES	CHICAGO
4	7566	JONES	MANAGER	7839	81/04/02	2975	(null)	20	20	RESEARCH	DALLAS

(2) NATURAL JOIN

한편, NATURAL JOIN은 동일한 이름의 칼럼을 자동으로 조인의 기준으로 삼고, 중복 칼럼을 하나로 병합하여 결과를 출력한다. 따라서 [EMP] 테이블에 8개의 칼럼, [DEPT] 테이블에 3개의 칼럼이 있을 경우, 두 테이블을 NATURAL JOIN하면 총 10개의 칼럼이 출력된다. 중복된 칼럼인 DEPTNO는 결과에서 하나로 병합되어 출력되며, 이 중복 칼럼은 출력 결과의 가장 앞부분에 나타난다.

질의

```
SELECT   *
FROM     EMP NATURAL JOIN DEPT;
```

질의 결과

	DEPTNO	EMPNO	ENAME	JOB	MGR	HIREDATE	SAL	COMM	DNAME	LOC
1	20	7369	SMITH	CLERK	7902	80/12/17	800	(null)	RESEARCH	DALLAS
2	30	7499	ALLEN	SALESMAN	7698	81/02/20	1600	300	SALES	CHICAGO
3	30	7521	WARD	SALESMAN	7698	81/02/22	1250	500	SALES	CHICAGO
4	20	7566	JONES	MANAGER	7839	81/04/02	2975	(null)	RESEARCH	DALLAS

결론적으로 INNER JOIN과 NATURAL JOIN은 테이블 간 데이터를 결합하는 방식에서 차이가 있으며, 특히 중복된 칼럼의 처리 방식에 큰 차이가 있다. INNER JOIN은 중복된 칼럼을 그대로 출력하므로 결과가 다소 길어질 수 있지만, 명시적으로 조인 조건을 지정할 수 있는 유연성을 제공한다. NATURAL JOIN은 중복 칼럼을 자동으로 병합하여 간결한 결과를 제공하지만, 조인 조건을 명시적으로 제어할 수 없다는 한계가 있다.

1 ON 조건절 실습파일 | Company

1. 개념

ON 조건절은 조인의 핵심 구성 요소로, SQL에서 테이블 간 데이터를 조인할 때 조인의 기준 조건을 명시하는 데 사용된다.

2. 활용

사원이름에 'S'를 포함하는 사원의 이름, 부서 코드, 부서명을 출력하는 SQL 문을 작성하면 다음과 같다.

질의

```
SELECT   E.EMPNO, E.ENAME, E.DEPTNO, D.DNAME
FROM     EMP E JOIN DEPT D
ON       (E.DEPTNO = D.DEPTNO)
                    └→ 조인 조건(괄호는 생략 가능)
WHERE    E.ENAME LIKE '%S%';
                    └→ 일반 조건
```

질의 결과

	⊕ EMPNO	⊕ ENAME	⊕ DEPTNO	⊕ DNAME
1	7369	SMITH	20	RESEARCH
2	7566	JONES	20	RESEARCH
3	7788	SCOTT	20	RESEARCH
4	7876	ADAMS	20	RESEARCH
5	7900	JAMES	30	SALES

2 USING 조건절 실습파일 | Company

1. USING 조건절의 개념

SQL에서는 테이블 간 데이터를 조인할 때 USING 조건절을 사용하여 동일한 이름의 칼럼을 기준으로 조인을 수행할 수 있다. ON 절의 '=' 연산자를 대신하여 USING 절을 사용할 수 있다.

ON 조건절

질의

```
SELECT   E.ENAME, E.DEPTNO, D.DNAME
FROM     EMP E JOIN DEPT D
ON       (E.DEPTNO = D.DEPTNO);
                    └→ 접두사를 반드시 사용(괄호 생략 가능)
```

=

USING 조건절

질의

```
SELECT   ENAME, DEPTNO, DNAME
FROM     EMP JOIN DEPT
USING    (DEPTNO);
                    └→ 접두사 사용 불가, 괄호 생략 불가
```

2. USING 조건절의 특징

① 조인 조건으로 사용되는 칼럼이 두 테이블에서 동일한 이름을 가져야 한다.

② 조건에 사용하는 칼럼의 이름을 괄호로 묶어서 표현한다.

③ 조인의 기준이 되는 칼럼은 테이블 이름 또는 별칭(Alias)을 접두사로 붙일 수 없다.

3 WHERE, ON, USING 조건절 및 NATURAL JOIN 비교 실습파일 | Company

1. WHERE 절

WHERE 절은 암시적 조인 방식으로, 조인 조건과 일반 조건을 모두 WHERE 절에 기술한다.

```
질의

SELECT    ENAME, EMP.DEPTNO, DNAME
                       └→ 중복 칼럼에 반드시 접두사 O
FROM      EMP, DEPT
WHERE     EMP.DEPTNO = DEPT.DEPTNO;
```

2. ON 절

ON 절은 명시적 조인 방식으로, 조인 조건을 ON 절에 기술하고, 일반 조건은 WHERE 절에 기술한다.

```
질의

SELECT    ENAME, EMP.DEPTNO, DNAME
                       └→ 중복 칼럼에 반드시 접두사 O
FROM      EMP JOIN DEPT
ON        EMP.DEPTNO = DEPT.DEPTNO;
```

3. USING 절

USING 절은 동일한 이름의 칼럼을 조인의 기준으로 사용할 때 간결하게 작성할 수 있는 방식이다. 조인 조건은 칼럼 이름만 지정하며, 결과에서 조인 기준이 되는 칼럼은 자동으로 병합된다.

```
질의

SELECT    ENAME, DEPTNO, DNAME
FROM      EMP JOIN DEPT
USING     (DEPTNO);
               └→ 접두사 사용 불가, 괄호 생략 불가
```

4. NATURAL JOIN

NATURAL JOIN은 동일한 이름과 데이터 타입을 가진 칼럼을 자동으로 조인 조건으로 설정하는 방식이다. USING 절과 유사하게 작동하지만, 조인 조건을 명시하지 않아도 된다.

```
SELECT    ENAME, DEPTNO, DNAME
                    └→ 접두사 사용 불가
FROM      EMP NATURAL JOIN DEPT;
              └→ 동일한 이름의 모든 칼럼이 조인 조건에 포함됨(특정 칼럼만 선택 X)
```

단, NATURAL JOIN은 USING 절과 달리 특정 칼럼만 선택적으로 조인 기준으로 설정할 수 없다. 즉, NATURAL JOIN은 동일한 이름의 모든 칼럼이 조인 조건에 포함되어야 하므로, 특정 칼럼만 조인 조건에 포함하고자 한다면 USING 절을 사용해야 한다.

06 OUTER JOIN(외부 조인)

■ OUTER JOIN의 개념

OUTER JOIN은 테이블 간의 조인에서 조건에 맞지 않는 데이터도 결과에 포함시키는 조인 방식이다. 이 방식은 누락된 데이터를 포함하여 더 포괄적인 결과를 제공하지만, 성능 저하를 초래할 수 있으므로 필요한 경우에만 사용하는 것이 좋다. OUTER JOIN 역시 INNER JOIN과 마찬가지로 조건절을 필수로 사용한다.

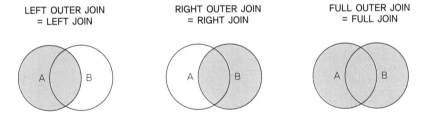

LEFT OUTER JOIN = LEFT JOIN   RIGHT OUTER JOIN = RIGHT JOIN   FULL OUTER JOIN = FULL JOIN

> 💡 **참고하세요!**
> LEFT OUTER JOIN, RIGHT OUTER JOIN, FULL OUTER JOIN은 모두 OUTER를 생략하여 각각 LEFT JOIN, RIGHT JOIN, FULL JOIN으로 쓸 수 있다.

■ LEFT OUTER JOIN

LEFT OUTER JOIN은 왼쪽 테이블의 모든 데이터를 우선 포함하고, 오른쪽 테이블에서 조인 조건에 맞는 데이터를 결합한다. 내부 조인(INNER JOIN) 실행 결과를 기준으로 왼쪽 테이블에서 누락된 데이터를 결과에 추가하고, 오른쪽 테이블의 데이터가 조인 조건에 맞지 않는 경우 해당 칼럼을 NULL로 채움으로써 동일한 결과를 얻을 수 있다.

예를 들어, 선수 정보를 담은 [PLAYER] 테이블과 팀 정보를 담은 [TEAM] 테이블을 TEAM_ID를 기준으로 외부 조인한다고 가정해본다.

선수(PLAYER)

PLAYER_NAME	TEAM_ID
홍길동	K01
강감찬	K01
김유신	K02
유관순	
최무선	

팀(TEAM)

TEAM_ID	TEAM_NAME
K01	KIA
K02	두산
K03	LG
K04	키움

PLAYER_NAME	TEAM_ID	TEAM_NAME
홍길동	K01	KIA
강감찬	K01	KIA
김유신	K02	두산
유관순		
최무선		

LEFT OUTER JOIN을 수행하면 [PLAYER] 테이블의 모든 데이터가 결과에 포함된다. 조인 조건에 맞는 데이터는 오른쪽 테이블에서 연결되며, 조건에 맞지 않는 데이터는 NULL로 처리된다. [PLAYER] 테이블에서 TEAM_ID가 없는 유관순과 최무선의 경우에도 결과에 포함되며, 이때 해당 행의 TEAM_NAME 칼럼은 NULL로 출력된다. 반면, [TEAM] 테이블에서 TEAM_ID가 K03과 K04인 데이터는 조인 조건에 맞는 행이 없기 때문에 결과에 포함되지 않는다.

3 RIGHT OUTER JOIN

RIGHT OUTER JOIN은 오른쪽 테이블의 모든 데이터를 우선 포함하고, 왼쪽 테이블에서 조인 조건에 맞는 데이터를 결합한다. 내부 조인(INNER JOIN) 실행 결과를 기준으로 오른쪽 테이블에서 누락된 데이터를 결과에 추가하고, 왼쪽 테이블의 데이터가 조인 조건에 맞지 않는 경우 해당 칼럼을 NULL로 채움으로써 동일한 결과를 얻을 수 있다.

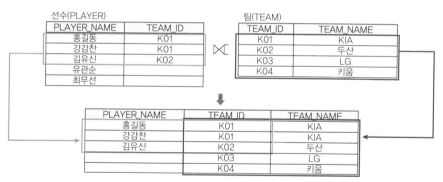

선수(PLAYER)

PLAYER_NAME	TEAM_ID
홍길동	K01
강감찬	K01
김유신	K02
유관순	
최무선	

팀(TEAM)

TEAM_ID	TEAM_NAME
K01	KIA
K02	두산
K03	LG
K04	키움

PLAYER_NAME	TEAM_ID	TEAM_NAME
홍길동	K01	KIA
강감찬	K01	KIA
김유신	K02	두산
	K03	LG
	K04	키움

오른쪽 테이블인 [TEAM] 테이블에서 TEAM_ID가 K03과 K04인 데이터는 조인 조건에 맞는 행이 없어도 결과에 포함되며, 이때 해당 행의 PLAYER_NAME 칼럼은 NULL로 출력된다. 반면, [PLAYER] 테이블에서 TEAM_ID가 없는 유관순과 최무선의 경우, 조인 조건에 맞는 데이터가 없으므로 결과에 포함되지 않는다.

4 FULL OUTER JOIN

1. FULL OUTER JOIN의 개념

FULL OUTER JOIN은 양쪽 테이블의 데이터를 모두 포함한다. 이때 조인 조건에 맞는 데이터는 결합하고, 조건에 맞지 않는 데이터도 각각 결과에 추가한다. 내부 조인(INNER JOIN) 실행 결과를 기준으로 양쪽 테이블에서 누락된 데이터를 결과에 추가하고, 양쪽 테이블의 데이터가 조인 조건에 맞지 않는 경우 해당 칼럼을 NULL로 채움으로써 동일한 결과를 얻을 수 있다.

선수(PLAYER)

PLAYER_NAME	TEAM_ID
홍길동	K01
강감찬	K01
김유신	K02
유관순	
최무선	

⋈

팀(TEAM)

TEAM_ID	TEAM_NAME
K01	KIA
K02	두산
K03	LG
K04	키움

PLAYER_NAME	TEAM_ID	TEAM_NAME
홍길동	K01	KIA
강감찬	K01	KIA
김유신	K02	두산
유관순		
최무선		
	K03	LG
	K04	키움

FULL OUTER JOIN을 수행하면 [PLAYER] 테이블에서 TEAM_ID가 없는 유관순과 최무선에 해당하는 행도 결과에 포함되며, 오른쪽 테이블인 [TEAM] 테이블에서 조인 조건에 맞지 않는 행, 즉 TEAM_ID가 K03과 K04인 행도 결과에 포함된다.

2. LEFT/RIGHT OUTER JOIN과 FULL OUTER JOIN

FULL OUTER JOIN은 LEFT OUTER JOIN과 RIGHT OUTER JOIN의 합집합과 동일하며, 중복된 데이터는 제거된다. 이는 두 개 이상의 SELECT 문의 결과를 결합하여 하나의 결과 집합으로 반환하는 연산자인 UNION(합집합)을 통해 구현할 수 있다.

질의
```
SELECT  E.ENAME, D.DEPTNO, D.DNAME
FROM    EMP E FULL OUTER JOIN DEPT D
ON      E.DEPTNO = D.DEPTNO;
```

(동일)

질의
```
SELECT  E.ENAME, D.DEPTNO, D.DNAME
FROM    EMP E LEFT OUTER JOIN DEPT D
ON      E.DEPTNO = D.DEPTNO
UNION
SELECT  E.ENAME, D.DEPTNO, D.DNAME
FROM    EMP E RIGHT OUTER JOIN DEPT D
ON      E.DEPTNO = D.DEPTNO;
```

CROSS JOIN(교차 조인)

카테시안 곱(Cartesian Product)
두 테이블의 모든 행을 서로 조합하여 결과를 생성하는 연산이다. 조인 조건 없이 테이블을 조인할 경우 발생하며, 결과 행 수는 두 테이블의 행 수를 곱한 값이 된다.

CROSS JOIN은 두 테이블의 데이터를 곱집합(Cartesian Product*) 형태로 결합하는 조인 방식이다. 별도의 조인 조건이 없으며, 테이블 간 관계에 상관없이 모든 가능한 행의 조합을 결과로 반환한다. 따라서 첫 번째 테이블의 행 개수와 두 번째 테이블의 행 개수를 곱한 만큼의 결과가 생성된다.

번호	이름
1	홍길동
2	임꺽정

×

생산품코드	상품명
A	면도기
B	칫솔
C	치약

↓

번호	이름	생산품코드	상품명
1	홍길동	A	면도기
2	임꺽정	A	면도기
1	홍길동	B	칫솔
2	임꺽정	B	칫솔
1	홍길동	C	치약
2	임꺽정	C	치약

확인 문제

아래 5가지 JOIN으로 생성되는 각 결과의 레코드 수를 구하시오.

STUDENT

S_NAME	S_ID	DEPT
KIM	111	B
LEE	222	C
CHOI	333	D
PARK	444	B

DEPT

D_ID	D_NAME
A	MIS
B	CS
C	BIO

① **질의**

```
SELECT   S.S_NAME, D.D_NAME
FROM     STUDENT S INNER JOIN DEPT D
ON       (S.DEPT = D.D_ID);
```

② **질의**

```
SELECT   S.S_NAME, D.D_NAME
FROM     STUDENT S CROSS JOIN DEPT D;
```

③

```
SELECT    S.S_NAME, D.D_NAME
FROM      STUDENT S LEFT OUTER JOIN DEPT D
ON        (S.DEPT = D.D_ID);
```

④

```
SELECT    S.S_NAME, D.D_NAME
FROM      STUDENT S RIGHT OUTER JOIN DEPT D
ON        (S.DEPT = D.D_ID);
```

⑤

```
SELECT    S.S_NAME, D.D_NAME
FROM      STUDENT S FULL OUTER JOIN DEPT D
ON        (S.DEPT = D.D_ID);
```

| 정답 |　① 3개
　　　② 12개
　　　③ 4개
　　　④ 4개
　　　⑤ 5개

| 해설 |　① INNER JOIN은 두 테이블의 교집합에 해당하는 데이터만을 조회하는 것이므로, 조건을 만족하는 데이터는 다음과 같다.

S_NAME	D_ID	D_NAME
KIM	B	CS
LEE	C	BIO
PARK	B	CS

② CROSS JOIN은 두 테이블의 곱집합에 해당하는 데이터를 조회하는 것이므로, 조건을 만족하는 데이터는 12개(= 4 × 3)이다.

③ LEFT OUTER JOIN는 왼쪽 테이블의 모든 데이터를 포함하고, 오른쪽 테이블에서 조인 조건에 맞는 데이터를 결합한다. CHOI의 경우 조인 조건에 맞는 데이터가 없으므로 NULL인 채로 비워두면 된다.

S_NAME	D_ID	D_NAME
KIM	B	CS
LEE	C	BIO
PARK	B	CS
CHOI		

④ RIGHT OUTER JOIN은 오른쪽 테이블의 모든 데이터를 포함하고, 왼쪽 테이블에서 조인 조건에 맞는 데이터를 결합한다. MIS의 경우 조인 조건에 맞는 데이터가 없으므로 NULL인 채로 비워두면 된다.

S_NAME	D_ID	D_NAME
KIM	B	CS
LEE	C	BIO
PARK	B	CS
	A	MIS

⑤ FULL OUTER JOIN은 양쪽 테이블의 데이터를 모두 포함하며, 조인 조건에 맞는 데이터는 결합하고, 조건에 맞지 않는 데이터는 각각 NULL 값으로 결과에 추가한다.

S_NAME	D_ID	D_NAME
KIM	B	CS
LEE	C	BIO
PARK	B	CS
CHOI	D	
	A	MIS

08 SELF JOIN(셀프 조인)

💡 학습TIP!

Unary Relationship은 데이터베이스에서 같은 테이블 내의 행들 간에 관계가 형성되는 것을 의미한다. 예를 들어, 직원 테이블 간에 관리자와 부하직원 간의 관계가 형성되는 경우가 Unary Relationship에 해당한다.

① SELF JOIN의 개념

SELF JOIN은 동일한 테이블 내의 조인을 의미하며, 하나의 테이블을 마치 서로 다른 두 개의 테이블처럼 간주하여 조인을 수행한다. SELF JOIN은 임의의 엔터티가 스스로와 관계를 맺고 있는 형태인 Unary Relationship을 처리할 때 자주 사용된다.

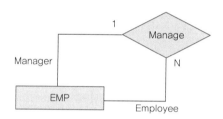

② SELF JOIN의 특징

1. 동일 테이블 간의 조인

SELF JOIN은 동일한 테이블이 두 번 이상 사용되며, 데이터를 비교하거나 관계를 설정할 때 활용된다. 예를 들어, [직원] 테이블에서 부서장과 부서원의 관계를 설정하기 위해 같은 테이블을 두 번 참조할 수 있다.

2. 별칭 사용 필수

동일한 테이블을 두 번 이상 참조하기 때문에, 각 테이블의 역할을 명확히 구분하기 위해 반드시 별칭(Alias)을 사용해야 한다. 별칭을 통해 동일한 테이블을 마치 서로 다른 두 개의 테이블처럼 개념적으로 구분하여 사용할 수 있다.

예를 들어, [직원] 테이블(EMP)에서 직원과 상사 간의 관계를 조인한다고 가정한다. 동일한 테이블을 두 번 참조하기 때문에, [EMP] 테이블에 각각 별칭을 지정해야 한다.

```
질의
FROM      EMP E INNER JOIN EMP M
              └→ 별칭            └→ 별칭

ON        E.MGR = M.EMPNO;
```

위 SQL 문에서는 E를 [EMP] 테이블의 별칭으로, M을 [MGR] 테이블의 별칭으로 사용하여 각각을 구분하고 있다. 별칭을 사용하지 않으면 동일한 테이블을 구분할 수 없어 SQL 문이 정상적으로 실행되지 않는다.

확인 문제

[EMP] 테이블로부터 사원의 사번(EMPNO)과 이름(ENAME), 그리고 매니저의 사번(MGRNO)과 이름(MNAME)을 출력하기 위한 질의를 작성하시오. (단, 매니저가 없는 사원의 정보도 출력해야 함) 실습파일 | Company

	EMPNO	ENAME	MGR
1	7369	SMITH	7902
2	7499	ALLEN	7698
3	7521	WARD	7698
4	7566	JONES	7839
5	7654	MARTIN	7698
6	7698	BLAKE	7839
7	7782	CLARK	7839
8	7788	SCOTT	7566
9	7839	KING	(null)
10	7844	TURNER	7698
11	7876	ADAMS	7788
12	7900	JAMES	7698
13	7902	FORD	7566
14	7934	MILLER	7782

➡

	EMPNO	ENAME	MGRNO	MNAME
1	7902	FORD	7566	JONES
2	7788	SCOTT	7566	JONES
3	7900	JAMES	7698	BLAKE
4	7844	TURNER	7698	BLAKE
5	7654	MARTIN	7698	BLAKE
6	7521	WARD	7698	BLAKE
7	7499	ALLEN	7698	BLAKE
8	7934	MILLER	7782	CLARK
9	7876	ADAMS	7788	SCOTT
10	7782	CLARK	7839	KING
11	7698	BLAKE	7839	KING
12	7566	JONES	7839	KING
13	7369	SMITH	7902	FORD
14	7839	KING	(null)	(null)

| 정답 |

```
질의
SELECT    E.EMPNO, E.ENAME, M.EMPNO MGRNO, M.ENAME MNAME
FROM      EMP E LEFT JOIN EMP M
ON        E.MGR = M.EMPNO;
```

| 해설 | 사번(EMPNO), 사원 이름(ENAME), 매니저 사번(MGRNO), 매니저 이름(MNAME)을 출력하기 위해 동일한 테이블 간 조인을 수행해야 하며, 구체적으로 동일한 테이블을 서로 다른 두 테이블처럼 취급하여 조인하는 SELF JOIN을 수행해야 한다. 또한, 매니저가 없는 사원의 정보도 포함해야 하므로 외부 조인을 사용해야 한다.

1. FROM 절

동일한 테이블인 EMP를 두 번 참조하기 위해 각각 별칭 E(사원)와 M(매니저)을 지정한다. LEFT JOIN을 사용하여 E 테이블의 모든 데이터를 우선 포함함으로써, 매니저 정보가 없는 경우에도 사원 정보를 출력할 수 있도록 설정한다.

```
질의
FROM      EMP E LEFT JOIN EMP M
```

2. ON 절

조인 조건으로, [사원] 테이블(E)의 MGR(매니저 사번)과 [매니저] 테이블(M)의 EMPNO(사번)를 연결한다. 이를
통해 E 테이블의 사원과 해당 매니저 정보를 조합한다.

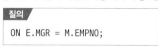

```
ON E.MGR = M.EMPNO;
```

3. SELECT 절

사원의 사번과 이름, 매니저의 사번과 이름을 출력한다.

```
                         ┌→ 사원 이름                      ┌→ 매니저 이름(별칭 MNAME)
SELECT E.EMPNO, E.ENAME, M.EMPNO MGRNO, M.ENAME MNAME
         └→ 사원의 사번              └→ 매니저 사번(별칭 MGRNO)
```

09 계층형 질의

1 계층형 데이터

계층형 데이터는 동일한 테이블 내에 상위 요소와 하위 요소가 계층적으로 포함된 데이터
를 의미한다. 이는 일반적으로 테이블의 엔터티가 순환 관계를 가지는 모델로 설계된 경
우에 발생하며, 상위와 하위 데이터를 연결하는 관계를 통해 계층 구조를 표현한다. 예를
들어, [직원] 테이블에서 사원과 관리자의 관계를 표현하는 상황이 계층형 데이터의 대표
적인 예이다.

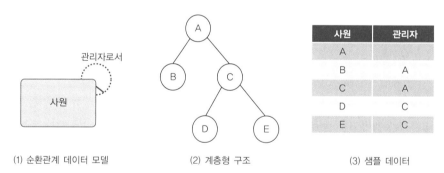

(1) 순환관계 데이터 모델   (2) 계층형 구조   (3) 샘플 데이터

2 계층형 질의의 방향

① 계층형 질의는 데이터를 계층적으로 탐색하거나 전개할 때 사용되며, 전개 방향에 따
라 순방향 전개와 역방향 전개로 나뉜다. 이 방향은 상위(부모, Parent) 데이터에서 하
위(자식, Child) 데이터로 이동하느냐, 혹은 그 반대로 이동하느냐에 따라 결정된다.

② 순방향 전개는 상위 데이터에서 시작하여 하위 데이터로 탐색을 진행하는 방식이다.
역방향 전개는 하위 데이터에서 시작하여 상위 데이터로 탐색을 진행하는 방식이다.

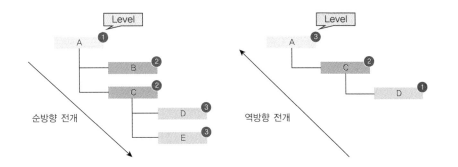

순방향 전개   역방향 전개

3 계층형 질의의 구조

SQL에서 계층형 질의를 수행하기 위해서는 START WITH와 CONNECT BY 절을 사용하여 데이터의 시작점과 전개 방향을 정의해야 한다.

[계층형 질의의 기본 구조]

질의

```
SELECT              칼럼명…
FROM                테이블명
WHERE               조건…
START WITH          시작 조건
CONNECT BY PRIOR 전개 방향;
```

1. START WITH - 시작 조건 지정

START WITH 절은 계층형 질의에서 탐색을 시작할 기준 데이터를 지정한다. 시작 조건은 최상위 데이터로 설정되거나 특정 데이터로 설정될 수 있다. 예를 들어, 다음과 같은 테이블이 있다고 가정한다.

사번(EMPNO)	관리자번호(MGR)
A	
B	A
C	A
D	C
E	C

해당 테이블에서 최상위 관리자를 시작점으로 탐색하고자 할 경우, 최상위 관리자의 MGR은 비어있으므로 IS NULL 조건을 사용한다.

질의

```
START WITH MGR IS NULL
```

만약 특정 직원을 시작점으로 탐색하고자 할 경우, EMPNO = 'D'와 같이 조건을 설정할 수 있다.

질의

```
START WITH EMPNO = 'D'
```

2. CONNECT BY - 전개 방향 지정

CONNECT BY 절은 탐색의 전개 방향을 지정하며, 상위와 하위 데이터를 연결하는 순서를 정의한다. 탐색은 순방향 전개(Top-Down)와 역방향 전개(Bottom-Up)의 두 가지 방식으로 수행될 수 있다.

(1) 순방향 전개(Top-Down)

순방향 전개는 상위 데이터에서 하위 데이터로 내려가는 방식이며, **PRIOR EMPNO = MGR**과 같은 조건을 통해 하위 데이터인 EMPNO와 상위 데이터인 MGR을 연결하여 전개된다.

> **질의**
>
> ```
> CONNECT BY PRIOR EMPNO = MGR
>                  └→ PRIOR 하위(자식) = 상위(부모)
> ```

(2) 역방향 전개(Bottom-Up)

역방향 전개는 하위 데이터에서 상위 데이터로 올라가는 방식으로, **PRIOR MGR = EMPNO**와 같은 조건을 사용하여 상위 데이터인 MGR과 하위 데이터인 EMPNO를 연결한다.

> **질의**
>
> ```
> CONNECT BY PRIOR MGR = EMPNO
>                  └→ PRIOR 상위(부모) = 하위(자식)
> ```

+ ORDER SIBLINGS BY와 NOCYCLE

- ORDER SIBLINGS BY: 계층형 질의에서 같은 부모를 가진 형제 노드들을 정렬할 때 사용한다. 이 구문은 ORDER BY와 달리 계층 구조를 유지한 채, 동일한 LEVEL 내에서만 정렬을 적용한다.
- NOCYCLE: 계층형 질의에서 자식 노드가 부모 노드를 다시 참조하고 있을 때 무한 루프가 발생할 수 있는데, 이를 방지하기 위해 NOCYCLE 키워드를 사용한다.

---

4 계층형 질의의 예시 　실습파일 | Company

[EMP] 테이블에서 사원의 사번(EMPNO)과 관리자의 사번(MGR)을 조회하면 사원과 관리자가 어떻게 매칭되는지 확인할 수는 있지만, 사원 간 계층 구조를 직관적으로 파악하기는 어렵다.

질의

```
SELECT    EMPNO, MGR
FROM      EMP;
```

질의 결과

	⬦ EMPNO	⬦ MGR
1	7369	7902
2	7499	7698
3	7521	7698
4	7566	7839
5	7654	7698
6	7698	7839
7	7782	7839
8	7788	7566
9	7839	(null)
10	7844	7698
11	7876	7788
12	7900	7698
13	7902	7566
14	7934	7782

이 질의 결과를 바탕으로 사원 간 계층 구조를 시각화하면 다음과 같이 그 관계를 명확히 표현할 수 있다. 그리고 이러한 구조는 SQL 문을 사용한 순방향 또는 역방향 계층형 질의를 통해 확인할 수 있다.

[7839 ← 최상위 노드(루트 노드)]
[7566] [7698] [7782]
[7788] [7902]   [7499] [7521] [7654] [7844] [7900]   [7934]
[7876] [7369]

1. 순방향 계층형 질의

순방향 계층 탐색은 최상위 노드(루트 노드*)에서 시작하여 하위 노드로 전개되며, 이를 표현하는 SQL 문은 다음과 같다.

루트 노드
계층형 구조에서 가장 상위에 위치한 시작 노드를 말한다. 루트 노드의 LEVEL 값은 항상 1이다.

질의

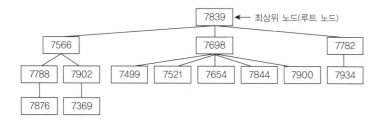

```
❶ SELECT            LEVEL, EMPNO 사원, MGR 관리자,
                    CONNECT_BY_ISLEAF ISLEAF
❷ FROM              EMP
❸ START WITH        MGR IS NULL
❹ CONNECT BY PRIOR  EMPNO = MGR;
```

❶ SELECT
　• LEVEL: 현재 데이터의 계층 수준을 나타낸다. 탐색 시작점(최상위 노드)은 1로 표시되며, 그 아래 계층으로 내려갈수록 2, 3, … 등으로 증가한다.
　• CONNECT_BY_ISLEAF: 후속 노드가 리프 노드(자식이 없는 노드)인지 여부를 반환한다. 리프 노드인 경우 1, 그렇지 않은 경우 0으로 표시된다.
❷ FROM: 계층형 질의를 수행할 테이블을 지정한다. 여기서는 사원 정보를 담고 있는 [EMP] 테이블을 사용한다.
❸ START WITH: 탐색의 시작 조건을 지정한다. MGR IS NULL은 매니저가 없는 직원을 의미하며, 이 질의에서는 최상위 노드(즉, 조직의 최고 관리자)를 기준으로 탐색을 시작한다.

❹ CONNECT BY PRIOR: 계층 구조의 전개 방향을 정의한다.
　• EMPNO: 하위 데이터(자식)를 나타낸다.
　• MGR: 상위 데이터(부모)를 나타낸다.

질의 결과

	LEVEL	사원	관리자	ISLEAF
1	1	7839	(null)	0
2	2	7566	7839	0
3	3	7788	7566	0
4	4	7876	7788	1
5	3	7902	7566	0
6	4	7369	7902	1
7	2	7698	7839	0
8	3	7499	7698	1
9	3	7521	7698	1
10	3	7654	7698	1
11	3	7844	7698	1
12	3	7900	7698	1
13	2	7782	7839	0
14	3	7934	7782	1

이처럼 순방향 질의를 통해 각 노드의 계층 수준과 리프 여부를 포함한 계층형 데이터를 확인할 수 있다. 만약 계층 구조에서 특정 사원을 시작으로 각 사원까지의 경로를 확인하고 싶다면, CONNECT_BY_ROOT와 SYS_CONNECT_BY_PATH 함수를 사용할 수 있다.

질의

```
SELECT              CONNECT_BY_ROOT EMPNO 시작사원,
                    SYS_CONNECT_BY_PATH(EMPNO, '/') 경로,
                    EMPNO 사원,
                    MGR 관리자
FROM                EMP
START WITH          EMPNO IN (7566, 7698, 7782)
CONNECT BY PRIOR    EMPNO = MGR;
```

여기서 CONNECT_BY_ROOT는 계층 탐색의 시작사원을 반환하며, SYS_CONNECT_BY_PATH는 시작사원부터 각 사원까지의 경로를 문자열로 반환한다. 예를 들어, 사번이 7566, 7698, 7782인 사원들을 시작점으로 설정하면, 결과는 다음과 같다.

질의 결과

	시작사원	경로	사원	관리자
1	7566 / 7566		7566	7839
2	7566 / 7566 / 7788		7788	7566
3	7566 / 7566 / 7788 / 7876		7876	7788
4	7566 / 7566 / 7902		7902	7566
5	7566 / 7566 / 7902 / 7369		7369	7902
6	7698 / 7698		7698	7839
7	7698 / 7698 / 7499		7499	7698
8	7698 / 7698 / 7521		7521	7698
9	7698 / 7698 / 7654		7654	7698
10	7698 / 7698 / 7844		7844	7698
11	7698 / 7698 / 7900		7900	7698
12	7782 / 7782		7782	7839
13	7782 / 7782 / 7934		7934	7782

2. 역방향 계층형 질의

반대로 사원 간 계층 구조를 역방향으로 탐색할 수 있다.

질의

```
❶ SELECT              LEVEL, EMPNO AS 사원, MGR AS 관리자,
                      CONNECT_BY_ISLEAF AS ISLEAF
❷ FROM                EMP
❸ START WITH          EMPNO = '7876'
❹ CONNECT BY PRIOR    MGR = EMPNO;
```

❶ SELECT
  - LEVEL: 현재 데이터의 계층 수준을 나타낸다. 탐색 시작점(하위 노드)은 1로 표시되며, 상위로 갈수록 2, 3, … 등으로 증가한다.
  - CONNECT_BY_ISLEAF: 해당 노드가 리프 노드(자식이 없는 노드)인지 여부를 반환한다. 리프 노드인 경우 1, 그렇지 않은 경우 0으로 표시된다.
❷ FROM: 계층형 질의를 수행할 테이블을 지정한다. 여기서는 사원 정보를 담고 있는 [EMP] 테이블을 사용한다.
❸ START WITH: 탐색의 시작 조건을 지정한다. 여기서는 사번이 7876인 사원을 기준으로 탐색을 시작한다.
❹ CONNECT BY PRIOR: 계층 구조의 전개 방향을 정의한다.
  - EMPNO: 하위 데이터(자식)를 나타낸다.
  - MGR: 상위 데이터(부모)를 나타낸다.

질의 결과

	LEVEL	사원	관리자	ISLEAF
1	1	7876	7788	0
2	2	7788	7566	0
3	3	7566	7839	0
4	4	7839	(null)	1

1 집합 연산자의 개요

집합 연산자는 여러 SELECT 문의 수행 결과를 하나로 결합하기 위해 사용된다. 집합 연산을 사용할 때는 두 SELECT 문의 칼럼 수가 동일해야 하며, 같은 위치의 칼럼 데이터 타입이 상호 호환 가능해야 한다. 다만, 데이터 타입이 완전히 동일해야 하는 것은 아니다.

UNION	• 여러 SELECT 문 수행 결과의 합집합을 반환하는 연산자 • 중복된 행은 자동으로 제거됨
UNION ALL	• 여러 SELECT 문 수행 결과의 합집합을 반환하는 연산자 • 중복된 행을 제거하지 않고 모두 출력 → 속도가 빠르므로 우선 고려
INTERSECT	• 여러 SELECT 문 수행 결과의 교집합을 반환하는 연산자 • 중복된 행은 자동으로 제거됨
MINUS(Oracle)/ EXCEPT(MS-SQL)	• 첫 번째 SELECT 문 수행 결과에서 두 번째 SELECT 문 수행 결과를 제외한 차집합을 반환하는 연산자 • 중복된 행은 자동으로 제거됨

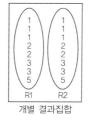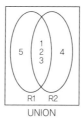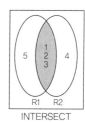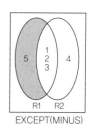

개별 결과집합　　UNION　　UNION ALL　　INTERSECT　　EXCEPT(MINUS)

2 집합 연산자의 사용 예　[실습파일 | K-League]

1. UNION ALL

UNION ALL은 SELECT 문의 수행 결과를 결합하는 연산자로, 중복된 데이터를 제거하지 않고 그대로 모두 출력한다. UNION ALL을 사용할 때는 각 SELECT 문에서 반환되는 칼럼의 개수가 동일해야 한다.

예를 들어, TEAM_ID가 'K06'인 선수들을 출력하는 SELECT 문의 결과(❶)와 POSITION이 'GK'인 선수들을 출력하는 SELECT 문의 결과(❷)를 하나의 결과로 결합하여 출력하고자 한다. 두 SELECT 문의 결과를 구분하기 위해 ❶의 구분코드는 T, ❷의 구분코드는 P로 지정할 경우, 이를 표현한 SQL 문은 다음과 같다.

```
❶ SELECT  'T' AS 구분코드, PLAYER_NAME, TEAM_ID
   FROM    PLAYER          └→ 출력 칼럼의 기준이 됨
   WHERE   TEAM_ID = 'K06'
   UNION ALL
❷ SELECT  'P' AS 구분코드, PLAYER_NAME, POSITION
   FROM    PLAYER
   WHERE   POSITION = 'GK'
   ORDER BY 구분코드, TEAM_ID;
             └→ 첫 번째 SELECT 문의 칼럼명 입력해야 함.
                두 번째 SELECT 문의 칼럼명인 POSITION 지정 시 ERROR 발생
```

정렬을 위한 ORDER BY 절은 질의의 맨 마지막 줄에 한 번만 기술하며, 정렬 기준은 첫 번째 SELECT 문의 칼럼(구분코드, PLAYER_NAME, TEAM_ID)만 사용할 수 있다.

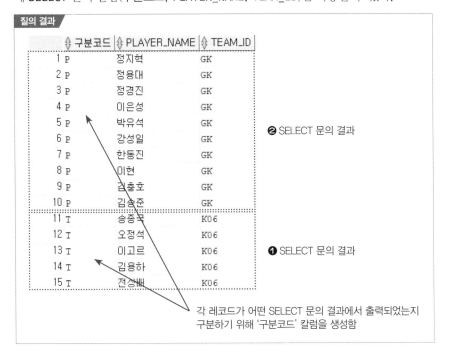

	구분코드	PLAYER_NAME	TEAM_ID
1	P	정지혁	GK
2	P	정용대	GK
3	P	정경진	GK
4	P	이은성	GK
5	P	박유석	GK
6	P	강성일	GK
7	P	한동진	GK
8	P	이현	GK
9	P	김충호	GK
10	P	김용준	GK
11	T	송종국	K06
12	T	오정석	K06
13	T	이고르	K06
14	T	김용하	K06
15	T	전상배	K06

❷ SELECT 문의 결과

❶ SELECT 문의 결과

각 레코드가 어떤 SELECT 문의 결과에서 출력되었는지 구분하기 위해 '구분코드' 칼럼을 생성함

2. INTERSECT

INTERSECT 연산자는 두 SELECT 문의 결과에서 공통된 데이터를 반환한다. 즉, 두 조건을 만족하는 행만 결과로 출력되며, 중복된 데이터는 자동으로 제거된다.

예를 들어, TEAM_ID가 'K06'인 선수들을 출력하는 SELECT 문의 결과(❶)와 POSITION이 'GK'인 선수들을 출력하는 SELECT 문의 결과(❷)를 모두 만족하는 레코드만 출력하고자 한다면, 다음과 같은 SQL 문을 작성할 수 있다.

```
❶ SELECT    TEAM_ID AS 팀코드, PLAYER_NAME AS 선수명,
            POSITION AS 포지션
   FROM     PLAYER
   WHERE    TEAM_ID = 'K06'
   INTERSECT  → 교집합
❷ SELECT    TEAM_ID AS 팀코드, PLAYER_NAME AS 선수명,
            POSITION AS 포지션
   FROM     PLAYER
   WHERE    POSITION = 'GK';
```

	팀코드	선수명	포지션
1	K06	박유석	GK
2	K06	정경진	GK
3	K06	정용대	GK
4	K06	정지혁	GK

INTERSECT를 사용한 질의는 아래와 같이 단일 SELECT 문으로 변환할 수 있다.

```
SELECT    TEAM_ID AS 팀코드, PLAYER_NAME AS 선수명,
          POSITION AS 포지션
FROM      PLAYER
WHERE     TEAM_ID = 'K06' AND POSITION = 'GK';
```

3. MINUS

MINUS 연산자는 두 SELECT 문의 수행 결과 중 첫 번째 SELECT 문에만 존재하는 데이터를 반환하는 SQL 연산자이다. 따라서 첫 SELECT 문의 조건을 만족하고 두 번째 SELECT 문의 조건을 만족하지 않는 행만 결과로 출력되며, 중복된 데이터는 자동으로 제거된다.

예를 들어, TEAM_ID가 'K06'인 선수들을 출력하는 SELECT 문의 결과(❶)를 출력하되 POSITION이 'MF'인 선수들(❷)은 제외한 레코드만 출력하고자 한다면, 다음과 같은 SQL 문을 작성할 수 있다.

```
❶ SELECT    TEAM_ID AS 팀코드, PLAYER_NAME AS 선수명,
            POSITION AS 포지션
   FROM     PLAYER
   WHERE    TEAM_ID = 'K06'
   MINUS  → 차집합
❷ SELECT    TEAM_ID AS 팀코드, PLAYER_NAME AS 선수명,
            POSITION AS 포지션
   FROM     PLAYER
   WHERE    POSITION = 'MF';
```

질의 결과

	⬦ 팀코드	⬦ 선수명	⬦ 포지션
1	K06	권혁준	DF
2	K06	김규호	DF
3	K06	김민성	DF
4	K06	김장관	DF
5	K06	김정효	DF

MINUS를 사용한 질의는 아래와 같이 단일 SELECT 문으로 변환할 수 있다.

질의

```
SELECT   TEAM_ID AS 팀코드, PLAYER_NAME AS 선수명,
         POSITION AS 포지션
FROM     PLAYER
WHERE    TEAM_ID = 'K06' AND POSITION <> 'MF';
```

또한, MINUS 연산은 NOT IN 서브쿼리를 사용해서도 동일한 결과를 얻을 수 있다.

질의

```
SELECT   TEAM_ID AS 팀코드, PLAYER_NAME AS 선수명,
         POSITION AS 포지션
FROM     PLAYER
WHERE    TEAM_ID = 'K06'
AND      PLAYER_ID NOT IN (
         SELECT PLAYER_ID
         FROM PLAYER
         WHERE POSITION = 'MF'
);
```

3 집합 연산자와 ORDER BY 절, Alias [실습파일 | K-League]

집합 연산자를 사용할 때 ORDER BY 절은 질의의 맨 마지막 줄에 기술하며, 최종 결과를 정렬하는 데 사용된다. ORDER BY에서 사용할 수 있는 칼럼은 첫 번째 SELECT 문에서 정의된 칼럼 또는 별칭(Alias)이다. 여기서 주의할 점은 집합 연산자를 사용할 때는 별칭이 정의된 경우 기존 칼럼명을 사용하면 오류가 발생한다는 것이다.

(1) 일반적인 경우

질의

```
SELECT      PLAYER_NAME, TEAM_ID AS TP
FROM        PLAYER
WHERE       TEAM_ID = 'K06'
ORDER BY    TP;
            └ 별칭 사용
```

➡ ERROR 없음

```
질의

SELECT      PLAYER_NAME, TEAM_ID AS TP
FROM        PLAYER
WHERE       TEAM_ID = 'K06'
ORDER BY    TEAM_ID;
                └→ 기존 칼럼명 사용
```
➡ ERROR 없음

```
질의

SELECT      PLAYER_NAME, TEAM_ID AS ETC
FROM        PLAYER
WHERE       TEAM_ID = 'K06'
UNION ALL
SELECT      PLAYER_NAME, POSITION
FROM        PLAYER
WHERE       POSITION = 'GK'
ORDER BY    ETC;
                └→ 별칭 사용
```
➡ ERROR 없음

(2) 집합 연산자를 사용한 경우

```
질의

SELECT      PLAYER_NAME, TEAM_ID AS ETC
FROM        PLAYER
WHERE       TEAM_ID = 'K06'
UNION ALL
SELECT      PLAYER_NAME, POSITION
FROM        PLAYER
WHERE       POSITION = 'GK'
ORDER BY    TEAM_ID;
                └→ 기존 칼럼명 사용
```
➡ ERROR 발생

01

일반집합 연산자로 가장 적절한 것은?

① SELECT　　　　　② UNION
③ DIVIDE　　　　　④ JOIN

| 해설 |　SELECT, PROJECT, JOIN, DIVIDE는 순수관계 연산자이고, UNION, INTERSECTION, DIFFERENCE, PRODUCT는 일반집합 연산자이다.

02

JOIN에 대한 적절한 설명을 모두 고른 것은?

> (가) JOIN 수행 시 테이블 구조를 변경하지 않는다.
> (나) EQUI JOIN은 비교 연산자(=, >, <, >=, <=)에 의해 수
> 　　행된다.
> (다) JOIN은 일반적으로 기본 키와 외래 키 간의 연관성에 의
> 　　해 수행된다.
> (라) 여러 테이블을 JOIN할 경우, 실제로 JOIN 연산은 한 번
> 　　에 두 테이블 간에만 적용된다.

① (가), (나)　　　　② (다), (라)
③ (가), (다), (라)　　④ (가), (나), (다), (라)

| 해설 |　EQUI JOIN은 Equal(=) 연산자에 의해 수행된다. Equal(=) 연산이 아닌 다른 연산자(BETWEEN, >, <, >=, <=)를 사용하는 조인 방식은 Non EQUI JOIN이다.

➕ JOIN

JOIN은 일반적으로 기본 키와 외래 키 간의 연관성에 의해 수행되지만, 경우에 따라서는 기본 키와 외래 키 간의 연관성이 없더라도 논리적 연관성만으로 JOIN을 수행할 수 있다.

03

JOIN 키워드 없이 WHERE 절에서 조인 조건을 기술하는 방식의 JOIN은?

① 명시적 조인(Explicit JOIN)
② 암시적 조인(Implicit JOIN)
③ 내부 조인(INNER JOIN)
④ 외부 조인(OUTER JOIN)

| 해설 |　암시적 조인은 JOIN 키워드 없이 WHERE 절에서 조인 조건을 기술하는 방식으로, 조인 조건과 일반 조건을 같이 기술한다.

04

N개의 테이블을 서로 연결하여 필요한 칼럼을 조회할 때, 최소로 필요한 JOIN 조건의 개수로 가장 적절한 것은?

① N개
② (N + 1)개
③ (N − 1)개
④ 1개

| 해설 |　N개의 테이블을 조인할 때 필요한 최소 JOIN 개수는 (N − 1)개이다.

| 정답 |　01 ②　02 ③　03 ②　04 ③

05

아래 SQL의 실행 결과는?

[PLAYER_TBL]

PLAYER_ID	PLAYER_NAME
P001	SMITH
P002	ALLEN
P003	SCOTT
P004	BLAKE
P005	SIMON
P006	MILLER

[FILTER_TBL]

FILTER_NO	FILTER_PATTERN
1	S%
2	%I%

[SQL]
```
SELECT COUNT(*) CNT
FROM PLAYER_TBL A, FILTER_TBL B
WHERE A.PLAYER_NAME
      LIKE B.FILTER_PATTERN;
```

① 2
② 4
③ 6
④ 8

| 해설 | PLAYER_TBL의 PLAYER_NAME 값에서 FILTER_TBL의 FILTER_ PATTERN 값과 일치하는 경우를 찾는다.
- 첫 번째 패턴 'S%'는 'S'로 시작하는 값을 의미하므로 'SMITH', 'SCOTT', 'SIMON'이 일치한다. 따라서 총 3건이 일치한다.
- 두 번째 패턴 '%I%'는 값에 'I'가 포함된 경우를 의미하므로 'SMITH', 'SIMON', 'MILLER'가 일치한다. 따라서 총 3건이 일치한다.
패턴이 중복 적용되더라도 각각 별도로 카운팅되므로 총 일치 건수는 3 + 3 = 6건이 된다.

06

아래 SQL의 실행 결과로 오류가 발생하지 <u>않는</u> 것은?

[EMPLOYEE]

EMP_NO	EMP_NAME	DEPT_NO
1001	홍길동	10
1002	김유신	30
1003	이순신	20
1004	강감찬	20

[DEPARTMENT]

DEPT_NO	DEPT_NAME
10	인사팀
20	영업팀
30	개발팀
40	마케팅팀

①
```
SELECT A.EMP_NO, DEPT_NO, B.DEPT_NAME
FROM EMPLOYEE A, DEPARTMENT B
WHERE A.DEPT_NO = B.DEPT_NO;
```
②
```
SELECT EMP_NO, A.DEPT_NO, DEPT_NAME
FROM EMPLOYEE A, DEPARTMENT B
WHERE A.DEPT_NO = B.DEPT_NO;
```
③
```
SELECT EMPLOYEE.EMP_NO,
       EMPLOYEE.DEPT_NO,
       DEPARTMENT.DEPT_NAME
FROM EMPLOYEE A, DEPARTMENT B
WHERE A.DEPT_NO = B.DEPT_NO;
```
④
```
SELECT A.EMP_NO, A.DEPT_NO,
       B.DEPT_NAME
FROM EMPLOYEE A, DEPARTMENT B
WHERE EMPLOYEE.DEPT_NO =
      DEPARTMENT.DEPT_NO;
```

| 해설 | 중복 칼럼이 아닌 EMP_NO와 DEPT_NAME은 접두어(A. 또는 B.)를 생략할 수 있다.
① 중복 칼럼인 DEPT_NO는 접두어(A. 또는 B.)를 생략할 수 없으므로, 오류가 발생한다.
③④ FROM 절에 별칭을 정의했음에도 불구하고 SELECT 절과 WHERE 절에 별칭을 사용하지 않고 원래 테이블 이름(EMPLOYEE, DEPARTMENT)을 사용했기 때문에 오류가 발생한다.

07

아래 SQL에 대한 설명으로 가장 적절한 것은?

[TBL1]

STUDENT_ID	NAME	SCORE
S001	최무선	81
S002	김유신	89
S003	이순신	76
S004	강감찬	60

[TBL2]

GRADE	LOW_SCORE	HIGH_SCORE
A	90	100
B	80	89
C	70	79
D	60	69
F	0	59

[SQL]
```
SELECT S.STUDENT_ID AS 학번,
       S.NAME AS 이름,
       S.SCORE AS 점수,
       G.GRADE AS 학점
FROM TBL1 S, TBL2 G
WHERE S.SCORE BETWEEN G.LOW_SCORE
      AND G.HIGH_SCORE;
```

① 동등 조인(EQUI JOIN) 방식에 해당한다.
② 명시적 조인(Explicit JOIN) 방식에 해당한다.
③ 강감찬의 학점은 F이다.
④ 최무선과 김유신의 학점은 동일하다.

| 해설 | 최무선과 김유신은 학점이 B로 동일하다.
① 두 테이블 간의 데이터를 결합할 때 Equal(=) 연산이 아닌 다른 연산자 (BETWEEN, >, <, >=, <=)를 사용하는 조인 방식은 비동등 조인(Non EQUI JOIN) 방식에 해당한다.
② WHERE 절에 조인 조건을 기술하는 암시적 조인(Implicit JOIN)이다.
③ 강감찬의 SCORE는 60이므로, D 학점 구간(60~69)에 해당한다.

08

아래 두 SQL이 같은 결과를 출력할 때, 빈칸 ㉠에 들어갈 내용으로 가장 적절한 것은?

[SQL1]
```
SELECT P.PLAYER_NAME, T.TEAM_NAME
FROM PLAYER_TBL P, TEAM_TBL T
WHERE P.TEAM_ID = T.TEAM_ID;
```

[SQL2]
```
SELECT P.PLAYER_NAME, T.TEAM_NAME
FROM PLAYER_TBL P
   ㉠    TEAM_TBL T
ON P.TEAM_ID = T.TEAM_ID;
```

① FULL OUTER JOIN
② CROSS JOIN
③ NATURAL JOIN
④ INNER JOIN

| 해설 | [SQL1]에서는 WHERE 절을 사용한 조인으로, 두 테이블에서 P.TEAM_ID와 T.TEAM_ID 값이 일치하는 경우에만 출력된다. 따라서 두 테이블에서 조인 조건이 일치하는 값만 출력하는 INNER JOIN과 같은 결과가 나온다.

09

아래 SQL의 실행 결과는?

[고객]

CUST_ID	CUST_NAME
ID001	PARK
ID002	KIM
ID003	LEE

[고객정보]

CUST_ID	CUS_TEL
ID001	010-1234-5678
ID001	010-1234-5678
ID002	02-5678-9999
ID003	031-1111-2222
ID002	02-5678-9999

[SQL]
```
SELECT COUNT(*)
FROM 고객 NATURAL JOIN 고객정보;
```

① 1

② 3

③ 5

④ 7

| 해설 | NATURAL JOIN은 두 테이블에서 동일한 이름의 칼럼(CUST_ID)을 기준으로 다음과 같이 5행이므로 5가 출력된다.

CUST_ID	CUST_NAME	CUS_TEL
ID001	PARK	010-1234-5678
ID001	PARK	010-1234-5678
ID002	KIM	02-5678-9999
ID003	LEE	031-1111-2222
ID002	KIM	02-5678-9999

10

아래 SQL의 실행 결과로 가장 적절하지 <u>않은</u> 것은?

[TBL1]

ID
S001
S002
S003
S004

[TBL1]

ID
S002
S003
S004
S005

[SQL]
```
(가) SELECT *
    FROM TBL1 A INNER JOIN TBL2 B
    ON A.ID = B.ID;
(나) SELECT *
    FROM TBL1 A LEFT OUTER JOIN TBL2 B
    ON A.ID = B.ID;
(다) SELECT *
    FROM TBL1 A RIGHT OUTER JOIN TBL2 B
    ON A.ID = B.ID;
(라) SELECT *
    FROM TBL1 A FULL OUTER JOIN TBL2 B
    ON A.ID = B.ID;
```

① (가)의 실행 결과는 다음과 같다.

ID	ID_1
S002	S002
S003	S003
S004	S004

② (나)의 실행 결과는 다음과 같다.

ID	ID_1
S001	NULL
S002	S002
S003	S003
S004	S004

③ (다)의 실행 결과는 다음과 같다.

ID	ID_1
S002	S002
S003	S003
S004	S004
NULL	S005

④ (라)의 실행 결과는 다음과 같다.

ID	ID_1
S002	S002
S003	S003
S004	S004
NULL	NULL

| 해설 | FULL OUTER JOIN은 두 테이블에서 모든 값을 출력하고, 일치하지 않는 값은 NULL로 표시한다. 따라서 S001은 [TBL2]에 일치하는 값이 없으므로 NULL로 출력되고, S005는 [TBL1]에 일치하는 값이 없으므로 NULL로 출력된다.

ID	ID_1
S002	S002
S003	S003
S004	S004
NULL	S005
S001	NULL

11

아래 SQL의 실행 시 출력되는 행의 개수로 가장 적절한 것은?

[T1]

ID	NAME
101	KIM
102	LEE
103	PARK

[T2]

ID	DEPT
101	SALES
104	HR
105	IT

[SQL]
(가) SELECT T1.ID, T1.NAME, T2.DEPT
    FROM T1 LEFT OUTER JOIN T2
    ON T1.ID = T2.ID;

(나) SELECT T1.ID, T1.NAME, T2.DEPT
    FROM T1 FULL OUTER JOIN T2
    ON T1.ID = T2.ID;

(다) SELECT T1.ID, T1.NAME, T2.DEPT
    FROM T1 RIGHT OUTER JOIN T2
    ON T1.ID = T2.ID;

① (가) 3, (나) 5, (다) 3
② (가) 3, (나) 4, (다) 3
③ (가) 3, (나) 5, (다) 2
④ (가) 2, (나) 5, (다) 3

| 해설 | (가) LEFT OUTER JOIN은 왼쪽 테이블(T1)의 모든 행을 출력하고, 일치하지 않는 경우에는 오른쪽 값을 NULL로 출력한다. 따라서 3개의 행이 출력된다.

ID	NAME	DEPT
101	KIM	SALES
102	LEE	NULL
103	PARK	NULL

(나) FULL OUTER JOIN은 두 테이블에서 일치하는 값은 병합하고, 일치하지 않는 값은 NULL로 출력한다. 따라서 5개의 행이 출력된다.

ID	NAME	DEPT
101	KIM	SALES
102	LEE	NULL
103	PARK	NULL
NULL	NULL	HR
NULL	NULL	IT

(다) RIGHT OUTER JOIN은 오른쪽 테이블(T2)의 모든 값을 출력하고, 일치하지 않는 값은 NULL로 출력한다. 따라서 3개의 행이 출력된다.

ID	NAME	DEPT
101	KIM	SALES
NULL	NULL	HR
NULL	NULL	IT

| 정답 | 10 ④ 11 ①

12

아래 SQL의 실행 시 출력되는 행의 개수로 가장 적절한 것은?

[T1]

ID	NAME
101	KIM
102	LEE
103	PARK

[T2]

ID	DEPT
101	SALES
104	HR
105	IT

[T3]

DEPT	LOC
SALES	SEOUL
HR	BUSAN
IT	DEAGU

[T4]

LOC	COUNTRY
SEOUL	KOREA
BUSAN	KOREA
DEAGU	KOREA
JEJU	KOREA

[SQL]
```
SELECT T1.ID, T1.NAME, T2.DEPT, T3.LOC,
       T4. COUNTRY
FROM T1
  LEFT OUTER JOIN T2 ON T1.ID = T2.ID
  LEFT OUTER JOIN T3
    ON T2.DEPT = T3.DEPT
  INNER JOIN T4 ON T3.LOC = T4.LOC;
```

① 1

② 2

③ 3

④ 4

| 해설 | • [T1]과 [T2]의 LEFT OUTER JOIN: 왼쪽 테이블(T1)의 모든 값을 출력하고, 오른쪽 테이블(T2)에서 일치하지 않는 값은 NULL로 표시한다. T1.ID 와 T2.ID가 일치하는 101만 매칭되어 SALES를 출력하며, 102와 103은 NULL 이 출력된다.

ID	NAME	DEPT
101	KIM	SALES
102	LEE	NULL
103	PARK	NULL

• [T2]와 [T3]의 LEFT OUTER JOIN: 직전 결과의 모든 값을 출력하고, 오른쪽 테이블 [T3]에서 일치하지 않는 값은 NULL로 표시한다. T2.DEPT와 T3.DEPT가 일치하는 SALES만 매칭되어 SEOUL을 출력하며, 나머지는 NULL이 출력된다.

ID	NAME	DEPT	LOC
101	KIM	SALES	SEOUL
102	LEE	NULL	NULL
103	PARK	NULL	NULL

• [T3]와 [T4]의 INNER JOIN: 양쪽 테이블에서 일치하는 값만 출력하므로, 직전 결과의 T3.LOC와 T4.LOC가 일치하는 SEOUL만 매칭되어 KOREA를 출력한다. 일치하지 않은 나머지 행은 출력하지 않는다. 따라서 최종적으로 실행 결과는 1건이 출력된다.

ID	NAME	DEPT	LOC	COUNTRY
101	KIM	SALES	SEOUL	KOREA

13

아래 요구조건을 만족하는 결과를 출력하고자 할 때, 아래 SQL의 빈칸 ㉠에 들어갈 내용으로 가장 적절한 것은?

[요구조건]
[PLAYER]와 [TEAM] 테이블을 조인하되, 선수와 팀 정보를 모두 출력하며, 팀에 소속되지 않은 선수와 선수가 없는 팀 정보도 함께 출력한다.

[SQL]
```
SELECT P.PLAYER_NAME, T.TEAM_NAME
FROM PLAYER P         ㉠         TEAM T
ON P.TEAM_ID = T.TEAM_ID;
```

① LEFT OUTER JOIN

② RIGHT OUTER JOIN

③ FULL OUTER JOIN

④ INNER JOIN

| 해설 | FULL OUTER JOIN은 두 테이블에서 일치하는 값은 병합하고, 일치하지 않는 값은 NULL로 출력된다. 따라서 팀에 소속되지 않은 선수 정보와 선수가 없는 팀 정보가 모두 출력하기 위해서는 FULL OUTER JOIN을 수행해야 한다.

| 정답 | 12 ① 13 ③

194 2과목_SQL 기본 및 활용

14

표준 조인에 대한 설명으로 가장 적절하지 <u>않은</u> 것은?

① INNER JOIN을 사용할 때는 반드시 조건절을 지정해야 한다.

② FULL OUTER JOIN은 양쪽 테이블에 존재하는 모든 행을 반환하며, 매칭되지 않는 값은 NULL로 표시된다.

③ NATURAL JOIN은 특정 칼럼만 선택적으로 조인 기준을 설정할 수 있다.

④ CROSS JOIN은 두 테이블의 조인 조건과 상관없이 항상 모든 경우의 수를 출력한다.

| 해설 | NATURAL JOIN은 특정 칼럼만 선택적으로 조인 기준을 설정할 수 없으므로, 특정 칼럼만 조인 조건에 포함하고자 한다면 USING 절을 사용해야 한다.

15

아래 SQL의 실행 시 출력되는 행의 개수를 올바르게 나열한 것은?

[TAB1]

NAME	ID	DEPT
KIM	123	B
PARK	244	D
CHOI	352	D
LEE	198	A

[TAB2]

D_ID	D_NAME
A	IT
B	RESEARCH
C	SALES

[SQL]

(가) SELECT *
    FROM TAB1 A INNER JOIN TAB2 B
    ON (A.DEPT = B.D_ID);
(나) SELECT *
    FROM TAB1 A RIGHT OUTER JOIN TAB2 B
    ON (A.DEPT = B.D_ID);
(다) SELECT *
    FROM TAB1 A NATURAL JOIN TAB2 B;
(라) SELECT *
    FROM TAB1 A CROSS JOIN TAB2 B;

① (가) 2, (나) 3, (다) 5, (라) 12

② (가) 2, (나) 3, (다) 12, (라) 12

③ (가) 3, (나) 2, (다) 5, (라) 5

④ (가) 2, (나) 3, (다) 12, (라) 5

| 해설 | (가) INNER JOIN은 양쪽 테이블에서 조건이 일치하는 경우만 출력되므로, A.DEPT와 B.D_ID가 일치하는 B와 A만 매칭되어 2개의 행이 출력된다.

(나) RIGHT OUTER JOIN은 오른쪽 테이블 [TAB2]의 모든 값이 출력되고, 오른쪽 테이블에 일치하는 값이 없으면 NULL이 표시되므로 3개의 행이 출력된다.

(다) NATURAL JOIN은 조인 시 두 테이블에서 같은 이름의 칼럼이 존재해야 실행이 되는데, [TAB1]과 [TAB2] 테이블에는 같은 이름의 칼럼이 없으므로 모든 경우의 수가 출력된다. 따라서 [TAB1]에 4개의 행, [TAB2]에 3개의 행이 있으므로, 12(= 3 × 4)개의 행이 출력된다.

(라) CROSS JOIN은 두 테이블에서 모든 경우의 수를 출력한다. [TAB1]에 4개의 행, [TAB2]에 3개의 행이 있으므로, 12(= 3 × 4)개의 행이 출력된다.

16

아래 SQL을 실행할 때 오류가 발생하는 것을 모두 고른 것은?

```
[SQL]
(가) SELECT *
    FROM T1 A INNER JOIN T2 B
    ON (A.ID = B.ID);
(나) SELECT *
    FROM T1 A CROSS JOIN T2 B
    ON (A.ID = B.ID);
(다) SELECT *
    FROM T1 A NATURAL JOIN T2 B
    USING (ID);
(라) SELECT *
    FROM T1 A RIGHT JOIN T2 B
    USING (A.ID);
```

① (가)
② (나), (다)
③ (다), (라)
④ (나), (다), (라)

| 해설 | (나) CROSS JOIN은 ON 절이나 USING 절을 사용할 수 없다.
(다) NATURAL JOIN은 ON 절이나 USING 절을 사용할 수 없다.
(라) USING 절은 조인의 기준이 되는 칼럼에 테이블 이름 또는 별칭을 붙일
    수 없다.

17

아래 SQL의 실행 결과로 오류가 발생하지 <u>않는</u> 것은?

① SELECT P.PLAYER_NAME, P.TEAM_NAME,
        TEAM_ID, T.STADIUM
  FROM PLAYER P INNER JOIN TEAM T
  USING (P.TEAM_ID = T.TEAM_ID);
② SELECT P.PLAYER_NAME, P.TEAM_NAME,
        P.TEAM_ID, T.STADIUM
  FROM PLAYER P INNER JOIN TEAM T
  USING (TEAM_ID);
③ SELECT P.PLAYER_NAME, P.TEAM_NAME,
        TEAM_ID, T.STADIUM
  FROM PLAYER P INNER JOIN TEAM T
  USING (TEAM_ID);
④ SELECT PLAYER_NAME, TEAM_NAME,
        TEAM_ID, STADIUM
  FROM PLAYER P INNER JOIN TEAM T
  USING TEAM_ID;

| 해설 | 조인의 기준이 되는 칼럼은 테이블 이름이나 별칭을 접두사로 붙일
수 없다. 3번 선지는 조인의 기준이 되는 칼럼인 TEAM_ID에 접두사를 붙이지
않았으므로, 오류가 발생하지 않는다.
① USING 절에 조인 조건은 칼럼 이름만 지정해야 한다.
② 조인의 기준이 되는 칼럼인 TEAM_ID에 접두사(P.)를 붙여서 오류가 발생
  하였다.
④ USING 절을 사용할 경우 괄호는 생략할 수 없다.

18

아래 SQL에서 실행 결과가 <u>다른</u> 것은?

```
[테이블 생성]
CREATE TABLE T1 (
ID NUMBER, GRADE VARCHAR2(10)
);

INSERT INTO T1 VALUES (1000, 'AAA');
INSERT INTO T1 VALUES (1001, 'BBB');

CREATE TABLE T2 (
ID NUMBER, DEPT VARCHAR2(10)
);

INSERT INTO T2 VALUES (1000, 'SALES');
INSERT INTO T2 VALUES (1002, 'RESEARCH');

COMMIT;

[SQL]
SELECT ID, A.GRADE, B.DEPT
FROM T1 A NATURAL JOIN T2 B;
```

① SELECT ID, A.GRADE, B.DEPT
  FROM T1 A JOIN T2 B
  USING (ID);
② SELECT A.ID, A.GRADE, B.DEPT
  FROM T1 A, T2 B
  WHERE A.ID = B.ID;
③ SELECT A.ID, A.GRADE, B.DEPT
  FROM T1 A LEFT OUTER JOIN T2 B
  ON A.ID = B.ID;
④ SELECT A.ID, A.GRADE, B.DEPT
  FROM T1 A INNER JOIN T2 B
  ON A.ID = B.ID;

| 해설 | 주어진 [SQL]은 NATURAL JOIN을 사용하여 [T1]과 [T2] 테이블의 공통 칼럼인 ID를 기준으로 조인하는 문장이다. NATURAL JOIN은 양쪽 테이블에서 공통된 칼럼을 기준으로 내부 조인(INNER JOIN)을 수행하므로, 두 테이블에 모두 존재하는 ID가 1000인 행만 출력된다. 3번 선지의 경우 LEFT OUTER JOIN은 왼쪽 테이블(T1)의 모든 값이 출력되고, 오른쪽 테이블에 일치하는 값이 없으면 NULL이 표시되므로 2건이 출력된다.

① USING 키워드를 사용했기 때문에 T1.ID와 T2.ID를 기준으로 JOIN이 수행되며, ID가 1000에서만 일치하므로 1건의 결과만 출력된다.

② WHERE 절에서 JOIN 조건을 설정하였고, ID가 1000에서만 일치하므로 1건의 결과만 출력된다.

④ INNER JOIN은 두 테이블에서 일치하는 값이 있는 경우만 출력되고, ID가 1000에서만 일치하므로 1건의 결과만 출력된다.

19

한 테이블에서 두 개의 칼럼이 연관 관계가 있을 경우 수행하는 JOIN 방식으로 가장 적절한 것은?

① INNER JOIN
② SELF JOIN
③ CROSS JOIN
④ NATURAL JOIN

| 해설 | SELF JOIN은 동일한 테이블이 두 번 이상 사용되며, 데이터를 비교하거나 관계를 설정할 때 활용된다.

20

아래 SQL의 실행 결과는?

[직원]

EMP_ID	ENAME	MGR_ID	DEPT
E001	홍길동	NULL	영업팀
E002	김유신	E001	영업팀
E003	이순신	E001	영업팀
E004	강감찬	E002	개발팀
E005	장보고	E003	마케팅팀

[SQL]
```
SELECT E.ENAME AS 직원명,
       M.ENAME AS 관리자명
FROM 직원 E LEFT OUTER JOIN 직원 M
ON E.MGR_ID = M.EMP_ID;
```

①

직원명	관리자명
홍길동	NULL
김유신	홍길동
이순신	홍길동
강감찬	김유신
장보고	이순신

②

직원명	관리자명
김유신	홍길동
이순신	홍길동
강감찬	김유신
장보고	이순신

③

직원명	관리자명
홍길동	NULL
김유신	홍길동
이순신	홍길동
강감찬	김유신

④

직원명	관리자명
홍길동	홍길동
김유신	김유신
이순신	이순신
강감찬	강감찬
장보고	장보고

| 해설 | [직원] 테이블에서 E는 직원 정보를 참조하고, M은 관리자 정보를 참조한다. ON 절에서 E.MGR_ID = M.EMP_ID를 통해 직원의 MGR_ID가 관리자 EMP_ID와 일치하는 경우 해당 값을 출력한다. 또한, SELF JOIN에서 LEFT OUTER JOIN을 사용했기 때문에 직원의 MGR_ID에 해당하는 관리자가 없는 경우에도 직원의 정보는 출력된다.

21

아래 SQL의 실행 시 James와 Mike의 '동일직책' 칼럼의 레코드를 순서대로 나열한 것은?

[직원]

EMP_ID	ENAME	JOB	MGR_ID	SAL
E001	John	Manager	NULL	5000
E002	Mike	Developer	E001	4000
E003	Sarah	Developer	E002	4500
E004	Emma	Analyst	E001	4200
E005	David	Developer	E002	4300
E006	James	Developer	E003	4100

[SQL]
```
SELECT E1.ENAME AS 사원명,
       E1.JOB AS 직책,
       NVL(E2.ENAME, '없음') AS 관리자명,
       CASE
           WHEN E1.JOB = E2.JOB THEN 'Y'
           ELSE 'N'
       END AS 동일직책
FROM 직원 E1
LEFT JOIN 직원 E2
ON E1.MGR_ID = E2.EMP_ID
ORDER BY E1.ENAME;
```

① Y, N
② Y, Y
③ N, N
④ N, Y

| 해설 | • James의 경우 MGR_ID = E003이므로 관리자는 Sarah이다. James의 직책은 Developer이고 Sarah의 직책도 Developer이므로 동일직책은 'Y'가 출력된다.
• Mike의 경우 MGR_ID = E001이므로 관리자는 John이다. Mike의 직책은 Developer이고 John의 직책은 Manager이므로 동일직책은 'N'이 출력된다.

22

집합 연산자(Set Operation) 중에서 수학의 차집합의 기능을 수행하는 연산자로 가장 적절한 것은?

① MINUS
② UNION
③ INTERSECT
④ UNION ALL

| 해설 | MINUS는 첫 번째 SELECT 문의 실행 결과에서 두 번째 SELECT 문의 실행 결과를 제외한 차집합을 반환하는 연산자이다.

23

계층형 질의에 대한 설명으로 가장 적절한 것은?

① START WITH 절은 계층 구조에서 루트 노드를 정의하는 데 사용된다.
② 'CONNECT BY PRIOR 부모 노드 = 자식 노드'는 순방향 전개이다.
③ ORDER SIBLINGS BY는 계층 구조에서 전체 행의 정렬 순서를 지정한다.
④ 자식이 있는 노드를 리프 노드라고 한다.

| 해설 | START WITH 절은 계층 구조에서 시작점을 정의하는 데 사용되며, 루트 노드는 계층형 구조의 시작점이 되는 노드를 말한다.
② 'CONNECT BY PRIOR 부모 노드 = 자식 노드'는 역방향 전개이다.
③ ORDER SIBLINGS BY는 부모가 같은 형제 노드 사이에서 정렬을 지정하는 구문이다.
④ 자식이 없는 노드를 리프 노드라고 한다.

24

아래 SQL의 실행 결과는?

[직원]

EMP_ID	EMP_NAME	MGR_ID
201	Alice	200
202	Bob	201
203	Charlie	202
204	David	203
205	Eve	204
206	Frank	205

[SQL]
```
SELECT * FROM 직원
START WITH MGR_ID = 203
CONNECT BY PRIOR EMP_ID = MGR_ID;
```

①

EMP_ID	EMP_NAME	MGR_ID
204	David	203

②

EMP_ID	EMP_NAME	MGR_ID
204	David	203
205	Eve	204
206	Frank	205

③

EMP_ID	EMP_NAME	MGR_ID
204	David	203
203	Charlie	202
202	Bob	201
201	Alice	200

④

EMP_ID	EMP_NAME	MGR_ID
203	Charlie	202

| 해설 | START WITH MGR_ID = 203에 따라 David가 루트 노드가 되며, CONNECT BY PRIOR EMP_ID = MGR_ID;에 따라 부모 노드(MANAGER_ID)로부터 자식 노드(EMP_ID) 방향으로 전개하는 순방향 전개이므로 다음과 같은 결과가 출력된다.

EMP_ID	EMP_NAME	MGR_ID
204	David	203
205	Eve	204
206	Frank	205

| 정답 | 22 ① 23 ① 24 ②

25

아래 SQL의 실행 결과는?

[직원]

EMP_ID	EMP_NAME	MGR_ID
301	Alice	NULL
302	Bob	301
303	Charlie	301
304	David	302
305	Eve	302
306	Frank	303
307	Grace	303
308	Hannah	305
309	Isaac	306
310	Jack	307

[SQL]
```
SELECT COUNT(*)
FROM 직원
START WITH MGR_ID IS NULL
CONNECT BY PRIOR MGR_ID = EMP_ID;
```

① 0
② 1
③ 5
④ 10

| 해설 | START WITH MGR_ID IS NULL에 따라 Alice가 루트 노드가 되며, CONNECT BY PRIOR MGR_ID = EMP_ID;에 따라 자식 노드(EMP_ID)로부터 부모 노드(MGR_ID) 방향으로 전개하는 역방향 전개이므로, 최상위 노드인 Alice만 출력되어 결과 건수는 1건이 된다.

26

아래 SQL을 수행할 경우 정렬 순서상 ENAME 칼럼에서 3번째 값은?

[직원]

EMP_ID	ENAME	MGR_ID	DEPT
E001	홍길동	NULL	영업팀
E002	김유신	E001	영업팀
E003	이순신	E001	영업팀
E004	강감찬	E002	개발팀
E005	장보고	E003	마케팅팀

[SQL]
```
SELECT EMP_ID, ENAME, MGR_ID, DEPT, LEVEL
FROM 직원
START WITH MGR_ID IS NULL
CONNECT BY PRIOR EMP_ID = MGR_ID
ORDER SIBLINGS BY ENAME DESC;
```

① 이순신
② 김유신
③ 강감찬
④ 장보고

| 해설 | START WITH MGR_ID IS NULL에 따라 홍길동이 LEVEL 1(루트 노드)이 되며, 김유신과 이순신은 LEVEL 2, 강감찬과 장보고는 각각 김유신과 이순신의 자식 노드로 LEVEL 3이 된다. 여기서 ORDER SIBLINGS BY ENAME DESC;에 따라 부모가 같은 형제 노드 사이에서 내림차순으로 정렬하므로, 실행 결과는 다음과 같이 LEVEL 2에서 이순신이 김유신보다 먼저 정렬되고, 이순신의 자식 노드인 장보고가 3번째로 정렬된다.

EMP_ID	ENAME	MGR_ID	DEPT	LEVEL
E001	홍길동	NULL	영업팀	1
E003	이순신	E001	영업팀	2
E005	장보고	E003	마케팅팀	3
E002	김유신	E001	영업팀	2
E004	강감찬	E002	개발팀	3

27

아래 SQL의 실행 결과는?

[직원]

EMP_ID	ENAME	SAL	MGR_ID
E001	홍길동	6000	NULL
E002	김유신	5500	E001
E003	이순신	4800	E001
E004	강감찬	7500	E002
E005	장보고	7000	NULL
E006	유관순	5000	E005
E007	이성계	5200	E005
E008	신사임당	5800	E007

[SQL]
```
SELECT EMP_ID, ENAME, SAL, MGR_ID
FROM 직원
START WITH MGR_ID IS NULL
CONNECT BY PRIOR EMP_ID = MGR_ID
AND SAL BETWEEN 5000 AND 7000
ORDER SIBLINGS BY EMP_ID DESC;
```

①

EMP_ID	ENAME	SAL	MGR_ID
E001	홍길동	6000	NULL
E002	김유신	5500	E001
E005	장보고	7000	NULL
E006	유관순	5000	E005
E007	이성계	5200	E005
E008	신사임당	5800	E007

②

EMP_ID	ENAME	SAL	MGR_ID
E005	장보고	7000	NULL
E007	이성계	5200	E005
E008	신사임당	5800	E007
E006	유관순	5000	E005
E001	홍길동	6000	NULL
E002	김유신	5500	E001

③

EMP_ID	ENAME	SAL	MGR_ID
E001	홍길동	6000	NULL
E005	장보고	7000	NULL
E002	김유신	5500	E001
E006	유관순	5000	E005
E007	이성계	5200	E005
E008	신사임당	5800	E007

④

EMP_ID	ENAME	SAL	MGR_ID
E008	신사임당	5800	E007
E007	이성계	5200	E005
E006	유관순	5000	E005
E002	김유신	5500	E001
E005	장보고	7000	NULL
E001	홍길동	6000	NULL

| 해설 | START WITH MGR_ID IS NULL에 따라 홍길동과 장보고가 루트 노드이며, PRIOR EMP_ID = MGR_ID에 따라 자식–부모 관계로 다음과 같이 순방향전개의 계층 구조가 설정된다.
- 홍길동(E001) → 김유신(E002), 이순신(E003)
- 김유신(E002) → 강감찬(E004)
- 장보고(E005) → 유관순(E006), 이성계(E007)
- 이성계(E007) → 신사임당(E008)

AND SAL BETWEEN 5000 AND 7000에 따라 SAL 값이 5000 이상 7000 이하인 행만 출력되므로, 이순신, 강감찬은 출력되지 않는다. 또한, ORDER SIBLINGS BY EMP_ID DESC;에 따라 같은 부모를 가진 형제 노드를 EMP_ID 기준으로 내림차순 정렬되므로 2번 선지와 같은 결과가 출력된다.

| 정답 | 27 ②

CHAPTER 03 조인과 집합 연산자(Join&Set Operation) **201**

28

아래 SQL의 실행 결과는?

[T1]

C1	C2	C3
1	NULL	A
2	1	B
3	1	C
4	2	D

[SQL]
```
SELECT C3, CONNECT_BY_ISLEAF AS ISLEAF
FROM T1
START WITH C2 IS NULL
CONNECT BY PRIOR C1 = C2;
```

①

C3	ISLEAF
A	1
B	1
C	0
D	0

②

C3	ISLEAF
A	0
B	0
D	1
C	1

③

C3	ISLEAF
A	1
B	1
D	0
C	0

④

C3	ISLEAF
A	0
B	0
C	1
D	1

| 해설 | START WITH C2 IS NULL에 따라 A가 루트 노드이며, CONNECT BY PRIOR C1 = C2;에 따라 부모 노드(C2)로부터 자식 노드(C1) 방향으로 전개하는 순방향 전개이므로, A → B → D → C 순으로 정렬된다. 또한, CONNECT_BY_ISLEAF AS ISLEAF에 따라 자식이 없는 노드(리프 노드)인 C와 D는 1, 자식이 있는 노드인 A와 B는 0이 출력된다.

29

SQL 실행 결과가 아래와 같을 때, 빈칸 ㉠과 ㉡에 들어갈 내용으로 가장 적절한 것은?

[직원]

EMP_ID	EMP_NAME	MGR_ID	DEPT
E001	홍길동	NULL	영업팀
E002	김유신	E001	영업팀
E003	이순신	E001	영업팀
E004	강감찬	E002	개발팀
E005	장보고	E003	마케팅팀
E006	유관순	E003	마케팅팀

[SQL]

```
SELECT EMP_ID, EMP_NAME, MGR_ID,
        [   ㉠   ]       EMP_NAME AS 시작,
        [   ㉡   ]       (EMP_NAME, ' > ') AS 경로
FROM 직원
START WITH MGR_ID IS NULL
CONNECT BY PRIOR EMP_ID = MGR_ID
ORDER SIBLINGS BY EMP_NAME;
```

[실행 결과]

EMP_ID	EMP_NAME	MGR_ID	시작	경로
E001	홍길동	NULL	홍길동	> 홍길동
E002	김유신	E001	홍길동	> 홍길동 > 김유신
E004	강감찬	E002	홍길동	> 홍길동 > 김유신 > 강감찬
E003	이순신	E001	홍길동	> 홍길동 > 이순신
E006	유관순	E003	홍길동	> 홍길동 > 이순신 > 유관순
E005	장보고	E003	홍길동	> 홍길동 > 이순신 > 장보고

① SYS_CONNECT_BY_PATH, CONNECT_BY_ROOT

② CONNECT_BY_ROOT, SIBLINGS_BY_PATH

③ CONNECT_BY_ROOT, SYS_CONNECT_BY_PATH

④ CONNECT_BY_ISLEAF, SYS_CONNECT_BY_PATH

| 해설 | 행 결과를 보면 '시작' 칼럼은 루트 노드를, '경로' 칼럼은 계층 구조의 경로를 표시하므로, ㉠에는 CONNECT_BY_ROOT를, ㉡에는 SYS_CONNECT_BY_PATH를 사용한다.

30

집합 연산자에 대한 설명으로 가장 적절하지 <u>않은</u> 것은?

① UNION 연산자는 두 SELECT 문에서 중복된 값을 제거하고 결합된 결과를 반환한다.

② UNION ALL 연산자는 중복된 값을 포함하여 두 SELECT 문에서 결합된 결과를 반환한다.

③ INTERSECT 연산자는 두 SELECT 문에서 공통된 값을 반환하며, 중복된 값은 그대로 반환된다.

④ MINUS 연산자는 첫 번째 SELECT 문에서, 두 번째 SELECT 문에서 반환된 값을 제외한 결과를 반환한다.

| 해설 | INTERSECT 연산자는 두 SELECT 문에서 공통된 값을 반환하며, 중복된 값은 제거된다.

31

아래 SQL의 실행 시 출력되는 행의 개수로 가장 적절한 것은?

[주문]

ORDER_ID	P_NAME	AMOUNT
A001	컴퓨터	2
A002	노트북	3
A003	모니터	1

[상품]

P_ID	P_NAME
P001	컴퓨터
P002	노트북
P003	태블릿

[SQL]
```
SELECT P_NAME FROM 주문
UNION
SELECT P_NAME FROM 상품
UNION ALL
SELECT P_NAME FROM 주문;
```

① 4   ② 5

③ 6   ④ 7

| 해설 | UNION 연산자에 의해 중복된 데이터를 제거한 '컴퓨터', '노트북', '모니터', '태블릿'이 출력되며, 해당 결과에서 UNION ALL 연산자에 의해 '컴퓨터', '노트북', '태블릿'이 추가되어 총 7개의 행이 출력된다.

32

아래 SQL의 실행 결과는?

[TAB1]

COL1	COL2
1	APPLE
2	BANANA
3	CHERRY
4	DATE

[TAB2]

COL1	COL2
1	APPLE
2	APPLE
5	FIG
NULL	GRAPE

[TAB3]

COL1	COL2
3	CHERRY
4	DATE
NULL	GRAPE

[SQL]
```
SELECT *
FROM (SELECT COL1, COL2 FROM TAB1
    UNION
    SELECT COL1, COL2 FROM TAB2)
MINUS
SELECT COL1, COL2 FROM TAB3;
```

①
COL1	COL2
1	APPLE
2	APPLE
2	BANANA
5	FIG

②
COL1	COL2
1	APPLE
2	APPLE
2	BANANA
5	FIG
NULL	GRAPE

③
COL1	COL2
1	APPLE
2	APPLE
2	BANANA
5	FIG
3	CHERRY

④
COL1	COL2
1	APPLE
2	APPLE
2	BANANA
5	FIG
NULL	GRAPE
4	DATE

| 해설 | UNION 연산자는 중복을 제거한 후 결과를 출력한다. [TAB1]에서 COL1, COL2를 가져오고, [TAB2]에서 COL1, COL2를 가져온 후 중복된 데이터를 제거한다. 그리고 그 결과 테이블에서 [TAB3]의 데이터를 MINUS 연산으로 제거한다.

33

아래 SQL의 실행 결과와 동일한 것은?

```
[SQL]
SELECT TEAM_ID, PLAYER_NAME, POSITION
FROM PLAYER
WHERE TEAM_ID = 'FC서울' AND POSITION <> '공격수'
ORDER BY PLAYER_NAME;
```

① SELECT TEAM_ID, PLAYER_NAME, POSITION
   FROM PLAYER WHERE TEAM_ID = 'FC서울'
   INTERSECT
   SELECT TEAM_ID, PLAYER_NAME, POSITION
   FROM PLAYER WHERE POSITION = '공격수'
   ORDER BY PLAYER_NAME;

② SELECT TEAM_ID, PLAYER_NAME, POSITION
   FROM PLAYER WHERE TEAM_ID = 'FC서울'
   UNION
   SELECT TEAM_ID, PLAYER_NAME, POSITION
   FROM PLAYER WHERE POSITION = '공격수'
   ORDER BY PLAYER_NAME;

③ SELECT TEAM_ID, PLAYER_NAME, POSITION
   FROM PLAYER WHERE TEAM_ID = 'FC서울'
   UNION ALL
   SELECT TEAM_ID, PLAYER_NAME, POSITION
   FROM PLAYER WHERE POSITION = '공격수'
   ORDER BY PLAYER_NAME;

④ SELECT TEAM_ID, PLAYER_NAME, POSITION
   FROM PLAYER WHERE TEAM_ID = 'FC서울'
   MINUS
   SELECT TEAM_ID, PLAYER_NAME, POSITION
   FROM PLAYER WHERE POSITION = '공격수'
   ORDER BY PLAYER_NAME;

| 해설 | TEAM_ID가 'FC서울'이면서 '공격수'가 아닌 선수만 조회하므로, 차집합인 MINUS 연산자를 사용하여 같은 결과를 출력할 수 있다.

34

SQL의 실행 결과가 오류인 것으로 모두 묶인 것은?

```
[SQL]
(가) SELECT PLAYER_NAME, TEAM_ID AS ID
    FROM PLAYER WHERE TEAM_ID = '수원FC'
    UNION ALL
    SELECT PLAYER_NAME, POSITION
    FROM PLAYER WHERE POSITION = '수비수'
    ORDER BY ID;
(나) SELECT PLAYER_NAME, TEAM_ID AS ID
    FROM PLAYER WHERE TEAM_ID = '수원FC'
    UNION ALL
    SELECT PLAYER_NAME, POSITION
    FROM PLAYER WHERE POSITION = '수비수'
    ORDER BY TEAM_ID;
(다) SELECT PLAYER_NAME, TEAM_ID AS ID
    FROM PLAYER WHERE TEAM_ID = '수원FC'
    UNION ALL
    SELECT PLAYER_NAME, POSITION
    FROM PLAYER WHERE POSITION = '수비수'
    ORDER BY POSITION;
(라) SELECT PLAYER_NAME, TEAM_ID
    FROM PLAYER WHERE TEAM_ID = '수원FC'
    UNION ALL
    SELECT PLAYER_NAME, POSITION
    FROM PLAYER WHERE POSITION = '수비수'
    ORDER BY TEAM_ID;
```

① (나)
② (가), (나)
③ (나), (다)
④ (다), (라)

| 해설 | (나) 집합 연산자를 사용할 때는 별칭이 정의된 경우 ORDER BY 절에는 별칭을 사용해야 한다. 해당 선지는 첫 번째 SELECT 문의 TEAM_ID 칼럼명을 ID라는 별칭을 사용하였으나, ORDER BY 절에서는 기존 칼럼명(TEAM_ID)을 사용하였으므로 오류가 발생한다.
(다) ORDER BY 절에서 사용할 수 있는 칼럼은 첫 번째 SELECT 문에서 정의된 칼럼이어야 한다. 해당 선지는 두 번째 SELECT 문의 칼럼(POSITION)을 사용하였으므로 오류가 발생한다.

CHAPTER 04

서브쿼리(Subquery)

무료특강
바로가기

---

01 서브쿼리의 이해

■ 서브쿼리(Subquery)의 개념

서브쿼리란 SQL 문 안에 포함된 또 다른 SQL 문을 의미하며, 주로 특정 값을 조회하거나 조건을 만족하는 데이터를 검색할 때 사용된다. 서브쿼리는 메인쿼리(Mainquery) 내에서 실행되며, 그 결과를 메인쿼리의 조건 또는 연산에 활용한다.

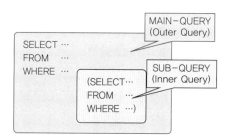

예를 들어, [PLAYER] 테이블에서 가장 키가 큰 선수의 정보(PLAYER_NAME, POSITION, HEIGHT)를 조회하고자 한다. 이는 다음과 같이 신장의 값 중 가장 큰 값을 먼저 조회한 후, 해당 값과 동일한 신장 값을 가진 선수의 정보를 조회하는 방식으로 구현할 수 있다.

[1단계] 신장의 가장 큰 값 조회

[2단계] 해당 값의 신장을 가진 선수 정보 조회

질의
SELECT PLAYER_NAME, POSITION, HEIGHT
FROM PLAYER
WHERE HEIGHT = 194;

하지만 서브쿼리를 사용하면, 위 두 개의 SQL 문을 하나로 합쳐서 효율적으로 원하는 결과를 조회할 수 있다.

[1단계] 신장의 가장 큰 값 조회

질의
```
SELECT MAX(HEIGHT)
FROM   PLAYER;
```

[2단계] 해당 값의 신장을 가진 선수 정보 조회

질의
```
SELECT PLAYER_NAME, POSITION, HEIGHT
FROM   PLAYER
WHERE HEIGHT = 194;
```

서브쿼리

질의
```
SELECT PLAYER_NAME, POSITION, HEIGHT
FROM   PLAYER
WHERE HEIGHT
    = (SELECT MAX(HEIGHT) FROM PLAYER);
```

질의 결과

	PLAYER_NAME	POSITION	HEIGHT
1	김석	FW	194

2 서브쿼리의 특징

1. 서브쿼리의 위치

서브쿼리는 일반적으로 WHERE 절에서 조건을 지정하는 데 사용되지만, SELECT 절이나 FROM 절에서도 사용할 수 있다. 특히, FROM 절에서 사용되는 서브쿼리를 Inline View라고 한다.

2. 결과 칼럼 및 행의 수에 따른 구분

서브쿼리는 반환되는 결과의 칼럼 수와 행의 수에 따라 다음과 같이 구분된다.

칼럼 수 기준	단일칼럼 (Single-Column) 서브쿼리	서브쿼리의 실행 결과로 하나의 칼럼을 반환
	다중칼럼 (Multi-Column) 서브쿼리	• 서브쿼리의 실행 결과로 여러 칼럼을 반환 • 서브쿼리와 메인쿼리의 비교 연산 수행 시, 비교하는 칼럼 개수와 위치가 동일해야 함
행의 수 기준	단일행 (Single-Row) 서브쿼리	• 서브쿼리의 실행 결과로 항상 1건 이하의 행을 반환 • 메인쿼리에서 단일행 비교 연산자(=, <, <=, >, >=, <>)와 함께 사용
	다중행 (Multi-Row) 서브쿼리	• 서브쿼리의 실행 결과로 여러 건의 행 반환 가능 • 메인쿼리에서 다중행 비교 연산자(IN, ALL, ANY, SOME, EXISTS)와 함께 사용

이 두 기준이 조합되어 단일행 단일칼럼, 단일행 다중칼럼, 다중행 단일칼럼, 다중행 다중칼럼의 네 가지 형태의 서브쿼리가 존재할 수 있다.

3. 메인쿼리와의 연관성에 따른 구분

서브쿼리는 메인쿼리와의 연관성에 따라 다음과 같이 구분된다.

연관(상관) 서브쿼리	서브쿼리가 메인쿼리의 칼럼을 참조
비연관 서브쿼리	서브쿼리가 메인쿼리의 칼럼을 참조하지 않음

서브쿼리는 메인쿼리의 칼럼을 사용할 수 있지만, 메인쿼리는 서브쿼리의 칼럼을 사용할 수 없다. 단, Inline View에서 정의된 칼럼은 메인쿼리에서도 사용할 수 있다.

💡**학습TIP!**
FROM 절의 서브쿼리는 마치 View처럼 동작하며, 더 구체적으로는 일반적인 View와는 일부 다른 특성을 갖고 있는 Inline View에 해당한다. View에 대한 자세한 내용은 이후에 다룬다.

04 서브쿼리(Subquery)

2과목

1 단일행 서브쿼리 [실습파일 | K-League]

1. 개념

단일행 서브쿼리는 결과 건수가 반드시 1건 이하인 서브쿼리로, 단일행 비교 연산자(=, <, <=, >, >=, < >)와 함께 사용된다. 만약 서브쿼리의 결과가 2건 이상 반환되면 런타임 오류*가 발생하므로, 반드시 결과가 1건 이하로 제한되도록 설계해야 한다.

> **런타임 오류(Run Time Error)**
> 런타임 오류는 문법적으로는 오류가 없지만, 질의를 실행하는 과정에서 발생하는 오류를 의미한다.

2. 예시

(1) 런타임 오류가 발생하지 않는 경우

PLAYER_ID가 '2007182'인 선수와 같은 팀(TEAM_ID)에 속한 선수들의 이름(PLAYER_NAME), 포지션(POSITION), 소속팀(TEAM_ID)을 출력한다고 가정한다. 이를 위해 우선 PLAYER_ID가 '2007182'인 선수의 소속팀을 조회하는 서브쿼리는 다음과 같다.

질의
```
SELECT    TEAM_ID
FROM      PLAYER
WHERE     PLAYER_ID = '2007182' ;
```

질의 결과
```
       ⬧ TEAM_ID
1  K06
```

위 질의에서 PLAYER_ID = '2007182'인 선수는 반드시 1명 이하로 존재하므로, 해당 선수의 소속팀(TEAM_ID)을 조회한 결과는 없거나 1개일 것이다. 따라서 메인쿼리에서 서브쿼리의 결과를 포함한 비교 연산을 수행할 때, 다음과 같이 단일행 비교 연산자를 사용하더라도 런타임 오류가 발생하지 않는다.

질의
```
SELECT    PLAYER_NAME, POSITION, TEAM_ID
FROM      PLAYER
WHERE     TEAM_ID =    → 단일행 비교 연산자 사용 가능
          (SELECT TEAM_ID
          FROM PLAYER
          WHERE  PLAYER_ID = '2007182');
                    └→ 서브쿼리의 결과가 1건 이하
```

질의 결과

	PLAYER_NAME	POSITION	TEAM_ID
1	우르모브	DF	K06
2	윤희준	DF	K06
3	김규호	DF	K06
4	김민성	DF	K06
5	김장관	DF	K06
6	김정효	DF	K06
7	장대일	DF	K06
8	박상수	DF	K06
9	정재영	MF	K06
10	정태민	MF	K06

위 SQL 문은 오류 없이 실행되며, PLAYER_ID = '2007182'인 선수와 같은 팀(TEAM_ID)에 속한 선수들의 정보를 정확히 반환한다.

(2) 런타임 오류가 발생하는 경우

선수 이름(PLAYER_NAME)을 이용해 TEAM_ID를 조회하는 서브쿼리를 실행한다고 가정한다. 이때 동명이인이 존재하여 서브쿼리의 결과가 2건 이상 반환된다면, 다음과 같은 런타임 오류가 발생하게 된다.

예를 들어, PLAYER_NAME = '김충호'인 선수의 TEAM_ID를 조회하는 질의를 수행하면, 조회 결과가 2건임을 확인할 수 있다.

위 질의에서 PLAYER_NAME = '김충호'인 선수는 2명이 존재하므로, 해당 선수의 소속 팀(TEAM_ID)을 조회한 결과도 2건이 조회된다. 따라서 메인쿼리에서 서브쿼리의 결과를 포함한 비교 연산을 수행할 때, 다음과 같이 단일행 비교 연산자를 사용하면 런타임 오류가 발생하게 된다.

'=' 연산자는 단일값과만 비교가 가능하기 때문에, 다중행이 반환되면 '=' 연산자와 다중값과의 비교 과정에서 런타임 오류가 발생한다.

학습TIP!

결과가 2건 이상 반환될 가능성이 있으나, 결과 건수가 우연히 1건인 경우에는 런타임 오류는 발생하지 않는다.

EMPNO(사번) = 7499인 직원의 관리자(MGR)를 EMPNO = 7369인 직원의 관리자로 변경하고자 한다. 다음 밑줄 친 부분에 들어갈 질의를 완성하시오. 실습파일 | Company

질의

```
UPDATE    EMP
SET       _____
WHERE     EMPNO = 7499;
```

	EMPNO	MGR
1	7369	7902
2	7499	7698
3	7521	7698
4	7566	7839
5	7654	7698
6	7698	7839
7	7782	7839
8	7788	7566
9	7839	(null)
10	7844	7698

➡

	EMPNO	MGR
1	7369	7902
2	7499	7902
3	7521	7698
4	7566	7839
5	7654	7698
6	7698	7839
7	7782	7839
8	7788	7566
9	7839	(null)
10	7844	7698

| 정답 |

질의

```
UPDATE    EMP
SET       MGR = (SELECT MGR FROM EMP WHERE EMPNO = 7369)
WHERE     EMPNO = 7499;
```

| 해설 | 1. UPDATE 문은 다음과 같이 작성하며, 밑줄 친 부분에는 칼럼명과 새로 할당될 값을 작성한다.

질의

```
UPDATE    테이블명
SET       칼럼명 = 새로 할당
          될 값
WHERE     조건;
```

2. 새로 할당될 값은 EMPNO = 7369인 직원의 MGR을 조회한 값이므로, **SELECT MGR FROM EMP WHERE EMPNO = 7369**가 들어가야 한다.

3. 따라서 최종적인 질의는 다음과 같다.

질의

```
UPDATE    EMP
SET       MGR = (SELECT MGR FROM EMP WHERE EMPNO = 7369)
WHERE     EMPNO = 7499;
```

스크립트

```
1 행 이(가) 업데이트되었습니다.
```

❷ 다중행 서브쿼리 [실습파일 | K-League]

1. 개념

다중행 서브쿼리는 결과 건수가 2건 이상일 가능성이 있는 서브쿼리로, 다중행 비교 연산자(IN, ALL, ANY, SOME, EXISTS)와 함께 사용되어야 한다. 만약 2건 이상이 반환될 가능성이 있지만 결과 건수가 우연히 1건 이하인 경우에는, 단일행 비교 연산자(=, <, <=, >, >=, <>)를 사용해도 런타임 오류는 발생하지 않는다.

IN (서브쿼리)	서브쿼리가 반환하는 값 집합 내에 특정 값이 포함되어 있는지 확인
비교 연산자 + ALL (서브쿼리)	결과의 모든 값에 대해 비교 연산이 참이 되어야 전체가 참이 되는 조건
비교 연산자 + ANY/SOME (서브쿼리)	• 결과 중 어느 하나의 값에 대해서라도 비교 연산이 참이 되면 전체가 참이 되는 조건 • ANY와 SOME은 동일한 기능 수행
EXISTS (서브쿼리)	• 서브쿼리가 하나 이상의 행을 반환하는지 여부를 확인 • 조건을 만족하는 건을 하나라도 찾으면 검색 중지(속도가 빠름)

2. IN 연산자

(1) 개념

IN 연산자는 서브쿼리가 반환하는 값 집합 내에 특정 값이 포함되어 있는지 여부를 확인할 때 사용된다. 이는 서브쿼리의 결과 중 하나라도 일치하는 값이 있으면 참(TRUE)이 되어 조건을 만족하는 데이터를 반환한다.

(2) 예시

[PLAYER] 테이블에서 등번호(BACK_NO)가 15인 선수의 키(HEIGHT)와 동일한 키를 가진 다른 선수들을 조회한다고 가정한다.

① 먼저, 등번호가 15인 선수들의 키를 조회하면 각각 180, 176, 184임을 확인할 수 있다.

질의

```
SELECT   PLAYER_NAME, HEIGHT, BACK_NO
FROM     PLAYER
WHERE    BACK_NO = 15;
```

질의 결과

	⊕ PLAYER_NAME	⊕ HEIGHT	⊕ BACK_NO
1	윤희준	180	15
2	최철	176	15
3	정대수	184	15

② 이제 등번호 15인 선수들의 키와 동일한 키를 가진 선수들을 조회하려면, 다중행 서브쿼리를 활용하여 다음과 같이 질의를 작성할 수 있다.

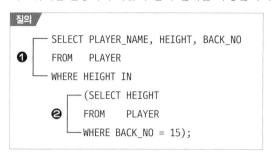

질의

❶
```
SELECT PLAYER_NAME, HEIGHT, BACK_NO
FROM    PLAYER
WHERE HEIGHT IN
```
❷
```
       (SELECT HEIGHT
        FROM    PLAYER
        WHERE BACK_NO = 15);
```

질의 결과

	PLAYER_NAME	HEIGHT	BACK_NO
10	정태민	180	38
11	윤희준	180	15
12	우르모브	180	4
13	정학철	176	3
14	임영주	176	23
15	최철	176	15
16	전상배	176	14
17	심재원	184	5

❶ 메인쿼리: **WHERE HEIGHT IN (…)** 조건은 서브쿼리에서 반환된 키 값 중 하나라도 일치하는 경우, 해당 선수의 이름(PLAYER_NAME), 키(HEIGHT), 등번호(BACK_NO)를 반환한다.
❷ 서브쿼리: 등번호가 15인 선수들의 키를 반환한다.

3. ALL 연산자

(1) 개념

ALL 연산자는 서브쿼리 결과의 모든 값을 만족해야 참이 되는 조건을 의미한다. 즉, 비교 연산자와 함께 사용될 때, 모든 값에 대해 비교 연산이 참인 경우에만 전체가 참이 된다. 예를 들어, x > ALL (1, 2, 3, 4, 5)라는 조건이 있다면, 이는 x가 (1, 2, 3, 4, 5)의 모든 값보다 커야 한다는 의미이다. 따라서 x > ALL (1, 2, 3, 4, 5)은 x > 5로 간단히 표현할 수 있다.

(2) 예시

[PLAYER] 테이블에서 등번호가 15인 선수들 모두보다 키가 같거나 더 큰 선수들을 조회한다고 가정한다.

① 먼저, 등번호가 15인 선수들의 키를 조회하면 각각 180, 176, 184임을 확인할 수 있다.

질의
```
SELECT   PLAYER_NAME, HEIGHT, BACK_NO
FROM     PLAYER
WHERE    BACK_NO = 15;
```

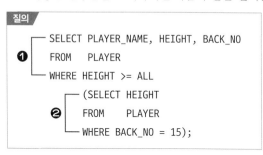

질의 결과

	PLAYER_NAME	HEIGHT	BACK_NO
1	윤희준	180	15
2	최철	176	15
3	정대수	184	15

② 이제 등번호 15인 선수들 모두의 키(180, 176, 184)보다 같거나 더 큰 선수들, 즉 184 이상인 선수들을 조회하려면 다음과 같은 질의를 작성할 수 있다.

질의

```
❶ ┌─ SELECT PLAYER_NAME, HEIGHT, BACK_NO
   │  FROM    PLAYER
   └─ WHERE HEIGHT >= ALL

        ┌─ (SELECT HEIGHT
   ❷    │   FROM    PLAYER
        └─ WHERE BACK_NO = 15);
```

질의 결과

	PLAYER_NAME	HEIGHT	BACK_NO
4	류병훈	184	17
5	정은중	184	18
6	정대수	184	15
7	이은성	184	21
8	김충호	185	(null)
9	김충호	185	60
10	정경진	186	41
11	정창오	186	27

❶ 메인쿼리: `WHERE HEIGHT >= ALL (…)` 조건은 서브쿼리에서 반환된 모든 키 값보다 같거나 큰 키를 가진 선수들을 반환한다.
❷ 서브쿼리: 등번호가 15인 선수들의 키를 반환한다.

4. ANY(= SOME) 연산자

(1) 개념

ANY 연산자는 서브쿼리 결과 중 어느 하나의 값에 대해서라도 비교 연산이 참이 되면 전체가 참이 되는 조건을 의미하며, ANY와 SOME은 동일한 의미로 사용된다. 예를 들어, x > ANY (1, 2, 3, 4, 5)라는 조건이 있다면, x > 1, x > 2, x > 3, x > 4 또는 x > 5 중 하나라도 참이면 조건이 만족된다. 따라서 이 경우 x > 1로 간단히 표현할 수 있다.

(2) 예시

[PLAYER] 테이블에서 등번호가 15인 선수들 중 어느 한 명보다 키가 같거나 더 큰 선수들을 조회한다고 가정한다.

① 먼저, 등번호가 15인 선수들의 키를 조회하면 각각 180, 176, 184임을 확인할 수 있다.

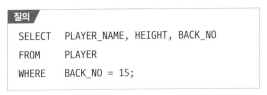

② 이제 등번호 15인 선수들의 키(180, 176, 184) 중 하나라도 같거나 큰 선수들, 즉 176 이상인 선수들을 조회하려면 다음과 같은 질의를 작성할 수 있다.

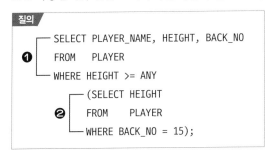

❶ 메인쿼리: WHERE HEIGHT >= ANY (…) 조건은 서브쿼리에서 반환된 여러 결과 중 하나에 대해서라도 같거나 큰 키를 가진 선수들을 반환한다.
❷ 서브쿼리: 등번호가 15인 선수들의 키를 반환한다.

5. EXISTS 연산자

(1) 개념

EXISTS 연산자는 조건을 만족하는 데이터가 존재하는지 여부를 확인하는 데 사용된다. 조건을 만족하는 1건의 행만 찾으면 더이상 검색을 하지 않으므로 속도가 빠르다. 이 연산자는 참/거짓의 조건 판단 시에 주로 사용된다.

(2) 예시

[PLAYER] 테이블에 등번호가 15인 선수가 존재하는 경우 [PLAYER] 테이블의 모든 선수들의 정보를 반환하는 질의는 다음과 같다.

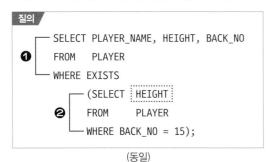

(동일)

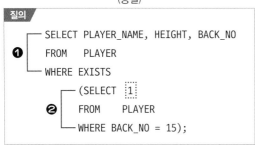

❷(서브쿼리)에서 조건을 만족하는 값이 하나라도 존재하면, ❶(메인쿼리)에서 조회하고자 하는 모든 칼럼(PLAYER_NAME, HEIGHT, BACK_NO)에 해당하는 레코드가 출력된다. 따라서 ❷(서브쿼리)의 결과는 중요하지 않으며, 결과 데이터의 존재 여부가 중요하다.

이를 고려하면, ❷(서브쿼리)에서 HEIGHT를 조회하든 상수(1)를 조회하든, 메인쿼리 수행에는 영향을 미치지 않는다. ❷(서브쿼리)에서 WHERE 절의 조건을 만족시키는 데이터가 존재하는지 여부만을 확인하기 때문이다.

▌ 연관(Correlated) 서브쿼리의 개념 `실습파일 | Company`

연관 서브쿼리는 메인쿼리의 칼럼이 서브쿼리에서 사용되는 형태의 쿼리를 의미한다. 서브쿼리는 메인쿼리의 각 행에 대해 반복적으로 실행되며, 메인쿼리와 서브쿼리 간에 데이터를 주고받는 구조를 가진다.

예를 들어, 자신이 속한 부서의 평균 급여보다 높은 급여를 받는 직원들의 이름(ENAME), 급여(SAL), 부서번호(DEPTNO)를 조회한다고 가정한다.

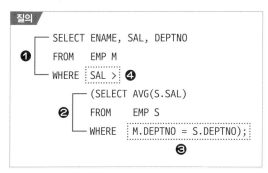

`질의`

```
  ┌─ SELECT ENAME, SAL, DEPTNO
❶ │  FROM   EMP M
  └─ WHERE  ┆SAL >┆ ❹
              ┌─ (SELECT AVG(S.SAL)
            ❷ │  FROM   EMP S
              └─ WHERE  ┆M.DEPTNO = S.DEPTNO);┆
                                  ❸
```

`질의 결과`

	ENAME	SAL	DEPTNO
1	ALLEN	1600	30
2	JONES	2975	20
3	BLAKE	2850	30
4	SCOTT	3000	20
5	KING	5000	10
6	FORD	3000	20

❶ 메인쿼리: [EMP] 테이블에서 각 직원의 이름(ENAME), 급여(SAL), 부서번호(DEPTNO)를 조회한다.
❷ 서브쿼리: [EMP] 테이블에서 메인쿼리의 직원(EMP M)과 같은 부서(DEPTNO)에 속한 모든 직원들(EMP S)의 평균 급여[AVG(SAL)]를 계산한다.
❸ 연관 관계: 메인쿼리에서 전달된 M.DEPTNO가 서브쿼리의 비교 조건에서 사용되며, 메인쿼리의 각 행에 대해 서브쿼리가 반복 실행된다.
❹ 조건 비교: 메인쿼리는 각 직원(EMP M)의 급여(SAL)가 서브쿼리에서 계산된 값, 즉 해당 직원(EMP M)이 속한 부서의 평균 급여[AVG(SAL)]보다 높은 경우에만 데이터를 반환한다.

▌ 연관 서브쿼리의 특징

1. 메인쿼리와 서브쿼리의 관계

연관 서브쿼리는 메인쿼리의 칼럼을 서브쿼리에서 사용하는 구조를 갖는다. 메인쿼리와 서브쿼리는 상호작용하며, 메인쿼리의 값을 서브쿼리에서 활용하고 서브쿼리의 결과를 다시 메인쿼리에서 이용한다. 이로 인해, 메인쿼리의 각 행마다 서브쿼리가 반복적으로 실행된다.

💡**학습TIP!**
비연관 서브쿼리는 서브쿼리에서 메인쿼리의 칼럼을 사용하지 않는 서브쿼리를 의미한다.

2. 실행순서

연관 서브쿼리는 메인쿼리가 먼저 실행되고, 그 다음에 서브쿼리가 실행된다. 메인쿼리의 각 행에 대해 서브쿼리가 반복적으로 수행되는데, 이 과정에서 테이블의 별칭을 활용하여 메인쿼리와 서브쿼리 간 정보를 전달한다. 서브쿼리는 전달받은 메인쿼리의 정보를 이용해 조건을 평가하고, 그 결과를 다시 메인쿼리가 활용한다.

3. 칼럼 간 비교

서브쿼리에서 메인쿼리의 칼럼과 서브쿼리의 칼럼 간 비교 연산이 이루어진다. 단, 메인쿼리는 서브쿼리의 결과를 활용하지만, 서브쿼리 내부의 칼럼은 메인쿼리에서 직접 사용할 수 없다.

---

04 단일칼럼/다중칼럼 서브쿼리

1 단일칼럼 서브쿼리 [실습파일 | K-League]

1. 개념

단일칼럼 서브쿼리는 하나의 칼럼만 반환하는 서브쿼리를 의미한다. 서브쿼리가 반환하는 결과가 단일칼럼이며, 다양한 비교 연산자(=, IN, >, < 등)와 함께 사용된다.

2. 예시

[PLAYER] 테이블에서 평균 키보다 큰 키를 가진 선수를 조회하면 다음과 같다.

질의
```
SELECT    PLAYER_NAME, HEIGHT, BACK_NO
FROM      PLAYER
WHERE     HEIGHT >
          (SELECT AVG(HEIGHT)
                    └→ 단일칼럼
          FROM PLAYER);
```

질의 결과

	PLAYER_NAME	HEIGHT	BACK_NO
1	우르모브	180	4
2	윤희준	180	15
3	김민성	182	20
4	장대일	184	7
5	정재영	187	6

2 다중칼럼 서브쿼리 [실습파일 | K-League]

1. 개념

다중칼럼 서브쿼리는 서브쿼리의 결과로 여러 칼럼이 반환되는 서브쿼리를 의미한다. 메인쿼리에서 한 가지 조건이 아니라, 여러 조건을 동시에 만족하는 데이터를 찾을 때 사용된다. 예를 들어, [PLAYER] 테이블에서 PLAYER_ID가 '2007188'인 선수와 키(HEIGHT)와 포지션(POSITION)이 모두 같은 선수를 찾고자 한다면, 다음과 같이 질의할 수 있다.

```
질의
SELECT   PLAYER_NAME, HEIGHT, POSITION, BACK_NO
FROM     PLAYER
WHERE    (HEIGHT, POSITION) =
         (SELECT HEIGHT, POSITION
                 └→ 다중칼럼
         FROM PLAYER
         WHERE PLAYER_ID = '2007188');
```

질의 결과

	PLAYER_NAME	HEIGHT	POSITION	BACK_NO
1	우르모브	180	DF	4
2	윤희준	180	DF	15
3	정성근	180	DF	33
4	정영근	180	DF	5
5	정정수	180	DF	36
6	정동훈	180	DF	(null)
7	정남표	180	DF	(null)
8	정광재	180	DF	(null)
9	정진우	180	DF	33

2. 다중칼럼 다중행 서브쿼리

(1) 개념

다중칼럼 다중행 서브쿼리는 서브쿼리에서 여러 칼럼과 여러 행을 반환하는 경우를 의미한다. 이 서브쿼리는 반환된 여러 값들(여러 칼럼과 여러 행)을 메인쿼리에서 비교할 때 사용된다.

(2) 예시

[PLAYER] 테이블에서 특정 선수의 키와 포지션을 찾아서, 같은 키와 포지션을 가진 다른 선수들을 모두 조회하고자 한다.

① '마니치' 선수의 경우(동명이인 없음): 마니치라는 이름을 가진 선수는 단 한 명만 존재하므로 서브쿼리에서 반환하는 행이 단 하나이고, 결과적으로 오류가 발생하지 않는다.

```
질의
SELECT   PLAYER_NAME, HEIGHT, POSITION
FROM     PLAYER
WHERE    (HEIGHT, POSITION) =
         (SELECT HEIGHT, POSITION
         FROM PLAYER
         WHERE PLAYER_NAME = '마니치');
```

질의 결과

	PLAYER_NAME	HEIGHT	POSITION
1	마니치	184	FW
2	정은중	184	FW

② '김충호' 선수의 경우(동명이인 있음): 같은 이름을 가진 선수가 여러 명이 있을 경우, 서브쿼리가 여러 행을 반환하게 되어 에러가 발생한다. [PLAYER] 테이블에서 '김충호' 선수는 2명이므로, 메인쿼리에서는 **HEIGHT**와 **POSITION** 값들이 여러 개 반환된다. 이 경우, 메인쿼리에서는 '=' 연산자를 사용하여 두 개 이상의 행을 비교할 수 없기 때문에 에러가 발생한다.

```
질의
SELECT   PLAYER_NAME, HEIGHT, POSITION        ➡ ERROR 발생
FROM     PLAYER
WHERE    (HEIGHT, POSITION) =
         (SELECT HEIGHT, POSITION
         FROM PLAYER
         WHERE PLAYER_NAME = '김충호');
```

만약 서브쿼리에서 여러 행을 반환하고 이를 메인쿼리에서 비교해야 한다면, 단일 행 비교 연산자가 아닌 다중행 비교 연산자인 IN 연산자를 사용해야 한다.

```
질의
SELECT   PLAYER_NAME, HEIGHT, POSITION
FROM     PLAYER
WHERE    (HEIGHT, POSITION) IN
                              └→ 다중행 비교 연산자
         (SELECT HEIGHT, POSITION
         FROM PLAYER
         WHERE PLAYER_NAME = '김충호');
```

질의 결과

	PLAYER_NAME	HEIGHT	POSITION
1	김충호	185	DF
2	김충호	185	GK

[EMP] 테이블에서 부서별로 최고 급여를 받는 사원의 사원명, 부서번호, 급여를 출력하고자 한다. 주어진 부서별 최고 급여를 구하는 질의를 참고하여, 다음 질의의 밑줄 친 부분을 완성하시오.

실습파일 | Company

[부서별 최고 급여를 구하는 질의]

질의
```
SELECT          DEPTNO, MAX(SAL)
FROM            EMP
GROUP BY DEPTNO;
```

[부서별 최고 급여를 구하는 질의]

질의
```
SELECT   ENAME, DEPTNO, SAL
FROM     EMP
WHERE    _____
```

| 정답 |

질의
```
SELECT   ENAME, DEPTNO, SAL
FROM     EMP
WHERE    (DEPTNO, SAL) IN
         (SELECT DEPTNO, MAX(SAL)
         FROM EMP
         GROUP BY DEPTNO);
```

| 해설 | [EMP] 테이블에서 부서별로 최고 급여를 받는 사원을 조회해야 하므로, DEPTNO(부서번호)와 SAL(급여)이 [부서별 최고 급여를 구하는 질의]의 결과와 일치해야 한다. 또한, 서브쿼리에서 다중행의 결과가 반환되므로, 단일행 비교 연산자인 '='을 사용하지 않고, 다중행 비교 연산자인 'IN'을 사용해야 한다.

질의
```
SELECT   ENAME, DEPTNO, SAL
FROM     EMP
WHERE    (DEPTNO, SAL) IN  ← 다중행 비교 연산자 IN 사용
         (SELECT DEPTNO, MAX(SAL)  ┐
         FROM EMP                   ├ 부서별 최고 급여를
         GROUP BY DEPTNO);          ┘ 구하는 질의
```

질의 결과

	ENAME	DEPTNO	SAL
1	BLAKE	30	2850
2	SCOTT	20	3000
3	KING	10	5000
4	FORD	20	3000

3 스칼라(Scalar) 서브쿼리 실습파일 | Company

1. 개념

스칼라 서브쿼리는 하나의 값을 반환하는 서브쿼리이다. 결과가 단일행과 단일칼럼으로 제한되며, 반환되는 값은 하나라는 점에서 함수와 유사한 특성을 가진다. 서브쿼리가 공집합(결과 없음)을 반환할 경우 NULL로 대응된다.

2. 사용 범위

스칼라 서브쿼리는 칼럼이 올 수 있는 대부분의 위치에서 사용할 수 있다. 따라서 SELECT 절, WHERE 절, ORDER BY 절, HAVING 절, CASE 절, 그리고 함수의 인자 등 다양한 SQL 문장에서 활용된다.

(1) SELECT 절에서의 활용

아래 질의는 [EMP] 테이블에서 직원의 사번(EMPNO), 이름(ENAME), 그리고 각 직원이 속한 부서명(DNAME)을 조회한다. 본 질의에서는 [DEPT] 테이블에서 부서번호 (DEPTNO)를 기준으로 부서명을 가져오는 부분에 서브쿼리가 사용되었다.

질의

```
SELECT   EMPNO, ENAME,
         (SELECT DNAME FROM DEPT WHERE DEPTNO = A.DEPTNO)
         AS DNAME          → 스칼라 서브쿼리
FROM     EMP A;
```

질의 결과

	EMPNO	ENAME	DNAME
1	7369	SMITH	RESEARCH
2	7499	ALLEN	SALES
3	7521	WARD	SALES
4	7566	JONES	RESEARCH
5	7654	MARTIN	SALES
6	7698	BLAKE	SALES
7	7782	CLARK	ACCOUNTING
8	7788	SCOTT	RESEARCH
9	7839	KING	ACCOUNTING
10	7844	TURNER	SALES
11	7876	ADAMS	RESEARCH
12	7900	JAMES	SALES
13	7902	FORD	RESEARCH
14	7934	MILLER	ACCOUNTING

(2) WHERE 절에서의 활용

아래 질의는 [EMP] 테이블에서 부서명(DNAME)이 'SALES'인 부서에 속한 직원의 정보를 조회한다. 스칼라 서브쿼리는 [DEPT] 테이블에서 특정 부서번호에 해당되는 부서명을 가져오는 데 사용되었다.

질의

```
SELECT    EMPNO, ENAME, DEPTNO
FROM      EMP A
WHERE     (SELECT DNAME FROM DEPT WHERE DEPTNO = A.DEPTNO)
          = 'SALES';              └→ 스칼라 서브쿼리
```

질의 결과

	◈ EMPNO	◈ ENAME	◈ DEPTNO
1	7499	ALLEN	30
2	7521	WARD	30
3	7654	MARTIN	30
4	7698	BLAKE	30
5	7844	TURNER	30
6	7900	JAMES	30

확인 문제

SUBSTR 함수를 활용하여 부서명(DNAME)을 3글자만 출력하도록 아래 질의를 수정하시오.

실습파일 | Company

질의

```
SELECT    EMPNO, ENAME,
          (SELECT DNAME FROM DEPT WHERE DEPTNO = A.DEPTNO)
          AS DNAME
FROM      EMP A;
```

| 정답 |

질의

```
SELECT    EMPNO, ENAME,
          SUBSTR(
          (SELECT DNAME FROM DEPT WHERE DEPTNO = A.DEPTNO), 1, 3)
          AS DNAME
FROM      EMP A;
```

| 해설 | 스칼라 서브쿼리는 함수의 인자에도 사용할 수 있다. 따라서 SUBSTR 함수에 스칼라 서브쿼리인 **SELECT DNAME FROM DEPT WHERE DEPTNO = A.DEPTNO**를 포함할 수 있다.

SUBSTR 함수는 SUBSTR(문자열, 시작위치, 길이)의 형태로 작성되므로, 문자열에 **SELECT DNAME FROM DEPT WHERE DEPTNO = A.DEPTNO**를 넣고, 시작위치는 첫 번째 글자부터이므로 1을, 길이는 3글자이므로 3을 넣어 질의를 완성한다.

질의

```
SELECT    EMPNO, ENAME,
          SUBSTR(
          (SELECT DNAME FROM DEPT WHERE DEPTNO = A.DEPTNO), 1, 3)
          AS DNAME            └→ 스칼라 서브쿼리
FROM      EMP A;
```

질의 결과

	EMPNO	ENAME	DNAME
1	7369	SMITH	RES
2	7499	ALLEN	SAL
3	7521	WARD	SAL
4	7566	JONES	RES
5	7654	MARTIN	SAL

05 뷰

▌ 뷰(View) [실습파일 | K-League]

1. 개념

뷰는 실제 데이터를 저장하지 않는 가상 테이블이다. 뷰는 테이블처럼 생성 및 조회할 수 있지만, 내부적으로는 데이터를 저장하지 않고 뷰를 정의한 SQL 문(SQL 텍스트)만 저장한다. 예를 들어, 아래와 같이 **V_PLAYER_TEAM**이라는 이름의 뷰를 생성(**CREATE**)한다고 가정한다.

질의

```
CREATE   VIEW V_PLAYER_TEAM AS
SELECT   P.PLAYER_NAME, P.BACK_NO, P.TEAM_ID, T.TEAM_NAME
FROM     PLAYER P INNER JOIN TEAM T
ON       P.TEAM_ID = T.TEAM_ID;
```

스크립트

```
View V_PLAYER_TEAM이(가) 생성되었습니다.
```

이렇게 생성한 뷰를 다음과 같이 조회해보면, 실제 테이블을 생성한 것과 동일한 결과가 출력됨을 확인할 수 있다.

질의

```
SELECT   *
FROM     V_PLAYER_TEAM;
```

질의 결과

	PLAYER_NAME	BACK_NO	TEAM_ID	TEAM_NAME
1	우르모브	4	K06	아이파크
2	윤희준	15	K06	아이파크
3	김규호	23	K06	아이파크
4	김민성	20	K06	아이파크

2. 뷰의 실제 내용

그렇다면 실제로 테이블이 생성된 것일까? 그렇지 않다. 뷰는 테이블처럼 조회할 수 있지만, 실제 데이터를 저장하지 않는다. 대신 뷰는 생성할 때 작성한 SQL 문을 DBMS 내부에 저장한다.

[뷰 생성 질의]

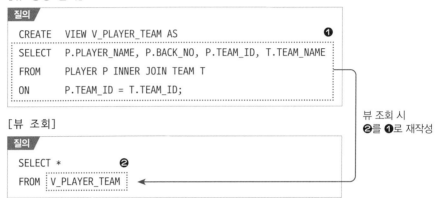

[뷰 조회]

실제로 뷰가 어떻게 SQL 문을 저장하고 있는지 다음의 질의를 통해 확인할 수 있다.

> **질의**
> ```
> SELECT  *
> FROM    USER_VIEWS;
> ```

해당 뷰에는 실제 데이터가 아니라, 뷰를 생성할 때 작성했던 **SELECT** 문이 TEXT 형태로 저장되어 있음을 확인할 수 있다.

3. 뷰의 작동 방식

뷰에는 데이터가 저장되지 않기 때문에, 사용자가 뷰를 조회하면 DBMS가 뷰에 저장된 SQL 문을 실행하여 결과를 반환한다. 이 과정을 쿼리 재작성(Rewrite)이라고 한다. 즉, 뷰는 사용자 입장에서 마치 테이블처럼 사용할 수 있지만, DBMS는 뷰에 저장된 SQL 문을 실행하여 실시간으로 데이터를 반환하는 것이다.

> **조회 질의 시 DBMS 동작 매커니즘**
> 조회 질의 실행 ⇨ DBMS에서 대상 테이블 조회 ⇨ 일치하는 테이블이 없으면 뷰 조회 ⇨ 일치하는 뷰의 SQL 문 실행 ⇨ 질의 결과 출력

4. 뷰의 제거

테이블을 제거할 때 **DROP TABLE ~;** 문을 사용한 것과 마찬가지로, 뷰를 제거하기 위해서는 **DROP VIEW ~;** 문을 사용한다.

```
DROP VIEW V_PLAYER_TEAM;
```

```
View V_PLAYER_TEAM이(가) 삭제되었습니다.
```

5. 뷰의 장점

(1) 독립성

뷰는 테이블 구조가 변경되더라도 뷰만 수정하면 되기 때문에, 이를 사용하는 응용 프로그램에 영향을 미치지 않는다. 예를 들어, **V_PLAYER_TEAM** 뷰가 테이블 변경 사항에 맞게 수정되면, 응용 프로그램에서는 별도의 수정 없이 해당 뷰를 그대로 사용할 수 있다. 이는 테이블 구조 변경으로 인한 응용 프로그램의 의존성을 최소화할 수 있다는 장점이 있다.

(2) 편리성

복잡한 SQL 문을 뷰로 생성하면, 해당 뷰를 간단하게 호출하여 질의의 가독성을 높일 수 있다. 예를 들어, 여러 테이블을 조인하거나 조건을 사용하는 복잡한 SQL 문을 뷰로 만들어 두면, 사용자는 뷰를 호출하는 간단한 질의만으로 원하는 데이터를 얻을 수 있다.

(3) 보안성

뷰를 통해 민감한 데이터를 숨기거나 제한된 데이터를 제공할 수 있다. 예를 들어, 직원의 급여 정보와 같은 민감한 칼럼을 제외한 뷰를 생성하여, 특정 사용자에게는 중요한 정보가 노출되지 않도록 할 수 있다. 이를 통해 데이터 보호 및 접근 제어를 효과적으로 구현할 수 있다.

2 인라인 뷰(Inline View)

1. 개념

인라인 뷰는 **FROM** 절에서 사용되는 서브쿼리를 의미한다. 실행 시점에만 임시적으로 생성되며, DB에 저장되지 않는 동적 뷰(Dynamic View)이다.

2. 특징

① 일반 뷰와는 달리 실행 순간에만 존재하고, 이름을 갖지도 않고 저장되지도 않는다는 점에서 차이가 있다.

② 일반적으로 서브쿼리에서 정의된 칼럼은 메인쿼리에서 사용할 수 없지만, 인라인 뷰의 **SELECT** 문에서 정의된 칼럼은 메인쿼리에서 사용할 수 있다.

💡 **학습TIP!**
일반 뷰는 정적 뷰(Static View)이다.

질의

```
SELECT    EMPNO
          └→ 인라인 뷰의 SELECT 문에서 정의된 칼럼
FROM      (SELECT EMPNO, ENAME FROM
          EMP ORDER BY MGR);
```

질의 결과

	EMPNO
1	7902
2	7788
3	7844
4	7521
5	7654

질의

```
SELECT    MGR
          └→ 인라인 뷰의 SELECT 문에서 정의되지 않은 칼럼
FROM      (SELECT EMPNO, ENAME FROM EMP ORDER BY MGR);
```

➡ ERROR 발생

확인 문제

급여가 2000 초과인 직원들의 정보(직원번호, 직원명, 급여, 부서명)를 출력하고자 한다. 아래의 질의에서 오류를 수정하시오. 실습파일 | Company

질의

```
SELECT    E.EMPNO, E.ENAME, E.SAL, D.DNAME
FROM      (SELECT EMPNO, ENAME, SAL FROM EMP WHERE SAL > 2000) E,
          DEPT D
WHERE     E.DEPTNO = D.DEPTNO;
```

| 정답 |

질의

```
SELECT    E.EMPNO, E.ENAME, E.SAL, D.DNAME
FROM      (SELECT EMPNO, ENAME, SAL, DEPTNO FROM EMP WHERE SAL > 2000) E,
          DEPT D
WHERE     E.DEPTNO = D.DEPTNO;
```

| 해설 | 서브쿼리(SELECT EMPNO, ENAME, SAL FROM EMP WHERE SAL > 2000)에서는 EMPNO, ENAME, SAL만 포함하고 있어 DEPTNO가 존재하지 않는다. 하지만 메인쿼리의 WHERE 절에서 E.DEPTNO = D.DEPTNO 조건을 사용하고 있으므로, DEPTNO 칼럼이 서브쿼리에 포함되어야 한다. 따라서 서브쿼리에서 DEPTNO 칼럼을 추가하여 메인쿼리의 E.DEPTNO = D.DEPTNO 조건이 정상적으로 동작하도록 수정해야 한다.

01

서브쿼리에 대한 설명으로 가장 적절하지 <u>않은</u> 것은?

① FROM 절에서 사용되는 서브쿼리는 Inline View라고 한다.

② 연관 서브쿼리는 메인쿼리가 먼저 실행되고, 그 다음에 서브쿼리가 실행된다.

③ 서브쿼리의 실행 결과로 여러 건의 행을 반환하는 경우에는 '=', '>', '<', '>=', '<='과 같은 연산자와 함께 사용할 수 있다.

④ 다중칼럼 서브쿼리는 서브쿼리와 메인쿼리의 비교 연산을 수행할 때 비교하는 칼럼 개수와 위치가 동일해야 한다.

| 해설 | 서브쿼리의 실행 결과로 여러 건의 행을 반환하는 경우에는 다중행 비교 연산자인 IN, ANY, ALL 등을 사용해야 한다. =, >, <, >=, <=과 같은 연산자는 서브쿼리가 단일 값을 반환할 때 사용할 수 있다.

02

아래 SQL의 실행 결과는?

[직원]

NAME	H_DATE	SAL	DEPT_ID
KIM	2015-03-10	4500	D01
LEE	2016-07-15	3800	D02
PARK	2014-09-20	5100	D01
CHOI	2017-01-12	4700	D03
JUNG	2015-04-12	5200	D02
HAN	2018-05-25	4300	D04

[부서]

DEPT_ID	MGR	LOC
D01	KIM	SEOUL
D02	LEE	BUSAN
D03	CHOI	INCHEON
D04	HAN	DAEGU

[SQL]
```
SELECT NAME
FROM 직원
WHERE H_DATE > (
    SELECT H_DATE
    FROM 직원
    WHERE NAME = (
        SELECT MGR
        FROM 부서
        WHERE LOC = 'BUSAN'
    )
);
```

① LEE, PARK

② CHOI, JUNG

③ CHOI, HAN

④ KIM, PARK, JUNG

| 해설 | 가장 안쪽의 서브쿼리에서 LOC = 'BUSAN'에 해당하는 값은 'LEE'이다. 따라서 WHERE NAME = 'LEE' 조건이 적용되며, LEE의 H_DATE 값은 '2016-07-15'가 된다. 따라서 메인쿼리에서는 H_DATE > '2016-07-15' 조건이 적용된다. 이 조건을 만족하는 레코드는 다음과 같다.

• CHOI → 2017-01-12

• HAN → 2018-05-25

| 정답 | 01 ③   02 ③

03

아래 서브쿼리에 대한 설명으로 적절한 것을 모두 고른 것은?

> (가) IN, ANY, ALL, EXISTS 연산자는 단일행 서브쿼리의 비교 연산자로 사용할 수 없다.
> (나) 연관 서브쿼리는 주로 메인쿼리에서 값을 제공받아 서브쿼리가 실행되는 방식으로 수행된다.
> (다) 서브쿼리에서 반환된 결과는 메인쿼리에서 사용할 수 있지만, 서브쿼리 내부에서 정의된 칼럼 자체를 메인쿼리에서 직접 참조할 수 없다.
> (라) 인라인 뷰는 쿼리 결과를 물리적으로 저장하고 이후에 해당 데이터를 재사용하는 정적 뷰이다.

① (가)
② (나), (다)
③ (가), (나), (다)
④ (나), (다), (라)

| 해설 | (가) IN, ANY, ALL, EXISTS 연산자는 다중행 서브쿼리에서 주로 사용되지만, 단일행 서브쿼리에서도 사용할 수 있다.
(라) 인라인 뷰는 실행 시점에만 임시적으로 생성되며, DB에 저장되지 않는 동적 뷰이다.

04

다중행 서브쿼리에서 사용할 수 있는 연산자가 아닌 것은?

① IN
② ANY
③ ALL
④ BETWEEN

| 해설 | 다중행 연산자는 IN, ANY, ALL, EXISTS가 있으며, BETWEEN은 단일행 연산자이다.

05

아래 SQL의 실행 결과가 오류인 것은?

[TBL]

ID	NAME	SCORE
S01	이순신	90
S02	이몽룡	80
S03	이춘향	72
S04	김유신	65
S05	강감찬	53

```
① SELECT ID, NAME
   FROM TBL
   WHERE ID IN (SELECT ID FROM TBL
                WHERE SCORE > 70);
② SELECT ID, NAME
   FROM TBL
   WHERE ID = (SELECT ID FROM TBL
               WHERE SCORE < 60);
③ SELECT ID, NAME
   FROM TBL
   WHERE ID = (SELECT ID FROM TBL
               WHERE SCORE >= 80);
④ SELECT ID, NAME
   FROM TBL
   WHERE SCORE > (SELECT SCORE FROM TBL
                  WHERE SCORE = 80);
```

| 해설 | SCORE >= 80 조건에 해당하는 행은 두 개(S01, S02)인데, 메인쿼리에서 = 연산자를 사용하였으므로 런타임 오류가 발생한다.
① SCORE > 70 조건에 해당하는 행은 3개(S01, S02, S03)이다. 결과가 2건 이상인 경우 다중행 비교 연산자인 IN을 사용하면 런타임 오류가 발생하지 않는다.
② SCORE < 60 조건에 해당하는 행은 1개(S05)이며, 이 경우 단일행 비교 연산자를 사용하여도 런타임 오류가 발생하지 않는다.
④ SCORE = 80 조건에 해당하는 행은 1개(S02)이며, 이 경우 단일행 비교 연산자를 사용하여도 런타임 오류가 발생하지 않는다.

06

아래 SQL의 실행 결과는?

[직원]

EMP_ID	EMP_NAME	JOB	SAL
E001	John	Manager	5000
E002	Mike	Developer	4000
E003	Sarah	Developer	4500
E004	Emma	Analyst	4200

[부서]

DEPT_ID	MGR	BUDGET
D01	John	4000
D02	Mike	4500
D03	Emma	4800

[SQL]
```
SELECT EMP_NAME, SAL
FROM 직원
WHERE SAL > ANY (
    SELECT BUDGET
    FROM 부서
    WHERE MGR = 'Mike'
);
```

①

EMP_NAME	SAL
John	5000
Mike	4000
Sarah	4500
Emma	4200

②

EMP_NAME	SAL
John	5000
Sarah	4500

③

EMP_NAME	SAL
John	5000

④ 결과 없음

| 해설 | SELECT BUDGET FROM 부서 WHERE MGR = 'Mike'에 따라 '부서' 테이블에서 MANAGER = 'Mike' 조건을 만족하는 행을 검색하면 BUDGET이 4500인 행이 출력된다. 메인쿼리에서의 WHERE SAL > ANY(4500)에 따라 SAL이 4500보다 큰 (John, 5000)행이 출력된다.

07

아래 SQL의 실행 결과는?

[T1]

ID	NAME	SCORE
S01	홍길동	90
S02	이순신	80
S03	김유신	85

[T2]

CLASS_NO	NAME	SCORE
C01	이순신	80
C02	김유신	85
C03	강감찬	95

[SQL]
```
SELECT COUNT(*)
FROM T1 A
WHERE EXISTS (
    SELECT 1
    FROM T2 B
    WHERE B.NAME = '홍길동'
);
```

① 3

② 1

③ 0

④ NULL

| 해설 | EXISTS 서브쿼리에서 [T2] 테이블의 NAME 값이 '홍길동'인 행이 존재하는지 확인한다. [T2] 테이블의 NAME 값은 '이순신', '김유신', '강감찬'으로 되어 있으므로 '홍길동' 값은 존재하지 않는다. 따라서 EXISTS는 FALSE가 되어 메인쿼리는 조건을 만족하지 않게 된다. COUNT(*) 함수는 결과가 없으면 0을 반환하므로 실행 결과는 0이 출력된다.

08

아래의 실행 결과를 출력하는 SQL은?

[TBL1]

ID	NAME	AGE
1	KIM	25
2	LEE	30
3	PARK	28
4	CHOI	22

[TBL2]

ID	AGE
1	25
2	30
3	35

[SQL]

(가) SELECT * FROM TBL1
    WHERE AGE <= ALL (SELECT AGE FROM TBL2);

(나) SELECT * FROM TBL1
    WHERE AGE NOT IN (SELECT AGE FROM TBL2);

(다) SELECT * FROM TBL1 A
    WHERE EXISTS (SELECT 'X' FROM TBL2 B
                    WHERE A.AGE = B.AGE);

(라) SELECT * FROM TBL1
    WHERE AGE >= ANY (SELECT AGE FROM TBL2);

[실행 결과]

ID	NAME	AGE
1	KIM	25
2	LEE	30

① (가)

② (나)

③ (다)

④ (라)

| 해설 | WHERE A.AGE = B.AGE는 [TBL1]의 AGE 값이 [TBL2]의 AGE 값과 일치하는 경우에만 EXISTS가 TRUE로 평가된다. 두 테이블의 AGE 값이 같은 것은 (25, 30)이므로 25(KIM)와 30(LEE)이 출력된다. SELECT 'X'는 값 자체의 의미가 없고, 조건을 만족하는 행이 존재하는지 확인하기 위한 형식적인 값임을 유의해야 한다.

(가) AGE <= ALL (SELECT AGE FROM TBL2);는 TBL1.AGE 값이 TBL2.AGE에 있는 모든 값보다 작거나 같아야 함을 의미하므로, TBL2.AGE 값보다 작거나 같은 값은 25(KIM)와 22(CHOI)이다.

(나) AGE NOT IN (SELECT AGE FROM TBL2);는 TBL1.AGE 값이 TBL2.AGE에 있는 값에 포함되지 않는 결과만 반환한다. TBL2.AGE 값은 (25, 30, 35)이므로, 해당 값을 제외한 28(PARK)과 22(CHOI)가 출력된다.

(라) AGE >= ANY (SELECT AGE FROM TBL2);는 TBL1.AGE 값이 TBL2.AGE에 있는 값 중 하나라도 크거나 같아야 함을 의미하므로, TBL2.AGE 값 중 하나라도 크거나 같은 값은 25(KIM), 30(LEE), 28(PARK)이다.

09

아래 SQL의 실행 결과는?

[직원]

EMP_ID	EMP_NAME	SAL	DEPT_ID
E101	John	5000	D01
E102	Mike	4500	D02
E103	Sarah	4800	D01
E104	Emma	5500	D03
E105	Chris	5200	D02
E106	David	4000	D04

[부서]

DEPT_ID	MGR_NAME	AVG_SAL	LOC
D01	John	5000	NY
D02	Mike	4700	LA
D03	Emma	5300	SF
D04	David	4000	TX

[SQL]
```
SELECT COUNT(*)
FROM 직원 E
WHERE (E.EMP_NAME, E.SAL, E.DEPT_ID) IN (
  SELECT D.MGR_NAME, D.AVG_SAL,
          D.DEPT_ID
  FROM 부서 D
  WHERE D.LOC IN ('NY', 'SF')
);
```

① 0

② 1

③ 2

④ 3

| 해설 | 서브쿼리에서는 [부서] 테이블의 LOC이 'NY' 또는 'SF'인 경우만 반환한다.
- 'John', 5000, 'D01' → NY
- 'Emma', 5300, 'D03' → SF

메인쿼리에서 [직원] 테이블의 (EMP_NAME, SAL, DEPT_ID) 값이 위의 값과 일치하는 경우는 다음과 같다.
- 'John', 5000, 'D01' → 일치
- 'Emma', 5500, 'D03' → SAL 값이 일치하지 않음

최종적으로 [직원] 테이블에서 John의 레코드만 일치하게 되어 COUNT(*) 함수의 결과로 1이 출력된다.

10

아래 SQL의 실행 결과는?

[주문]

ID	NAME	REGION
ID001	John	EAST
ID002	Mike	WEST
ID003	Sarah	NORTH
ID004	Emma	EAST
ID005	David	NULL

[할인]

REGION	DISCOUNT
EAST	50
WEST	100
NORTH	75
SOUTH	30
CENTRAL	25

[SQL]
```
SELECT NAME,
  NVL(
    (SELECT DISCOUNT
    FROM 할인 A2
    WHERE A1.REGION = A2.REGION), 10) DIS
FROM 주문 A1;
```

①

NAME	DIS
John	50
Mike	100
Sarah	75
Emma	50

②

NAME	DIS
John	50
Mike	100
Sarah	75
Emma	50
David	10

③

NAME	DIS
John	50
Mike	100
Sarah	75
Emma	50
David	NULL

④

NAME	DIS
John	50
Mike	100
Sarah	75
Emma	50
David	0

| 해설 | 메인쿼리는 [주문] 테이블에서 모든 행을 출력한다. 서브쿼리에서는 [할인] 테이블에서 REGION 값이 일치하는 경우 DISCOUNT 값을 반환하고, 일치하지 않는 경우에는 NULL이 반환된다. 여기서 NVL( ) 함수는 첫 번째 인자가 NULL일 경우 두 번째 인자의 값(10)으로 대체한다. David의 REGION 값은 NULL이기 때문에 서브쿼리에서 일치하는 값이 없어 NULL이 반환된다. 따라서 NVL( ) 함수의 결과로 기본값 10이 반환된다.

| 정답 | 09 ② 10 ②

11

SQL의 실행 결과가 아래와 같을 때, 빈칸 ㉠에 들어갈 내용
으로 가장 적절한 것은?

[학생]

S_ID	S_NAME	AD_ID
S001	John	T001
S002	Mike	T002
S003	Sarah	T003
S004	Emma	T001
S005	David	NULL

[교수]

P_ID	P_NAME
T001	Dr. Kim
T002	Dr. Lee
T003	Dr. Park

[실행 결과]

학생명	지도교수명
John	Dr. Kim
Mike	Dr. Lee
Sarah	Dr. Park
Emma	Dr. Kim
David	없음

[SQL]
```
SELECT S_NAME AS 학생명,
            ㉠              AS 지도교수명
FROM 학생 S;
```

① (SELECT P_NAME FROM 교수)
② (SELECT NVL(P.P_NAME, '없음') FROM 교수 P)
③ NVL((SELECT P.P_NAME FROM 교수 P
　　WHERE S.S_ID = P.P_ID), '없음')
④ NVL((SELECT P.P_NAME FROM 교수 P
　　WHERE S.AD_ID = P.P_ID), '없음')

| 해설 | 메인쿼리는 [학생] 테이블에서 모든 학생의 정보를 출력하고, 서브
쿼리에서는 AD_ID 값을 기반으로 [교수] 테이블에서 해당 교수의 이름을 검색
한다. 서브쿼리에서 일치하는 값이 있으면 해당 교수의 이름이 출력되고, 일치
하는 값이 없으면 NVL() 함수에서 제공한 기본값 '없음'이 출력된다. 4번 선지
의 NVL((SELECT P.P_NAME FROM 교수 P WHERE S.AD_ID = P.P_ID), '없
음')은 서브쿼리에서 [학생] 테이블의 AD_ID 값을 [교수] 테이블의 P_ID 값과
연결하고 있기 때문에 정확히 매칭된다.

12

아래에서 설명하는 서브쿼리로 가장 적절한 것은?

> 단일값을 반환하는 서브쿼리로, SELECT, WHERE, ORDER
> BY, HAVING, CASE 절뿐만 아니라 함수의 인자 등 칼럼이
> 올 수 있는 대부분의 위치에서 사용할 수 있다.

① 인라인 뷰
② 연관 서브쿼리
③ 다중행 서브쿼리
④ 스칼라 서브쿼리

| 해설 | 스칼라 서브쿼리는 서브쿼리의 결과가 단일값(하나의 행과 하나의
열)인 경우를 의미한다. 스칼라 서브쿼리는 SELECT, WHERE, ORDER BY,
HAVING, CASE 절 등 칼럼이 올 수 있는 대부분의 위치에서 사용할 수 있다.

13

뷰의 특징으로 가장 적절하지 않은 것은?

① 복잡한 SQL 문을 뷰로 정의해두면 질의의 가독성을
　높일 수 있다.
② 뷰를 통해 민감한 데이터를 숨기거나 제한된 데이터를
　제공할 수 있다.
③ 뷰를 기반으로 또 다른 뷰를 생성할 수 없다.
④ 테이블 구조 변경으로 인한 응용 프로그램의 의존성을
　최소화할 수 있다.

| 해설 | 다른 뷰를 참조하여 새로운 뷰 생성이 가능하다.

14

뷰에 대한 설명으로 가장 적절한 것은?

① 뷰는 데이터를 중복 저장하여 성능을 높인다.

② 뷰는 특정 칼럼만 조회할 수 없다.

③ 인라인 뷰는 DB에 저장되지 않는 뷰이다.

④ 뷰의 이름은 반드시 기본 테이블 이름과 같아야 한다.

| 해설 | 인라인 뷰는 DB에 저장되지 않는 동적 뷰이다.

① 뷰는 기본 테이블의 데이터를 조회할 뿐, 실제 데이터를 저장하지 않는다.

② 뷰는 특정 칼럼만 조회할 수 있다.

④ 뷰는 임의의 이름으로 생성할 수 있다.

15

아래 SQL의 실행 결과는?

[직원]

EMP_ID	JOB	SAL	DEPT_ID
E001	Manager	5000	D01
E002	Developer	4000	D02
E003	Developer	4500	D01
E004	Analyst	4700	NULL
E005	Developer	NULL	D02

[뷰 생성 스크립트]

```
CREATE VIEW V_직원 AS
SELECT *
FROM 직원
WHERE JOB = 'Developer'
      OR DEPT_ID IS NULL;
```

[SQL]

```
SELECT EMP_ID, SAL
FROM V_직원
WHERE SAL >= 4500;
```

①

EMP_ID	SAL
E003	4500

②

EMP_ID	SAL
E002	4000
E003	4500

③

EMP_ID	SAL
E003	4500
E004	4700

④

EMP_ID	SAL
E001	5000
E003	4500
E004	4700
E005	NULL

| 해설 | 뷰 스크립트에 따라 JOB이 'Developer'인 행(E002, E003, E005)과 DEPT_ID 값이 NULL인 행(E004)이 뷰에 포함된다. 이후 SAL이 4500 이상인 행을 선택하면 (E003, 4500), (E004, 4700)이 출력된다.

CHAPTER 05

다중행 함수 (Multi-Row Function)

01 다중행 함수의 개념

다중행 함수는 여러 행으로 이루어진 그룹에 대해 적용하는 함수로, 다중행 함수의 종류는 다음과 같다.

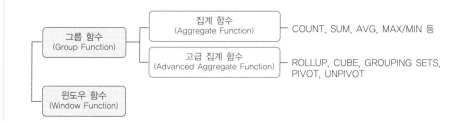

02 집계 함수

1 집계 함수의 개요

1. 개념

집계 함수는 여러 행의 데이터를 그룹 단위로 연산하여 하나의 결과를 반환하는 함수이다. 주로 데이터 요약 및 분석에 사용되며, 그룹 내 데이터를 계산하여 통계 값을 구하는데 사용된다.

2. 특징

① SELECT, HAVING, ORDER BY 절에서 사용할 수 있지만, WHERE 절에서는 사용할 수 없다.

② 집계 함수를 사용하기 위해서는 GROUP BY 절을 통해서 그룹핑 기준을 명시해야 한다.

③ NULL 값을 포함한 집계 함수의 경우에는 NULL 값을 제외하고 계산한다. 따라서 100명의 학생 중에 10명의 성적이 NULL일 때, 전체 평균은 90명의 성적에 대한 평균으로 계산한다. 따라서 입력행 전체가 NULL인 경우에만 평균을 계산한 결과가 NULL이 된다.

④ 집계 함수는 기본적으로 ALL 옵션이 적용되며, 특정 조건에 따라 DISTINCT 옵션을 사용할 수 있다.

 ㉠ ALL(기본값): 모든 데이터를 포함하여 연산을 수행한다.

 ㉡ DISTINCT: 동일한 값을 갖는 데이터는 하나로 간주하여 연산을 수행한다.

2 집계 함수의 종류

COUNT(*)	NULL을 포함한 전체 **행의 수** 출력
COUNT([DISTINCT | ALL] 표현식)	표현식의 값이 NULL인 행을 제외한 **행의 수** 출력
SUM([DISTINCT | ALL] 표현식)	표현식의 값이 NULL인 행을 제외한 **합계** 출력
AVG([DISTINCT | ALL] 표현식)	표현식의 값이 NULL인 행을 제외한 **평균** 출력
MAX([DISTINCT | ALL] 표현식)	표현식의 **최댓값** 출력(문자, 날짜 타입도 사용 가능)
MIN([DISTINCT | ALL] 표현식)	표현식의 **최솟값** 출력(문자, 날짜 타입도 사용 가능)
STDEV([DISTINCT | ALL] 표현식)	표현식의 값이 NULL인 행을 제외한 **표준편차** 출력
VARIANCE([DISTINCT | ALL] 표현식)	표현식의 값이 NULL인 행을 제외한 **분산** 출력

---

03 GROUP BY, HAVING 절

1 GROUP BY 절의 개요

1. 개념
GROUP BY 절은 데이터를 특정 칼럼을 기준으로 그룹화하여 각 그룹에 대해 집계 연산을 수행할 때 사용하는 SQL 절이다.

2. 특징
① GROUP BY 절은 주로 COUNT, SUM, AVG, MAX/MIN 등의 집계 함수와 함께 사용된다.
② SELECT 절에는 집계 함수와 개별 칼럼이 모두 사용될 수 있지만, 개별 칼럼은 반드시 GROUP BY 절에서 그룹화 기준으로 명시된 칼럼이어야 한다. 그 외의 개별 칼럼은 SELECT 절에 사용될 수 없다.
③ 테이블 전체가 하나의 그룹인 경우 GROUP BY 절을 생략할 수 있다.

2 GROUP BY 절의 사용 [실습파일 | K-League]

1. 소그룹인 경우의 GROUP BY 절 사용
[PLAYER] 테이블에서 각 POSITION의 전체 행의 수, 키의 수, 그리고 평균 키를 조회하기 위해, POSITION을 기준으로 그룹화하여 GROUP BY 절을 사용한다.
(1) 정상적인 GROUP BY 절의 사용
  GROUP BY 절을 통해 POSITION을 기준으로 그룹화하고, 집계 함수를 사용하여 원하는 값을 조회한다.

질의

```
                    ┌→ GROUP BY 기준으로 사용된 개별 칼럼
SELECT    POSITION,
          COUNT(*) 전체행수, COUNT(HEIGHT) 키건수, ROUND(AVG(HEIGHT), 2) 평균키
FROM      PLAYER                    └→ 집계 함수
GROUP BY POSITION;
                    └→ 그룹 기준
```

질의 결과

	POSITION	전체행수	키건수	평균키
1	(null)	2	2	179
2	GK	10	10	185.7
3	DF	46	41	178.51
4	FW	16	16	181.81
5	MF	26	26	176.15

(2) 잘못된 GROUP BY 절의 사용

유사한 질의를 수행하되, SELECT 절에 PLAYER_NAME을 추가하면 오류가 발생한다. 이는 PLAYER_NAME이 GROUP BY 절에 포함되지 않았기 때문이다. GROUP BY 절에 명시되지 않은 개별 칼럼은 각 그룹에 대해 단일값을 결정할 수 없으므로, SELECT 절에 포함할 수 없다. 즉, 다음 질의의 경우 각 POSITION 그룹에 속한 여러 PLAYER_NAME 값을 단일값으로 표현할 수 없기 때문에 오류가 발생한다.

질의

```
                        ┌→ GROUP BY 기준으로 사용되지 않은 개별 칼럼이 포함됨
SELECT   POSITION, PLAYER_NAME, COUNT(*) 전체행수,
         COUNT(HEIGHT) 키건수, ROUND(AVG(HEIGHT), 2) 평균키       ➡ ERROR 발생
FROM     PLAYER
GROUP BY POSITION;
```

2. 테이블 전체가 하나의 그룹인 경우(GROUP BY 절 생략 가능)

[PLAYER] 테이블에서 전체 행의 수, 키의 수, 그리고 평균 키를 조회하기 위해, 테이블 전체를 기준으로 데이터를 그룹화하고자 한다.

(1) 정상적인 집계 함수의 사용(GROUP BY 절 생략)

테이블 전체를 기준으로 데이터를 그룹화하는 경우 GROUP BY 절을 생략한다. 이 경우, 전체 테이블이 하나의 그룹으로 간주되어 집계 함수가 정상적으로 작동한다.

질의

```
SELECT   COUNT(*) 전체행수, COUNT(HEIGHT) 키건수,
         ROUND(AVG(HEIGHT), 2) 평균키
FROM     PLAYER;
```

질의 결과

	전체행수	키건수	평균키
1	100	95	179.19

(2) 잘못된 집계 함수의 사용(GROUP BY 절 생략)

만약 다음과 같이 **SELECT** 절에 집계 함수 이외의 개별 칼럼이 포함되면 오류가 발생한다. 이유는 **SELECT** 절에는 집계 함수와 **GROUP BY** 절에 명시된 칼럼만 와야 하기 때문이다. 따라서 **GROUP BY** 절을 생략한 경우에는, 집계 함수를 제외한 어떤 개별 칼럼도 **SELECT** 절에 올 수 없다.

```
질의
                    ┌→ 개별 칼럼이 포함되어 오류 발생
SELECT    POSITION, COUNT(*) 전체행수,           ➡ ERROR 발생
          COUNT(HEIGHT) 키건수,
          ROUND(AVG(HEIGHT), 2) 평균키
FROM      PLAYER;
```

3 GROUP BY ~ HAVING 절 [실습파일 | K-League]

① **HAVING** 절은 **GROUP BY** 절과 함께 사용되며, 그룹화된 데이터에 대해 조건을 부여할 때 사용된다. 각 행에 대해 조건을 부여할 때는 **WHERE** 절을 사용하지만, **WHERE** 절은 **GROUP BY** 절보다 먼저 수행되므로 **GROUP BY** 절에서 정의된 그룹에 대한 조건을 부여할 수 없다.

② 예를 들어, **PLAYER** 테이블에서 **POSITION**별 평균키를 조회할 때, **POSITION**별 평균키가 180 이상인 경우만 출력하는 조건을 부여한다고 가정하자. 이 경우 **WHERE** 절을 사용하면 다음과 같이 **ERROR**가 발생한다.

```
질의
실행     ❹ SELECT POSITION, ROUND(AVG(HEIGHT), 2) 평균키
순서     ❶ FROM PLAYER                                    ➡ ERROR 발생
         ❷ WHERE AVG(HEIGHT) >= 180
         ❸ GROUP BY POSITION;
```

DBMS는 **GROUP BY**를 수행하기 전에 **WHERE** 절을 먼저 실행한다. 이 경우, **WHERE** 절은 아직 정의되지 않은 집계 함수 **AVG(HEIGHT)**를 조건으로 사용하게 되므로 오류가 발생하게 된다.

③ 한편, **HAVING** 절은 **GROUP BY**로 그룹화된 데이터의 집계 결과에 대해 조건을 부여하기 위해 사용되며, **GROUP BY** 절보다 나중에 실행된다. 따라서 **HAVING** 절을 사용하면 오류 없이 원하는 결과를 얻을 수 있다.

```
질의
실행     ❹ SELECT POSITION, ROUND(AVG(HEIGHT), 2) 평균키
순서     ❶ FROM PLAYER
         ❷ GROUP BY POSITION
         ❸ HAVING AVG(HEIGHT) >= 180;
```

질의 결과

	◆ POSITION	◆ 평균키
1	GK	185.7
2	FW	181.81

확인 문제

[PLAYER] 테이블에서 각 포지션의 평균 키를 소수점 둘째 자리까지 출력하되, 해당 포지션에서 키의 최댓값이 190 이상인 경우에만 출력하려고 한다. 아래의 질의를 완성하시오. (실습파일 | K-League)

질의

```
SELECT   POSITION, ROUND(AVG(HEIGHT), 2) 평균키
FROM     PLAYER
_____
_____
```

| 정답 |

질의

```
SELECT   POSITION, ROUND(AVG(HEIGHT), 2) 평균키
FROM     PLAYER
GROUP BY POSITION
HAVING   MAX(HEIGHT) >= 190;
```

| 해설 | 이 문제는 GROUP BY 절과 HAVING 절을 활용하여 그룹화된 데이터에 조건을 적용하는 SQL 문을 작성하는 방법을 묻고 있다.

1. GROUP BY 절을 사용한 그룹 지정
   GROUP BY POSITION은 [PLAYER] 테이블의 데이터를 POSITION별로 그룹화한다. 각 포지션마다 하나의 그룹이 생성되며, 이후 집계 함수는 이 그룹 단위로 계산된다.

2. HAVING 절을 사용한 조건 지정
   HAVING 절은 그룹화된 데이터에 대해 조건을 지정한다. **HAVING MAX(HEIGHT) >= 190**은 각 그룹에서 키의 최댓값이 190 이상인 그룹만 결과로 출력되도록 한다.

3. 최종적인 질의와 결과는 다음과 같다.

   질의

   ```
   SELECT   POSITION, ROUND(AVG(HEIGHT), 2) 평균키
   FROM     PLAYER
   GROUP BY POSITION
   HAVING   MAX(HEIGHT) >= 190;
   ```

   질의 결과

	◆ POSITION	◆ 평균키
1	GK	185.7
2	DF	178.51
3	FW	181.81

4 GROUP BY 절 – 2개 그룹핑 기준 실습파일 | Company

데이터를 다중 기준으로 그룹화하여 더 세분화된 결과를 도출하기 위해, GROUP BY 절에서 2개 이상의 그룹핑 기준을 사용할 수 있다. 예를 들어, [직원] 테이블(EMP)과 [부서] 테이블(DEPT)에서 부서명(DNAME)과 직무(JOB)의 조합을 기준으로 데이터를 그룹화하는 경우 다음과 같이 질의를 작성할 수 있다.

질의

```
SELECT    DNAME, JOB, COUNT(*) 직원수, SUM(SAL) AS 급여합
FROM      EMP, DEPT
WHERE     DEPT.DEPTNO = EMP.DEPTNO
GROUP BY  DNAME, JOB
          └→ 부서명(DNAME)과 직무(JOB)의 조합으로 그룹화
ORDER BY  DNAME, JOB;
```

질의 결과

	DNAME	JOB	직원수	급여합
1	ACCOUNTING	CLERK	1	1300
2	ACCOUNTING	MANAGER	1	2450
3	ACCOUNTING	PRESIDENT	1	5000
4	RESEARCH	ANALYST	2	6000
5	RESEARCH	CLERK	2	1900
6	RESEARCH	MANAGER	1	2975
7	SALES	CLERK	1	950
8	SALES	MANAGER	1	2850
9	SALES	SALESMAN	4	5600

▌ SELECT 문의 구조와 실행 순서 [실습파일 | K-League]

SELECT 문은 작성 순서와 실제 실행 순서가 서로 다르다. SELECT 문의 실제 실행 순서를 알면 동작 구조를 더욱 쉽게 이해할 수 있다. 우선 SELECT 문의 기본 구조를 살펴본 후 실제 실행 순서를 살펴본다.

1. SELECT 문의 구조

```
질의

SELECT      POSITION, ROUND(AVG(HEIGHT), 2) AS 평균키
FROM        PLAYER
WHERE       HEIGHT IS NOT NULL
GROUP BY    POSITION
HAVING      AVG(HEIGHT) > 190
ORDER BY    AVG(HEIGHT) DESC;
```

2. SELECT 문의 실행 순서

```
질의

❺ SELECT      POSITION, ROUND(AVG(HEIGHT), 2) AS 평균키
❶ FROM        PLAYER
❷ WHERE       HEIGHT IS NOT NULL
❸ GROUP BY    POSITION
❹ HAVING      AVG(HEIGHT) > 190
❻ ORDER BY    AVG(HEIGHT) DESC;
```

❶ FROM: 질의 대상 테이블 참조
❷ WHERE: 반환 대상이 아닌 데이터 제거
❸ GROUP BY: 행 그룹화
❹ HAVING: 반환 대상이 아닌 그룹 제거
❺ SELECT: 데이터 값 계산 및 출력
❻ ORDER BY: 출력 데이터 정렬

3. ROWNUM 활용 시 주의사항

ROWNUM은 SQL에서 데이터의 순서를 조회하거나 특정 개수의 데이터를 추출할 때 사용되는 가상 칼럼이다. 하지만 ROWNUM을 사용할 때는 SELECT 문의 실행 순서와 데이터 정렬 방식에 주의해야 한다. 실행 순서를 잘못 이해하면 의도한 결과와 다른 출력이 발생할 수 있다. 이를 [PLAYER] 테이블에서 키(HEIGHT)가 가장 작은 3명의 선수를 조회하는 예시를 통해 설명하면 다음과 같다.

(1) 잘못된 질의

다음은 키가 가장 작은 3명의 선수를 조회하기 위해 작성된 질의이다. 본 질의의 원래 의도는 선수를 키가 작은 순으로 정렬한 뒤, 맨 앞의 3행을 출력하는 것이다. 하지만 본 질의는 **SELECT** 문의 실행 순서를 잘못 고려하였기 때문에, 엉뚱한 결과를 출력한다.

질의

```
SELECT      PLAYER_NAME, HEIGHT, ROWNUM
FROM        PLAYER
WHERE       ROWNUM < 4
ORDER BY    HEIGHT;
```

질의 결과

	PLAYER_NAME	HEIGHT	ROWNUM
1	김규호	177	3
2	우르모브	180	1
3	윤희준	180	2

이 질의의 문제점은 **WHERE** 절이 **ORDER BY** 절보다 먼저 실행된다는 점이다. 즉, **WHERE** 절은 **FROM** 절에서 데이터를 가져온 직후 실행되므로, 데이터가 정렬되기 전에 **ROWNUM**을 사용한 행 추출이 이루어진다. 따라서 이 질의는 데이터베이스에 저장된 첫 3개의 행을 키 순으로 정렬하므로, 원래 의도와는 다른 결과를 출력한다.

(2) 올바른 질의

ROWNUM을 활용하여 키가 가장 작은 3명의 선수를 올바르게 조회하려면, **ORDER BY** 절을 먼저 실행한 다음 **ROWNUM**을 적용해야 한다. 이를 위해 다음과 같이 서브쿼리를 사용하여 데이터를 미리 정렬한 후 **ROWNUM**을 사용하여 행을 추출할 수 있다.

질의

```
SELECT      PLAYER_NAME, HEIGHT, ROWNUM
FROM        (SELECT PLAYER_NAME, HEIGHT
             FROM PLAYER
             ORDER BY HEIGHT)
WHERE       ROWNUM < 4;
```

질의 결과

	PLAYER_NAME	HEIGHT	ROWNUM
1	하리	168	1
2	오비나	169	2
3	김장관	170	3

2 칼럼의 유효 범위 (실습파일 | K-League)

관계형 데이터베이스에서 SQL 질의문을 작성할 때, 각 절에서 사용할 수 있는 칼럼의 범위는 SQL의 실행 순서와 작성 방식에 따라 정해진다.

1. SELECT 절에서 명시되지 않은 칼럼의 활용

관계형 데이터베이스는 데이터를 행 단위로 메모리에 복사하여 작업한다. 이 특성 때문에 SELECT 절에 명시되지 않은 칼럼도 WHERE 절 및 ORDER BY 절에서 사용할 수 있다.

```
질의
SELECT      PLAYER_NAME, HEIGHT
FROM        PLAYER
WHERE       POSITION = 'MF'
ORDER BY    TEAM_ID;
```

앞의 질의에서 SELECT 절에는 PLAYER_NAME과 HEIGHT만 명시되었지만, WHERE 절에서는 POSITION 칼럼이 조건으로 사용되었고 ORDER BY 절에서는 TEAM_ID 칼럼이 정렬 기준으로 사용되었다. 이는 관계형 데이터베이스가 FROM 절에서 데이터를 읽어올 때, 해당 행의 모든 칼럼을 메모리에 복사한 후 작업을 수행하기 때문이다.

2. GROUP BY 절에서 명시되지 않은 칼럼의 활용

GROUP BY 절이 사용되는 경우, 그룹화 기준 칼럼과 집계 함수는 HAVING 절 및 ORDER BY 절에서 사용할 수 있다. 이때 SELECT 절에 명시되지 않은 칼럼도 활용 가능하다.

```
질의
SELECT      TEAM_ID, COUNT(*) AS 인원
FROM        PLAYER
GROUP BY    TEAM_ID
HAVING      AVG(HEIGHT) > 178
ORDER BY    SUM(HEIGHT);
```

GROUP BY 절은 TEAM_ID를 기준으로 데이터를 그룹화하며, HAVING 절에서는 AVG(HEIGHT)를 조건으로 사용하여 그룹을 필터링한다. SELECT 절에서는 COUNT(*)로 각 팀의 인원을 계산하며, ORDER BY 절에서는 SUM(HEIGHT)으로 그룹을 정렬한다. 이때 AVG(HEIGHT)와 SUM(HEIGHT)은 SELECT 절에 명시되지 않았지만, 각각 HAVING 절과 ORDER BY 절에서 사용되었음을 알 수 있다.

3. 인라인 뷰에서의 칼럼 유효 범위

인라인 뷰는 FROM 절 내에 작성된 서브쿼리로, 새로운 테이블 구조를 생성한 것으로 간주한다. 따라서 인라인 뷰의 SELECT 절에 명시되지 않은 칼럼은 메인쿼리의 어떤 곳에서도 사용할 수 없다.

(1) 잘못된 질의

➡ ERROR 발생

인라인 뷰의 SELECT 절에서 PLAYER_NAME과 HEIGHT만 명시했기 때문에, POSITION 칼럼은 메인쿼리에서 사용할 수 없다. 따라서 메인쿼리의 ORDER BY 절에서 POSITION을 참조하려고 하여 오류가 발생한다.

(2) 올바른 질의

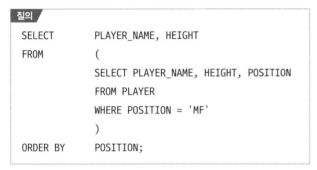

질의 결과

	PLAYER_NAME	HEIGHT
1	정재영	187
2	정태민	180
3	정현우	178
4	송종국	177
5	오정석	178

인라인 뷰의 SELECT 절에서 PLAYER_NAME, HEIGHT와 함께 POSITION도 명시했기 때문에, 메인쿼리에서 POSITION을 참조할 수 있다. 즉, 메인쿼리에서 사용할 것으로 예상되는 칼럼은 인라인 뷰의 SELECT 절에서 반드시 명시해 주어야 한다.

1 ROLLUP 실습파일 | Company

ROLLUP은 소그룹의 집계 결과와 소계를 자동으로 계산하기 위해 사용되는 그룹 함수이다. 주로 다차원 데이터 분석이나 요약 보고서를 생성할 때 유용하게 사용된다.

1. 기본 개념

ROLLUP은 GROUP BY와 함께 사용되며, 지정된 칼럼 순서에 따라 집계를 수행하고 추가로 소계와 총계를 계산한다.
① 소그룹별 소계: 지정된 칼럼 순서대로 소계를 계산한다.
② 전체 총계: 마지막 단계에서 전체 데이터를 기준으로 총계를 계산한다.

2. 예시

(1) DNAME과 JOB을 기준으로 집계

　　DNAME(부서명)과 JOB(직무)을 기준으로 데이터를 그룹화하고, DNAME을 기준으로 각 수준에서 소계를 계산한다.

질의

```
SELECT       DNAME, JOB, COUNT(*) AS 직원수, SUM(SAL)
             AS 급여합
FROM         EMP, DEPT
WHERE        DEPT.DEPTNO = EMP.DEPTNO
GROUP BY     ROLLUP (DNAME, JOB)
                    └→ 앞에 나온 칼럼이 소그룹 집계의 기준
ORDER BY     DNAME, JOB;
```

질의 결과

	DNAME	JOB	직원수	급여합	
1	ACCOUNTING	CLERK	1	1300	
2	ACCOUNTING	MANAGER	1	2450	
3	ACCOUNTING	PRESIDENT	1	5000	
4	ACCOUNTING	(null)	3	8750	← 소그룹 집계
5	RESEARCH	ANALYST	2	6000	
6	RESEARCH	CLERK	2	1900	
7	RESEARCH	MANAGER	1	2975	
8	RESEARCH	(null)	5	10875	← 소그룹 집계
9	SALES	CLERK	1	950	
10	SALES	MANAGER	1	2850	
11	SALES	SALESMAN	4	5600	
12	SALES	(null)	6	9400	← 소그룹 집계
13	(null)	(null)	14	29025	← 전체 집계

(2) DNAME, JOB, MGR을 기준으로 집계

ROLLUP의 그룹화 기준을 세 개로 확장하면 추가적인 소계가 생성된다. 다음은 DNAME(부서명), JOB(직무), MGR(관리자)을 기준으로 집계를 수행한다.

질의

```
SELECT      DNAME, JOB, MGR, COUNT(*) AS 직원수, SUM(SAL)
            AS 급여합
FROM        EMP, DEPT
WHERE       DEPT.DEPTNO = EMP.DEPTNO
GROUP BY    ROLLUP (DNAME, JOB, MGR)
                └→ 앞에 나온 두 칼럼이 소그룹 집계의 기준
ORDER BY    DNAME, JOB, MGR;
```

질의 결과

	DNAME	JOB	MGR	직원수	급여합	
1	ACCOUNTING	CLERK	7782	1	1300	
2	ACCOUNTING	CLERK	(null)	1	1300	← 각 DNAME/JOB별 집계
3	ACCOUNTING	MANAGER	7839	1	2450	
4	ACCOUNTING	MANAGER	(null)	1	2450	← 각 DNAME/JOB별 집계
5	ACCOUNTING	PRESIDENT	(null)	1	5000	
6	ACCOUNTING	PRESIDENT	(null)	1	5000	← 각 DNAME/JOB별 집계
7	ACCOUNTING	(null)	(null)	3	8750	← 각 DNAME별 집계
8	RESEARCH	ANALYST	7566	2	6000	
9	RESEARCH	ANALYST	(null)	2	6000	← 각 DNAME/JOB별 집계
10	RESEARCH	CLERK	7788	1	1100	
11	RESEARCH	CLERK	7902	1	800	
12	RESEARCH	CLERK	(null)	2	1900	← 각 DNAME/JOB별 집계
13	RESEARCH	MANAGER	7839	1	2975	
14	RESEARCH	MANAGER	(null)	1	2975	← 각 DNAME/JOB별 집계
15	RESEARCH	(null)	(null)	5	10875	← 각 DNAME별 집계
16	SALES	CLERK	7698	1	950	
17	SALES	CLERK	(null)	1	950	← 각 DNAME/JOB별 집계
18	SALES	MANAGER	7839	1	2850	
19	SALES	MANAGER	(null)	1	2850	← 각 DNAME/JOB별 집계
20	SALES	SALESMAN	7698	4	5600	
21	SALES	SALESMAN	(null)	4	5600	← 각 DNAME/JOB별 집계
22	SALES	(null)	(null)	6	9400	← 각 DNAME별 집계
23	(null)	(null)	(null)	14	29025	← 전체 집계

3. 그룹핑(GROUPING) 함수

ROLLUP을 사용하면 집계 데이터와 소계 데이터가 섞여서 출력되어 가독성이 떨어진다. 따라서 추가 집계를 거친 소계 데이터를 원래의 집계 데이터와 구분하여 표시할 필요가 있으며, 이를 위해 GROUPING 함수가 사용된다. GROUPING 함수는 기본 집계된 값에는 0을, 추가 집계를 통해 산출된 소계 및 총계에는 1을 반환한다.

질의
```
SELECT       DNAME, GROUPING(DNAME) AS 그룹화_DNAME,
             JOB, GROUPING(JOB) AS 그룹화_JOB,
             COUNT(*) AS "Total Empl", SUM(SAL) AS "Total Sal"
FROM         EMP, DEPT
WHERE        DEPT.DEPTNO = EMP.DEPTNO
GROUP BY     ROLLUP(DNAME, JOB);
```

질의 결과

	DNAME	그룹화_DNAME	JOB	그룹화_JOB	Total Empl	Total Sal
1	SALES	0	CLERK	0	1	950
2	SALES	0	MANAGER	0	1	2850
3	SALES	0	SALESMAN	0	4	5600
4	SALES	0	(null)	1	6	9400
5	RESEARCH	0	CLERK	0	2	1900
6	RESEARCH	0	ANALYST	0	2	6000
7	RESEARCH	0	MANAGER	0	1	2975
8	RESEARCH	0	(null)	1	5	10875
9	ACCOUNTING	0	CLERK	0	1	1300
10	ACCOUNTING	0	MANAGER	0	1	2450
11	ACCOUNTING	0	PRESIDENT	0	1	5000
12	ACCOUNTING	0	(null)	1	3	8750
13	(null)	1	(null)	1	14	29025

4. 그룹핑과 CASE의 조합

GROUPING 함수와 CASE 문을 조합하면 집계 데이터를 더욱 명확히 표현할 수 있다. 예를 들어, DNAME이 집계 데이터이면 'ALL Departments'로 표시, JOB이 집계 데이터이면 'All Jobs'로 표시하기 위해 CASE를 활용할 수 있다.

질의
```
SELECT
  CASE GROUPING(DNAME)
      WHEN 1 THEN 'ALL Departments'
      ELSE DNAME
  END AS DNAME,
  CASE GROUPING(JOB)
      WHEN 1 THEN 'All Jobs'
      ELSE JOB
  END AS JOB,
  COUNT(*) AS "Total Emp", SUM(SAL) AS "Total Sal"
```

```
FROM      EMP, DEPT
WHERE     DEPT.DEPTNO = EMP.DEPTNO
GROUP BY ROLLUP(DNAME, JOB);
```

질의 결과

	DNAME	JOB	Total Emp	Total Sal
1	SALES	CLERK	1	950
2	SALES	MANAGER	1	2850
3	SALES	SALESMAN	4	5600
4	SALES	All Jobs	6	9400
5	RESEARCH	CLERK	2	1900
6	RESEARCH	ANALYST	2	6000
7	RESEARCH	MANAGER	1	2975
8	RESEARCH	All Jobs	5	10875
9	ACCOUNTING	CLERK	1	1300
10	ACCOUNTING	MANAGER	1	2450
11	ACCOUNTING	PRESIDENT	1	5000
12	ACCOUNTING	All Jobs	3	8750
13	ALL Departments	All Jobs	14	29025

2 CUBE 실습파일 | Company

1. 개념

CUBE는 다차원 데이터를 분석하거나 모든 조합의 소계 결과를 계산하는 데 사용된다.
ROLLUP과 유사하지만, CUBE는 모든 칼럼 조합에 대한 소계를 계산하여 보다 풍부한 분석
을 가능하게 한다.

2. 특징

① 다차원 소계 계산: CUBE는 지정된 칼럼의 모든 조합에 대해 소계를 계산한다.

② 순서 무관: ROLLUP과 달리, CUBE는 그룹화 칼럼의 순서가 결과에 영향을 미치지 않는다.

③ 시스템 부하: 모든 조합의 소계를 계산하므로 데이터 양이 많을 경우 성능에 영향을 줄
수 있다.

3. CUBE의 사용

DNAME과 JOB을 기준으로 집계를 수행할 때, CUBE는 그룹화 순서에 영향을 받지 않으므로 DNAME과 JOB의 순서를 변경해도 결과는 동일하다.

질의

```
SELECT      DNAME, JOB, COUNT(*) AS 직원수, SUM(SAL) AS 급여합
FROM        EMP, DEPT
WHERE       DEPT.DEPTNO = EMP.DEPTNO
GROUP BY    CUBE(DNAME, JOB)
ORDER BY    DNAME, JOB;
```

(동일)

질의

```
SELECT      DNAME, JOB, COUNT(*) AS 직원수, SUM(SAL) AS 급여합
FROM        EMP, DEPT
WHERE       DEPT.DEPTNO = EMP.DEPTNO
GROUP BY    CUBE(JOB, DNAME)
                └→ 순서 관계 없음
ORDER BY    DNAME, JOB;
```

질의 결과

	DNAME	JOB	Total Emp	Total Sal
1	SALES	CLERK	1	950
2	SALES	MANAGER	1	2850
3	SALES	SALESMAN	4	5600
4	SALES	All Jobs	6	9400
5	RESEARCH	CLERK	2	1900
6	RESEARCH	ANALYST	2	6000
7	RESEARCH	MANAGER	1	2975
8	RESEARCH	All Jobs	5	10875
9	ACCOUNTING	CLERK	1	1300
10	ACCOUNTING	MANAGER	1	2450
11	ACCOUNTING	PRESIDENT	1	5000
12	ACCOUNTING	All Jobs	3	8750
13	ALL Departments	All Jobs	14	29025

4. ROLLUP을 사용하여 CUBE 구현하기

CUBE는 서로 다른 순서로 수행한 ROLLUP의 결과를 조합하여 구현할 수 있다.

질의

```
SELECT      DNAME, JOB, COUNT(*) AS 직원수, SUM(SAL) AS 급여합
FROM        EMP, DEPT
WHERE       DEPT.DEPTNO = EMP.DEPTNO
GROUP BY    ROLLUP(DNAME, JOB)
UNION    → 합집합
SELECT      DNAME, JOB, COUNT(*) AS 직원수, SUM(SAL) AS 급여합
FROM        EMP, DEPT
WHERE       DEPT.DEPTNO = EMP.DEPTNO
```

```
GROUP BY        ROLLUP(JOB, DNAME)
ORDER BY        DNAME, JOB;
```

3 GROUPING SETS 　실습파일 | Company

1. 개념

GROUPING SETS는 여러 칼럼에 대해 독립적으로 그룹화를 수행한다. 즉, 각 칼럼을 기준으로 GROUP BY를 수행한 후 모든 결과를 UNION ALL을 통해 결합한 것과 동일한 결과를 출력한다. 여러 기준으로 집계한 결과를 하나의 질의로 출력할 수 있다는 장점을 갖는다.

2. GROUPING SETS의 사용

GROUPING SETS를 사용하여, 다음과 같이 DNAME과 JOB 각각에 대해 독립적으로 집계를 수행한 결과를 한꺼번에 출력할 수 있다.

질의
```
SELECT          DNAME, JOB, COUNT(*) AS 직원수, SUM(SAL) AS 급여합
FROM            EMP, DEPT
WHERE           DEPT.DEPTNO = EMP.DEPTNO
GROUP BY        GROUPING SETS(DNAME, JOB);
```

질의 결과

	DNAME	JOB	직원수	급여합
1	ACCOUNTING	(null)	3	8750
2	RESEARCH	(null)	5	10875
3	SALES	(null)	6	9400
4	(null)	CLERK	4	4150
5	(null)	SALESMAN	4	5600
6	(null)	PRESIDENT	1	5000
7	(null)	MANAGER	3	8275
8	(null)	ANALYST	2	6000

3. GROUPING 함수와 DECODE를 활용한 출력

GROUPING 함수와 DECODE를 사용하여, 결과로 출력되는 행이 어떤 기준으로 그룹화된 행인지 명시함으로써 가독성을 높일 수 있다.

질의
```
SELECT      DECODE(GROUPING(DNAME), 1, 'All Departments', DNAME) AS DNAME,
            DECODE(GROUPING(JOB), 1, 'All Jobs', JOB) AS JOB,
            COUNT(*) AS 직원수, SUM(SAL) AS 급여합
FROM        EMP, DEPT
WHERE       DEPT.DEPTNO = EMP.DEPTNO
GROUP BY    GROUPING SETS (DNAME, JOB);
```

	DNAME	JOB	직원수	급여합
1	ACCOUNTING	All Jobs	3	8750
2	RESEARCH	All Jobs	5	10875
3	SALES	All Jobs	6	9400
4	All Departments	CLERK	4	4150
5	All Departments	SALESMAN	4	5600
6	All Departments	PRESIDENT	1	5000
7	All Departments	MANAGER	3	8275
8	All Departments	ANALYST	2	6000

4. GROUP BY와 UNION ALL을 사용한 GROUPING SETS 구현

GROUP BY와 UNION ALL을 사용하여 GROUPING SETS와 동일한 결과를 구현할 수 있다.

```
SELECT          'All Departments' AS DNAME, JOB,
                COUNT(*) AS 직원수, SUM(SAL) AS 급여합
FROM            EMP, DEPT
WHERE           DEPT.DEPTNO = EMP.DEPTNO
GROUP BY        JOB
UNION ALL
SELECT          DNAME, 'All Jobs' AS JOB,
                COUNT(*) AS 직원수, SUM(SAL) AS 급여합
FROM            EMP, DEPT
WHERE           DEPT.DEPTNO = EMP.DEPTNO
GROUP BY        DNAME;
```

	DNAME	JOB	직원수	급여합
1	All Departments	CLERK	4	4150
2	All Departments	SALESMAN	4	5600
3	All Departments	PRESIDENT	1	5000
4	All Departments	MANAGER	3	8275
5	All Departments	ANALYST	2	6000
6	ACCOUNTING	All Jobs	3	8750
7	RESEARCH	All Jobs	5	10875
8	SALES	All Jobs	6	9400

첫 번째 질의는 JOB을 기준으로, 두 번째 질의는 DNAME을 기준으로 집계를 수행한다. 그리고 UNION ALL을 통해 두 결과를 결합하여 GROUPING SETS와 동일한 결과를 얻을 수 있다.

ROLLUP / CUBE / GROUPING SETS의 실행 결과 비교

GROUP BY DNAME, JOB

	DNAME	JOB	직원수	급여합
1	ACCOUNTING	CLERK	1	1300
2	ACCOUNTING	MANAGER	1	2450
3	ACCOUNTING	PRESIDENT	1	5000
4	RESEARCH	ANALYST	2	6000
5	RESEARCH	CLERK	2	1900
6	RESEARCH	MANAGER	1	2975
7	SALES	CLERK	1	950
8	SALES	MANAGER	1	2850
9	SALES	SALESMAN	4	5600

GROUP BY ROLLUP(DNAME, JOB)

	DNAME	JOB	직원수	급여합
1	ACCOUNTING	CLERK	1	1300
2	ACCOUNTING	MANAGER	1	2450
3	ACCOUNTING	PRESIDENT	1	5000
4	ACCOUNTING	(null)	3	8750
5	RESEARCH	ANALYST	2	6000
6	RESEARCH	CLERK	2	1900
7	RESEARCH	MANAGER	1	2975
8	RESEARCH	(null)	5	10875
9	SALES	CLERK	1	950
10	SALES	MANAGER	1	2850
11	SALES	SALESMAN	4	5600
12	SALES	(null)	6	9400
13	(null)	(null)	14	29025

GROUP BY CUBE(DNAME, JOB)

	DNAME	JOB	직원수	급여합
1	ACCOUNTING	CLERK	1	1300
2	ACCOUNTING	MANAGER	1	2450
3	ACCOUNTING	PRESIDENT	1	5000
4	ACCOUNTING	(null)	3	8750
5	RESEARCH	ANALYST	2	6000
6	RESEARCH	CLERK	2	1900
7	RESEARCH	MANAGER	1	2975
8	RESEARCH	(null)	5	10875
9	SALES	CLERK	1	950
10	SALES	MANAGER	1	2850
11	SALES	SALESMAN	4	5600
12	SALES	(null)	6	9400
13	(null)	ANALYST	2	6000
14	(null)	CLERK	4	4150
15	(null)	MANAGER	3	8275
16	(null)	PRESIDENT	1	5000
17	(null)	SALESMAN	4	5600
18	(null)	(null)	14	29025

GROUP BY GROUPING SETS(DNAME, JOB)

	DNAME	JOB	직원수	급여합
1	ACCOUNTING	(null)	3	8750
2	RESEARCH	(null)	5	10875
3	SALES	(null)	6	9400
4	(null)	ANALYST	2	6000
5	(null)	CLERK	4	4150
6	(null)	MANAGER	3	8275
7	(null)	PRESIDENT	1	5000
8	(null)	SALESMAN	4	5600

5 PIVOT 함수 실습파일 | Company

1. 개념

PIVOT 함수는 행 데이터를 열로 변환하는 데 사용되는 SQL 함수이다. 이를 통해 집계된 데이터를 보다 가독성 높은 형식으로 출력할 수 있으며, 주로 특정 칼럼을 기준으로 데이터를 '회전'시켜 여러 열로 나누어 표현한다.

2. PIVOT 함수의 사용

PIVOT 함수는 행 데이터를 열로 변환하여, 각 행의 특정 칼럼에 대한 값을 열로 분리하여 출력할 수 있다. 주로 집계 함수(예 SUM, AVG, COUNT 등)와 함께 사용된다.

예를 들어, DEPTNO 칼럼을 기준으로 'MANAGER', 'SALESMAN', 'CLERK'라는 직무별로 급여 합계를 각각 열로 출력하는 SQL을 실행하면 다음과 같다.

질의

```
❸   SELECT *
    ┌ FROM (
    │     SELECT JOB, SAL, DEPTNO
❶   │     FROM EMP
    └ )
    ┌ PIVOT (
    │      SUM(SAL)
❷   │      FOR JOB IN ('MANAGER', 'SALESMAN', 'CLERK')
    └ )
❹   ORDER BY DEPTNO;
```

질의 결과

	⬧ DEPTNO	⬧ 'MANAGER'	⬧ 'SALESMAN'	⬧ 'CLERK'
1	10	2450	(null)	1300
2	20	2975	(null)	1900
3	30	2850	5600	950

❶ FROM 절: FROM 절 안에 서브쿼리가 들어가 있으므로 인라인 뷰이다. 인라인 뷰를 실행하면 다음과 같은 테이블이 조회되며, 해당 테이블을 원본 테이블로 보고 PIVOT(❷)을 실행한다.

질의 결과

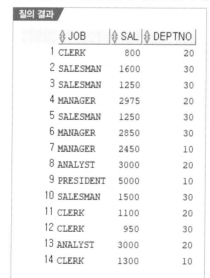

	⬧ JOB	⬧ SAL	⬧ DEPTNO
1	CLERK	800	20
2	SALESMAN	1600	30
3	SALESMAN	1250	30
4	MANAGER	2975	20
5	SALESMAN	1250	30
6	MANAGER	2850	30
7	MANAGER	2450	10
8	ANALYST	3000	20
9	PRESIDENT	5000	10
10	SALESMAN	1500	30
11	CLERK	1100	20
12	CLERK	950	30
13	ANALYST	3000	20
14	CLERK	1300	10

❷ PIVOT: 원본 테이블(❶)의 결과 중 JOB 칼럼의 값이 'MANAGER', 'SALESMAN', 'CLERK'인 행들에 대해, DEPTNO별로 SAL 값들의 합(SUM)을 구한다.

❸ SELECT *: ❷의 값을 조회한다.

❹ ORDER BY DEPTNO: DEPTNO 순으로 나열한다.

확인 문제

각 직무(JOB)별 부서(DEPT)의 인원 수를 출력하는 다음의 질의를 완성하시오. 실습파일 | Company

질의

```
SELECT  *
FROM    (
        SELECT DNAME, JOB
        FROM EMP, DEPT
        WHERE DEPT.DEPTNO = EMP.DEPTNO
        )
        _____
        _____
        _____
```

질의 결과

JOB	'ACCOUNTING'	'RESEARCH'	'SALES'
1 ANALYST	0	2	0
2 CLERK	1	2	1
3 MANAGER	1	1	1
4 PRESIDENT	1	0	0
5 SALESMAN	0	0	4

| 정답 | **질의**

```
SELECT  *
FROM    (
        SELECT DNAME, JOB
        FROM EMP, DEPT
        WHERE DEPT.DEPTNO = EMP.DEPTNO
        )
PIVOT   (
        COUNT(DNAME)
        FOR DNAME IN ('ACCOUNTING', 'RESEARCH', 'SALES')
        )
ORDER BY JOB;
```

| 해설 | FROM 절의 인라인 뷰에서 정의된 원본 테이블의 부서별 인원 수를 계산하기 위해 COUNT 함수를 사용한다. PIVOT의 대상이 되는 'ACCOUNTING', 'RESEARCH', 'SALES'라는 세 개의 부서를 기준으로 데이터를 변환하기 위해 **FOR DNAME IN ('ACCOUNTING', 'RESEARCH', 'SALES')**을 작성한다. 마지막으로 ORDER BY 절을 통해 JOB을 기준으로 정렬한다.

6 UNPIVOT 함수

1. 개념

UNPIVOT 함수는 PIVOT된 데이터를 다시 행 기반의 원래 형식으로 변환하는 기능을 제공한다. 쉽게 말해, 열 형태로 요약된 데이터를 다시 행 형태로 변환하는 역할을 하며, PIVOT 함수의 반대 동작을 수행한다.

2. UNPIVOT 함수의 사용

(1) 데이터 준비

먼저, 아래와 같이 **SalesSum**이라는 테이블을 생성하고 데이터를 삽입한다.

질의
```
CREATE TABLE SalesSum (
            DEPTNO INT,
            MANAGER DECIMAL(10, 2),
            SALESMAN DECIMAL(10, 2),
            CLERK DECIMAL(10, 2)
);
```

스크립트
```
Table SALESSUM이(가) 생성되었습니다.
```

질의
```
INSERT INTO SalesSum VALUES (10, 2000, 2700, 1800);
```

스크립트
```
1 행 이(가) 삽입되었습니다.
```

질의
```
INSERT INTO SalesSum VALUES (20, 3000, 3800, 2200);
```

스크립트
```
1 행 이(가) 삽입되었습니다.
```

질의
```
SELECT * FROM SalesSum;
```

질의 결과

	DEPTNO	MANAGER	SALESMAN	CLERK
1	10	2000	2700	1800
2	20	3000	3800	2200

(2) UNPIVOT 실행

질의
```
SELECT DEPTNO, JOB, SALARY
FROM SalesSum
UNPIVOT (
        SALARY FOR JOB IN (MANAGER, SALESMAN, CLERK)
          ❶           ❷
);
```

❶ 원본 테이블의 MANAGER, SALESMAN, CLERK 칼럼의 값을 표시할 새로운 칼럼명 지정
❷ 원본 테이블의 MANAGER, SALESMAN, CLERK 칼럼의 칼럼명을 값으로 표시할 새로운 칼럼명 지정

질의 결과

	DEPTNO	JOB	SALARY
1	10	MANAGER	2000
2	10	SALESMAN	2700
3	10	CLERK	1800
4	20	MANAGER	3000
5	20	SALESMAN	3800
6	20	CLERK	2200

06 윈도우 함수

■ 윈도우 함수(Window Function)의 개요

1. 개념

윈도우 함수는 데이터의 행 간 관계를 정의하고 연산할 수 있도록 고안된 SQL 함수이다. 기존 관계형 데이터베이스에서는 칼럼 간의 연산은 용이했지만 행 간의 연산은 어려웠기 때문에, 이를 해결하기 위해 도입되었다.

2. 특징

① 행 간 연산 가능: 특정 행과 다른 행 사이의 관계를 정의하거나 비교할 수 있다.
  ⓔ 각 직원이 속한 부서 내에서 급여 순위를 계산
② 중첩(Nested) 사용 불가: 윈도우 함수는 다른 윈도우 함수 내에서 중첩하여 사용할 수 없다.
③ 서브쿼리에서도 사용 가능: 메인쿼리뿐만 아니라 서브쿼리에서도 사용할 수 있다.

3. 종류

순위 함수	RANK, DENSE_RANK, ROW_NUMBER
집계 함수	SUM, MAX, MIN, AVG, COUNT
행 순서 관련 함수	FIRST_VALUE, LAST_VALUE, LAG, LEAD
비율 함수	RATIO_TO_REPORT, NTILE, PERCENT_RANK, CUME_DIST
통계 함수	CORR, STDDEV, VARIANCE 등

4. 윈도우 함수의 기본 구조

윈도우 함수의 기본 구조 및 각 구성 요소의 역할은 다음과 같다.

```
질의

SELECT   WINDOW_FUNCTION (ARGUMENTS) OVER
             ❶             ❷        ❸
         ([PARTITION BY 칼럼] [ORDER BY 절] [WINDOWING 절])
                  ❹               ❺              ❻
FROM     테이블명;
```

❶ WINDOW_FUNCTION: 기존 함수 또는 윈도우 함수로 추가된 함수
❷ ARGUMENTS(인수): 함수에 따라 0개에서 여러 개의 인수 지정
❸ OVER 절: 윈도우 함수를 적용할 범위를 정의하는 절
❹ PARTITION BY 절: 전체 집합을 소그룹으로 나누기 위한 기준 항목 정의
❺ ORDER BY 절: 순서를 지정할 기준 항목 정의
❻ WINDOWING 절: 함수의 대상이 되는 행의 기준 범위 지정, ROWS / RANGE 중 하나를 선택하여 사용
 • ROWS: 행의 수를 기준으로 범위 지정

```
질의

ROWS BETWEEN 1 PRECEDING AND 1 FOLLOWING
                → 앞의 한 행        → 뒤의 한 행
```

➡ 해당 파티션 내에서 앞의 한 행, 현재 행, 뒤의 한 행을 범위로 지정

 • RANGE: 값을 기준으로 범위 지정

```
질의

RANGE BETWEEN 50 PRECEDING AND 150 FOLLOWING
                 → 현재 행의 값 – 50    → 현재 행의 값 + 150
```

➡ 해당 파티션 내에서 (현재 행의 값 – 50) ~ (현재 행의 값 + 150)을 범위로 지정

```
질의

RANGE UNBOUNDED PRECEDING
```

➡ 현재 파티션의 첫 행부터 현재 행까지 지정

2 순위 윈도우 함수 실습파일 | Company

1. RANK 함수

동일한 값에 동일한 순위를 부여하며, 동일 순위가 여러 건일 경우 다음 순위는 건너뛰고 부여한다(예 1등이 2명인 경우 1등, 1등, 3등). 예를 들어, [EMP] 테이블에서 전체 급여 순위 및 JOB(직무) 내 급여 순위를 출력하는 질의를 작성하면 다음과 같다.

```
SELECT  JOB, ENAME, SAL,
        RANK() OVER (ORDER BY SAL DESC) AS ALL_RANK,
              └→ 인수를 지정하지 않음        └→ SAL 값을 내림차순으로 정렬
        RANK() OVER (PARTITION BY JOB ORDER BY SAL DESC)
                          └→ JOB(직무)별 파티션 적용

        AS JOB_RANK
FROM EMP;
```

질의 결과

	JOB	ENAME	SAL	ALL_RANK	JOB_RANK
1	PRESIDENT	KING	5000	1	1
2	ANALYST	FORD	3000	2	1
3	ANALYST	SCOTT	3000	2	1
4	MANAGER	JONES	2975	4	1
5	MANAGER	BLAKE	2850	5	2
6	MANAGER	CLARK	2450	6	3
7	SALESMAN	ALLEN	1600	7	1
8	SALESMAN	TURNER	1500	8	2
9	CLERK	MILLER	1300	9	1
10	SALESMAN	WARD	1250	10	3
11	SALESMAN	MARTIN	1250	10	3
12	CLERK	ADAMS	1100	12	2
13	CLERK	JAMES	950	13	3
14	CLERK	SMITH	800	14	4

2. RANK, DENSE_RANK, ROW_NUMBER의 비교

RANK	동일 값에 동일 순위를 부여하며, 다음 순위를 건너뜀 예 (95점, 95점, 93점) → 1등, 1등, 3등 …
DENSE_RANK	동일 값에 동일 순위를 부여하되, 다음 순위를 건너뛰지 않음 예 (95점, 95점, 93점) → 1등, 1등, 2등, …
ROW_NUMBER	동일 값에도 중복되지 않는 다른 순위를 부여 예 (95점, 95점, 93점) → 1등, 2등, 3등, …

질의

```
SELECT   JOB, ENAME, SAL,
         RANK() OVER (ORDER BY SAL DESC) AS RANK,
         DENSE_RANK() OVER (ORDER BY SAL DESC) AS DENSE_RANK,
         ROW_NUMBER() OVER (ORDER BY SAL DESC) AS ROW_NUMBER
FROM     EMP;
```

질의 결과

	JOB	ENAME	SAL	RANK	DENSE_...	ROW_NUMBER
1	PRESIDENT	KING	5000	1	1	1
2	ANALYST	FORD	3000	2	2	2
3	ANALYST	SCOTT	3000	2	2	3
4	MANAGER	JONES	2975	4	3	4
5	MANAGER	BLAKE	2850	5	4	5
6	MANAGER	CLARK				
7	SALESMAN	ALLEN				
8	SALESMAN	TURNER	1500	8	7	8
9	CLERK	MILLER	1300	9	8	9
10	SALESMAN	WARD	1250	10	9	10
11	SALESMAN	MARTIN	1250	10	9	11
12	CLERK	ADAMS	1100	12	10	12
13	CLERK	JAMES	950	13	11	13
14	CLERK	SMITH	800	14	12	14

동일 값 동일 순위 부여 다음 순위 건너뜀

동일 값 동일 순위 부여 다음 순위 건너뛰지 않음

동일 값에 다른 순위 부여

3 집계 윈도우 함수 실습파일 | Company

1. MAX/MIN 함수

그룹 내에서 최댓값 또는 최솟값을 구하는 함수이다. 예를 들어, [EMP] 테이블에서 각 직원이 속한 직무(JOB) 내에서 급여의 최댓값을 출력하는 질의를 작성하면 다음과 같다.

질의

```
SELECT      JOB, ENAME, SAL,
            MAX(SAL) OVER (PARTITION BY JOB) AS JOB_MAX
                              └→ JOB(직무)별 파티션 적용
FROM        EMP
ORDER BY    JOB, ENAME;
```

질의 결과

	JOB	ENAME	SAL	JOB_MAX
1	ANALYST	FORD	3000	3000
2	ANALYST	SCOTT	3000	3000
3	CLERK	ADAMS	1100	1300
4	CLERK	JAMES	950	1300
5	CLERK	MILLER	1300	1300
6	CLERK	SMITH	800	1300
7	MANAGER	BLAKE	2850	2975
8	MANAGER	CLARK	2450	2975
9	MANAGER	JONES	2975	2975
10	PRESIDENT	KING	5000	5000
11	SALESMAN	ALLEN	1600	1600
12	SALESMAN	MARTIN	1250	1600
13	SALESMAN	TURNER	1500	1600
14	SALESMAN	WARD	1250	1600

CLERK의 SAL 값 중 가장 값이 큰 1300이 출력됨

2. SUM / AVG 함수

그룹 내 합계 또는 평균을 계산하며, 특정 조건에 따라 범위를 설정할 수도 있다.

(1) 본인보다 많은 급여를 받는 직원(본인 포함)의 급여 총합

질의

```
SELECT JOB, ENAME, SAL,
       SUM(SAL) OVER
                         ┌→ SAL 내림차순 정렬
       (PARTITION BY JOB ORDER BY SAL DESC RANGE UNBOUNDED PRECEDING)
            └→ JOB(직무)별 파티션 적용              └→ 첫 행 ~ 본인까지의 범위
       AS JOB_SUM
FROM EMP;
```

질의 결과

	JOB	ENAME	SAL	JOB_SUM	
1	ANALYST	FORD	3000	6000	
2	ANALYST	SCOTT	3000	6000	
3	CLERK	MILLER	1300	1300	← 1300(본인)
4	CLERK	ADAMS	1100	2400	← 1300+1100(본인)
5	CLERK	JAMES	950	3350	← 1300+1100+950(본인)
6	CLERK	SMITH	800	4150	← 1300+1100+950+800(본인)
7	MANAGER	JONES	2975	2975	
8	MANAGER	BLAKE	2850	5825	
9	MANAGER	CLARK	2450	8275	
10	PRESIDENT	KING	5000	5000	
11	SALESMAN	ALLEN	1600	1600	← 1600(본인)
12	SALESMAN	TURNER	1500	3100	← 1600+1500(본인)
13	SALESMAN	MARTIN	1250	5600	← 1600+1500+2500(본인과 동률인 값도 포함)
14	SALESMAN	WARD	1250	5600	← 1600+1500+2500(본인과 동률인 값도 포함)

(2) 본인 바로 위 + 본인 + 본인 바로 아래의 급여 합계

질의

```
SELECT   JOB, ENAME, SAL,
         SUM(SAL) OVER (PARTITION BY JOB ORDER BY SAL ASC
         ROWS BETWEEN 1 PRECEDING AND 1 FOLLOWING)
                            └→ 앞의 한 행      └→ 뒤의 한 행
         AS JOB_SUM
FROM EMP;
```

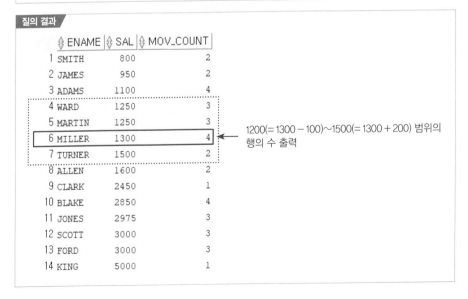

질의 결과

	JOB	ENAME	SAL	JOB_SUM
1	ANALYST	FORD	3000	6000
2	ANALYST	SCOTT	3000	6000
3	CLERK	SMITH	800	1750
4	CLERK	JAMES	950	2850
5	CLERK	ADAMS	1100	3350
6	CLERK	MILLER	1300	2400
7	MANAGER	CLARK	2450	5300
8	MANAGER	BLAKE	2850	8275
9	MANAGER	JONES	2975	5825
10	PRESIDENT	KING	5000	5000
11	SALESMAN	MARTIN	1250	2500
12	SALESMAN	WARD	1250	4000
13	SALESMAN	TURNER	1500	4350
14	SALESMAN	ALLEN	1600	3100

앞의 행(800)
+ 본인(950)
+ 뒤의 행(1100)

3. COUNT 함수

그룹 내 행의 개수를 계산하며, 특정 범위를 기준으로 사용할 수도 있다. 예를 들어, 본인
보다 급여가 100 적은 직원부터 200 많은 직원까지의 총 직원 수를 구하면 다음과 같다.

질의

```
SELECT ENAME, SAL,
       COUNT(*) OVER
       (ORDER BY SAL RANGE BETWEEN 100 PRECEDING AND 200 FOLLOWING)
                                   └ 현재 행-100      └ 현재 행+200
       AS MOV_COUNT
FROM EMP;
```

질의 결과

	ENAME	SAL	MOV_COUNT
1	SMITH	800	2
2	JAMES	950	2
3	ADAMS	1100	4
4	WARD	1250	3
5	MARTIN	1250	3
6	MILLER	1300	4
7	TURNER	1500	2
8	ALLEN	1600	2
9	CLARK	2450	1
10	BLAKE	2850	4
11	JONES	2975	3
12	SCOTT	3000	3
13	FORD	3000	3
14	KING	5000	1

1200(= 1300 − 100)~1500(= 1300 + 200) 범위의
행의 수 출력

4 행 순서 윈도우 함수 실습파일 | Company

1. FIRST_VALUE / LAST_VALUE 함수

FIRST_VALUE 함수는 파티션 내에서 가장 첫 번째 값을 반환하고, LAST_VALUE 함수는 파티션 내에서 가장 마지막 값을 반환한다.

> **질의**
>
> ```
> SELECT  DEPTNO, ENAME, SAL, FIRST_VALUE(ENAME) OVER
>                                └→ 가장 첫 번째 ENAME 출력
>
>         (PARTITION BY DEPTNO ORDER BY SAL DESC, ENAME ASC)
>             └→ DEPTNO(부서 번호)별 파티션 적용
>
>         AS RICH_EMP
>
> FROM EMP;
> ```

> **질의 결과**
>
> | | DEPTNO | ENAME | SAL | RICH_EMP |
> |---|---|---|---|---|
> | 1 | 10 | KING | 5000 | KING |
> | 2 | 10 | CLARK | 2450 | KING |
> | 3 | 10 | MILLER | 1300 | KING |
> | 4 | 20 | FORD | 3000 | FORD |
> | 5 | 20 | SCOTT | 3000 | FORD |
> | 6 | 20 | JONES | 2975 | FORD |
> | 7 | 20 | ADAMS | 1100 | FORD |
> | 8 | 20 | SMITH | 800 | FORD |
> | 9 | 30 | BLAKE | 2850 | BLAKE |
> | 10 | 30 | ALLEN | 1600 | BLAKE |
> | 11 | 30 | TURNER | 1500 | BLAKE |
> | 12 | 30 | MARTIN | 1250 | BLAKE |
> | 13 | 30 | WARD | 1250 | BLAKE |
> | 14 | 30 | JAMES | 950 | BLAKE |
>
> ← DEPTNO 10 파티션 내 가장 첫 번째 값(KING) 출력

2. LAG / LEAD 함수

LAG는 현재 행을 기준으로 이전 N번째 행의 값을 반환하고, LEAD는 현재 행을 기준으로 이후 N번째 행의 값을 반환한다. LAG(SAL, N) 또는 LEAD(SAL, N)와 같은 형식으로 작성하며, LAG(SAL, 1) 또는 LEAD(SAL, 1)와 같이 N 값이 1인 경우 1을 생략할 수 있다 [예 LAG(SAL, 1) = LAG(SAL), LEAD(SAL, 1) = LEAD(SAL)].

> **질의**
>
> ```
> SELECT ENAME, SAL,
>         LAG(SAL, 1) OVER (ORDER BY SAL DESC) AS HIGHER_SAL,
>           └→ 현재 행보다 1개 이전 행 반환
>         LEAD(SAL, 1) OVER (ORDER BY SAL DESC) AS LOWER_SAL
>           └→ 현재 행보다 1개 이후 행 반환
> FROM EMP
> WHERE JOB = 'SALESMAN';
> ```

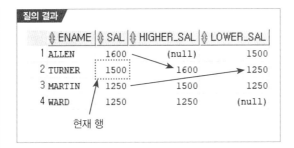

만약 해당되는 행이 존재하지 않을 경우, 대체 값을 지정할 수 있다[⑩ LAG(SAL, 2, 0) → 행이 존재하지 않으면 0 반환]. 예를 들어, 급여를 기준으로 본인보다 2칸 위 직원의 급여를 출력하는 아래 질의에서, 가져올 행이 없는 처음 두 행의 값은 0으로 채워짐을 확인할 수 있다.

질의

```
SELECT    ENAME, SAL,
          LAG(SAL, 2, 0) OVER (ORDER BY SAL DESC) AS HIGHER_SAL
                         └→ 값이 없으면 0을 반환
FROM      EMP;
```

질의 결과

	ENAME	SAL	HIGHER_SAL
1	KING	5000	0	← 가져올 행이 없으므로 0을 반환함
2	FORD	3000	0
3	SCOTT	3000	5000
4	JONES	2975	3000
5	BLAKE	2850	3000
6	CLARK	2450	2975
7	ALLEN	1600	2850
8	TURNER	1500	2450
9	MILLER	1300	1600
10	WARD	1250	1500
11	MARTIN	1250	1300
12	ADAMS	1100	1250
13	JAMES	950	1250
14	SMITH	800	1100

5 비율 윈도우 함수 실습파일 | Company

1. RATIO_TO_REPORT 함수

RATIO_TO_REPORT 함수는 지정한 열에 대해 파티션 내 특정 행의 값이 전체 합(SUM)에서 차지하는 비율을 백분율로 계산한다. 예를 들어, 동일 직무(JOB) 내에서 본인의 급여가 차지하는 비율을 출력하면 다음과 같다.

질의

```
SELECT    JOB, ENAME, SAL,
          ROUND(RATIO_TO_REPORT(SAL) OVER (PARTITION BY JOB), 2)
          AS R_R
FROM      EMP
ORDER BY JOB;
```

질의 결과

	JOB	ENAME	SAL	R_R
1	ANALYST	SCOTT	3000	0.5
2	ANALYST	FORD	3000	0.5
3	CLERK	MILLER	1300	0.31
4	CLERK	JAMES	950	0.23
5	CLERK	SMITH	800	0.19
6	CLERK	ADAMS	1100	0.27
7	MANAGER	BLAKE	2850	0.34
8	MANAGER	JONES	2975	0.36
9	MANAGER	CLARK	2450	0.3
10	PRESIDENT	KING	5000	1
11	SALESMAN	TURNER	1500	0.27
12	SALESMAN	MARTIN	1250	0.22
13	SALESMAN	WARD	1250	0.22
14	SALESMAN	ALLEN	1600	0.29

← ANALYST 전체 SAL의 합(6000)에서 차지하는 비율(= 3000 / 6000)

2. NTILE 함수

NTILE 함수는 파티션 내 행을 N개의 구간으로 나누어 각 행에 구간 번호를 부여한다. 예를 들어, 전체 직원들을 급여 순으로 4개의 그룹으로 분할하는 질의를 수행하면 다음과 같다.

질의

```
SELECT    ENAME, SAL,
          NTILE(4) OVER (ORDER BY SAL DESC) AS 급여구간
FROM      EMP;
```

질의 결과

	ENAME	SAL	급여구간
1	KING	5000	1
2	FORD	3000	1
3	SCOTT	3000	1
4	JONES	2975	1
5	BLAKE	2850	2
6	CLARK	2450	2
7	ALLEN	1600	2
8	TURNER	1500	2
9	MILLER	1300	3
10	WARD	1250	3
11	MARTIN	1250	3
12	ADAMS	1100	4
13	JAMES	950	4
14	SMITH	800	4

3. PERCENT_RANK 함수

PERCENT_RANK 함수는 파티션 내 행의 순서를 백분율로 계산한다. 이때 첫 번째 행의 백분율은 0이고 마지막 행의 백분율은 1이 된다. 예를 들어, 동일 부서(**DEPTNO**) 내에서 본인의 급여가 상위 몇 %인지 출력하는 질의는 다음과 같다.

질의

```
SELECT   DEPTNO, ENAME, SAL,
         100 * (PERCENT_RANK()
         OVER (PARTITION BY DEPTNO ORDER BY SAL DESC)) || '%' AS P_R
FROM     EMP;
```

질의 결과

	DEPTNO	ENAME	SAL	P_R
1	10	KING	5000	0%
2	10	CLARK	2450	50%
3	10	MILLER	1300	100%
4	20	SCOTT	3000	0%
5	20	FORD	3000	0%
6	20	JONES	2975	50%
7	20	ADAMS	1100	75%
8	20	SMITH	800	100%
9	30	BLAKE	2850	0%
10	30	ALLEN	1600	20%
11	30	TURNER	1500	40%
12	30	MARTIN	1250	60%
13	30	WARD	1250	60%
14	30	JAMES	950	100%

DEPTNO가 20인 파티션에는 총 5건의 데이터가 있으므로, 첫 번째 행에서 0을 시작으로 25%씩 백분율이 증가한다.
1행: 0%, 2행: 0%, 3행: 50%, 4행: 75%, 5행: 100%

단, 동일한 값을 가진 경우에는 작은 백분율을 동일하게 적용한다. 따라서, 동일한 값을 가지는 1행과 2행의 백분율은 0%로 출력된다.

4. CUME_DIST 함수

CUME_DIST 함수는 현재 행보다 작거나 같은 값의 누적 개수를 기준으로 백분율을 계산하며, 항상 0 초과, 1 이하의 값을 가진다. 예를 들어, 동일 부서(DEPTNO) 내에서 본인의 급여가 누적 순서로 몇 %인지 출력하면 다음과 같다.

질의

```
SELECT   DEPTNO, ENAME, SAL,
         ROUND(100 * (CUME_DIST()
         OVER (PARTITION BY DEPTNO ORDER BY SAL DESC)), 2) || '%' AS CUME
FROM     EMP;
```

질의 결과

	DEPTNO	ENAME	SAL	CUME
1	10	KING	5000	33.33%
2	10	CLARK	2450	66.67%
3	10	MILLER	1300	100%
4	20	SCOTT	3000	40%
5	20	FORD	3000	40%
6	20	JONES	2975	60%
7	20	ADAMS	1100	80%
8	20	SMITH	800	100%
9	30	BLAKE	2850	16.67%
10	30	ALLEN	1600	33.33%
11	30	TURNER	1500	50%
12	30	MARTIN	1250	83.33%
13	30	WARD	1250	83.33%
14	30	JAMES	950	100%

DEPTNO가 20인 파티션에는 총 5건의 데이터가 있으므로, 각 행은 20%씩 누적된다.
1행: 40%, 2행: 40%, 3행: 60%,
4행: 80%, 5행: 100%

단, 동일한 값을 가진 경우에는 큰 백분율을 동일하게 적용한다. 따라서, 동일한 값을 가지는 1행과 2행의 백분율은 40%로 출력된다.

01

집계 함수를 사용할 수 <u>없는</u> 절은?

① SELECT 절
② ORDER BY 절
③ HAVING 절
④ WHERE 절

| 해설 | 집계 함수는 SELECT, HAVING, ORDER BY 절에서 사용할 수 있지만, WHERE 절에서는 사용할 수 없다.

02

아래 SQL의 실행 결과는?

[직원]

EMP_ID	NAME	JOB	SAL
E001	John	Manager	5000
E002	Mike	Developer	4000
E003	Sarah	Developer	4500
E004	Emma	Analyst	NULL
E005	David	Developer	4300

[SQL]
```
SELECT COUNT(SAL) AS COUNT,
       SUM(SAL) AS SUM,
       AVG(SAL) AS AVG
FROM 직원;
```

①

COUNT	SUM	AVG
4	17800	4450

②

COUNT	SUM	AVG
5	17800	4450

③

COUNT	SUM	AVG
5	NULL	NULL

④

COUNT	SUM	AVG
4	17800	NULL

| 해설 | 집계 함수는 NULL 값을 제외하고 계산한다. 따라서 COUNT(SAL) AS COUNT는 NULL을 제외한 4개, SUM(SAL) AS SUM은 NULL을 제외한 합계인 17800, AVG(SAL) AS AVG는 NULL을 제외한 평균인 4450이 출력된다.

03

아래 SQL의 실행 결과는?

[주문]

ID	NAME	REGION
ID001	John	EAST
ID002	Mike	WEST
ID003	Sarah	NORTH
ID004	Emma	EAST
ID005	David	NULL

[SQL]
```
SELECT COUNT(DISTINCT REGION)
FROM 주문;
```

① NULL
② 3
③ 4
④ 5

| 해설 | DISTINCT 키워드는 동일한 값을 갖는 데이터를 하나로 간주하여 연산을 수행한다. 또한, COUNT 함수는 기본적으로 NULL 값을 제외하고 개수를 계산한다. REGION 값은 EAST, WEST, NORTH, NULL로 구성되어 있는데 NULL 값은 제외되므로 EAST, WEST, NORTH의 3개 값만 계산된다. 따라서 실행 결과는 3이 출력된다.

| 정답 | 01 ④   02 ①   03 ②

04

아래 요구조건을 참고할 때, SQL의 빈칸 ㉠, ㉡, ㉢에 들어갈 내용으로 가장 적절한 것은?

[요구조건]
부서별로 묶어 부서명과 평균급여를 출력하되, 평균급여의 내림차순으로 정렬하시오.

[SQL]
SELECT 부서명, AVG(급여) AS 평균급여
FROM 직원
　㉠　　부서명
　㉡　　평균급여　㉢　;

① ㉠ HAVING, ㉡ ORDER BY, ㉢ DESC
② ㉠ HAVING, ㉡ GROUP BY, ㉢ ASC
③ ㉠ GROUP BY, ㉡ ORDER BY, ㉢ DESC
④ ㉠ GROUP BY, ㉡ ORDER BY, ㉢ ASC

| 해설 | 요구사항에 따라 부서별로 그룹화하기 위해 ㉠에는 GROUP BY 절이 필요하며, 평균급여를 내림차순으로 정렬해야 하므로 정렬을 위한 ORDER BY 절이 ㉡에, 내림차순 키워드인 DESC가 ㉢에 입력되어야 한다.

05

아래 SQL을 실행할 때 오류가 발생하는 것을 모두 고른 것은?

[선수]

TEAM_ID	NAME	HEIGHT
TEAM_RED	강감찬	180
TEAM_RED	김유신	172
TEAM_BLUE	이순신	191
TEAM_RED	이순신	178
TEAM_BLACK	이몽룡	174
TEAM_BLUE	이춘향	168

[SQL]
(가) SELECT TEAM_ID, COUNT(*) C1,
　　　　　ROUND(AVG(HEIGHT), 1) C2
　　FROM 선수
　　GROUP BY TEAM_ID;
(나) SELECT TEAM_ID, NAME, COUNT(*) C1,
　　　　　ROUND(AVG(HEIGHT), 1) C2
　　FROM 선수
　　GROUP BY TEAM_ID;
(다) SELECT TEAM_ID, COUNT(*) C1,
　　　　　ROUND(AVG(HEIGHT), 1) C2
　　FROM 선수;
(라) SELECT COUNT(*) C1,
　　　　　ROUND(AVG(HEIGHT), 1) C2
　　FROM 선수;

① (가), (나)
② (나), (다)
③ (다), (라)
④ (가), (나), (다)

| 해설 | (나) TEAM_ID을 기준으로 그룹화하였으나, SELECT 절에 그룹화 기준이 아닌 개별 칼럼(NAME)이 포함되어 오류가 발생한다.
(다) GROUP BY 절이 생략된 상태에서 테이블 전체를 기준으로 집계 함수가 실행되었지만, SELECT 절에 집계 함수 이외의 개별 칼럼(TEAM_ID)이 포함되어 오류가 발생한다.

06

아래 SQL의 실행 결과는?

[T1]

ID	AMOUNT
ID001	100
ID002	200
ID003	200

[T2]

ID	AMOUNT
ID003	200
ID004	300

[SQL]
```
SELECT ID, AMOUNT, COUNT(*) AS CNT
FROM (SELECT ID, AMOUNT FROM T1
      UNION ALL
      SELECT ID, AMOUNT FROM T2)
GROUP BY ID, AMOUNT
ORDER BY ID;
```

①

ID	AMOUNT	CNT
ID003	200	2

②

ID	AMOUNT	AMOUNT
ID001	100	1
ID002	200	1
ID004	300	1

③

ID	AMOUNT	CNT
ID001	100	1
ID002	200	1
ID003	200	2
ID004	300	1

④

ID	AMOUNT	CNT
ID001	100	1
ID002	200	1
ID003	200	1
ID003	200	1
ID004	300	1

| 해설 | [T1]과 [T2]의 데이터를 UNION ALL에 따라 중복을 제거하지 않고 모두 포함시키며, GROUP BY로 ID와 AMOUNT 값이 같은 행을 그룹화하고 COUNT(*)로 개수를 센다. ID003과 200의 조합은 2개 존재하므로 CNT = 2로 표시되며, ID 칼럼을 기준으로 오름차순 정렬된다.

07

아래 SQL의 실행 결과는? (단, DBMS는 오라클로 가정함)

[직원]

EMP_ID	JOB	SAL	BONUS
E001	Manager	5000	100
E002	Developer	4000	300
E003	Developer	NULL	NULL
E004	Analyst	4200	150
E005	Manager	NULL	100
E006	Analyst	4500	NULL
E007	NULL	NULL	500

[SQL]
```
SELECT JOB, MAX(SAL) AS C1,
  AVG(SAL) AS C2, SUM(SAL + BONUS) AS C3
FROM 직원
GROUP BY JOB
ORDER BY C3 DESC;
```

①

JOB	C1	C2	C3
Manager	5000	5000	5100
Analyst	4500	4350	4350
Developer	4000	4000	4300

②

JOB	C1	C2	C3
NULL	NULL	NULL	NULL
Manager	5000	5000	5100
Analyst	4500	4350	4350
Developer	4000	4000	4300

③

JOB	C1	C2	C3
NULL	NULL	NULL	500
Manager	5000	5000	5100
Analyst	4500	4350	4350
Developer	4000	4000	4300

④

JOB	C1	C2	C3
NULL	NULL	250	500
Manager	5000	5000	5100
Analyst	4500	4350	4350
Developer	4000	4000	4300

| 해설 | GROUP BY 절은 NULL 데이터도 집계에 포함하므로, JOB 값은 (Manager, Developer, Analyst, NULL)로 그룹화되며, 각 그룹의 SAL 집계 결과는 다음과 같다.

- Manager 그룹: MAX(SAL) 값은 5000이며, 평균 SAL 값은 5000으로 계산된다. SAL + BONUS = 5000 + 100 = 5100이다.
- Developer 그룹: MAX(SAL) 값은 4000이며, 평균 SAL 값은 4000으로 계산된다. SAL + BONUS는 4000 + 300 = 4300이다.
- Analyst 그룹: MAX(SAL) 값은 4500이며, 평균 SAL 값은 (4200 + 4500) ÷ 2 = 4350으로 계산된다. SAL + BONUS는 4200 + 150 = 4350이다.
- NULL 그룹: MAX(SAL) 값과 평균 SAL 값은 NULL이며, SAL + BONUS는 NULL이므로 SUM() 값은 NULL로 처리된다.

결과는 SAL + BONUS의 합계 기준으로 내림차순 정렬되며, 최종 출력 결과는 (NULL, NULL, NULL, NULL), (Manager, 5000, 5000, 5100), (Analyst, 4500, 4350, 4350), (Developer, 4000, 4000, 4300)이 출력된다.

08

아래 SQL의 실행 결과는?

[직원]

EMP_ID	NAME	JOB	SAL	DEPT_ID
E001	John	Manager	5000	D01
E002	Mike	Developer	4000	D02
E003	Sarah	Developer	4500	D01
E004	Emma	Analyst	4200	D02
E005	David	Developer	4300	D01

[SQL]
```
SELECT DEPT_ID, JOB, AVG(SAL) AS AVG_SAL
FROM 직원
GROUP BY DEPT_ID, JOB
HAVING AVG(SAL) >= 4000;
```

①

DEPT_ID	JOB	AVG_SAL
D01	Manager	5000
D01	Developer	4400

②

DEPT_ID	JOB	AVG_SAL
D01	Manager	5000
D02	Analyst	4200

③

DEPT_ID	JOB	AVG_SAL
D01	Developer	4400
D02	Developer	4000

④

DEPT_ID	JOB	AVG_SAL
D01	Manager	5000
D02	Analyst	4200
D02	Developer	4000
D01	Developer	4400

| 해설 | DEPT_ID와 JOB 값은 (D01, Manager), (D02, Developer), (D01, Developer), (D02, Analyst)로 그룹화되며, 각 그룹의 SAL 평균 값은 각각 5000, 4000, 4400, 4200으로 계산된다. 이후 HAVING 절에서는 평균 값이 4000 이상인 값만 필터링하지만 평균 값 데이터가 모두 4000 이상이므로 최종 결과는 (D01, Manager, 5000), (D02, Developer, 4000), (D01, Developer, 4400), (D02, Analyst, 4200)이 출력된다.

09

SELECT 문의 실행 순서로 가장 적절한 것은?

> (가) SELECT
> (나) WHERE
> (다) GROUP BY
> (라) HAVING
> (마) ORDER BY
> (바) FROM

① (바) − (다) − (나) − (라) − (가) − (마)
② (바) − (나) − (다) − (라) − (가) − (마)
③ (바) − (나) − (라) − (다) − (가) − (마)
④ (가) − (바) − (나) − (다) − (마) − (라)

| 해설 | 'FROM(바) − WHERE(나) − GROUP BY(다) − HAVING(라) − SELECT(가) − ORDER BY(마)' 순이다.

10

아래 SQL을 수행할 경우 세 번째 행의 결과로 가장 적절한 것은?

[선수]

ID	NAME	POSITION	GOAL
P001	손흥민	FW	25
P002	김민재	DF	10
P003	이강인	MF	15
P004	황희찬	FW	18
P005	정우영	MF	12
P006	박지성	MF	8
P007	차범근	FW	20
P008	안정환	FW	17
P009	기성용	MF	11

[SQL]
```
SELECT NAME, GOAL
FROM (
    SELECT NAME, GOAL
    FROM 선수
    ORDER BY GOAL DESC
)
WHERE ROWNUM <= 5;
```

① 박지성, 8
② 기성용, 11
③ 황희찬, 18
④ 이강인, 15

| 해설 | SELECT NAME, GOAL FROM PLAYER ORDER BY GOAL DESC GOAL에 의해 GOAL을 기준으로 (손흥민, 25), (차범근, 20), (황희찬, 18), (안정환, 17), (이강인, 15) … 와 같이 내림차순으로 정렬된다. 이후 ROWNUM <= 5 조건에 의해 상위 5개의 행만 선택되며, 정렬된 결과에서 세 번째에 위치한 값은 (황희찬, 18)이므로 최종 결과는 (황희찬, 18)이 출력된다.

11

ROLLUP, CUBE, GROUPING SETS에 대한 설명으로 가장 적절한 것은?

① CUBE는 지정한 칼럼의 일부 조합에 대해서만 집계를 수행한다.
② ROLLUP은 계층적 구조의 집계를 위해 사용되며, 인수의 순서가 결과에 영향을 준다.
③ GROUPING SETS는 항상 ROLLUP과 같은 계층 구조로 집계를 수행한다.
④ CUBE는 ROLLUP에 비해 시스템에 부담이 적다.

| 해설 | ROLLUP은 지정된 칼럼 순서대로 소계를 계산하므로, 인수 순서가 결과에 영향을 준다.
① CUBE는 지정된 칼럼의 모든 조합에 대해 소계를 계산한다.
③ GROUPING SETS는 계층 구조와는 관련이 없다.
④ CUBE는 모든 조합의 소계를 계산하므로 시스템에 많은 부하가 발생한다.

12

아래 두 SQL이 같은 결과를 출력할 때, 빈칸 ㉠에 들어갈 내용으로 가장 적절한 것은?

```
[SQL1]
SELECT JOB, SUM(SALARY) AS SUM_SAL
FROM EMPLOYEE
GROUP BY JOB
UNION ALL
SELECT NULL, SUM(SALARY) AS SUM_SAL
FROM EMPLOYEE;

[SQL2]
SELECT JOB, SUM(SALARY) AS SUM_SAL
FROM EMPLOYEE
GROUP BY    ㉠    ;
```

① ROLLUP(JOB)
② GROUPING SETS(JOB)
③ ROLLUP(JOB, SALARY)
④ GROUPING SETS(JOB, SALARY)

| 해설 | [SQL1]은 JOB을 기준으로 그룹화하여 각 그룹의 SALARY 합계 값을 계산한 후, UNION ALL을 통해 전체 총계를 포함하였다. [SQL2]에서 ROLLUP(JOB)은 그룹화된 값의 합계뿐 아니라 전체 총계를 자동으로 계산하여 추가하므로, UNION ALL을 사용한 결과와 동일한 출력이 생성된다.

13

아래 SQL에 대한 설명으로 가장 적절하지 <u>않은</u> 것은?

```
[SQL]
SELECT JOB, DEPTNO, SUM(SAL)
FROM EMP
GROUP BY ROLLUP((JOB), (DEPTNO));
```

① JOB과 DEPTNO의 조합별 집계가 생성된다.
② JOB별 소계가 포함된다.
③ 전체 집계 행이 결과에 포함된다.
④ ROLLUP((JOB, DEPTNO))의 결과와 동일하다.

| 해설 | ROLLUP((JOB), (DEPTNO))은 JOB과 DEPTNO의 세부 조합, JOB별 소계, 전체 합계까지 집계 결과를 생성한다. 한편, ROLLUP((JOB, DEPTNO))은 집계 결과로 JOB과 DEPTNO의 세부 조합, 전체 합계를 생성한다.

14

아래 두 SQL이 같은 결과를 출력할 때, 빈칸 ㉠에 들어갈 내용으로 가장 적절한 것은?

```
[SQL1]
SELECT CATEGORY, PRODUCT,
       SUM(PRICE) AS TOTAL_PRICE
FROM PRODUCTS
GROUP BY ROLLUP(CATEGORY, PRODUCT)
UNION
SELECT CATEGORY, PRODUCT,
       SUM(PRICE) AS TOTAL_PRICE
FROM PRODUCTS
GROUP BY ROLLUP(PRODUCT, CATEGORY);

[SQL2]
SELECT CATEGORY, PRODUCT,
       SUM(PRICE) AS TOTAL_PRICE
FROM PRODUCTS
GROUP BY    ㉠    ;
```

① ROLLUP(CATEGORY, PRODUCT)
② CUBE(CATEGORY, PRODUCT)
③ GROUPING SETS((CATEGORY, PRODUCT),
   (PRODUCT, CATEGORY))
④ UNION(CATEGORY, PRODUCT)

| 해설 | [SQL1]은 ROLLUP(CATEGORY, PRODUCT)와 ROLLUP(PRODUCT, CATEGORY)의 결과를 UNION으로 결합한 결과를 나타낸다. CUBE(CATEGORY, PRODUCT)는 서로 다른 순서로 수행한 ROLLUP의 결과를 조합하여 구현하므로, ㉠에 들어갈 내용은 CUBE(CATEGORY, PRODUCT)이다.

15

SQL의 실행 결과가 아래와 같을 때, 빈칸 ㉠에 들어갈 내용으로 가장 적절한 것은?

[SQL]
```
SELECT CATEGORY, REGION, SUM(SALES)
FROM SALES_DATA
GROUP BY          ㉠          ;
```

[실행 결과]

CATEGORY	REGION	SUM(SALES)
A	East	100
A	West	200
A	NULL	300
B	East	150
B	West	250
B	NULL	400
NULL	East	250
NULL	West	450
NULL	NULL	700

① ROLLUP(CATEGORY, REGION)
② CUBE(CATEGORY, REGION)
③ GROUPING SETS((CATEGORY, REGION), (REGION), ( ))
④ GROUPING SETS((CATEGORY, REGION), (CATEGORY), (REGION))

| 해설 | 해당 실행 결과는 (CATEGORY, REGION), (CATEGORY), (REGION), ( )(전체 합계)와 같이 CATEGORY와 REGION 칼럼의 모든 가능한 조합에 대해 집계한 것이다. 이는 CUBE(CATEGORY, REGION) 구문을 사용했을 때 생성되는 결과와 일치한다.

16

아래 SQL의 실행 결과는?

[판매]

SALE_ID	P_NO	C_NO	QTY
1001	P001	C001	3
1002	P002	C001	2
1003	P001	C002	4
1004	P002	C002	1
1005	P003	C001	5

[SQL]
```
SELECT P_NO, C_NO,
       SUM(QTY) AS T_QTY
FROM 판매
GROUP BY GROUPING SETS(P_NO, C_NO, ());
```

①

P_NO	C_NO	T_QTY
P001	NULL	7
P002	NULL	3
P003	NULL	5
NULL	C001	10
NULL	C002	5

②

P_NO	C_NO	T_QTY
P001	NULL	7
P002	NULL	3
P003	NULL	5
NULL	C001	10
NULL	C002	5
NULL	NULL	15

③

P_NO	C_NO	T_QTY
P001	C001	3
P002	C001	2
P001	C002	4
P002	C002	1
P003	C001	5
NULL	NULL	15

④

P_NO	C_NO	T_QTY
NULL	C001	10
NULL	C002	5
P001	C001	3
P002	C001	2
P001	C002	4
P002	C002	1
P003	C001	5
NULL	NULL	15

| 해설 | GROUPING SETS는 각 칼럼을 기준으로 개별적으로 GROUP BY 를 수행한 후, 그 결과를 UNION ALL을 통해 결합한 것과 동일한 결과를 출력한다. 따라서 P_NO 기준에 따라 (P001, NULL, 7), (P002, NULL, 3), (P003, NULL, 5)를 출력하고, C_NO 기준에 따라 (NULL, C001, 10), (NULL, C002, 5)를 출력하며, 전체 총 판매 수량인 (NULL, NULL, 15)를 출력한다.

17

아래 SQL의 실행 결과와 동일한 것은?

```
[SQL]
SELECT JOB, DEPTNO, SUM(SAL)
FROM EMP
GROUP BY ROLLUP(JOB, DEPTNO);
```

① SELECT JOB, DEPTNO, SUM(SAL)
  FROM EMP
  GROUP BY CUBE(JOB, DEPTNO);
② SELECT JOB, DEPTNO, SUM(SAL)
  FROM EMP
  GROUP BY ROLLUP((JOB, DEPTNO));
③ SELECT JOB, DEPTNO, SUM(SAL)
  FROM EMP
  GROUP BY GROUPING SETS((JOB, DEPTNO),
  (JOB), ());
④ SELECT JOB, DEPTNO, SUM(SAL)
  FROM EMP
  GROUP BY GROUPING SETS((JOB, DEPTNO),
  (JOB), (DEPTNO), ());

| 해설 | ROLLUP(JOB, DEPTNO)은 JOB과 DEPTNO에 대해 계층적으로 집계를 수행하는 구문으로, (JOB, DEPTNO), (JOB), () 세 가지 집계 결과를 생성한다. 이는 GROUPING SETS((JOB, DEPTNO), (JOB), ())와 동일한 결과를 만들어낸다.

18

아래 SQL의 실행 결과와 동일한 것은?

```
[SQL]
SELECT JOB, DEPTNO, SUM(SAL)
FROM EMP
GROUP BY GROUPING SETS(
        (JOB, DEPTNO), (JOB), (DEPTNO), ());
```

① SELECT JOB, DEPTNO, SUM(SAL)
  FROM EMP
  GROUP BY ROLLUP(JOB, DEPTNO);
② SELECT JOB, DEPTNO, SUM(SAL)
  FROM EMP
  GROUP BY ROLLUP((JOB, DEPTNO));
③ SELECT JOB, DEPTNO, SUM(SAL)
  FROM EMP
  GROUP BY ROLLUP((JOB), (DEPTNO));
④ SELECT JOB, DEPTNO, SUM(SAL)
  FROM EMP
  GROUP BY CUBE(JOB, DEPTNO);

| 해설 | GROUPING SETS((JOB, DEPTNO), (JOB), (DEPTNO), ())는 지정한 각 조합에 대해 집계를 수행하는 구문으로, JOB과 DEPTNO의 세부 조합뿐 아니라 각각의 소계, 그리고 전체 합계를 모두 포함한다. 이와 동일한 집계 결과를 생성하는 GROUP BY 구문은 CUBE(JOB, DEPTNO)이다. CUBE는 두 칼럼의 모든 조합에 대해 집계를 수행하므로, GROUPING SETS에 명시된 네 가지 조합과 일치하는 결과를 만든다.

| 정답 | 16 ② 17 ③ 18 ④

19

아래 SQL에 대한 설명으로 가장 적절한 것은?

```
[SQL]
SELECT *
FROM (SELECT REGION, QUARTER,
      AMOUNT FROM SALES)
PIVOT (
      SUM(AMOUNT)
      FOR QUARTER IN ('Q1', 'Q2', 'Q3', 'Q4')
)
ORDER BY REGION;
```

① QUARTER별로 정렬된 행 데이터가 출력된다.

② REGION별로 QUARTER 값을 열로 바꾸어 요약된 결과가 출력된다.

③ PIVOT 절에서 GROUP BY 절을 사용하지 않아 오류가 발생한다.

④ SUM 대신 COUNT나 MAX는 사용할 수 없다.

| 해설 | [SALES] 테이블에서 REGION, QUARTER, AMOUNT를 조회한 후, PIVOT 구문을 사용하여 QUARTER 값을 열로 회전시키고 각 분기별 AMOUNT 합계를 구하는 쿼리이다. 이때 FOR QUARTER IN 절을 통해 'Q1' 부터 'Q4'까지 각 분기를 열로 설정하고, SUM(AMOUNT)을 통해 각 지역 (REGION)별 분기별 총액을 계산한다.
① QUARTER 값을 열(column)로 회전시키는 PIVOT 문이다.
③ GROUP BY 절은 PIVOT 문 안에서 암묵적으로 처리되기 때문에 별도로 명시할 필요가 없다.
④ SUM 외에도 COUNT, MAX, MIN 등 다양한 집계 함수 사용이 가능하다.

20

SQL의 실행 결과가 아래와 같을 때, 빈칸 ㉠, ㉡, ㉢에 들어 갈 내용으로 가장 적절한 것은?

[매출현황]

지점	1월	2월
강남	100	120
홍대	80	90
신촌	110	100

[SQL]
```
SELECT *
  FROM 매출현황
   ㉠   (금액  ㉡  월  ㉢  ("1월",
  "2월"));
```

[실행 결과]

지점	월	금액
강남	1월	100
강남	2월	120
홍대	1월	80
홍대	2월	90
신촌	1월	110
신촌	2월	100

① ㉠ PIVOT, ㉡ IN, ㉢ FOR

② ㉠ PIVOT, ㉡ FOR, ㉢ IN

③ ㉠ UNPIVOT, ㉡ FOR, ㉢ IN

④ ㉠ UNPIVOT, ㉡ IN, ㉢ FOR

| 해설 | [매출현황] 테이블은 '1월', '2월'이 각각 열로 존재하는 형태인데, [실행 결과]에서는 각 월이 행으로 바뀌고 해당 금액이 함께 출력되고 있다. 이처럼 열을 행으로 전환할 때 사용하는 함수가 UNPIVOT이며, ㉠에는 UNPIVOT, ㉡에는 FOR, ㉢에는 IN이 들어가야 한다.

21

윈도우 함수에 대한 설명으로 가장 적절하지 <u>않은</u> 것은?

① 윈도우 함수는 다른 행과의 관계를 기반으로 계산을 수행할 수 있다.

② 윈도우 함수는 OVER 절을 통해 파티션과 정렬 기준을 지정할 수 있다.

③ 윈도우 함수는 다른 윈도우 함수 내부에서 중첩 사용이 가능하다.

④ 윈도우 함수는 메인쿼리뿐 아니라 서브쿼리에서도 사용할 수 있다.

| 해설 | 윈도우 함수는 다른 윈도우 함수 내부에서 중첩하여 사용할 수 없다.

22

순위 함수 중 하나로, 동일한 값에 동일한 순위를 부여하고, 다음 순위를 건너뛰지 않는 함수로 가장 적절한 것은?

① RANK
② ROW_NUMBER
③ DENSE_RANK
④ NTILE

| 해설 | DENSE_RANK 함수는 동일한 값에 동일한 순위를 부여하고, 다음 순위를 건너뛰지 않고 연속된 순위를 유지한다.
① RANK 함수는 동일한 값에 동일한 순위를 부여하지만, 다음 순위는 건너뛴다.
② ROW_NUMBER 함수는 동일한 값에도 다른 순위를 부여하며, 중복 순위가 발생하지 않는다.
④ NTILE 함수는 데이터를 N개의 그룹으로 나누어 그룹 번호를 부여한다.

23

아래 SQL의 실행 결과는?

[SCORE]

NO	NAME	SCORE
1	강감찬	95
2	김유신	90
3	정약용	90
4	전봉준	85
5	이순신	80

[SQL]
```
SELECT NO,
  RANK() OVER (
    ORDER BY SCORE DESC) AS C1,
  DENSE_RANK() OVER (
    ORDER BY SCORE DESC) AS C2,
  ROW_NUMBER() OVER (
    ORDER BY SCORE DESC) AS C3
FROM SCORE;
```

①

NO	C1	C2	C3
1	1	1	1
2	2	2	2
3	2	3	2
4	4	4	3
5	5	5	4

②

NO	C1	C2	C3
1	1	1	1
2	2	2	2
3	3	2	2
4	4	3	4
5	5	4	5

③

NO	C1	C2	C3
1	1	1	1
2	2	2	2
3	2	2	3
4	3	4	4
5	4	5	5

④

NO	C1	C2	C3
1	1	1	1
2	2	2	2
3	2	2	3
4	4	3	4
5	5	4	5

| 해설 | • RANK( )는 동일한 점수에 대해 같은 순위를 부여하되, 그 다음 순위는 건너뛴다. [SCORE] 테이블과 같이 90점이 2명인 경우 두 사람 모두 2등이 되고, 다음 순위는 4등이 된다.

• DENSE_RANK( )는 동일한 점수에 같은 순위를 부여하지만, 그 다음 순위는 건너뛰지 않고 연속해서 부여된다. 즉, 90점이 두 명이면 두 명 모두 2등이 되고, 다음 순위는 3등이 된다.

• ROW_NUMBER( )는 동일한 점수가 있어도 순위를 고유하게 매기며, 무조건 1부터 1씩 증가한다.

24

아래 SQL의 실행 결과는?

[학생]

학번(PK)	이름
S001	김철수
S002	이영희
S003	박민수
S004	최지우
S005	한예슬

[성적]

학기(PK)	학번(PK)	점수
202501	S001	85
202501	S002	90
202501	S003	75
202501	S004	90
202501	S005	80
202502	S001	80
202502	S002	85
202502	S004	95
202502	S005	90
202503	S002	70
202503	S003	85
202503	S004	95
202503	S005	100

[SQL]

```
SELECT  학번, 이름, 총점,
  RANK() OVER (ORDER BY 총점 DESC) AS 순위
FROM (SELECT A.학번,
      MAX(A.이름) AS 이름,
      SUM(B.점수) AS 총점
      FROM 학생 A JOIN 성적 B
      ON A.학번 = B.학번
      GROUP BY A.학번)
ORDER BY 순위;
```

①

학번	이름	총점	순위
S005	한예슬	270	1
S004	최지우	280	1
S002	이영희	245	2
S001	김철수	165	3
S003	박민수	160	4

②

학번	이름	총점	순위
S004	최지우	280	1
S005	한예슬	270	2
S002	이영희	245	3
S001	김철수	165	4
S003	박민수	160	5

③

학번	이름	총점	순위
S005	한예슬	270	2
S004	최지우	280	1
S002	이영희	245	3
S001	김철수	165	4
S003	박민수	160	5

④

학번	이름	총점	순위
S001	김철수	165	1
S002	이영희	245	2
S003	박민수	160	3
S004	최지우	280	4
S005	한예슬	270	5

| 해설 | [학생]과 [성적] 테이블을 조인한 뒤, 학번을 기준으로 그룹화하여 각 학생의 총점을 구한 다음, 그 총점을 기준으로 내림차순 정렬하여 순위를 매기는 쿼리이다. MAX(A.이름)는 그룹별 이름이 하나이므로 학생 이름을 가져오는 데 문제 없으며, SUM(B.점수)를 통해 학생별 전체 점수를 구한다. 이후 RANK() 함수를 사용하면 동점자 처리 시 순위가 건너뛰고 부여된다. 하지만 해당 문제에서는 총점이 모두 다르므로 순위는 1등부터 5등까지 순차적으로 부여된다. 각 총점을 계산하면 최지우(280점), 한예슬(270점), 이영희(245점), 김철수(165점), 박민수(160점)이며, 총점이 높은 순서로 순위가 부여된다.

25

아래 SQL의 실행 결과는?

[매출내역]

매출번호	일자	매출금액	지역
1	25/02/01	1500	동부
2	25/02/01	2500	동부
3	25/02/02	3000	동부
4	25/02/03	4000	서부
5	25/02/04	5000	서부
6	25/02/05	6000	서부

[SQL]
```
SELECT 매출번호, 일자,
    SUM(매출금액) OVER(
        ORDER BY 일자) AS 누적매출,
    DENSE_RANK() OVER(
        PARTITION BY 지역
        ORDER BY 매출금액 DESC) AS 순위
FROM 매출내역;
```

①

매출번호	일자	누적매출	순위
1	25/02/01	4000	3
2	25/02/01	4000	2
3	25/02/02	7000	1
4	25/02/03	11000	3
5	25/02/04	16000	2
6	25/02/05	22000	1

②

매출번호	일자	누적매출	순위
1	25/02/01	1500	1
2	25/02/01	4000	1
3	25/02/02	7000	1
4	25/02/03	11000	3
5	25/02/04	16000	2
6	25/02/05	22000	1

③

매출번호	일자	누적매출	순위
1	25/02/01	1500	3
2	25/02/01	4000	2
3	25/02/02	7000	1
4	25/02/03	11000	3
5	25/02/04	16000	2
6	25/02/05	22000	1

④

매출번호	일자	누적매출	순위
1	25/02/01	4000	1
2	25/02/01	4000	2
3	25/02/02	7000	3
4	25/02/03	11000	1
5	25/02/04	16000	2
6	25/02/05	22000	3

| 해설 | SUM(매출금액) OVER(ORDER BY 일자)는 전체 데이터를 일자 기준으로 정렬한 뒤, 각 행까지의 누적 합계를 계산하는 윈도우 함수이다. 동일한 일자를 가진 행이 여러 개 있을 경우, 해당 일자의 모든 매출금액을 더한 값이 누적된다. 예를 들어, 25/02/01에 1500과 25000이 있으므로, 1행과 2행 모두 누적매출은 4000으로 동일하다.
또한 DENSE_RANK() OVER(PARTITION BY 지역 ORDER BY 매출금액 DESC)는 지역별로 매출금액이 큰 순서대로 순위를 매기되, 동일한 값에 같은 순위를 부여하고, 순위가 건너뛰지 않도록 하는 함수이다. 동부 지역은 3000, 2500, 1500 순으로 1, 2, 3등이 부여되고, 서부 지역은 6000, 5000, 4000 순으로 역시 1, 2, 3등이 부여된다.

26

아래 SQL의 실행 결과는?

[매출]

지점	월	매출액
서울	202501	100
서울	202502	200
서울	202503	300
부산	202501	150
부산	202502	250
부산	202503	350

[SQL]
```
SELECT 지점, 월, 매출액,
  SUM(매출액) OVER (
  PARTITION BY 지점 ORDER BY 월
  ROWS BETWEEN UNBOUNDED PRECEDING
  AND CURRENT ROW) AS 누적합계,
  AVG(매출액) OVER (
  PARTITION BY 지점 ORDER BY 월
  ROWS BETWEEN 1 PRECEDING AND CURRENT ROW)
  AS 이동평균
FROM 매출;
```

①
지점	월	매출액	누적합계	이동평균
부산	202501	150	150	150
부산	202502	250	400	200
부산	202503	350	750	300
서울	202501	100	100	100
서울	202502	200	300	150
서울	202503	300	600	250

②
지점	월	매출액	누적합계	이동평균
서울	202501	100	100	NULL
서울	202502	200	300	150
서울	202503	300	600	250
부산	202501	150	150	NULL
부산	202502	250	400	200
부산	202503	350	750	300

③
지점	월	매출액	누적합계	이동평균
서울	202501	100	100	100
서울	202502	200	300	200
서울	202503	300	600	300
부산	202501	150	150	150
부산	202502	250	400	250
부산	202503	350	750	350

④
지점	월	매출액	누적합계	이동평균
부산	202501	150	150	NULL
부산	202502	250	400	250
부산	202503	350	750	350
서울	202501	100	100	NULL
서울	202502	200	300	200
서울	202503	300	600	300

| 해설 | PARTITION BY 지점 절을 사용하여 지점별로 데이터를 나누고, 각 지점 내에서 월을 기준으로 정렬한 후 두 가지 윈도우 함수를 적용한다.

• SUM(매출액) OVER ( ): UNBOUNDED PRECEDING부터 CURRENT ROW까지의 누적합계를 의미하며, 서울 1월 = 100, 서울 2월 = 100 + 200 = 300, 서울 3월 = 100 + 200 + 300 = 600과 같이 계산된다.

• AVG(매출액) OVER ( ): 1 PRECEDING부터 CURRENT ROW까지의 평균을 구하므로, 이전 행과 현재 행을 대상으로 평균 매출액을 계산한다. 단, 파티션(지점) 내 첫 번째 행은 이전 행이 없기 때문에 해당 행에서는 이동 평균이 첫 번째 매출액 자체로 계산된다. 따라서 서울 1월 = 100, 서울 2월 = (100 + 200)/2 = 150, 서울 3월 = (200 + 300)/2 = 250과 같이 계산된다.

27

아래 SQL의 실행 결과는?

[사원]

사원ID	이름	부서코드	급여
1	홍길동	D01	3000
2	김철수	D01	3200
3	이영희	D02	6000
4	박민수	D02	6100
5	최지우	D03	11000
6	한예슬	D03	12000
7	정우성	D04	8000
8	고소영	D04	8100
9	강동원	D05	10000
10	수지	D05	10100

[SQL]
```
SELECT 부서코드,
  AVG(급여) AS 평균급여,
   COUNT(*) OVER (ORDER BY AVG(급여)
   RANGE BETWEEN 5000 PRECEDING AND 5000
   FOLLOWING) AS 유사급여수
   FROM 사원
GROUP BY 부서코드;
```

①

부서코드	평균급여	유사급여수
D01	3100	2
D02	6050	3
D04	8050	4
D05	10050	4
D03	11500	2

②

부서코드	평균급여	유사급여수
D01	3100	5
D02	6050	5
D04	8050	5
D05	10050	5
D03	11500	5

③

부서코드	평균급여	유사급여수
D01	3100	1
D02	6050	2
D04	8050	3
D05	10050	2
D03	11500	1

④

부서코드	평균급여	유사급여수
D01	3100	3
D02	6050	4
D04	8050	5
D05	10050	4
D03	11500	3

| 해설 | 주어진 [SQL]은 [사원] 테이블에서 부서코드별로 그룹을 지어 평균급여를 구하고, 그 평균급여를 기준으로 ±5000 범위에 속하는 다른 평균급여를 가진 부서 수를 계산하는 쿼리이다. COUNT(*) OVER ( ) 윈도우 함수는 GROUP BY 이후의 집계 결과에 대해 다시 윈도우를 적용하는 것으로, AVG(급여) 기준으로 정렬하여 RANGE BETWEEN 5000 PRECEDING AND 5000 FOLLOWING 범위 내의 부서 개수를 센다.
D01의 평균급여는 3100이고, 이와 ±5000 이내인 평균급여는 D01(3100), D02(6050), D04(8050)이며 총 3개가 해당된다. 같은 방식으로 각 부서에 대해 계산하면 D02는 총 4개, D04는 총 5개, D05는 총 4개, D03은 총 3개이며, 이들은 AVG(급여) 기준으로 정렬된다.

| 정답 | 27 ④

28

부서별로 급여가 가장 높은 직원을 찾기 위한 SQL을 수행하고자 한다. 빈칸 ㉠에 들어갈 내용으로 가장 적절한 것은?

```
[SQL]
SELECT 사번, 이름, 부서코드, 급여,
        ㉠      (급여) OVER (
    PARTITION BY 부서코드
    ORDER BY 급여
    ROWS BETWEEN UNBOUNDED PRECEDING
    AND UNBOUNDED FOLLOWING
    ) AS 부서별최고급여
FROM 사원;
```

① FIRST_VALUE   ② LAST_VALUE
③ MAX   ④ RANK

| 해설 | PARTITION BY 부서코드는 부서별로 데이터를 나누고, ORDER BY 급여는 급여를 오름차순으로 정렬한다. 여기에 ROWS BETWEEN UNBOUNDED PRECEDING AND UNBOUNDED FOLLOWING을 지정하면, LAST_VALUE(급여)는 각 부서 내에서 정렬된 결과의 마지막 행, 즉 가장 급여가 높은 값을 반환하게 된다.

29

아래 SQL의 실행 결과는?

[SALES]

ID	NAME	REGION	SALES
101	Alice	EAST	1000
102	Bob	EAST	1500
103	Carol	EAST	2000
201	Dave	WEST	1200
202	Emma	WEST	1600
203	Frank	WEST	2200

```
[SQL]
SELECT ID,
  LAG(SALES, 1) OVER(
    PARTITION BY REGION
    ORDER BY SALES) AS LAG,
  LEAD(SALES, 1, 0) OVER(
    PARTITION BY REGION
    ORDER BY SALES) AS LEAD
FROM SALES;
```

①
ID	LAG	LEAD
101	1500	NULL
102	2000	1000
103	0	1500
201	1600	NULL
202	2200	1200
203	0	1600

②
ID	LAG	LEAD
101	NULL	1500
102	1000	2000
103	1500	0
201	NULL	1600
202	1200	2200
203	1600	0

③
ID	LAG	LEAD
101	1500	0
102	2000	1000
103	0	1500
201	1600	0
202	2200	1200
203	0	1600

④
ID	LAG	LEAD
101	0	1500
102	1000	2000
103	1500	0
201	0	1600
202	1200	2200
203	1600	0

| 해설 | PARTITION BY REGION을 통해 지역별로 데이터를 나누고, 그 안에서 SALES 값을 기준으로 정렬한 뒤 LAG와 LEAD 윈도우 함수를 적용한다. LAG(SALES, 1)은 동일한 지역 내에서 현재 행보다 1행 앞선 값(SALES)을 가져오며, 기본값은 NULL이다. 한편, LEAD(SALES, 1, 0)은 현재 행보다 1행 뒤의 값(SALES)을 가져오며, 기본값이 0으로 지정되어 있다. 따라서, 각 REGION(EAST, WEST) 내에서 정렬된 SALES 기준으로 LAG는 이전 값, LEAD는 다음 값을 찾아오고, 맨 마지막 행에서 LEAD 값은 없으므로 0이 반환된다.

30

아래 SQL의 실행 결과는?

[SCORES]

NAME	POINT
홍길동	25
김철수	50
이영희	75
최지우	100

[SQL]
```
SELECT NAME, POINT,
  RATIO_TO_REPORT(POINT) OVER() AS R1,
  CUME_DIST() OVER(ORDER BY POINT) AS R2,
  ROUND(PERCENT_RANK() OVER(
  ORDER BY POINT), 2) AS R3
FROM SCORES;
```

①

NAME	POINT	R1	R2	R3
홍길동	25	0.25	0.25	0
김철수	50	0.5	0.5	0.33
이영희	75	0.75	0.75	0.67
최지우	100	1	1	1

②

NAME	POINT	R1	R2	R3
홍길동	25	0.1	0.25	0.25
김철수	50	0.2	0.5	0.5
이영희	75	0.3	0.75	0.75
최지우	100	0.4	1	1

③

NAME	POINT	R1	R2	R3
홍길동	25	0.1	0.25	0
김철수	50	0.2	0.5	0.33
이영희	75	0.3	0.75	0.67
최지우	100	0.4	1	1

④

NAME	POINT	R1	R2	R3
홍길동	25	0.25	0.25	0
김철수	50	0.25	0.5	0.25
이영희	75	0.25	0.75	0.5
최지우	100	0.25	1	0.75

| 해설 | • RATIO_TO_REPORT(POINT): 각 행의 POINT가 전체 POINT 합계에서 차지하는 비율을 의미한다. 총합은 25 + 50 + 75 + 100 = 250이므로, 각각 25/250 = 0.1, 50/250 = 0.2, 75/250 = 0.3, 100/250 = 0.4의 값이 출력된다.

• CUME_DIST( ): 누적 백분율을 의미하며, 정렬된 순서 기준으로 1/4 = 0.25, 2/4 = 0.50, 3/4 = 0.75, 4/4 = 1.00의 값이 출력된다.

• PERCENT_RANK( ): 전체 데이터에서 해당 값이 차지하는 상대적 백분위 순위를 계산하며, 정렬된 순서 기준으로 0, 1/3 = 0.33, 2/3 = 0.67, 1의 값이 출력된다.

| 정답 | 30 ③

31

아래 SQL의 실행 결과는?

[직원]

EMPNO	ENAME	DEPTNO	SAL
1001	JAMES	10	1500
1002	LUCY	10	1800
1003	PETER	10	2600
1004	HELEN	20	2200
1005	BOB	20	2400
1006	JANE	20	3000
1007	TOM	20	3200

[SQL]
```
SELECT SUM(SAL)
FROM (
  SELECT ENAME, DEPTNO, SAL,
  NTILE(2) OVER(PARTITION BY DEPTNO
  ORDER BY SAL) AS GN
  FROM 직원
  )
WHERE (DEPTNO = 10 AND GN = 2) OR
      (DEPTNO = 20 AND GN = 1);
```

① 7200

② 7900

③ 8400

④ 8600

| 해설 | NTILE(2) OVER(PARTITION BY DEPTNO ORDER BY SAL)은 부서 별로 급여를 오름차순 정렬하고, 이를 2등분하여 그룹 번호(GN)를 매긴다. 이 때 NTILE은 앞쪽 그룹에 더 많은 데이터를 우선적으로 할당한다.

• DEPTNO = 10: 인원이 3명이므로, 첫 번째 그룹에 2명, 두 번째 그룹에 1명 이 배정된다.
  - JAMES(1500) → GN 1
  - LUCY(1800) → GN 1
  - PETER(2600) → GN 2

• DEPTNO = 20: 인원이 4명이므로, 각각 2명씩 배정된다.
  - HELEN(2200) → GN 1
  - BOB(2400) → GN 1
  - JANE(3000) → GN 2
  - TOM(3200) → GN 2

WHERE (DEPTNO = 10 AND GN = 2) OR (DEPTNO = 20 AND GN = 1)에 따라 PETER(2600), HELEN(2200), BOB(2400)의 SAL의 합은 72000이다.

DDL

01 DDL의 개요

1 DDL(Data Definition Language)의 개념

1. 정의

DDL은 데이터베이스의 구조(스키마)를 정의하거나 변경하는 데 사용되는 언어이다. 데이터베이스 객체(테이블, 인덱스, 뷰, 스키마 등)를 생성·수정·삭제하는 명령어들을 포함하며, 데이터베이스의 구조적 설계를 담당한다.

2. 주요 기능 및 명령어

테이블 생성	CREATE	새로운 데이터베이스 객체(테이블, 인덱스, 뷰 등)를 생성함
테이블 변경	ALTER	• 기존 데이터베이스 객체의 구조를 수정함 • 테이블에 새로운 칼럼 추가, 데이터 타입 변경
테이블 삭제	DROP	• 기존 데이터베이스 객체를 삭제함 • 삭제된 객체는 복구할 수 없음
	TRUNCATE	• 테이블 구조는 유지하면서 테이블의 모든 데이터를 삭제함 • DELETE와 달리 트랜잭션 롤백이 불가능하며, 대량의 데이터를 빠르게 삭제할 때 사용됨

2 테이블 생성 규칙

테이블 생성 시에는 데이터베이스 규칙을 준수해야 하며, 테이블명, 칼럼명, 제약 조건명 등은 다음 기준에 따라 정의된다.

테이블명	• 테이블명은 객체의 의미를 잘 나타낼 수 있는 이름으로 정의 • 단수형 사용을 권장 • 다른 테이블의 이름과 중복되지 않아야 함
칼럼명	• 한 테이블 내에서 칼럼명은 중복될 수 없음 • 테이블 생성 시 각 칼럼은 괄호 안에서 콤마(,)로 구분함 • 칼럼명 뒤에는 데이터 유형(예 CHAR, VARCHAR2, NUMBER, DATE)을 반드시 지정해야 함
테이블명 & 칼럼명	• 사전에 정의된 예약어(Reserved Word)는 테이블명과 칼럼명으로 사용할 수 없음 • 테이블명과 칼럼명에는 문자, 숫자, 일부 기호(_, $, #)만 허용됨 • 테이블명과 칼럼명은 반드시 문자로 시작해야 하며, 숫자 또는 기호로 시작할 수 없음 　－ 올바른 예시: PLAYER_NAME, TEAM_ID 　－ 잘못된 예시: 1PLAYER, _TEAM
제약 조건명	제약 조건명은 다른 제약 조건의 이름과 중복되지 않아야 함

확인 문제

테이블 생성 시 준수해야 할 사항으로 가장 적절한 것은?

① 테이블명과 칼럼명은 문자, 숫자 또는 일부 기호로 시작할 수 있다.

② 한 테이블 내에서 칼럼명은 중복되지 않아야 하며, 각 칼럼 뒤에는 데이터 유형을 반드시 지정해야 한다.

③ 테이블명은 다른 테이블과 이름이 중복될 수 있다.

④ 예약어(Reserved Word)도 테이블명과 칼럼명으로 사용할 수 있다.

| 정답 | ②

| 해설 | ① 테이블명과 칼럼명은 반드시 문자로 시작해야 한다.
　　　　　예 PLAYER_NAME은 올바르지만, 1PLAYER나 _TEAM은 허용되지 않는다.
　　　　③ 테이블명은 고유해야 하며, 데이터베이스 내에서 다른 테이블 이름과 중복될 수 없다. 중복된 이름을 사용할 경우 테이블 생성 시 오류가 발생한다.
　　　　④ 예약어(Reserved Word)는 테이블명이나 칼럼명으로 사용할 수 없다.

3 Oracle의 주요 데이터 타입

1. CHAR

CHAR는 Character의 줄임말로, 고정 문자열을 저장하는 데이터 타입(기본 1Byte~최대 2,000Byte)이다. 변수에 저장하고자 하는 문자열의 길이가 지정된 고정 길이보다 짧을 경우 나머지 공간이 공백으로 채워지므로, 데이터 비교 시 실제 문자열 이후의 공백은 무시된다. 예를 들어, 'AA'라는 값과 'AA '라는 값을 **CHAR**(3)으로 저장하면 둘 다 'AA '로 저장되므로, 두 문자열은 비교 시 서로 동일하게 취급된다.

2. VARCHAR2

VARCHAR2는 Variable Character의 줄임말로, 가변 길이 문자열(기본 1Byte~최대 4,000Byte)을 저장하는 데이터 타입이다. 변수에 저장하고자 하는 문자열의 길이가 지정된 최대 길이보다 짧을 경우 나머지 공간을 사용하지 않고 반환하며, 데이터 비교 시 공백도 값의 일부로 인식한다. 예를 들어, 'AA'라는 값과 'AA '라는 값을 **VARCHAR2**(3)로 저장하면 두 값은 각각 'AA'와 'AA '로 저장되어, 비교 시 서로 다른 문자열로 인식된다.

3. NUMBER

NUMBER는 Oracle에서 사용하는 숫자형 데이터 타입으로, 숫자 데이터를 저장할 때 사용된다. MS SQL Server에서는 10가지 이상의 세분화된 숫자 타입을 제공하지만, Oracle에서는 모든 숫자를 **NUMBER**로 통합하여 관리한다. **NUMBER** 데이터 타입은 전체 자릿수와 소수 부분 자릿수를 지정하여 표현한다.

예를 들어, **NUMBER**(8)는 최대 8자리 숫자(**예** 15798709)까지 저장할 수 있음을 표현하는 것이고, **NUMBER**(8, 2)는 최대 8자리 중 정수 부분 6자리, 소수 부분 2자리(**예** 157987.09)를 의미한다. **NUMBER**(8, 2)에서 8은 정수 부분이 아닌, 전체 자릿수를 의미하는 것임에 유의해야 한다.

4. DATE

DATE는 날짜와 시각 정보를 저장하기 위한 데이터 타입이다. Oracle의 DATE 데이터 타입은 연도, 월, 일, 시, 분, 초를 포함하여 날짜와 시간을 정밀하게 관리할 수 있다.

4 제약 조건(Constraints)

1. PRIMARY KEY(기본 키)

① PRIMARY KEY(기본 키)는 하나의 테이블에 하나만 정의할 수 있는 제약 조건이다. 하지만 이는 기본 키가 반드시 단일칼럼으로 구성되어야 한다는 의미는 아니며, 2개 이상의 칼럼을 조합(복합 키)하여 하나의 기본 키를 구성할 수도 있다. 그러나 한 테이블에는 오직 하나의 기본 키만 존재해야 한다.

② 기본 키는 자동으로 NOT NULL과 UNIQUE 제약 조건을 가진다. 즉, 기본 키는 NULL 값을 가질 수 없으며, 테이블 내에서 중복되지 않는 고유한 값이어야 한다. 또한, 기본 키는 테이블을 대표하고 데이터를 고유하게 식별하는 역할을 한다.

③ 단, 어떤 칼럼이 NOT NULL이고 UNIQUE하다고 해서 반드시 기본 키가 되는 것은 아니다. 기본 키는 NOT NULL과 UNIQUE 제약 조건을 만족함과 동시에 해당 테이블에서 데이터를 식별하고 대표하는 역할을 해야 한다.

2. FOREIGN KEY(외래 키)

① FOREIGN KEY(외래 키)는 다른 테이블의 PRIMARY KEY(기본 키)를 참조하는 속성을 의미한다. 외래 키는 테이블 간의 관계를 정의하며, 외래 키를 설정하면 참조 무결성 제약 조건이 기본적으로 적용된다.

② 참조 무결성은 데이터의 일관성을 유지하기 위해, 외래 키가 참조하는 기본 키 값이 참조 대상 테이블에 반드시 존재해야 한다는 규칙이다. 따라서, UPDATE나 DELETE 작업 중 참조 무결성 제약 조건을 위배할 가능성이 있는 경우, 데이터베이스는 '작업을 수행하지 않고 오류를 반환'할지, '작업을 수행한 뒤 수습 조치를 실행'할지의 옵션을 선택할 수 있다.

3. NOT NULL

NOT NULL은 NULL 값을 허용하지 않는 제약 조건이다. NOT NULL 제약 조건이 설정된 칼럼에는 반드시 값이 입력되어야 하며, 해당 칼럼이 NULL 값인 데이터를 INSERT하거나 기존 데이터의 해당 칼럼을 NULL 값으로 UPDATE하려고 하면 오류가 발생한다. 예를 들어, PLAYER_NAME 칼럼에 NOT NULL 제약 조건이 설정되어 있다면, PLAYER_NAME의 값이 비어 있는 데이터를 입력하려고 할 경우 오류가 발생한다.

4. UNIQUE

UNIQUE는 해당 칼럼의 값이 테이블 내에서 유일해야 함을 제약하는 조건이다. UNIQUE 제약 조건이 설정된 칼럼에는 중복된 값이 저장될 수 없으며, 이미 존재하는 값과 동일한 데이터를 INSERT하거나 UPDATE하려고 하면 오류가 발생한다.

5. CHECK

CHECK는 칼럼에 저장되는 값이 특정 조건을 만족하는지 검증하는 제약 조건이다. CHECK 를 사용하면 데이터 입력 시 허용된 값만 저장되도록 제한할 수 있다. 예를 들어, `CONSTRAINT BACK_NO_CK CHECK (BACK_NO < 99)`와 같이 CHECK 제약 조건을 설정 할 수 있다. 이 조건은 BACK_NO 칼럼의 값이 99보다 작아야 함을 의미하며, 99 이상의 값 을 저장하려고 하면 INSERT 또는 UPDATE가 허용되지 않는다.

╋ CTAS(Create Table As Select)

CTAS는 기존 테이블의 구조와 데이터를 기반으로 새로운 테이블을 생성하는 SQL 문법이다. 이 명령어 는 CREATE TABLE과 SELECT를 결합한 형태로, 원하는 조건에 맞는 데이터를 선택하여 새로운 테이블 로 저장할 수 있도록 한다. CTAS 구문을 사용하면 기존 테이블의 데이터만 복사되며, 기본 키, 외래 키, UNIQUE, CHECK 등과 같은 제약 조건은 복사되지 않는다. 따라서 제약 조건이 필요한 경우에는 테이블 생성 후 별도로 정의해야 한다.

♡ 학습TIP!

제약 조건명을 명시적으로 부여 할 수도 있고, 묵시적으로 제약 조건명 없이 제약 조건을 설정할 수도 있다.

1 실습 테이블의 구성 [실습파일 | K-League]

본 교재에서 실습하고 있는 'K-League' 데이터는 [PLAYER], [TEAM], [STADIUM], [SCHEDULE] 테이블로 구성되어 있으며, 이러한 테이블 칼럼의 이름과 제약 조건, 그리고 데이터 타입(유형)은 DESCRIBE 명령을 통해 확인할 수 있다.

질의

```
DESCRIBE PLAYER;
```

⬇

스크립트 출력

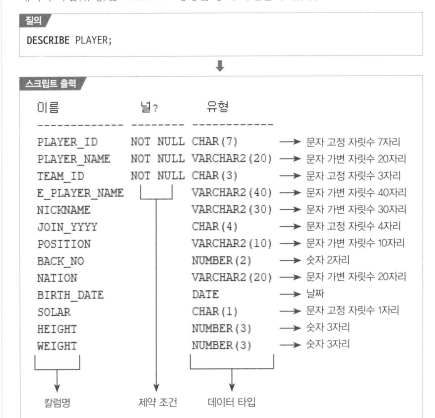

이름	널?	유형	
PLAYER_ID	NOT NULL	CHAR(7)	→ 문자 고정 자릿수 7자리
PLAYER_NAME	NOT NULL	VARCHAR2(20)	→ 문자 가변 자릿수 20자리
TEAM_ID	NOT NULL	CHAR(3)	→ 문자 고정 자릿수 3자리
E_PLAYER_NAME		VARCHAR2(40)	→ 문자 가변 자릿수 40자리
NICKNAME		VARCHAR2(30)	→ 문자 가변 자릿수 30자리
JOIN_YYYY		CHAR(4)	→ 문자 고정 자릿수 4자리
POSITION		VARCHAR2(10)	→ 문자 가변 자릿수 10자리
BACK_NO		NUMBER(2)	→ 숫자 2자리
NATION		VARCHAR2(20)	→ 문자 가변 자릿수 20자리
BIRTH_DATE		DATE	→ 날짜
SOLAR		CHAR(1)	→ 문자 고정 자릿수 1자리
HEIGHT		NUMBER(3)	→ 숫자 3자리
WEIGHT		NUMBER(3)	→ 숫자 3자리

칼럼명   제약 조건   데이터 타입

2 실습 테이블의 관계

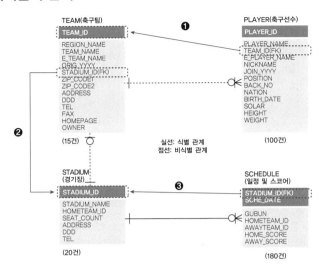

① [PLAYER] 테이블의 TEAM_ID는 [TEAM] 테이블의 TEAM_ID를 참조한다. 따라서 [PLAYER] 테이블이 생성되려면 [TEAM] 테이블이 먼저 생성되어야 한다.

② [TEAM] 테이블의 STADIUM_ID는 [STADIUM] 테이블의 STADIUM_ID를 참조한다. 따라서 [TEAM] 테이블이 생성되려면 [STADIUM] 테이블이 먼저 생성되어야 한다.

③ [SCHEDULE] 테이블의 STADIUM_ID는 [STADIUM] 테이블의 STADIUM_ID를 참조한다. 따라서 [SCHEDULE] 테이블이 생성되려면 [STADIUM] 테이블이 먼저 생성되어야 한다.

FK를 고려한 테이블 생성 순서
[STADIUM] 테이블 ⇨ [TEAM] 테이블, [SCHEDULE] 테이블 ⇨ [PLAYER] 테이블

---

03 테이블 생성

1 테이블 생성 과정 (실습파일 | K-League)

1. 테이블 생성

테이블을 생성하는 명령문은 **CREATE TABLE**로 시작하며, 해당 명령어와 함께 칼럼 이름과 데이터 타입, 그리고 제약 조건 등을 지정하여 테이블을 생성한다. 'K-League' 파일에서 가장 먼저 생성되어야 하는 [STADIUM] 테이블의 생성 과정을 자세히 살펴본다.

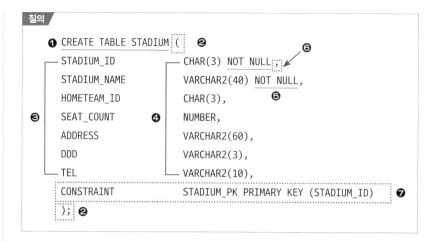

질의

```
❶ CREATE TABLE STADIUM (   ❷
  ┌ STADIUM_ID          ┌ CHAR(3) NOT NULL,   ←❻
  │ STADIUM_NAME        │ VARCHAR2(40) NOT NULL,
  │ HOMETEAM_ID         │ CHAR(3),            ❺
❸ │ SEAT_COUNT      ❹  │ NUMBER,
  │ ADDRESS            │ VARCHAR2(60),
  │ DDD                │ VARCHAR2(3),
  └ TEL                └ VARCHAR2(10),
    CONSTRAINT            STADIUM_PK PRIMARY KEY (STADIUM_ID)   ❼
  );  ❷
```

❶ CREATE TABLE 문은 새로운 테이블을 생성할 때 사용하는 SQL 명령어로, 기본 형식은 CREATE TABLE 테이블명이다. 이 명령어를 통해 테이블의 이름을 지정하고, 해당 테이블에 포함될 칼럼의 이름과 데이터 타입, 제약 조건 등을 정의할 수 있다.

❷ 테이블 생성 구문은 괄호를 열고 닫아 테이블의 칼럼과 데이터 타입을 정의한 후, 마지막에 세미콜론(;)을 붙여 문장을 완료한다.

❸ ❷의 괄호 안에는 생성하려는 테이블에 포함될 칼럼 이름(⑳ STADIUM_ID, STADIUM_NAME, HOMETEAM_ID, SEAT_COUNT, ADDRESS, DDD, TEL)을 작성하여 테이블 구조를 정의한다.

❹ 각 칼럼에 저장될 데이터의 형태에 따라 적절한 데이터 타입을 지정한다. 예를 들어, 문자열 데이터는 CHAR 또는 VARCHAR2를, 숫자 데이터는 NUMBER를 사용하여 데이터 타입을 정의한다.

❺ 데이터 타입 옆에 제약 조건을 설정할 수 있다. 예를 들어 NOT NULL은 해당 칼럼에 빈 값(NULL)은 허용하지 않도록 설정하는 제약 조건이다.

❻ 칼럼과 칼럼 사이는 콤마(,)로 구분한다.

❼ 테이블 생성 시 제약 조건을 명시적으로 설정하려면, 제약 조건의 이름을 선언한 뒤, 해당 조건을 기술한다. CONSTRAINT STADIUM_PK PRIMARY KEY (STADIUM_ID)에서 STADIUM_PK는 제약 조건의 이름을 의미하는 것이며, PRIMARY KEY (STADIUM_ID)는 STADIUM_ID를 PRIMARY KEY로 지정한다는 의미이다.

2. FOREIGN KEY 지정

앞서 [STADIUM] 테이블을 생성한 것과 유사한 방식으로 [TEAM] 테이블을 생성하는 경우를 살펴본다. [TEAM] 테이블의 STADIUM_ID는 [STADIUM] 테이블의 STADIUM_ID를 참조하므로, [TEAM] 테이블에는 FOREIGN KEY가 설정되어야 한다. 따라서 [TEAM] 테이블의 FOREIGN KEY를 다음과 같이 지정한다.

질의

```
CREATE          TABLE TEAM (
TEAM_ID         CHAR(3) NOT NULL,
  ⋮
OWNER           VARCHAR2(10),
CONSTRAINT      TEAM_PK PRIMARY KEY (TEAM_ID),
CONSTRAINT      TEAM_FK FOREIGN KEY (STADIUM_ID)
                   ❶          ❷

                REFERENCES STADIUM(STADIUM_ID)
);                         ❸
```

❶ 제약 조건 이름(TEAM_FK)을 지정한다.
❷ FOREIGN KEY(칼럼명)의 형식으로, 외래 키로 지정하려는 칼럼(STADIUM_ID)을 명시한다.
❸ ❷에서 지정한 FOREIGN KEY가 참조할 테이블(STADIUM)과 해당 테이블의 칼럼(STADIUM_ID)을 명시한다.

[SCHEDULE] 테이블과 [PLAYER] 테이블도 동일한 방식으로 테이블을 생성하고 FOREIGN KEY를 설정한다.

> **질의**
>
> ```
> CREATE TABLE     SCHEDULE (
> STADIUM_ID       CHAR(3) NOT NULL,
> ⋮
> AWAY_SCORE       NUMBER(2),
> CONSTRAINT       SCHEDULE_PK PRIMARY KEY (STADIUM_ID, SCHE_DATE),
> CONSTRAINT       SCHEDULE_FK FOREIGN KEY (STADIUM_ID)
>                  REFERENCES STADIUM(STADIUM_ID)
> );                   └→ [STADIUM] 테이블이 먼저 생성되어 있어야 함
> ```

> **질의**
>
> ```
> CREATE TABLE     PLAYER (
> PLAYER_ID        CHAR(7) NOT NULL,
> ⋮
> WEIGHT           NUMBER(3),
> CONSTRAINT       PLAYER_PK PRIMARY KEY (PLAYER_ID),
> CONSTRAINT       PLAYER_FK FOREIGN KEY (TEAM_ID)
>                  REFERENCES TEAM(TEAM_ID)
> );                   └→ [TEAM] 테이블이 먼저 생성되어 있어야 함
> ```

2 DROP TABLE과 CASCADE [실습파일 | K-League]

> **질의**
>
> ```
> DROP TABLE PLAYER1 CASCADE CONSTRAINTS;
> DROP TABLE PLAYER2 CASCADE CONSTRAINTS;
> DROP TABLE PLAYER3 CASCADE CONSTRAINTS;
> ```

1. DROP TABLE

DROP TABLE은 데이터베이스에서 특정 테이블을 완전히 삭제하는 SQL 명령어이다. 본 실습 스크립트에서 DROP TABLE은 새로운 테이블을 생성하기 전에 기존의 테이블을 모두 삭제하기 위해 사용된다.

2. CASCADE

CASCADE는 DROP TABLE 명령어와 함께 사용되어, 테이블과 연관된 제약 조건(예 FOREIGN KEY)이나 종속 객체(예 뷰, 인덱스)를 함께 삭제한다. 테이블을 참조하는 다른 객체가 있는 경우, CASCADE CONSTRAINTS를 사용하여 해당 제약 조건을 함께 제거하면서 테이블을 삭제할 수 있다.

3 제약 조건의 지정 실습파일 | K-League

1. 각 칼럼 정의 시 제약 조건 지정(묵시적 방식)

각 칼럼 뒤에 간단히 제약 조건을 지정하는 방식으로, 제약 조건의 이름을 명시하지 않고 바로 제약 조건을 설정한다(묵시적 방식). 이 경우 제약 조건의 이름은 시스템 내에서 자동으로 부여된다.

```
질의

CREATE TABLE   PLAYER1(          ┌→ 데이터 타입
                PLAYER_ID CHAR(7) PRIMARY KEY,
                   └→ 칼럼명           └→ 제약 조건
                PLAYER_NAME VARCHAR2(20) NOT NULL,
                NICKNAME VARCHAR2(30) UNIQUE,
                HEIGHT NUMBER(3) CHECK (HEIGHT >= 150 AND HEIGHT <= 200),
                TEAM_ID CHAR(3) REFERENCES TEAM(TEAM_ID)
);
```

2. 각 칼럼 정의 시 제약 조건 명, 제약 조건 지정(명시적 방식)

각 칼럼 뒤에 CONSTRAINT 키워드를 사용해 제약 조건의 이름을 직접 명시하는 방식이다. 제약 조건의 이름을 명시적으로 부여하므로 관리와 식별이 용이하다. 각 제약 조건에 이름을 명시해 p2_pk_id, p2_nn_name 등으로 관리할 수 있다.

```
질의

CREATE TABLE PLAYER2(
  PLAYER_ID CHAR(7) CONSTRAINT p2_pk_id PRIMARY KEY,
                              └→ 제약 조건명  └→ 제약 조건
  PLAYER_NAME VARCHAR2(20) CONSTRAINT p2_nn_name NOT NULL,
  NICKNAME VARCHAR2(30) CONSTRAINT p2_un_nick UNIQUE,
  HEIGHT NUMBER(3) CONSTRAINT p2_ck_height CHECK (HEIGHT >= 150 AND HEIGHT <=
  200),
  TEAM_ID CHAR(3) CONSTRAINT p2_fk_tid REFERENCES TEAM(TEAM_ID)
);
```

3. 모든 칼럼 정의 후 제약 조건 명, 제약 조건 일괄 지정(명시적 방식)

모든 칼럼의 정의를 마친 후, SQL 문 마지막에 제약 조건만 따로 모아서 선언하는 방식이다. 제약 조건을 한곳에 모아두기 때문에 확인과 관리가 쉽다.

```
CREATE TABLE PLAYER3(
  PLAYER_ID CHAR(7),
  PLAYER_NAME VARCHAR2(20) CONSTRAINT p3_nn_name NOT NULL,
  NICKNAME VARCHAR2(30),
  HEIGHT NUMBER(3),
  TEAM_ID CHAR(3),
  CONSTRAINT p3_pk_id PRIMARY KEY (PLAYER_ID),
              └→ 제약 조건명  └→ 제약 조건    └→ 칼럼명
  CONSTRAINT p3_un_nick UNIQUE (NICKNAME),
  CONSTRAINT p3_ck_height CHECK (HEIGHT >= 150 AND HEIGHT <= 200),
  CONSTRAINT p3_fk_tid FOREIGN KEY (TEAM_ID) REFERENCES TEAM(TEAM_ID)
);
```

확인 문제

SQL 문을 분석한 내용으로 적절하지 않은 것은?

```
CREATE TABLE STUDENT (
    STUDENT_ID CHAR(7) CONSTRAINT STUDENT_PK PRIMARY KEY,
    STUDENT_NAME VARCHAR2(50) CONSTRAINT STUDENT_NN NOT NULL,
    PHONE_NUMBER VARCHAR2(15),
    DEPARTMENT_ID CHAR(3) CONSTRAINT DEPT_FK
      REFERENCES DEPARTMENT(DEPARTMENT_ID)
);
```

① STUDENT_ID는 고정 길이 7자리 문자열을 저장하며, PRIMARY KEY로 설정되어 중복 값이 허용되지 않는다.

② STUDENT_NAME은 최대 50글자까지 저장할 수 있는 가변 길이 문자열로, NULL 값을 허용하지 않는다.

③ PHONE_NUMBER는 최대 15글자까지 저장할 수 있는 가변 길이 문자열이며, 제약 조건이 적용되지 않았다.

④ DEPARTMENT_ID는 [DEPARTMENT] 테이블의 DEPARTMENT_ID를 참조하며, 제약 조건은 묵시적 방식으로 작성되었다.

| 정답 |　④

| 해설 |　DEPARTMENT_ID의 제약 조건은 명시적 방식으로 작성되었으며, CONSTRAINT 키워드로 제약 조건 이름 (DEPT_FK)을 지정하였다.

◢ Foreign Key 제약 조건의 옵션 [실습파일 | K-League]

1. FK(Foreign Key) 제약 조건의 옵션

FK(Foreign Key) 제약 조건을 설정할 때, 참조 무결성을 유지하기 위하여 **ON DELETE**와 **ON UPDATE** 옵션을 추가로 부여할 수 있다. 이러한 옵션은 외래 키가 참조하는 데이터가 갱신되거나 삭제될 경우의 동작을 제어하는 데 사용된다.

```
질의

CONSTRAINT fk1 FOREIGN  KEY (TEAM_ID) REFERENCES TEAM(TEAM_ID)
        ❶               ❷                    ❸

ON DELETE CASCADE ON UPDATE RESTRICT;
        ❹               ❺
```

> ❶ 외래 키 제약 조건의 이름을 fk1로 설정한다.
> ❷ TEAM_ID 칼럼을 외래 키로 지정한다.
> ❸ TEAM_ID 칼럼은 [TEAM] 테이블의 TEAM_ID 칼럼을 참조한다.
> ❹ [TEAM] 테이블에서 특정 레코드가 삭제되면, 해당 레코드의 TEAM_ID를 참조하는 본 테이블의 관련 데이터도 함께 삭제된다.
> ❺ [TEAM] 테이블에서 특정 레코드의 TEAM_ID 값을 수정하려고 할 때, 본 테이블에 해당 TEAM_ID를 참조하는 데이터가 있는 경우 수정이 제한된다.

2. Referential Triggered Action(참조 트리거 동작)

① ON DELETE: 외래 키가 참조하는 대상이 삭제될 때 수행할 동작을 정의하는 옵션이다. 예를 들어, 참조 대상이 삭제되면 이를 참조하는 레코드도 함께 삭제하거나 삭제를 제한하는 등의 동작을 설정할 수 있다.

② ON UPDATE: 외래 키가 참조하는 대상이 갱신될 때 수행할 동작을 정의하는 옵션이다. 예를 들어, 참조 대상의 기본 키 값이 변경될 경우, 이를 참조하는 외래 키 값도 함께 갱신하거나 갱신을 제한하는 등의 동작을 설정할 수 있다.

3. Referential Action(참조 동작)

① RESTRICT(기본값): 참조되는 기본 키가 삭제되거나 갱신될 경우 이를 허용하지 않는다. 이는 기본 동작으로, 데이터 무결성을 보호하기 위해 사용된다.

② NO ACTION: **RESTRICT**와 동일한 동작이다.

③ CASCADE

    ㉠ ON DELETE CASCADE: 참조되는 기본 키가 삭제되면 이를 참조하는 외래 키 레코드도 함께 삭제된다.

    ㉡ ON UPDATE CASCADE: 참조되는 기본 키 값이 갱신되면 외래 키 레코드의 값도 함께 갱신된다.

④ SET NULL: 참조되는 기본 키가 삭제되거나 갱신되면 이를 참조하는 외래 키 값을 **NULL**로 설정한다. 외래 키 칼럼이 **NOT NULL** 제약 조건을 가지지 않을 때 사용할 수 있다.

4. 예시

오른쪽 테이블의 학과코드(Foreign Key) 칼럼이 왼쪽 테이블의 학과코드(Primary Key)를 참조하고 있는 상황에서, 다양한 참조 동작(Referential Action) 옵션의 결과를 확인해보자.

학과코드	학과명
aaa	경영정보
bbb	정보경영

학번	이름	학과코드
11	홍길동	aaa
22	강감찬	aaa
33	김유신	bbb

(1) ON DELETE CASCADE

이 옵션에서는 왼쪽 테이블에서 레코드 하나(예 bbb, 정보경영)가 삭제될 때, 오른쪽 테이블에서 해당 학과코드(bbb)를 참조하는 레코드(예 33, 김유신, bbb 등)가 동시에 삭제된다.

학과코드	학과명
aaa	경영정보

학번	이름	학과코드
11	홍길동	aaa
22	강감찬	aaa

(2) ON UPDATE CASCADE

이 옵션에서는 왼쪽 테이블에서 한 레코드의 학과코드가 갱신될 때(bbb → ccc), 오른쪽 테이블의 해당 학과코드도 갱신된 값(예 ccc)으로 자동 업데이트된다.

학과코드	학과명
aaa	경영정보
ccc	정보경영

학번	이름	학과코드
11	홍길동	aaa
22	강감찬	aaa
33	김유신	ccc

(3) ON DELETE SET NULL

이 옵션에서는 왼쪽 테이블에서 레코드 하나(예 bbb, 정보경영)가 삭제될 때, 오른쪽 테이블의 해당 학과코드 값은 NULL로 설정된다.

학과코드	학과명
aaa	경영정보

학번	이름	학과코드
11	홍길동	aaa
22	강감찬	aaa
33	김유신	NULL

(4) ON UPDATE SET NULL

이 옵션에서는 왼쪽 테이블에서 한 레코드의 학과코드가 갱신될 때(bbb → ccc), 오른쪽 테이블의 해당 학과코드 값은 **NULL**로 설정된다.

학과코드	학과명
aaa	경영정보
ccc	정보경영

➡

학번	이름	학과코드
11	홍길동	aaa
22	강감찬	aaa
33	김유신	NULL

확인 문제

아래 SQL을 실행했을 때, Referential Action(참조 동작)에 따른 결과로 적절하지 않은 것은?

```
CREATE TABLE DEPARTMENT (
    DEPT_ID CHAR(3) PRIMARY KEY,
    DEPT_NAME VARCHAR2(50)
);
CREATE TABLE STUDENT (
    STUDENT_ID CHAR(7),
    STUDENT_NAME VARCHAR2(50),
    DEPT_ID CHAR(3),
    CONSTRAINT FK_DEPT FOREIGN KEY (DEPT_ID)
            REFERENCES DEPARTMENT(DEPT_ID)
    ON DELETE CASCADE ON UPDATE SET NULL
);
```

① [DEPARTMENT] 테이블에서 특정 학과코드(DEPT_ID)가 삭제되면, [STUDENT] 테이블에서 해당 학과코드를 참조하는 레코드도 함께 삭제된다.

② [DEPARTMENT] 테이블에서 특정 학과코드(DEPT_ID)가 갱신되면, [STUDENT] 테이블에서 해당 학과코드는 NULL로 설정된다.

③ [DEPARTMENT] 테이블에서 특정 학과코드(DEPT_ID)가 갱신되면, [STUDENT] 테이블에서 동일한 학과코드로 자동 갱신된다.

④ [STUDENT] 테이블에서 외래 키 제약 조건(FK_DEPT)은 참조 무결성을 유지하기 위해 설정되었다.

| 정답 | ③

| 해설 | ON UPDATE CASCADE가 아니라 ON UPDATE SET NULL이 설정되어 있으므로, 학과코드가 갱신될 경우 외래 키 값은 NULL로 설정된다.

① ON DELETE CASCADE에 따라 기본 키 삭제 시 참조하는 레코드가 함께 삭제된다.

② ON UPDATE SET NULL에 따라 기본 키 갱신 시 참조하는 외래 키가 NULL로 설정된다.

④ FK 제약 조건은 참조 무결성 조건을 유지하기 위해 설정된다.

5 기존 테이블을 활용한 테이블 생성(SELECT 문 활용) [실습파일 | K-League]

기존의 [PLAYER] 테이블을 활용하여 PLAYER_TEMP라는 새로운 테이블을 생성하려면, 다음과 같은 SQL 문을 작성할 수 있다.

질의

```
DROP TABLE PLAYER_TEMP CASCADE CONSTRAINTS;
         └→ 기존에 PLAYER_TEMP라는 테이블이 존재할 경우, 해당 테이블과 관련된 제약 조건까지 함께 삭제함.
            이 작업을 통해 테이블 생성 시 발생할 수 있는 에러를 방지함
CREATE TABLE PLAYER_TEMP AS SELECT * FROM PLAYER;
                                   └→ 특정 칼럼들만 활용하고자 하면 *이 아닌 특정 칼럼들을 기재함
```

스크립트

```
Table PLAYER_TEMP이(가) 생성되었습니다.
```

작성된 SQL 문을 실행하면 기존의 [PLAYER] 테이블의 구조와 데이터를 복사하여 [PLAYER_TEMP]라는 새 테이블을 생성한다. 다만, 제약 조건의 경우 NOT NULL만 복제되며 PRIMARY KEY, FOREIGN KEY, UNIQUE, CHECK 등 다른 제약 조건은 복제되지 않으므로, 이들 제약 조건은 테이블 생성 후 추가적으로 정의해야 한다.

---

04 테이블 변경

1 ALTER 문을 통한 테이블 변경 [실습파일 | K-League]

ALTER 문은 기존 테이블의 구조를 변경할 때 사용되며, 주로 칼럼의 추가·수정·삭제, 제약 조건의 추가·삭제 등을 수행한다.

1. 칼럼의 추가(ADD)

테이블에 새 칼럼을 추가하며, 추가된 칼럼은 테이블의 맨 마지막에 위치한다.

질의

```
ALTER TABLE PLAYER_TEMP ADD (ADDRESS VARCHAR2(80));
           └→ 테이블명         └→ 칼럼명    └→ 데이터 타입
```

스크립트

```
Table PLAYER_TEMP이(가) 변경되었습니다.
```

질의

```
DESCRIBE PLAYER_TEMP;
```

스크립트

```
이름                 널?        유형
-------------    --------   -----------
PLAYER_ID        NOT NULL   CHAR(7)
PLAYER_NAME      NOT NULL   VARCHAR2(20)
TEAM_ID          NOT NULL   CHAR(3)
E_PLAYER_NAME               VARCHAR2(40)
NICKNAME                    VARCHAR2(30)
JOIN_YYYY                   CHAR(4)
POSITION                    VARCHAR2(10)
BACK_NO                     NUMBER(2)
NATION                      VARCHAR2(20)
BIRTH_DATE                  DATE
SOLAR                       CHAR(1)
HEIGHT                      NUMBER(3)
WEIGHT                      NUMBER(3)
ADDRESS                     VARCHAR2(80)
```

2. 칼럼의 삭제(DROP COLUMN)

기존 테이블에서 특정 칼럼을 삭제한다. 삭제 후에도 테이블에 최소 하나 이상의 칼럼이 남아 있어야 한다.

질의

```
ALTER TABLE PLAYER_TEMP DROP COLUMN ADDRESS;
            └→ 칼럼명               └→ 테이블명
```

스크립트

```
Table PLAYER_TEMP이(가) 변경되었습니다.
```

질의

```
DESCRIBE PLAYER_TEMP;
```

스크립트

```
이름                 널?        유형
-------------    --------   -----------
PLAYER_NEW_ID    NOT NULL   CHAR(7)
PLAYER_NAME      NOT NULL   VARCHAR2(20)
TEAM_ID          NOT NULL   CHAR(3)
E_PLAYER_NAME               VARCHAR2(40)
NICKNAME                    VARCHAR2(30)
JOIN_YYYY                   CHAR(4)
POSITION                    VARCHAR2(10)
BACK_NO                     NUMBER(2)
NATION                      VARCHAR2(20)
BIRTH_DATE                  DATE
SOLAR                       CHAR(1)
HEIGHT                      NUMBER(3)
WEIGHT                      NUMBER(3)

ADDRESS 칼럼 삭제됨
```

3. 칼럼명 변경(RENAME COLUMN)

기존 칼럼의 이름을 변경하며, 칼럼의 모든 정의(데이터 타입, 제약 조건)는 그대로 유지된다.

스크립트

Table PLAYER_TEMP이(가) 변경되었습니다.

질의

DESCRIBE PLAYER_TEMP;

스크립트

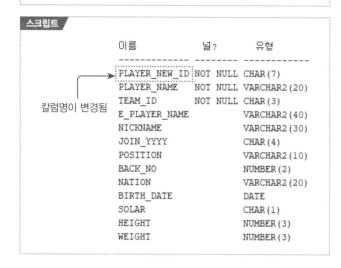

4. 칼럼의 정의 수정(MODIFY)

칼럼의 정의 수정(MODIFY)은 기존 테이블의 특정 칼럼 속성을 변경할 때 사용하는 명령어로, 데이터 타입, 크기, 기본값(DEFAULT) 등을 수정할 수 있다. 다만, 이미 입력된 값에 영향을 미치는 변경은 허용되지 않는다.

(1) 데이터 타입 변경

　기존 칼럼의 데이터 타입 변경은 해당 테이블에 아무 행도 없거나 해당 칼럼 값이 모두 **NULL**인 경우에만 가능하다.

(2) 칼럼의 크기 변경

　① 크기 확대: 테이블에 데이터가 있더라도 항상 가능하다.

　② 크기 축소: 테이블에 아무 행도 없거나 해당 칼럼 값이 모두 **NULL**인 경우 허용된다. 현재 테이블의 해당 칼럼에 **NULL**이 아닌 값이 저장되어 있다면, 이들 값이 축소된 칼럼 크기 내에 수용 가능한 경우에만 크기 변경이 허용된다.

(3) DEFAULT 값 추가 및 수정

　추가 및 수정된 DEFAULT 값은 이후 삽입되는 행부터 적용된다.

(4) NOT NULL 제약 조건의 추가 및 삭제

① 추가: NOT NULL 제약 조건 추가는 테이블에 아무 행도 없거나 해당 칼럼에 NULL 값이 존재하지 않을 경우에만 가능하다. NULL 값이 존재하는 상황에서 NOT NULL 제약 조건을 추가하면 데이터 무결성이 훼손될 수 있기 때문이다.

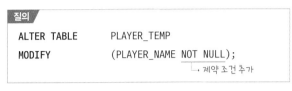

```
질의

ALTER TABLE      PLAYER_TEMP
MODIFY           (PLAYER_NAME NOT NULL);
                                 └→ 제약 조건 추가
```

```
스크립트

Table PLAYER_TEMP이(가) 변경되었습니다.
```

```
질의

DESCRIBE PLAYER_TEMP;
```

```
스크립트

이름                  널?        유형
------------  --------  ------------
PLAYER_NEW_ID NOT NULL  CHAR(7)
PLAYER_NAME ┌ NOT NULL  VARCHAR2(20)
TEAM_ID       NOT NULL  CHAR(3)
E_PLAYER_NAME            VARCHAR2(40)
NICKNAME    제약 조건 추가 VARCHAR2(30)
JOIN_YYYY               CHAR(4)
POSITION                VARCHAR2(10)
BACK_NO                 NUMBER(2)
NATION                  VARCHAR2(20)
BIRTH_DATE              DATE
SOLAR                   CHAR(1)
HEIGHT                  NUMBER(3)
WEIGHT                  NUMBER(3)
```

② 삭제: 항상 가능하며, 테이블의 기존 데이터에 관계없이 제약 조건을 제거할 수 있다.

```
질의

ALTER TABLE      PLAYER_TEMP
MODIFY           (PLAYER_NAME NULL);
                                 └→ NOT NULL 제약 조건 삭제
```

```
스크립트

Table PLAYER_TEMP이(가) 변경되었습니다.
```

```
질의

DESCRIBE PLAYER_TEMP;
```

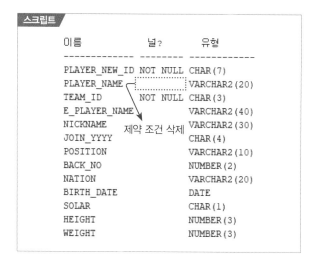

스크립트

```
이름             널?          유형
------------  --------   ------------
PLAYER_NEW_ID  NOT NULL   CHAR(7)
PLAYER_NAME               VARCHAR2(20)
TEAM_ID        NOT NULL   CHAR(3)
E_PLAYER_NAME            VARCHAR2(40)
NICKNAME                 VARCHAR2(30)
JOIN_YYYY                CHAR(4)
POSITION                 VARCHAR2(10)
BACK_NO                  NUMBER(2)
NATION                   VARCHAR2(20)
BIRTH_DATE               DATE
SOLAR                    CHAR(1)
HEIGHT                   NUMBER(3)
WEIGHT                   NUMBER(3)
```

제약 조건 삭제

5. 제약 조건의 추가/삭제(ADD/DROP CONSTRAINT)

제약 조건(CONSTRAINT)은 테이블 생성 이후에도 다음과 같이 ALTER TABLE 문을 사용하여 추가하거나 삭제할 수 있다.

① 현재 [PLAYER_TEMP] 테이블의 모든 제약 조건을 조회하면 다음과 같다.

질의
```
SELECT   * FROM ALL_CONSTRAINTS
WHERE    TABLE_NAME = 'PLAYER_TEMP';
```

질의 결과

OWNER	CONSTRAINT_NAME	CONSTRAINT_TYPE	TABLE_NAME	SEARCH_CONDITION
1 MYID	SYS_C007408	C	PLAYER_TEMP	"PLAYER_NEW_ID" IS NOT NULL
2 MYID	SYS_C007410	C	PLAYER_TEMP	"TEAM_ID" IS NOT NULL

② [PLAYER_TEMP] 테이블에 PLAYER_TEMP_FK라는 외래 키 제약 조건을 추가한다. 이때 [PLAYER_TEMP] 테이블의 TEAM_ID 칼럼이 [TEAM] 테이블의 TEAM_ID 칼럼을 참조하도록 설정한다.

질의
```
ALTER TABLE       PLAYER_TEMP
ADD CONSTRAINT    PLAYER_TEMP_FK
FOREIGN KEY (TEAM_ID) REFERENCES TEAM(TEAM_ID);
```

스크립트
```
Table PLAYER_TEMP이(가) 변경되었습니다.
```

질의
```
SELECT   * FROM ALL_CONSTRAINTS
WHERE    TABLE_NAME = 'PLAYER_TEMP';
```

OWNER	CONSTRAINT_NAME	CONSTRAINT_TYPE	TABLE_NAME	SEARCH_CONDITION
1 MYID	PLAYER_TEMP_FK	R	PLAYER_TEMP	(null)
2 MYID	SYS_C007408	C	PLAYER_TEMP	"PLAYER_NEW_ID" IS NOT NULL
3 MYID	SYS_C007410	C	PLAYER_TEMP	"TEAM_ID" IS NOT NULL

③ 추가된 PLAYER_TEMP_FK 제약 조건을 삭제한다.

질의

```
ALTER TABLE      PLAYER_TEMP
DROP CONSTRAINT  PLAYER_TEMP_FK;
```

스크립트

```
Table PLAYER_TEMP이(가) 변경되었습니다.
```

질의

```
SELECT  * FROM ALL_CONSTRAINTS
WHERE   TABLE_NAME = 'PLAYER_TEMP';
```

질의 결과

OWNER	CONSTRAINT_NAME	CONSTRAINT_TYPE	TABLE_NAME	SEARCH_CONDITION	
1 MYID	SYS_C007408	C	PLAYER_TEMP	"PLAYER_NEW_ID" IS NOT NULL	→ 제약 조건 삭제
2 MYID	SYS_C007410	C	PLAYER_TEMP	"TEAM_ID" IS NOT NULL	

확인 문제

아래 SQL에 대한 설명으로 적절하지 않은 것은?

```
ALTER TABLE EMPLOYEE
ADD (AGE NUMBER(5));

ALTER TABLE EMPLOYEE
DROP COLUMN ADDRESS;

ALTER TABLE EMPLOYEE
RENAME COLUMN NAME TO FULL_NAME;

ALTER TABLE EMPLOYEE
MODIFY (AGE NUMBER(3));
```

① ADD 명령어는 [EMPLOYEE] 테이블에 새로운 칼럼 AGE를 추가하며, 데이터 타입은 NUMBER(5)이다.

② DROP COLUMN 명령어는 [EMPLOYEE] 테이블에서 ADDRESS 칼럼을 삭제하며, 칼럼 삭제 후 테이블에 최소 하나의 칼럼이 남아 있어야 한다.

③ RENAME COLUMN 명령어는 [EMPLOYEE] 테이블의 NAME 칼럼 이름을 FULL_NAME으로 변경하며, 기존 칼럼의 데이터와 정의는 유지된다.

④ MODIFY 명령어는 [EMPLOYEE] 테이블의 AGE 칼럼 크기를 NUMBER(5)에서 NUMBER(3)로 축소하며, 테이블에 데이터가 있더라도 항상 가능하다.

| 해설 | MODIFY 명령어로 칼럼 크기를 축소하는 경우에는 ⊙ 테이블에 아무 행도 없거나, ⓒ 칼럼 값이 모두 NULL이거나, ⓒ 기존 데이터가 축소된 크기 내에 수용 가능한 경우에 허용된다. 따라서 크기 축소는 일정 조건에 따라 제한적으로 허용된다.

② RENAME 문을 통한 테이블 명칭 변경

RENAME 문은 데이터베이스에서 기존 테이블의 이름을 새 이름으로 변경할 때 사용된다. 테이블의 구조와 데이터는 그대로 유지되며, 이름만 변경된다.

질의
```
RENAME 기존_테이블명 TO 새_테이블명;
```

05 테이블 삭제

① DROP

1. 개념

DROP 문은 데이터베이스에서 테이블을 완전히 삭제할 때 사용하는 명령어이다. 이 명령어를 실행하면 테이블에 저장된 모든 데이터와 구조가 제거되며, 삭제된 테이블은 복구할 수 없다.

질의
```
DROP TABLE 테이블명;
```

2. 유의사항 〔실습파일 | K-League〕

DROP 문을 실행하면 테이블 간의 참조 무결성이 깨질 수 있다. 예를 들어, 'K-League' 데이터에서 [TEAM] 테이블을 삭제하기 위해 **DROP TABLE TEAM;**을 실행하면 오류가 발생하는데, 이는 [PLAYER] 테이블에서 [TEAM] 테이블의 **TEAM_ID**를 참조하고 있기 때문에 [TEAM] 테이블 삭제 시 참조 무결성 조건이 위배되기 때문이다.

질의 결과
```
명령의 1 행에서 시작하는 중 오류 발생 -
DROP TABLE TEAM
오류 보고 -
ORA-02449: unique/primary keys in table referenced by foreign keys

https://docs.oracle.com/error-help/db/ora-02449/02449. 00000 -  "unique/primary keys in table referenced by foreign keys"
*Cause:    An attempt was made to drop a table with unique or
           primary keys referenced by foreign keys in another table.
*Action:   Before performing the above operations the table, drop the
           foreign key constraints in other tables. You can see what
           constraints are referencing a table by issuing the following
           command:
           SELECT * FROM USER_CONSTRAINTS WHERE TABLE_NAME = "tabnam";
```

그럼에도 불구하고 [TEAM] 테이블을 삭제하려면 관련된 제약 조건을 함께 삭제해야 한다. 예를 들어, CASCADE CONSTRAINTS 옵션을 사용하면 참조 제약 조건까지 자동으로 삭제된다.

질의

```
DROP TABLE TEAM
CASCADE CONSTRAINTS;
        └→ 관련된 제약 조건을 함께 삭제
```

스크립트

```
Table TEAM이(가) 삭제되었습니다.
```

[PLAYER] 테이블의 제약 조건을 확인해보면, [TEAM] 테이블을 참조하던 PLAYER_FK 제약 조건이 삭제된 것을 확인할 수 있다.

질의

```
SELECT *
FROM    ALL_CONSTRAINTS
WHERE   TABLE_NAME = 'PLAYER';
```

질의 결과

	O...	CONSTRAINT_NAME	CONSTRAINT_TYPE	TABLE_NAME
1	MYID	PLAYER_FK	R	PLAYER
2	MYID	PLAYER_PK	P	PLAYER
3	MYID	SYS_C007424	C	PLAYER
4	MYID	SYS_C007423	C	PLAYER
5	MYID	SYS_C007422	C	PLAYER

〈제약 조건 삭제 전〉

질의 결과

	O...	CONSTRAINT_NAME	CONSTRAINT_TYPE	TABLE_NAME
1	MYID	PLAYER_PK	P	PLAYER
2	MYID	SYS_C007398	C	PLAYER
3	MYID	SYS_C007397	C	PLAYER
4	MYID	SYS_C007396	C	PLAYER

→ 제약 조건 삭제

〈제약 조건 삭제 후〉

2 TRUNCATE

1. 개념

TRUNCATE는 테이블의 모든 데이터를 한 번에 삭제할 때 사용하는 명령어이다. 테이블의 데이터만 삭제하고, 테이블 구조(스키마)는 그대로 유지한다. 즉, 테이블 자체는 그대로 존재하며, 다시 데이터를 삽입하거나 조회하는 데 문제가 없다.

2. 특징

① DELETE와 달리 WHERE 절을 사용할 수 없어 조건에 따라 일부만 삭제하는 것은 불가능하며, 전체 데이터가 일괄 삭제된다.

② UNDO를 위한 트랜잭션 로그를 최소한만 기록하기 때문에, DELETE보다 훨씬 빠르게 대량 데이터를 제거할 수 있다.

③ 자동으로 COMMIT되며 ROLLBACK이 불가능하다.

CHAPTER 06

출제예상문제

01

테이블 생성 규칙에 대한 설명으로 가장 적절한 것은?

① 테이블명과 칼럼명은 DBMS에서 사전에 정의된 예약어를 사용할 수 있다.
② 테이블명은 다른 테이블의 이름과 중복되지 않아야 하며, 복수형을 권장한다.
③ 테이블명과 칼럼명은 숫자로 시작할 수 없다.
④ 테이블명과 칼럼명은 문자 이외에 숫자와 기호는 포함할 수 없다.

| 해설 | 테이블명과 칼럼명은 반드시 문자로 시작해야 하며, 숫자 또는 기호로 시작할 수 없다.
① 테이블명과 칼럼명은 사전에 정의된 예약어를 사용할 수 없다.
② 테이블명은 다른 테이블의 이름과 중복되지 않아야 하며, 단수형을 권장한다.
④ 테이블명과 칼럼명에는 문자, 숫자, 일부 기호(_, $, #)는 허용된다.

02

Oracle의 주요 데이터 타입에 대한 설명으로 가장 적절하지 <u>않은</u> 것은?

① CHAR(2)은 입력값이 2보다 짧을 경우 나머지 공간을 공백으로 채운다.
② VARCHAR2는 공백도 값의 일부로 인식한다.
③ NUMBER(p, s)에서 p는 정수 자릿수, s는 소수점 이하 자릿수를 의미한다.
④ DATE 데이터 타입은 날짜뿐만 아니라 시, 분, 초까지 저장한다.

| 해설 | NUMBER(p, s)에서 p는 정수 자릿수가 아닌, 전체 자릿수를 의미한다. 예를 들어, NUMBER(8, 2)는 정수 부분 6자리, 소수 부분 2자리(예 426507.34)를 의미한다.

03

제약 조건에 대한 설명으로 가장 적절한 것은?

① NOT NULL은 칼럼의 중복을 방지하기 위한 조건이다.
② UNIQUE는 한 테이블에 한 개만 지정할 수 있다.
③ PRIMARY KEY는 자동으로 NOT NULL과 UNIQUE 제약 조건의 성질을 모두 가진다.
④ CHECK는 외부 테이블의 값을 참조하여 유효성을 검사한다.

| 해설 | PRIMARY KEY는 자동으로 NOT NULL과 UNIQUE 제약 조건을 동시에 갖는다.
① NOT NULL은 칼럼에 NULL 값이 입력되지 못하도록 제한하는 제약 조건이지, 중복 여부와는 무관하다.
② UNIQUE는 한 테이블에 여러 개 지정 가능하다. 단, 각 제약 조건은 서로 다른 칼럼(또는 칼럼 조합)에 적용되어야 한다.
④ CHECK는 해당 테이블 내에서 조건식을 검사하며, 다른 테이블을 참조할 수는 없다. 외부 테이블을 참조하는 경우에는 FOREIGN KEY 제약 조건을 사용해야 한다.

04

참조 무결성을 구현하기 위해 사용하는 키로 가장 적절한 것은?

① 기본 키(Primary Key)
② 외래 키(Foreign Key)
③ 후보 키(Candidate Key)
④ 대리 키(Surrogate Key)

| 해설 | 참조 무결성은 관계형 데이터베이스에서 두 테이블 간의 참조 관계가 일관되도록 유지하는 제약 조건이다. 이 무결성을 보장하기 위해 사용되는 키는 외래 키이다. 후보 키는 기본 키로 선택될 수 있는 칼럼들의 후보 집합일 뿐이며, 기본 키는 개체 무결성을 보장하는 키이고, 대리 키는 의미 없는 일련번호 등의 대체 식별자 역할을 한다.

| 정답 | 01 ③　02 ③　03 ③　04 ②

05

아래의 [EMP] 테이블이 존재할 때, 데이터 입력 시 CHECK 제약 조건 오류가 발생하지 <u>않는</u> SQL은?

```
[SQL]
CREATE TABLE EMP (
  EMPNO NUMBER PRIMARY KEY,
  ENAME VARCHAR2(30),
  SAL NUMBER CHECK (SAL >= 0),
  JOB VARCHAR2(20) CHECK (
  JOB IN ('CLERK', 'MANAGER', 'ANALYST'))
);
```

① INSERT INTO EMP

　VALUES (1001, '홍길동', 3000, 'SALES');

② INSERT INTO EMP

　VALUES (1002, '이영희', 0, 'CLERK');

③ INSERT INTO EMP

　VALUES (1003, '김철수', -100, 'ANALYST');

④ INSERT INTO EMP

　VALUES (1004, '최지우', 2500, 'PRESIDENT');

| 해설 | EMP 테이블에는 두 가지 CHECK 제약 조건이 존재한다.
- SAL >= 0: 급여는 0 이상이어야 한다.
- JOB IN ('CLERK', 'MANAGER', 'ANALYST'): 직무는 이 세 가지 중 하나여야 한다.

2번 선지는 SAL 값이 0으로 조건을 만족하며, JOB이 'CLERK'로 지정되어 CHECK 조건을 충족하므로 제약 조건 오류가 발생하지 않는다.

06

오류 없이 정상적으로 실행되는 SQL만을 모두 고른 것은?

```
[테이블 생성]
CREATE TABLE COURSE (
  COURSE_ID NUMBER PRIMARY KEY,
  TITLE VARCHAR2(50) NOT NULL,
  CREDIT NUMBER(1),
  CATEGORY CHAR(1)
);
```

[데이터 삽입]

(가) INSERT INTO

　COURSE(COURSE_ID, TITLE)

　VALUES (101, 'Database');

(나) INSERT INTO

　COURSE VALUES (

　102, 'SQL Fundamentals', 3, 'A');

(다) INSERT INTO

　COURSE(

　COURSE_ID, TITLE, CREDIT, CATEGORY)

　VALUES (103, NULL, 2, 'B');

(라) INSERT INTO

　COURSE(COURSE_ID, TITLE, CREDIT)

　VALUES (104, 'PL/SQL', 12);

(마) INSERT INTO

　COURSE(

　COURSE_ID, TITLE, CATEGORY)

　VALUES (105, 'Modeling', NULL);

① (가), (나)　　　　② (가), (나), (라)

③ (가), (나), (마)　　④ (나), (다), (라)

| 해설 | 테이블 정의를 살펴보면 다음과 같다.
- COURSE_ID NUMBER PRIMARY KEY: 숫자형 데이터 타입, 기본키 지정
- TITLE VARCHAR2(50) NOT NULL: 가변 길이 최대 50자 문자열 데이터 타입, NULL 허용되지 않음
- CREDIT NUMBER(1): 최대 1자리 숫자형 데이터 타입
- CATEGORY CHAR(1): 고정 길이 1글자 문자형 데이터

(가) COURSE_ID와 TITLE만 입력하고, 나머지는 생략되었지만 모두 NULL 허용이므로 정상 실행된다.

(나) 모든 칼럼에 값이 정확하게 입력되어 있으며, 제약 조건도 위반하지 않으므로 정상 실행된다.

(다) TITLE이 NULL로 입력되어 NOT NULL 제약 조건을 위반하므로 오류가 발생한다.

(라) CREDIT에 12가 입력되는데, 이는 NUMBER(1) 범위를 초과하므로 오류가 발생한다.

(마) CATEGORY에 NULL을 입력한 것으로, 이 칼럼은 NOT NULL 제약이 없으므로 정상 실행된다.

07

DROP SCHEMA 명령어를 사용하여 해당 스키마와 그에 속한 모든 객체를 함께 삭제하고자 할 때, 빈칸 ㉠에 들어갈 내용으로 가장 적절한 것은?

```
[SQL]
DROP SCHEMA EMP_DATA    ㉠    ;
```

① CASCADE   ② RENAME
③ ON DELETE   ④ RESTICT

| 해설 | DROP SCHEMA 명령어는 특정 스키마(사용자)와 그에 속한 모든 객체(테이블, 뷰, 시퀀스 등)를 삭제할 때 사용하는 DDL 구문이다. 하지만 단순히 DROP SCHEMA 스키마명;만 사용하면, 해당 스키마에 객체가 존재하는 경우 오류가 발생한다. CASCADE는 해당 스키마가 소유한 모든 객체도 함께 삭제하도록 명시하는 키워드로, 스키마 삭제 시 관련 객체(테이블, 제약 조건, 뷰 등)까지도 모두 제거할 수 있도록 한다.

08

TRUNCATE 명령어에 대한 설명으로 가장 적절하지 <u>않은</u> 것은?

① TRUNCATE는 테이블의 데이터 전체를 삭제하며, 테이블 구조(스키마)는 유지된다.
② TRUNCATE는 조건을 지정하여 특정 행만 삭제할 수 있다.
③ TRUNCATE는 DELETE보다 복구가 어렵고, 롤백이 불가능하다.
④ TRUNCATE는 DELETE 명령보다 빠르게 실행된다.

| 해설 | TRUNCATE 명령어는 테이블의 모든 데이터를 일괄적으로 삭제할 때 사용되는 DDL 명령어이다. 이 명령은 테이블 구조는 유지하고, 전체 행을 즉시 삭제하며, WHERE 조건을 사용할 수 없어 특정 행만 삭제하는 것이 불가능하다. 또한 TRUNCATE는 DDL 명령이므로 ROLLBACK(복구)이 불가능하고, DELETE와 달리 로그 기록이 최소화되어 성능이 빠르다. 단, 삭제된 데이터를 복구하거나 일부 행만 삭제하려면 DELETE 명령을 사용해야 한다.

09

[부모] 테이블의 행이 삭제되면, 이를 참조하고 있는 [자식] 테이블의 행도 자동으로 삭제되는 참조 동작 옵션은?

① ON UPDATE SET NULL
② ON DELETE SET NULL
③ ON UPDATE CASCADE
④ ON DELETE CASCADE

| 해설 | ON DELETE CASCADE는 [부모] 테이블의 행이 삭제되면 해당 키를 참조하는 [자식] 테이블의 행도 자동으로 삭제되도록 한다.
① ON UPDATE SET NULL은 [부모] 테이블의 키 값이 변경되면 [자식] 테이블의 외래 키 값을 NULL로 설정한다.
② ON DELETE SET NULL은 [부모] 테이블의 키가 삭제될 경우 [자식] 테이블의 외래 키 값을 NULL로 설정한다.
③ ON UPDATE CASCADE는 [부모] 테이블의 기본 키가 변경되었을 때, [자식] 테이블의 외래 키도 자동으로 같은 값으로 수정된다.

| 정답 | 07 ①   08 ②   09 ④

10

아래 SQL을 순차적으로 수행하였을 때 실행 결과로 가장 적절한 것은?

[CLASS]

CLASS_ID	CLASS_NAME
1	Math
2	English
3	History
4	Science

[STUDENT]

STD_ID	STD_NAME	CLASS_ID
1000	JAMES	1
1001	SARA	2
1002	TOM	3
1003	EMILY	4
1004	SMITH	3

[SQL]
```
ALTER TABLE STUDENT
ADD CONSTRAINT FK_STUDENT_CLASS
FOREIGN KEY (CLASS_ID)
REFERENCES CLASS(CLASS_ID)
ON DELETE SET NULL;

DELETE FROM CLASS
WHERE CLASS_NAME = 'History';

SELECT * FROM STUDENT;
```

①

STD_ID	STD_NAME	CLASS_ID
1000	JAMES	1
1001	SARA	2
1003	EMILY	4

②

STD_ID	STD_NAME	CLASS_ID
1000	JAMES	1
1001	SARA	2
1002	TOM	3
1003	EMILY	4
1004	SMITH	3

③

STD_ID	STD_NAME	CLASS_ID
1000	JAMES	1
1001	SARA	2
1002	TOM	NULL
1003	EMILY	4
1004	SMITH	NULL

④

STD_ID	STD_NAME	CLASS_ID
1000	JAMES	1
1001	SARA	2
NULL	NULL	NULL
1003	EMILY	4
NULL	NULL	NULL

| 해설 | ON DELETE SET NULL은 [부모] 테이블(CLASS)의 행이 삭제되면, 해당 키를 참조하는 [자식] 테이블(STUDENT)의 외래 키 칼럼을 NULL로 변경한다. DELETE FROM CLASS WHERE CLASS_NAME = 'History';에 따라 CLASS_NAME이 'History'인 행(CLASS_ID = 3)이 삭제되었으므로, 해당 값을 참조하던 TOM, SMITH의 CLASS_ID가 NULL로 변경된다.

11

아래는 기존 테이블을 활용하여 새로운 테이블을 생성하는 SQL이다. 빈칸 ㉠에 들어갈 내용으로 가장 적절한 것은? (단, DBMS는 오라클로 가정함)

[SQL]
```
CREATE TABLE NEW_EMP
    ㉠    ;
```

① AS EMP
② FROM EMP
③ LIKE EMP
④ AS SELECT * FROM EMP

| 해설 | Oracle에서 기존 테이블의 구조와 데이터를 복사하여 새로운 테이블을 생성할 때는 CREATE TABLE 테이블명 AS SELECT 구문을 사용한다.

12

[DEPT] 테이블의 DEPTNO 칼럼을 참조하도록 [EMP] 테이블의 DEPTNO 칼럼에 FOREIGN KEY 제약 조건을 추가하는 SQL로 가장 적절한 것은?

① ALTER TABLE EMP
   ADD CONSTRAINT EMP_FK
   FOREIGN KEY (DEPTNO)
   REFERENCES DEPT(DEPTNO);
② ALTER TABLE EMP
   MODIFY CONSTRAINT EMP_FK
   FOREIGN KEY DEPTNO
   REFERENCES DEPT(DEPTNO);
③ ALTER TABLE EMP
   ADD FOREIGN KEY (DEPTNO)
   REFERENCES DEPT;
④ ALTER TABLE EMP
   ADD CONSTRAINT DEPT
   FOREIGN KEY (EMP.DEPTNO)
   REFERENCES DEPT(DEPTNO);

| 해설 | FOREIGN KEY 제약 조건을 추가하려면, ALTER TABLE 테이블명 ADD CONSTRAINT 제약 조건명 FOREIGN KEY (칼럼명) REFERENCES 부모 테이블(참조칼럼);을 사용한다.

13

ALTER TABLE 하위 명령어로, 기존 테이블의 특정 칼럼 속성을 변경할 때 사용하는 명령어로 가장 적절한 것은?

① ADD   ② UPDATE
③ RENAME   ④ MODIFY

| 해설 | MODIFY 명령어는 기존 테이블의 칼럼 속성을 변경할 때 사용하는 ALTER TABLE 하위 명령어이다. 이를 통해 칼럼의 데이터 타입, 크기, 제약 조건(NOT NULL 등)을 변경할 수 있다.

14

[PLAYER] 테이블의 HEIGHT 칼럼을 삭제하는 SQL로 가장 적절한 것은?

① MODIFY TABLE PLAYER
   DROP COLUMN HEIGHT;
② ALTER TABLE PLAYER
   DROP COLUMN HEIGHT;
③ ALTER TABLE PLAYER
   REMOVE COLUMN HEIGHT;
④ DELETE TABLE PLAYER
   DROP COLUMN HEIGHT;

| 해설 | ALTER TABLE은 기존 테이블의 구조를 변경할 때 사용하는 명령어이며, 그 하위 명령어인 DROP COLUMN은 특정 칼럼을 삭제할 때 사용된다. 따라서 테이블의 칼럼을 삭제할 경우 ALTER TABLE 테이블명 DROP COLUMN 칼럼명;을 사용한다.

15

아래 SQL에 대한 설명으로 가장 적절하지 <u>않은</u> 것은?

```
[SQL]
ALTER TABLE STUDENT
ADD (GENDER CHAR(1));

ALTER TABLE STUDENT
DROP COLUMN EMAIL;

ALTER TABLE STUDENT
RENAME COLUMN BIRTH TO BIRTH_DATE;

ALTER TABLE STUDENT
MODIFY (SCORE NUMBER(3,1));
```

① ADD 명령어는 [STUDENT] 테이블에 GENDER 칼럼을 추가하며, 문자 하나를 저장할 수 있다.
② DROP COLUMN 명령어는 [STUDENT] 테이블에서 EMAIL 칼럼을 삭제하며, 테이블에는 최소 하나 이상의 칼럼이 남아 있어야 한다.
③ RENAME COLUMN 명령어는 칼럼 이름뿐 아니라 데이터 타입까지 변경할 수 있다.
④ MODIFY 명령어는 SCORE 칼럼의 데이터 타입을 NUMBER(3,1)로 수정하며, 기존 데이터가 형식에 맞을 경우 적용할 수 있다.

| 해설 | RENAME COLUMN 명령어는 칼럼 이름만 변경할 수 있는 명령어이다.

TCL&DCL

CHAPTER 07

무료특강
바로가기

---

01 트랜잭션

1 트랜잭션(Transaction)의 개념 및 특징

1. 트랜잭션의 개념

트랜잭션은 데이터베이스에서 논리적인 연산 단위이며, 더 이상 분할할 수 없는 최소의 단위를 의미한다. 트랜잭션은 주로 여러 SQL 문장을 포함하며, 데이터의 무결성과 일관성을 유지하기 위해 사용된다. 트랜잭션이 성공적으로 완료되면, 작업 내 모든 연산이 데이터베이스에 반영된다. 반면, 트랜잭션이 실패하거나 취소되면 작업 내 모든 연산이 무효화되고, 데이터는 이전 상태로 복구된다. 즉, 트랜잭션은 'All or Nothing'의 원칙을 따르는 특성을 가지고 있다. 트랜잭션의 예시를 살펴보면 다음과 같다.

트랜잭션 예	작업 내용	트랜잭션의 역할
도서 주문	• 재고 수량 감소 • 결제 처리 • 포인트 적립 • 주문 내역 생성	• 모든 작업이 성공적으로 완료되어야 주문이 성립됨 • 중간에 결제 오류가 발생하면 재고 감소나 포인트 적립도 취소되며, 데이터가 원래 상태로 복구됨
계좌이체	• 원 계좌의 잔액 감소 • 대상 계좌의 잔액 증가	• 두 작업이 모두 성공해야 이체가 완료됨 • 원 계좌의 잔액이 감소했지만 대상 계좌의 잔액 증가가 실패한 경우, 트랜잭션은 모든 작업을 취소하여 일관성을 유지함
좌석 예약	• 좌석 배정 • 결제 처리 • 예약 내역 생성	• 좌석 배정과 결제가 모두 성공해야 예약이 완료됨 • 결제 처리나 좌석 배정 중 하나라도 실패하면, 생성된 예약 내역도 취소됨

2. 계좌이체 트랜잭션의 예

트랜잭션은 데이터의 일관성을 보장하는 중요한 역할을 한다. 예를 들어, A 계좌에서 B 계좌로 10,000원을 이체하는 경우, 트랜잭션은 이체 작업 전후의 데이터 일관성을 유지해야 한다. 즉, 이체 전 A와 B 계좌의 잔액 합이 20,000원이라면, 이체 후에도 잔액 합은 동일하게 20,000원이 되어야 한다. 이체 작업은 모든 연산이 성공적으로 완료되거나 모두 취소되어야 데이터베이스의 일관성을 유지할 수 있다.

계좌이체 트랜잭션

A 계좌에서 10,000원 인출
UPDATE 계좌
SET 잔액 = 잔액 – 10000
WHERE 계좌번호 = 'A';

B 계좌에 10,000원 입금
UPDATE 계좌
SET 잔액 = 잔액 + 10000
WHERE 계좌번호 = 'B';

일관성이 유지되지 않는 경우는 다음과 같은 상황에서 발생할 수 있다. 첫째, 두 연산 중 하나만 성공한 경우이다. 예를 들어, A 계좌에서 10,000원이 차감되었으나 B 계좌의 잔액이 증가하지 않는 상황이 발생할 수 있다. 이는 시스템 오류, 네트워크 장애, 또는 트랜잭션 관리의 미흡으로 인해 발생한다. 둘째, 다른 트랜잭션의 개입으로 인해 데이터 충돌이 발생하는 경우이다. 트랜잭션이 수행되는 도중 다른 트랜잭션이 개입하여 A 계좌나 B 계좌의 데이터를 갱신하면 예상과 다른 결과가 나올 수 있다. 이러한 문제를 방지하려면 트랜잭션 관리와 동시성 제어를 철저히 수행해야 한다.

3. 트랜잭션의 특성(ACID 특성)

트랜잭션은 원자성 + 고립성 준수를 통해 일관성이 보장되며, 지속성 준수를 통해 일관성이 유지된다.

원자성(Atomicity)	트랜잭션에서 정의된 연산들은 모두 성공적으로 실행되던지 아니면 전혀 실행되지 않은 상태로 남아 있어야 함(All or Nothing)
일관성(Consistency)	트랜잭션 실행 전후의 데이터베이스 상태가 모든 제약 조건과 규칙을 만족해야 함
고립성(Isolation)	트랜잭션이 실행되는 도중에 다른 트랜잭션의 영향을 받아서는 안 됨
지속성(Durability)	트랜잭션이 성공적으로 수행되면 그 트랜잭션이 갱신한 데이터베이스의 내용은 영구적으로 저장되어야 함

확인 문제

트랜잭션의 ACID 특성에 대한 설명으로 올바르게 짝지어진 것은?

① 원자성(Atomicity): 트랜잭션 실행 도중 장애가 발생하면, 변경된 데이터는 트랜잭션 실행 이후에도 유지된다.

② 일관성(Consistency): 트랜잭션 실행 결과 데이터베이스는 새로운 상태로 전환되며, 모든 제약 조건을 항상 만족한다.

③ 고립성(Isolation): 트랜잭션 실행 중에는 다른 트랜잭션이 동일한 데이터를 동시에 수정할 수 있다.

④ 지속성(Durability): 트랜잭션이 성공적으로 완료된 경우에도, 시스템 장애가 발생하면 데이터 변경 내용은 손실될 수 있다.

2 트랜잭션의 격리 수준과 읽기 문제

1. Dirty Read

Dirty Read는 **COMMIT**되지 않은 데이터를 읽는 현상을 말한다. 이는 한 트랜잭션이 다른 트랜잭션에 의해 변경되었으나 아직 확정되지 않은(**ROLLBACK** 가능성이 있는) 데이터를 읽음으로써 잘못된 결과를 초래할 수 있는 상황이다.

예를 들어, 트랜잭션 Y에서 **UPDATE** (B ← B + 10000) 연산이 수행된 후, 트랜잭션 X가 해당 데이터를 읽었다고 가정하자. 이후 트랜잭션 Y가 **ROLLBACK**을 수행하여 변경 사항을 취소하면, 트랜잭션 X는 **COMMIT**되지 않은 데이터, 즉 유효하지 않은 데이터를 기반으로 작업을 진행한 것이 되어 데이터 불일치와 오류를 야기할 수 있다.

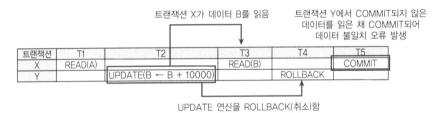

이를 방지하기 위해, 트랜잭션이 **COMMIT**된 데이터만 읽도록 제한하여, 트랜잭션 X가 **COMMIT**되지 않은 **UPDATE** (B ← B + 10000) 연산의 결과를 읽지 못하도록 설정할 수 있다. 이러한 방식은 데이터 무결성과 일관성을 유지하는 데 중요한 역할을 한다.

> **➕ COMMIT과 ROLLBACK**
>
> • **COMMIT**은 데이터베이스에서 수행된 연산 결과를 최종적으로 확정하여 데이터베이스에 반영하는 작업을 의미한다. 트랜잭션에서 실행된 연산은 즉시 데이터베이스에 반영되지 않으며, **COMMIT** 명령을 실행해야만 변경된 내용이 데이터베이스에 영구적으로 저장된다.
>
> • **ROLLBACK**은 트랜잭션에서 수행된 작업을 취소하고, 데이터베이스를 트랜잭션 시작 전 상태로 되돌리는 작업이다.

2. Non-Repeatable Read

Non-Repeatable Read는 같은 트랜잭션 내에서 동일한 질의를 반복 실행했을 때, 다른 트랜잭션에 의해 데이터가 수정되거나 삭제되어 두 질의의 결과가 달라지는 현상을 의미한다. 예를 들어, 트랜잭션 X가 A 값을 읽은 후, 트랜잭션 Y에서 **UPDATE** (A = A + 10000) 연산을 수행했다고 가정하자. 이때 트랜잭션 X가 다시 A 값을 읽는다면, T1 시점에 읽었던 A와 T4 시점에 읽은 A의 값이 달라지게 된다.

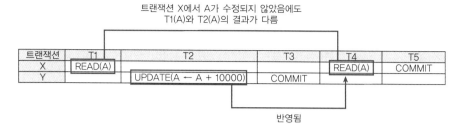

트랜잭션 X에서 A가 수정되지 않았음에도
T1(A)와 T2(A)의 결과가 다름

트랜잭션	T1	T2	T3	T4	T5
X	READ(A)			READ(A)	COMMIT
Y		UPDATE(A ← A + 10000)	COMMIT		

반영됨

트랜잭션은 고립성에 의해 다른 트랜잭션의 영향을 받지 않아야 하므로, 트랜잭션 X에서 A가 수정된 적이 없다면 T1 시점에 읽은 A와 T4 시점에 읽은 A의 결과는 동일해야 한다. 그러나 트랜잭션 Y에서 수행된 **UPDATE** 연산으로 인해 트랜잭션 X에서 두 시점의 A 값이 상이하게 나타나는 데이터 일관성 문제가 발생한다.

이 문제를 해결하기 위해, 한 트랜잭션이 읽은 데이터(행)는 해당 트랜잭션이 완료될 때까지 다른 트랜잭션이 수정하거나 삭제할 수 없도록 잠금을 설정할 수 있다. 이러한 격리 수준을 Repeatable Read라고 하며, 이는 동일한 트랜잭션 내에서 동일한 데이터를 반복 조회할 때 항상 같은 결과를 읽을 수 있도록 보장한다.

3. Phantom Read

Phantom Read는 동일한 질의를 반복 실행하는 동안, 다른 트랜잭션이 새로운 데이터를 삽입하여 두 질의의 결과가 달라지는 현상을 의미한다.

예를 들어, 트랜잭션 X가 데이터를 COUNT한 후, 트랜잭션 Y에서 새로운 레코드를 INSERT했다고 가정하자. 이때 트랜잭션 X가 다시 COUNT를 수행하면, T1 시점에서의 레코드 개수와 T4 시점에서의 개수가 달라지게 된다.

트랜잭션 X에서 데이터가 삽입되지 않았음에도
Count 값이 다름

트랜잭션	T1	T2	T3	T4	T5
X	Count (*)			Count (*)	COMMIT
Y		INSERT new record	COMMIT		

반영됨

트랜잭션은 고립성에 의해 다른 트랜잭션의 영향을 받지 않아야 하므로, 트랜잭션 X에서 별다른 수정이 없었다면 T1 시점에서의 **COUNT** 값과 T4 시점에서의 **COUNT** 값이 동일해야 한다. 그러나 트랜잭션 Y에서 **INSERT** 연산이 발생하면서, 트랜잭션 X에서 두 시점의 결과가 달라져 데이터 일관성 문제가 발생한다.

이 문제는 여러 트랜잭션이 병렬로 수행되더라도, 그 결과가 트랜잭션들이 순차적으로 하나씩 실행된 것과 동일하게 나타나게끔 보장함으로써 해결할 수 있다. 이러한 격리수준을 Serializable Schedule이라고 하며, 트랜잭션들이 순차적으로 하나씩 실행된 것과 동일한 결과를 보장한다.

+ Serializable Schedule

Serializable Schedule은 트랜잭션들이 병렬로 수행되더라도, 그 결과가 트랜잭션들이 순차적으로 하나씩 실행된 것과 동일하게 나타나도록 보장하는 스케줄을 의미한다. 이는 데이터의 무결성과 일관성을 유지하기 위해 동시성 제어를 활용하여 구현된다.

1. 동시성 제어기(Concurrency Controller)를 통해 생성한다.
2. 구현 방식
    ① Locking 기반 방식: 트랜잭션은 데이터를 읽거나 쓰기 전에 잠금을 설정하고, 작업 완료 후 잠금을 해제한다.
    ② Timestamp 기반 방식: 각 트랜잭션에 고유한 타임스탬프(Timestamp)를 할당하여 작업 순서를 결정한다. 타임스탬프를 비교하여 트랜잭션 간의 충돌을 예방하고, 순차 실행과 동일한 결과를 보장한다.

+ 트랜잭션의 격리 수준과 읽기 문제

격리 수준	설명	읽기 문제		
		Dirty Read	Non-Repeatable Read	Phantom Read
Read Uncommitted	다른 트랜잭션이 수정 중인 데이터를 읽을 수 있음	발생 가능	발생 가능	발생 가능
Read Committed	COMMIT된 데이터만 읽을 수 있음	방지됨	발생 가능	발생 가능
Repeatable Read	한 트랜잭션이 읽은 행을 다른 트랜잭션이 수정·삭제하지 못함	방지됨	방지됨	발생 가능
Serializable	트랜잭션 간 순차적 실행과 동일한 결과를 보장함	방지됨	방지됨	방지됨

확인 문제

아래는 두 트랜잭션(T1, T2)이 동시에 실행되는 상황을 나타낸 것이다. 이를 바탕으로 발생할 수 있는 문제와 관련된 트랜잭션 격리 수준으로 올바른 것은?

- T1이 A값을 읽는다.
- T2가 A값을 변경하고 COMMIT이 이루어지지 않은 상태에서, T1이 다시 T2에 의해 변경된 A값을 읽는다.
- 이후 T2가 ROLLBACK되면, T1이 두 번째로 읽은 값은 데이터베이스에 존재하지 않는 값이다.

① Dirty Read
② Non-Repeatable Read
③ Phantom Read
④ Serializable

| 정답 | ①

| 해설 | Dirty Read는 트랜잭션 T1이 트랜잭션 T2에 의해 변경되었으나 아직 COMMIT이 이루어지지 않은 데이터를 읽는 상황을 말한다. T2가 ROLLBACK되면 T1은 실제로 데이터베이스에 존재하지 않는 값을 읽은 것이 되어 데이터 일관성이 깨질 수 있다. Dirty Read는 Read Uncommitted 격리 수준에서 발생하며, 이를 방지하려면 최소 Read Committed 이상의 격리 수준이 필요하다.

TCL(Transaction Control Language)은 데이터베이스에서 트랜잭션을 제어하기 위한 명령어로, SQL 문으로 수행된 작업을 저장하거나 취소하는 역할을 한다. 트랜잭션은 데이터의 무결성을 보장하기 위해 시작과 끝을 명확히 정의하며, 트랜잭션 관리 명령어인 COMMIT, ROLLBACK, SAVEPOINT를 통해 작업을 제어할 수 있다.

> **➕ 트랜잭션의 시작과 종료**
>
> 트랜잭션은 SQL 문을 실행할 때 자동으로 시작되며, COMMIT 또는 ROLLBACK 명령어를 실행하면 종료된다.

1 COMMIT

1. 개념

COMMIT은 트랜잭션에 의해 변경된 데이터를 데이터베이스에 영구적으로 저장하는 명령어이다. 트랜잭션 수행 중 실행된 SQL 문은 처음에는 메모리에 임시로 저장되며, 실제로 데이터베이스에 반영되지는 않는다. 하지만 COMMIT 명령을 실행하면 변경 사항이 데이터베이스에 저장되고 모든 사용자가 해당 변경 내용을 볼 수 있게 된다.

2. COMMIT 예시

사용자 A가 [PLAYER] 테이블에서 HEIGHT 값을 10씩 증가시키고자 UPDATE PLAYER SET HEIGHT = HEIGHT + 10;의 SQL 문을 실행한다고 가정하자. 본 SQL 문의 실행 결과로 HEIGHT의 값이 160에서 170으로 증가한 어떤 데이터에 대해, COMMIT을 실행하기 전과 실행한 후의 차이를 살펴보면 다음과 같다.

(1) COMMIT 실행 전

    ① 데이터베이스가 아닌 메모리에 HEIGHT 값이 170으로 임시 저장된다.

    ② 사용자 A는 메모리에서 변경된 결과(170)를 확인할 수 있으나, 데이터베이스에는 변경된 내용이 반영되지 않아 다른 사용자는 여전히 변경 전의 값(160)만 확인할 수 있다.

    ③ 사용자 A가 데이터를 변경 중인 동안에는 잠금이 설정되어 다른 사용자는 해당 데이터를 수정할 수 없다.

(2) COMMIT 실행 후

    ① COMMIT; 명령어를 실행하면, 메모리에 저장된 결과가 데이터베이스에 영구적으로 저장된다.

    ② 변경된 내용(170)은 모든 사용자가 확인할 수 있으며, 이전 데이터(160)는 모두 삭제된다. 단, 별도 로그 보관 시 복구가 가능하다.

    ③ 설정되어 있던 잠금이 해제되어 다른 사용자도 해당 데이터를 수정할 수 있게 된다.

2 ROLLBACK

1. 개념
ROLLBACK은 트랜잭션 수행 결과를 모두 취소하고, 변경된 데이터를 이전 상태로 복구하는 명령어이다. 이는 데이터베이스에 반영되지 않은 변경 사항을 취소하고, 마지막 COMMIT된 지점으로 데이터를 되돌리는 작업을 수행한다.

2. 특징
① COMMIT 이전의 변경 사항만 ROLLBACK으로 취소할 수 있으며, COMMIT 이후의 작업은 되돌릴 수 없다.
② DDL 명령어는 실행 시 자동 COMMIT되므로, ROLLBACK으로 취소할 수 없다.

3. ROLLBACK 예시
사용자 A가 [PLAYER] 테이블의 HEIGHT 값을 변경하고자 `UPDATE PLAYER SET HEIGHT = HEIGHT + 10;`의 SQL 문을 실행했다고 가정한다.
(1) ROLLBACK 실행 전
변경된 데이터는 메모리에 임시 저장되며, 아직 데이터베이스에는 반영되지 않은 상태이다.
(2) ROLLBACK 실행 후
① `ROLLBACK;` 명령어를 실행하면, 메모리에 저장된 변경 사항이 모두 취소되고 데이터베이스는 원래 상태로 복구, 즉 원래 상태 그대로 남는다.
② 설정되어 있던 잠금이 해제되어 다른 사용자도 해당 데이터를 수정할 수 있게 된다.

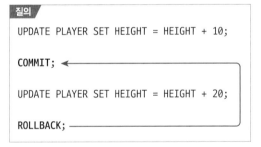

질의
```
UPDATE PLAYER SET HEIGHT = HEIGHT + 10;

COMMIT;

UPDATE PLAYER SET HEIGHT = HEIGHT + 20;

ROLLBACK;
```

+ 자동 COMMIT과 자동 ROLLBACK

자동 COMMIT은 각 SQL 문이 실행될 때마다 변경된 내용이 자동으로 데이터베이스에 영구적으로 저장되도록 하는 설정이다. 한편, 자동 ROLLBACK은 트랜잭션이 비정상적으로 종료되거나 오류가 발생할 경우, 변경된 내용을 자동으로 취소하고 이전 상태로 복구하는 동작이다.

3 SAVEPOINT

1. 개념
SAVEPOINT는 트랜잭션 중 특정 시점을 지정하여, 해당 시점까지만 복구할 수 있도록 설정하는 명령어이다. 이는 트랜잭션 작업을 세분화하여 관리할 수 있게 해주며, 지정된 저장점 이전의 작업은 유지하고 이후의 작업만 취소할 수 있다.

💡 **학습TIP!**
SAVEPOINT는 사용자가 명시적으로 설정해야 한다.

2. SAVEPOINT 예시

① 트랜잭션 중 여러 작업을 수행하면서 저장점을 설정한다.

> **질의**
>
> ```
> UPDATE PLAYER SET HEIGHT = HEIGHT + 10;
> SAVEPOINT PT1;  → 저장점 PT1 설정
>
> UPDATE PLAYER SET HEIGHT = HEIGHT + 20;
> SAVEPOINT PT2;  → 저장점 PT2 설정
> ```

② 특정 저장점까지 복구하려면 **ROLLBACK TO** 명령어를 사용한다. 특정 저장점까지 롤백 하면 그 이후의 명령과 저장점은 모두 무효가 된다.

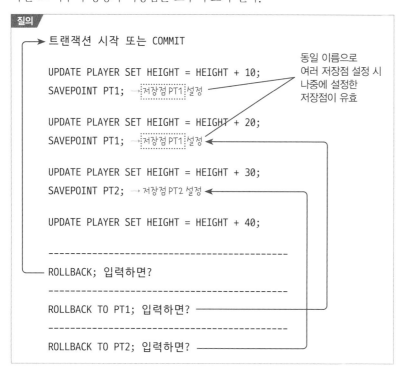

> **확인 문제**

아래 명령어가 순서대로 실행된다면, [PLAYER] 테이블의 최종 HEIGHT 값은 얼마인가? (단, [PLAYER] 테이블의 모든 레코드의 현재 HEIGHT 값은 100임)

> **질의**
>
> ```
> UPDATE PLAYER SET HEIGHT = HEIGHT + 10; -- 트랜잭션 시작
> SAVEPOINT PT1;
> UPDATE PLAYER SET HEIGHT = HEIGHT + 20;
> SAVEPOINT PT2;
> ROLLBACK TO PT1;
> UPDATE PLAYER SET HEIGHT = HEIGHT + 30;
> COMMIT;
> ```

① 100   ② 110

③ 140   ④ 160

| 정답 | ③

| 해설 | ROLLBACK TO PT1; 명령어로 인해 PT1 이후의 변경 사항(HEIGHT + 20)이 취소되어 HEIGHT 값이 다시 110
으로 복구된다. 이후, UPDATE PLAYER SET HEIGHT = HEIGHT + 30; 명령어가 실행되어 HEIGHT 값이
110에서 140으로 변경된다. 마지막으로, 해당 변경 사항은 COMMIT 명령어를 통해 데이터베이스에 영구적으로
저장되므로, 최종적으로 HEIGHT 값은 140이 된다.

03   DCL

DCL(Data Control Language)은 데이터베이스의 사용자 계정을 생성하거나 삭제하고,
권한을 부여하거나 회수하는 데 사용되는 명령어이다. 주로 데이터베이스 보안을 관리하
기 위해 사용되며, 대표적인 명령어로 GRANT(권한 부여)와 REVOKE(권한 회수)가 있다.

■ 계정의 생성/삭제, 권한의 부여/회수

아이디가 system이고 패스워드가 admin인 계정을 사용하여, 아이디가 mis1이고 패스워
드가 new_pw인 새로운 계정을 생성한 후, 해당 계정에 권한을 부여하고 회수하며, 마지막
으로 계정을 삭제하는 과정을 살펴본다.

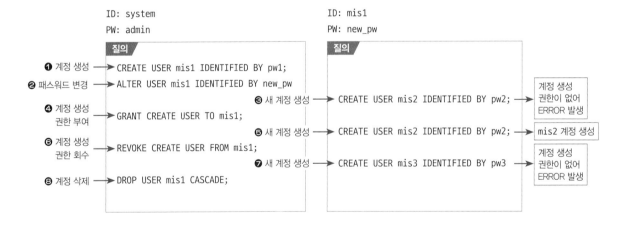

❶ 사용자 계정 생성
- 사용자 계정은 `CREATE USER 사용자명 IDENTIFIED BY 비밀번호;` 명령어로 생성할 수 있다.
- 새로 생성된 계정은 기본적으로 아무런 권한이 부여되지 않은 상태이다.

❷ 비밀번호 변경
계정의 비밀번호는 `ALTER USER 사용자명 IDENTIFIED BY 새 비밀번호;` 명령어를 통해 변경할 수 있다.

❸ 권한 없는 계정의 동작
생성된 계정(mis1)은 아무런 권한이 없으므로, 해당 계정으로 또 다른 계정(mis2)을 생성하거나 작업을 수행하려고 하면 ERROR가 발생한다.

❹ 계정 생성 권한 부여
`GRANT CREATE USER TO 사용자명;` 명령어를 사용하여 계정 생성 권한을 부여할 수 있다.

❺ 권한 있는 계정의 동작
권한을 부여받은 계정(mis1)에서 또 다른 계정(mis2)을 생성할 수 있다.

❻ 계정 생성 권한 회수
계정 생성 권한을 회수하려면 `REVOKE CREATE USER FROM 사용자명;` 명령어를 사용해야 한다.

❼ 권한이 사라진 계정의 동작
권한이 사라진 계정(mis1)으로 또 다른 계정(mis3)을 생성할 수 없다.

❽ 사용자 계정 삭제
- 계정을 삭제하려면 `DROP USER 사용자명 CASCADE;` 명령어를 실행한다.
- CASCADE 옵션을 사용하면, 삭제하려는 사용자가 생성한 객체(새로운 계정, 테이블, 제약 조건 등)도 함께 삭제된다.
- 만약 CASCADE 옵션 없이 `DROP USER 사용자명;` 명령어를 실행하면, 삭제하려는 계정이 생성한 객체가 남아 있을 경우 계정 삭제가 실패한다.
- CASCADE 옵션 없이 계정을 삭제하려면, 해당 계정이 생성한 객체가 없는 상태여야 한다.

2 SESSION 생성 및 Object 권한

1. SESSION 생성 권한

새로 생성된 계정은 기본적으로 아무런 권한이 없으므로, 데이터베이스에 로그인도 할 수 없다. 생성된 계정으로 데이터베이스에 로그인을 하려면 CREATE SESSION 권한이 필요하며, 해당 권한을 부여하는 명령어는 다음과 같다.

질의
```
GRANT CREATE SESSION TO 사용자명;
```

2. Object 권한

`Object` 권한은 데이터베이스에서 특정 객체(테이블, 뷰, 시퀀스, 프로시저 등)에 대해 다른 사용자나 계정이 접근하고 작업할 수 있도록 허용하는 권한이다.

(1) CREATE TABLE 권한

테이블 생성 권한은 가장 대표적인 `Object` 권한으로, 아래의 명령어를 통해 권한을 부여할 수 있다.

질의
```
GRANT CREATE TABLE TO 사용자명;
```

(2) 다른 Object 권한

① 데이터베이스에서 한 사용자가 생성한 테이블에 다른 사용자가 접근하려면, 테이블을 생성한 사용자나 관리자로부터 권한을 부여받아야 한다. 기본적인 권한 부여 형식은 **GRANT 권한 TO 계정명;**이지만, 다른 계정이 생성한 테이블에 대하여 권한을 부여할 때는 **GRANT 권한 ON 소유계정.테이블명 TO 계정명;** 형식을 사용한다. 예를 들어, kmumis 계정이 생성한 [PLAYER] 테이블에 대한 **SELECT** 권한을 mis1 계정에 부여하는 명령은 아래와 같다.

　㉠ 관리자 계정에서 권한을 부여하는 경우

　㉡ 소유계정(kmumis)에서 직접 권한을 부여하는 경우

② 이렇게 권한을 부여받은 계정(mis1)은 소유계정(kmumis)의 테이블을 조회할 때 아래와 같이 **소유계정.테이블명**을 명시하여 조회한다.

　㉠ 권한을 받은 계정(mis1)이 소유계정의 테이블을 조회하는 경우

　㉡ 소유계정(kmumis)이 본인 계정의 테이블을 조회하는 경우

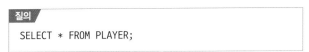

3. 객체별 권한의 종류

각 객체(테이블, 뷰, 시퀀스, 프로시저)마다 적용될 수 있는 권한은 각각 다르다. 아래는 각 객체별로 적용 가능한 권한의 종류이다.

권한	객체			
	TABLE	VIEW	SEQUENCE	PROCEDURE
SELECT	○	○	○	
INSERT	○	○		
UPDATE	○	○		
DELETE	○	○		
ALTER	○		○	
EXECUTE				○
INDEX	○			
REFERENCES	○			

3 ROLE

1. 개념

ROLE은 데이터베이스에서 권한을 효율적으로 관리하기 위해 사용되는 권한의 논리적 그룹으로, 일종의 권한 Package라고 볼 수 있다. 여러 권한을 하나의 ROLE로 묶어서 관리하고, ROLE을 통해 각 사용자에게 권한을 묶음으로 부여하거나 회수할 수 있다.

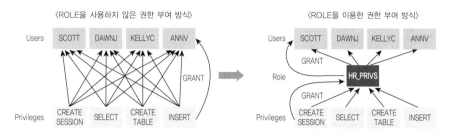

ROLE을 사용하지 않으면, 개별 사용자(例 SCOTT, DAWNJ, KELLYC, ANNV) 각각에게 각 권한(例 CREATE SESSION, SELECT, CREATE TABLE, INSERT)을 직접 부여해야 한다. 이 방식은 사용자와 권한이 많아질수록 권한 부여과 관리가 매우 복잡해지고, 작업이 비효율적으로 이루어지게 된다.

이와 달리 ROLE을 사용하는 방식은, ROLE(例 HR_PRIVS)을 생성하고 여러 권한(例 CREATE SESSION, SELECT, CREATE TABLE, INSERT)을 묶어서 해당 ROLE에 부여한다. 그리고 각 권한을 부여받은 ROLE을 각 사용자(例 SCOTT, DAWNJ, KELLYC, ANNV)에게 할당한다. 이렇게 ROLE을 이용하면 많은 사용자에게 여러 권한을 효율적으로 부여할 수 있을 뿐 아니라, 권한 변경이 필요할 때 ROLE에만 수정 사항을 적용하면 해당 ROLE을 기존에 부여받은 사용자들의 권한도 자동으로 변경되어 매우 편리하다.

2. ORACLE의 ROLE

Oracle에서는 ROLE을 통해 사용자의 권한 관리를 간편하게 수행할 수 있도록, 미리 정의된 다양한 시스템 ROLE을 제공한다. 이러한 ROLE은 사용자 생성 시 기본 권한을 부여하거나, 관리자가 손쉽게 권한을 설정하기 위한 용도로 사용된다.

CONNECT	사용자가 데이터베이스에 접속하고 기본적인 작업을 수행할 수 있도록 제공되는 기본 ROLE
RESOURSE	테이블, 뷰 등 객체를 생성할 수 있는 권한을 포함한 ROLE
DBA	데이터베이스 전체를 관리할 수 있는 권한을 포함한 ROLE

Oracle에서는 다음과 같은 SQL 명령을 사용하여 새로운 사용자를 생성하고 ROLE을 부여할 수 있다.

질의
```
CREATE USER 계정명 IDENTIFIED BY 비밀번호;
GRANT CONNECT, DBA, RESOURCE TO 계정명;
```

> **학습TIP!**
> ROLE은 여러 권한을 묶어서 생성할 수 있을 뿐만 아니라, 기존에 생성된 여러 ROLE을 묶어서 새로운 ROLE에 포함시킬 수도 있다.

2과목

07 TCL&DCL

Oracle에서 특정 **ROLE**이 가지고 있는 권한을 확인하려면 아래와 같은 SQL 문을 사용할 수 있다. 예를 들어 **CONNECT**와 **RESOURCE ROLE**에 포함된 권한 목록을 확인하면 다음과 같다.

```
질의
SELECT      GRANTEE, PRIVILEGE
FROM        DBA_SYS_PRIVS
WHERE       GRANTEE IN('CONNECT', 'RESOURCE')
ORDER BY    GRANTEE;
```

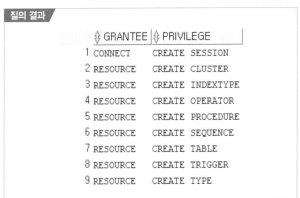

질의 결과

	GRANTEE	PRIVILEGE
1	CONNECT	CREATE SESSION
2	RESOURCE	CREATE CLUSTER
3	RESOURCE	CREATE INDEXTYPE
4	RESOURCE	CREATE OPERATOR
5	RESOURCE	CREATE PROCEDURE
6	RESOURCE	CREATE SEQUENCE
7	RESOURCE	CREATE TABLE
8	RESOURCE	CREATE TRIGGER
9	RESOURCE	CREATE TYPE

3. ROLE 생성 방법

① ROLE 생성: **CREATE ROLE** 명령어를 사용하여 새로운 **ROLE**을 생성할 수 있다. 이 단계에서는 아직 아무런 권한이 포함되지 않은 상태이다.

```
질의
CREATE ROLE MY_ROLE;
              └→ 생성하고자 하는 ROLE 이름
```

② 권한 부여: **GRANT** 명령어를 사용하여 **ROLE**에 권한을 부여한다.

```
질의
GRANT CREATE SESSION, CREATE TABLE TO MY_ROLE;
         └→ 권한         └→ 권한      └→ ROLE 이름
```

③ ROLE 할당: **GRANT** 명령어를 사용하여 특정 사용자에게 **ROLE**을 부여한다.

```
질의
GRANT MY_ROLE TO mis1;
        └→ ROLE 이름  └→ 계정명
```

DCL에 해당하는 명령어와 그 역할에 대한 설명으로 가장 적절한 것은?

① GRANT: 사용자에게 데이터베이스에 대한 특정 권한을 부여한다.

② REVOKE: 특정 데이터의 변경을 취소하고 이전 상태로 복구한다

③ SAVEPOINT: 트랜잭션 중 특정 시점을 저장하여 복구할 수 있도록 한다.

④ ALTER: 테이블이나 객체의 구조를 변경한다.

| 정답 |　①

| 해설 |　GRANT는 DCL 명령어로, 사용자에게 데이터베이스에 대한 특정 권한(웹 SELECT, INSERT, CREATE TABLE 등)
을 부여한다.

② REVOKE는 DCL 명령어로, 부여된 권한을 회수하는 데 사용된다.

③ SAVEPOINT는 TCL 명령어로, 특정 트랜잭션 시점을 저장하기 위한 것이다.

④ ALTER는 DDL 명령어로, 테이블이나 객체의 구조를 변경하는 데 사용된다.

01

데이터베이스에서 논리적 연산의 단위이며, 더 이상 분할할 수 없는 최소의 작업 단위를 의미하는 용어는?

① 튜플(Tuple)
② 트랜잭션(Transaction)
③ 속성(Attribute)
④ 커밋(COMMIT)

| 해설 | 트랜잭션은 데이터베이스에서 논리적 작업을 처리하기 위한 최소의 연산 단위이다.

02

트랜잭션의 특성(ACID 특성)이 <u>아닌</u> 것은?

① 가용성(Availability)
② 일관성(Consistency)
③ 고립성(Isolation)
④ 지속성(Durability)

| 해설 | 트랜잭션의 특징(ACID 특성)은 원자성(Atomicity), 일관성 (Consistency), 고립성(Isolation), 지속성(Durability)이다.

03

트랜잭션의 원자성에 대한 설명으로 가장 적절한 것은?

① 트랜잭션 내의 모든 작업은 독립적으로 실행되며, 각 작업은 별개의 처리 단위로 관리된다.
② 트랜잭션은 모든 작업이 성공적으로 완료되어야만 커밋이 이루어지며, 실패한 작업이 있을 경우 전체 트랜잭션은 롤백된다.
③ 트랜잭션이 완료된 후에는 트랜잭션 내 모든 작업이 자동으로 저장되고 수정된 데이터는 바로 반영된다.
④ 트랜잭션 중 일부 작업만 수행되고 나머지 작업은 취소할 수 없다.

| 해설 | 트랜잭션의 원자성은 "모든 작업이 하나의 단위로 처리된다."는 개념으로, 트랜잭션 내의 모든 작업이 성공적으로 완료되어야만 커밋이 이루어지고, 실패한 작업이 있을 경우 전체 트랜잭션이 롤백되어야 한다.
① 트랜잭션 내의 모든 작업은 하나의 단위로 처리되며, 독립적으로 실행되지 않는다. 원자성은 모든 작업이 하나의 트랜잭션으로 묶여 처리되어야 한다는 개념이므로, 각 작업이 별개의 처리 단위로 관리되는 것은 원자성의 정의와 거리가 멀다.
③ 트랜잭션의 지속성에 대한 설명이다. 트랜잭션이 커밋되면 변경된 데이터는 영구적으로 저장되며, 시스템 장애가 발생해도 반영된 데이터는 손실되지 않는다.
④ 원자성은 트랜잭션 내의 작업이 모두 수행되거나, 하나라도 실패하면 전체 트랜잭션이 롤백되어야 한다는 것이다. 따라서 일부 작업만 수행되고 나머지 작업이 취소되지 않는다는 설명은 원자성의 정의와 거리가 멀다.

| 정답 | 01 ② 02 ① 03 ②

04

아래에서 설명하는 트랜잭션의 특성으로 가장 적절한 것은?

> 트랜잭션 실행 전과 실행 후의 데이터 상태는 항상 제약 조건
> 을 만족하는 유효한 상태여야 한다. 즉, 트랜잭션 수행 중 오
> 류가 발생하면 데이터는 트랜잭션 이전의 일관된 상태로 되
> 돌려져야 한다.

① 원자성   ② 일관성

③ 고립성   ④ 지속성

| 해설 | 일관성이란 트랜잭션 실행 전과 후에 데이터베이스가 정의된 모든
무결성 제약 조건을 만족하는 상태를 유지하는 성질이다.

05

아래에서 설명하는 트랜잭션 격리 수준으로 가장 적절한 것은?

> 트랜잭션이 COMMIT된 데이터만 읽을 수 있도록 하여 Dirty
> Read를 방지하는 격리 수준을 의미한다.

① Read Uncommitted

② Serializable

③ Repeatable Read

④ Read Committed

| 해설 | Read Committed은 COMMIT된 데이터만 읽을 수 있도록 하여 Dirty
Read 문제를 해결할 수 있다.

06

COMMIT과 ROLLBACK에 대한 설명으로 가장 적절한 것은?

① COMMIT을 실행하면 자동으로 SAVEPOINT가 생성
되어 복구 시점을 설정할 수 있다.

② ROLLBACK은 COMMIT된 데이터를 이전 상태로 되
돌릴 수 있다.

③ COMMIT을 실행하면 트랜잭션에서 변경된 내용이 데
이터베이스에 영구 반영된다.

④ ROLLBACK은 DDL 명령어로 수행된 작업을 취소하
는 데 사용된다.

| 해설 | ① SAVEPOINT는 COMMIT과 별도로 사용자가 명시적으로 설정해
야 한다.
② COMMIT된 이후의 변경 사항은 ROLLBACK으로 복구할 수 없다.
④ DDL 명령어는 기본적으로 자동 COMMIT되기 때문에 ROLLBACK으로 취
소할 수 없으며, 또한 ROLLBACK은 DML 트랜잭션을 위한 TCL 명령어이다.

07

아래 SQL의 실행 결과는?

```
[SQL]
CREATE TABLE MEMBER (
    MEM_ID NUMBER(3),
    MEM_NAME VARCHAR2(20)
);

INSERT INTO MEMBER VALUES(1, 'Alice');
SAVEPOINT P1;
INSERT INTO MEMBER VALUES(2, 'Brian');
SAVEPOINT P2;
INSERT INTO MEMBER VALUES(3, 'Cathy');
ROLLBACK TO P2;
INSERT INTO MEMBER VALUES(4, 'Daniel');
ROLLBACK TO P1;
INSERT INTO MEMBER VALUES(5, 'Ella');
SELECT COUNT(*) FROM MEMBER;
```

① 1

② 2

③ 3

④ 4

| 해설 | ROLLBACK TO P1; 실행 시 P1 이후의 모든 작업은 취소되므로,
P1 이전에 입력된 (1, 'Alice')만 남는다. 그리고 ROLLBACK TO P1; 이후에 (5,
'Ella')이 삽입되어 MEMBER 테이블에 포함된 데이터는 (1, 'Alice'), (5, 'Ella')이
므로, COUNT(*)은 2가 된다.

| 정답 | 04 ②   05 ④   06 ③   07 ②

08

아래와 같은 실행 결과를 출력하고자 한다. 빈칸 ㉠에 들어갈 내용으로 가장 적절한 것은?

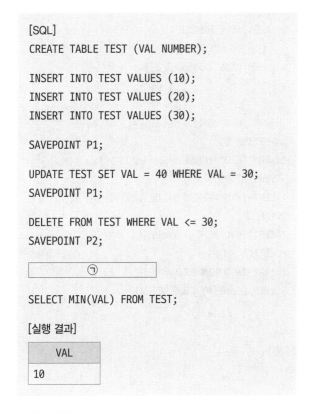

```
[SQL]
CREATE TABLE TEST (VAL NUMBER);

INSERT INTO TEST VALUES (10);
INSERT INTO TEST VALUES (20);
INSERT INTO TEST VALUES (30);

SAVEPOINT P1;

UPDATE TEST SET VAL = 40 WHERE VAL = 30;
SAVEPOINT P1;

DELETE FROM TEST WHERE VAL <= 30;
SAVEPOINT P2;

            ㉠

SELECT MIN(VAL) FROM TEST;
```

[실행 결과]

VAL
10

① COMMIT;
② ROLLBACK TO P1;
③ ROLLBACK TO P2;
④ ROLLBACK;

| 해설 | ROLLBACK TO P1; 실행 시, 가장 마지막으로 저장된 SAVEPOINT P1 이후의 모든 작업이 취소된다. 마지막으로 저장된 SAVEPOINT P1 시점의 테이블은 (10, 20, 40)이고, SELECT MIN(VAL)의 실행 결과는 10이 된다.

09

사용자를 생성하는 권한을 부여하는 SQL 명령어로 가장 적절한 것은?

① REVOKE ② ALTER
③ GRANT ④ ROLE

| 해설 | GRANT 명령어는 데이터베이스에서 사용자에게 권한을 부여하는 데 사용하는 명령어이다.
① REVOKE는 이미 부여된 권한을 회수할 때 사용하는 명령어이다.
② ALTER는 테이블이나 객체의 구조를 수정할 때 사용하는 명령어이다.
④ ROLE은 여러 권한을 하나의 묶음으로 관리하기 위한 것으로, 권한을 직접 부여하는 명령어가 아니라, 미리 정의된 권한 그룹에 속한 권한을 부여하는 방식이다.

10

USER_B가 USER_A의 [PRODUCT] 테이블에 대해 데이터를 조회하고 수정할 수 있도록 권한을 부여하는 SQL로 가장 적절한 것은? (단, DBMS는 오라클로 가정함)

① GRANT SELECT, DELETE
  ON PRODUCT TO USER_B;
② GRANT ALL
  ON USER_A.PRODUCT TO USER_A;
③ GRANT SELECT, UPDATE
  ON USER_A.PRODUCT TO USER_B;
④ GRANT SELECT, UPDATE
  ON USER_B.PRODUCT TO USER_A;

| 해설 | 다른 계정이 생성한 테이블에 대하여 권한을 부여할 때는 GRANT 권한 ON 소유계정.테이블명 TO 계정명;의 형식을 사용한다. 따라서 ON 뒤에는 USER_A.PRODUCT, TO 뒤에는 권한을 부여받는 USER_B가 들어가야 한다.

11

생성된 사용자 계정이 데이터베이스에 로그인할 수 있도록 하는 권한으로 가장 적절한 것은? (단, DBMS는 오라클로 가정함)

① CREATE SESSION
② CREATE USER
③ GRANT LOGIN
④ CONNECT DATABASE

| 해설 | Oracle 데이터베이스에서 사용자가 생성된 후 직접 로그인할 수 있으려면, 해당 사용자에게 CREATE SESSION 권한이 부여되어 있어야 한다. 이 권한은 사용자가 데이터베이스 세션을 시작(로그인)할 수 있도록 허용하는 가장 기본적인 시스템 권한이다.

12

각 객체별로 적용 가능한 권한이 잘못 연결된 것은?

① SEQUENCE - SELECT
② TABLE - DELETE
③ PROCEDURE - EXECUTE
④ VIEW - ALTER

| 해설 | ALTER 권한은 VIEW에는 적용되지 않는다. ALTER는 주로 TABLE 이나 SEQUENCE 등의 구조를 변경할 때 사용하는 권한으로, VIEW의 구조는 직접 변경할 수 없기 때문에 이 연결은 부적절하다.
① SEQUENCE에 적용될 수 있는 권한은 SELECT이다.
② TABLE은 EXECUTE를 제외한 대부분 권한(SELECT, INSERT, UPDATE, DELETE, ALTER, INDEX, REFERENCES)이 적용될 수 있다.
③ PROCEDURE에 적용될 수 있는 권한은 EXECUTE이다.

13

ROLE에 대한 설명으로 가장 적절하지 <u>않은</u> 것은? (단, DBMS는 오라클로 가정함)

① ROLE은 여러 권한을 하나로 묶어 사용자에게 부여할 수 있다.
② RESOURSE는 데이터베이스 전체를 관리할 수 있는 권한을 포함한 ROLE이다.
③ 기존에 생성된 여러 ROLE을 묶어서 새로운 ROLE에 포함시킬 수 있다.
④ 권한 변경이 필요할 때 ROLE에만 수정 사항을 적용하면 기존에 ROLE을 부여받은 사용자들의 권한도 자동 변경된다.

| 해설 | RESOURSE는 Oracle에서 사용자가 TABLE, VIEW, SEQUENCE 등의 데이터베이스 객체를 생성할 수 있도록 권한을 부여하지만, 데이터베이스 전체를 관리할 수 있는 권한은 포함하지 않는다. Oracle에서 데이터베이스 전체에 대한 최고 수준의 권한을 포함하는 ROLE은 DBA이며, 시스템 권한과 관리 기능이 광범위하게 부여된다.

| 정답 | 11 ①   12 ④   13 ②

모든 시작에는
두려움과 서투름이
따르기 마련이에요.

당신이 나약해서가 아니에요.

FINAL
기출 변형
모의고사

2025년 03월 제56회 기출 변형 모의고사 ☐ ☐ ☐

2024년 11월 제55회 기출 변형 모의고사 ☐ ☐ ☐

2024년 08월 제54회 기출 변형 모의고사 ☐ ☐ ☐

2024년 05월 제53회 기출 변형 모의고사 ☐ ☐ ☐

2024년 03월 제52회 기출 변형 모의고사 ☐ ☐ ☐

제56회 기출 변형 모의고사

제한시간 | 90분   정답 및 해설 | 2p

※ 문항당 2점

1 과목 데이터 모델링의 이해

01

데이터 독립성 보장을 위한 3단계 스키마 구조에 속하지 않는 것은?

① 개념 스키마(Conceptual Schema)
② 논리 스키마(Logical Schema)
③ 내부 스키마(Internal Schema)
④ 외부 스키마(External Schema)

02

품질 좋은 데이터 모델의 특징에 대한 설명으로 가장 적절하지 않은 것은?

① 업무 수행에 필요한 모든 데이터가 데이터 모델에 정의되어 있어야 한다.
② 하나의 데이터베이스 내에서 동일한 데이터는 한 번만 기록되어야 한다.
③ 가장 이상적인 데이터 구조는 동일한 데이터를 조직 전반에서 한 번만 정의한 뒤, 이를 다른 영역에서 공통으로 활용하는 형태이다.
④ 데이터 모델은 업무 규칙을 최소화하여 데이터 구조를 단순하게 설계해야 한다.

03

발생 시점에 따라 구분할 수 있는 엔터티의 유형으로 적절하지 않은 것은?

① 기본 엔터티
② 중심 엔터티
③ 유형 엔터티
④ 행위 엔터티

04

아래 데이터 모델에 대한 설명으로 가장 적절하지 않은 것은?

① 강좌 엔터티는 각 인스턴스를 유일하게 구분하기 위한 고유 식별자를 별도로 생성한다.
② 한 학생의 수강신청 내역에는 동일한 강좌가 여러 번 나타날 수 있다.
③ 학생 엔터티는 다른 엔터티로부터 식별자를 상속받지 않고 자체 식별자를 가지므로 기본 엔터티에 해당한다.
④ 수강신청 엔터티는 수강신청이라는 학생의 행동 발생 시 생성되므로 사건 엔터티로도 볼 수 있다.

05

업무 규칙을 명확히 하기 위해 기존 데이터에 없는 속성을 새롭게 정의하거나 변형한 속성은?

① 기본 속성(Basic Attribute)
② 설계 속성(Designed Attribute)
③ 파생 속성(Derived Attribute)
④ PK 속성(Primary Key Attribute)

06

아래 ERD의 속성에 대한 설명으로 가장 적절한 것은?

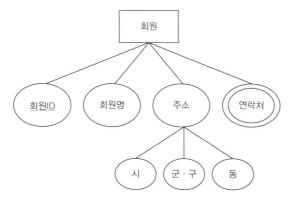

① 시, 군·구, 동은 의미를 더 이상 세분화할 수 없으므로 단순 속성에 해당된다.
② 주소는 시, 군·구, 동으로 구성되어 있으므로 다중값 속성에 해당된다.
③ 연락처는 한 회원이 여러 개를 가질 수 있으므로 복합 속성으로 표현된다.
④ 회원명은 다른 속성을 사용하여 만들 수 있는 파생 속성에 해당된다.

07

아래 ERD에 대한 설명으로 가장 적절하지 <u>않은</u> 것은?

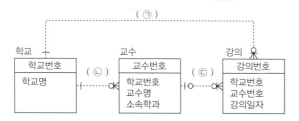

① ㉡은 교수가 없는 학교가 존재할 수 있다는 것을 의미한다.
② ㉢은 하나의 강의에 여러 명의 담당 교수가 존재할 수 있다는 것을 의미한다.
③ ㉢은 강의를 하지 않는 교수가 존재할 수 있다는 것을 의미한다.
④ ㉠은 ㉡과 ㉢을 합친 것과 동일한 의미는 아니다.

08

식별자에 대한 설명으로 가장 적절하지 <u>않은</u> 것은?

① 주식별자는 유일성, 최소성, 불변성, 존재성을 만족하는 대표 식별자이다.
② 보조식별자는 다른 엔터티와 참조 관계로 사용될 수 있으나, 인스턴스를 식별할 수는 없다.
③ 업무 프로세스에 존재하며 가공되지 않은 식별자를 본질식별자라고 한다.
④ 업무 프로세스에 존재하지는 않지만, 본질식별자의 구성이 복잡하여 인위적으로 만든 식별자를 인조식별자라고 한다.

09

아래에서 설명하는 정규형으로 가장 적절한 것은?

> 기본 키가 아닌 모든 속성이 기본 키에 이행적 함수종속이 아니어야 한다.

① 제1정규형
② 제2정규형
③ 제3정규형
④ 보이스/코드 정규형

10

데이터 모델링의 정규화에 대한 설명으로 가장 적절하지 <u>않은</u> 것은?

① 정규화는 중복 데이터를 제거하여 데이터베이스 크기를 줄이고 데이터 일관성을 유지한다.
② 정규화는 데이터를 조회할 때 조인으로 인한 성능 저하가 예상되는 경우 주로 적용된다.
③ 반정규화는 조회 속도를 향상시키지만, 데이터 모델의 유연성은 낮아지게 한다.
④ 과도한 반정규화 적용 시 데이터 무결성이 깨질 수 있다.

2 과목 | **SQL 기본 및 활용**

11

아래 SQL의 실행 결과를 순서대로 나열한 것은?

[TBL]

COL1	COL2
A	10
B	20
A	20
B	10
C	10
A	20
A	30
A	40

[SQL]
```
SELECT SUM(ALL COL2)
FROM TBL WHERE COL1 = 'A';

SELECT SUM(DISTINCT COL2)
FROM TBL WHERE COL1 = 'A';
```

① 100, 80
② 100, 120
③ 120, 100
④ 120, 120

12

아래 SQL의 실행 결과를 순서대로 나열한 것은?

[SQL]
```
SELECT FLOOR(4.0) FROM DUAL;
SELECT ROUND(3.9) FROM DUAL;
SELECT TRUNC(3.8) FROM DUAL;
```

① 3, 3, 3
② 3, 4, 4
③ 4, 4, 3
④ 4, 4, 4

13

아래 SQL의 실행 결과는?

[SQL]
```
SELECT COALESCE(NULL, 'He', NULL, 'llo',
       'World') AS R1
FROM DUAL;
```

①

R1
He

②

R1
Hello

③

R1
HelloWorld

④

R1
NULL

14

아래 SQL의 실행 결과는?

[월별매출]

지점	월	매출
서울	11	980
대전	11	700
부산	11	500
서울	12	1220
대전	12	800
부산	12	NULL

[SQL]
```
SELECT 지점, AVG(매출) AS 평균매출
FROM 월별매출
GROUP BY 지점
ORDER BY 지점;
```

①

지점	평균매출
서울	1100
부산	500
대전	750

②

지점	평균매출
대전	750
부산	NULL
서울	1100

③

지점	평균매출
대전	750
부산	0
서울	1100

④

지점	평균매출
대전	750
부산	500
서울	1100

15

아래 SQL의 실행 결과를 순서대로 나열한 것은? (단, DBMS 는 오라클로 가정함)

[TAB]

COL1
10
20
30
40
50

[SQL]
```
SELECT COL1
FROM TAB WHERE COL1 = 100;
SELECT MIN(COL1)
FROM TAB WHERE COL1 = 100;
```

① 공집합, 공집합
② 공집합, NULL
③ NULL, 공집합
④ NULL, NULL

16

아래 테이블을 참고할 때 실행 결과가 <u>다른</u> 하나는?

[테이블 생성]
```
CREATE TABLE CUSTOMER (
    C_ID NUMBER,
    CNAME VARCHAR2(10)
);
```

[CUSTOMER]

C_ID	CNAME
100	James
101	Frank
102	Matthew
103	Linda
104	Ariana

① SELECT *
  FROM CUSTOMER
  WHERE CNAME LIKE '%a%';
② SELECT *
  FROM CUSTOMER
  WHERE CNAME LIKE '%_a%';
③ SELECT *
  FROM CUSTOMER
  WHERE CNAME LIKE '%a_%';
④ SELECT *
  FROM CUSTOMER
  WHERE CNAME LIKE '%_%';

17

아래 테이블을 참고할 때 실행 결과가 <u>다른</u> 하나는?

[EMP]

EMP_ID	EMP_NAME	DEPTNO
9970	Alice	10
9971	Ben	20
9972	Chloe	10
9973	David	20
9974	Emma	NULL
9975	Frank	NULL

[SQL]

```
(가) SELECT EMP_ID, DEPTNO, CASE
     WHEN DEPTNO = '10' THEN 'HR'
     WHEN DEPTNO = '20' THEN 'Sales'
     WHEN DEPTNO IS NULL THEN 'etc'
     END AS R1 FROM EMP;
(나) SELECT EMP_ID, DEPTNO, CASE DEPTNO
     WHEN '10' THEN 'HR'
     WHEN '20' THEN 'Sales'
     ELSE 'etc'
     END AS R2 FROM EMP;
(다) SELECT EMP_ID, DEPTNO, CASE DEPTNO
     WHEN '10' THEN 'HR'
     WHEN '20' THEN 'Sales'
     ELSE NULLIF(DEPTNO, 'etc')
     END AS R3 FROM EMP;
(라) SELECT EMP_ID, DEPTNO,
     DECODE(DEPTNO, '10', 'HR', '20', 'Sales', 'etc')
     AS R4 FROM EMP;
```

① (가)
② (나)
③ (다)
④ (라)

18

아래의 연산자를 동시에 적용할 때 우선순위가 가장 높은 연산자는? (단, DBMS는 오라클로 가정함)

BETWEEN, NOT, AND, OR

① BETWEEN
② NOT
③ AND
④ OR

19

아래 테이블을 참고할 때 실행 결과가 <u>다른</u> 하나는?

[T1]

ID	C1	C2	C3
M-100	A	30	10
M-101	B	30	10
M-102	A	40	15
M-103	B	40	15
M-104	AB	50	20
M-105	AA	50	20

```
① SELECT ID
   FROM T1
   WHERE C1 IN ('A', 'B')
        AND (C2 >= 40 AND C3 <= 20);
② SELECT ID
   FROM T1
   WHERE C1 IN ('A', 'B')
        AND NOT (C2 < 40 AND C3 > 20);
③ SELECT ID
   FROM T1
   WHERE C1 LIKE '_'
        AND (C2 >= 40 AND C3 <= 20);
④ SELECT ID
   FROM T1
   WHERE (C1 = 'A' OR C1 = 'B')
        AND C2 >= 40 AND C3 <= 20;
```

20

주문 테이블의 '제품ID' 칼럼에는 제품ID가 'A001', 'A002', 'A003'인 행이 각각 10개, 15개, 20개가 존재한다. 이를 참고할 때 아래 SQL의 실행 결과는? (단, 주문 테이블의 총 행의 개수는 45개로 가정함)

```
[SQL]
SELECT COUNT(DISTINCT 제품ID)
FROM 주문;

SELECT COUNT(*)
FROM 주문
WHERE 제품ID IN (NULL, 'A001');
```

① 3, 0
② 3, 10
③ 3, NULL
④ 3, 오류 발생

21

한 부서에 속한 모든 사원들의 급여가 4000 이상일 경우, 해당 부서의 부서명과 평균 급여를 구하는 SQL로 가장 적절한 것은?

① SELECT D_NAME AS 부서명, AVG(SALARY)
        AS 평균급여
  FROM EMP
  WHERE SALARY >= 4000
  GROUP BY D_NAME;
② SELECT D_NAME AS 부서명, AVG(SALARY)
        AS 평균급여
  FROM EMP
  GROUP BY D_NAME
  HAVING AVG(SALARY) >= 4000;
③ SELECT D_NAME AS 부서명, AVG(SALARY)
        AS 평균급여
  FROM EMP
  WHERE SALARY >= 4000;
④ SELECT D_NAME AS 부서명, AVG(SALARY)
        AS 평균급여
  FROM EMP
  GROUP BY D_NAME
  HAVING MIN(SALARY) >= 4000;

22

아래 SQL이 실행되는 논리적 순서로 올바르게 나열된 것은?

```
[SQL]
SELECT DEPT_ID, AVG(SALARY)
        AS AVG_SALARY
FROM EMP
WHERE SALARY >= 4000
GROUP BY DEPT_ID
HAVING AVG(SALARY) >= 5000
ORDER BY AVG_SALARY DESC;
```

① SELECT – FROM – WHERE – GROUP BY – HAVING – ORDER BY
② SELECT – FROM – WHERE – GROUP BY – ORDER BY – HAVING
③ FROM – WHERE – GROUP BY – HAVING – ORDER BY – SELECT
④ FROM – WHERE – GROUP BY – HAVING – SELECT – ORDER BY

23

아래 테이블을 참고할 때 실행 결과가 <u>다른</u> 하나는?

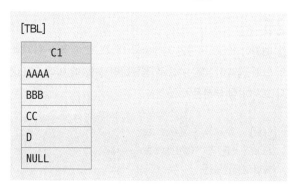

[TBL]

C1
AAAA
BBB
CC
D
NULL

① SELECT * FROM TBL
  WHERE C1 LIKE '%_%';
② SELECT * FROM TBL
  WHERE C1 LIKE '%_';
③ SELECT * FROM TBL
  WHERE C1 LIKE '_%';
④ SELECT * FROM TBL;

24

T1, T2 테이블에 각각 20개의 행이 존재할 때 아래 SQL의 실행 결과는?

```
[SQL]
SELECT COUNT(*) FROM T1, T2;
```

① 20
② 40
③ 400
④ 오류 발생

25

월 매출이 1000 이상인 지점들을 대상으로 지역별 월 매출의 합계 금액이 낮은 순으로 정렬하려고 할 때 아래 SQL에서 고쳐야 할 부분은?

```
[SQL]
SELECT 지점명, SUM(월매출) ················(가)
FROM 지점별매출
WHERE 월매출 >= 1000 ··················(나)
GROUP BY 지점명 ·····················(다)
ORDER BY SUM(월매출) DESC; ···········(라)
```

① (가)
② (나)
③ (다)
④ (라)

26

오류가 발생하는 SQL은? (단, DEPT의 칼럼은 DEPT_NO, DEPT_NAME, SAL로 가정함)

① SELECT DEPT_NO, SAL
   FROM DEPT
   ORDER BY DEPT_NAME;
② SELECT DEPT_NO, SUM(SAL)
   FROM DEPT
   GROUP BY DEPT_NO
   ORDER BY DEPT_NAME;
③ SELECT DEPT_NO, SUM(SAL)
   FROM DEPT
   GROUP BY DEPT_NO
   HAVING COUNT(*) >= 5;
④ SELECT DEPT_NO, SUM(SAL) AS SAL
   FROM DEPT
   GROUP BY DEPT_NO
   HAVING SUM(SAL) > 2000
   ORDER BY COUNT(*) DESC;

27

아래 SQL의 실행 결과는?

[TAB1]

C1	C2
A	1
B	NULL
C	3

[TAB2]

C1	C2
A	1
B	4
C	3

```
[SQL]
SELECT C1 FROM TAB1 WHERE C2 = 2;
SELECT C1 FROM TAB2 WHERE C2 IS NULL;
```

① 공집합, 공집합
② 공집합, NULL
③ NULL, 공집합
④ NULL, NULL

28

아래 실행 결과를 출력하는 SQL로 가장 적절한 것은?

[TBL]

COL1	COL2
1	10
2	10
3	20
4	20
5	30

[실행 결과]

R1
3

① SELECT COUNT(COL2) AS R1
   FROM TBL;
② SELECT COUNT(DISTINCT(COL2)) AS R1
   FROM TBL;
③ SELECT COUNT(COL2) AS R1
   FROM TBL
   GROUP BY COL2;
④ SELECT COUNT(DISTINCT(COL2)) AS R1
   FROM TBL
   GROUP BY COL2;

29

아래 테이블을 참고할 때 SQL의 실행 결과는?

[T1]

ID	C1
1	AAA
5	BBB
10	CCC

[T2]

ID	X1
10	AAA
20	BBB
30	CCC
40	DDD
50	EEE

[SQL]
SELECT COUNT(*)
FROM T1 NATURAL JOIN T2;

① 1
② 3
③ 5
④ 15

30

아래 테이블을 참고할 때 SQL의 실행 결과는?

[TBL1]

C1	C2
10	20
30	20
30	NULL
NULL	10

[TBL2]

C1	C2
30	NULL
40	30
40	10

[SQL]
```
SELECT A.C2 AS A_C2, B.C2 AS B_C2
FROM TBL1 A
INNER JOIN TBL2 B
ON A.C1 = B.C1;
```

①

A_C2	B_C2
NULL	NULL

②

A_C2	B_C2
20	NULL

③

A_C2	B_C2
20	NULL
NULL	NULL

④

A_C2	B_C2
NULL	20
NULL	NULL

31

아래 실행 결과를 출력하는 SQL은?

[TAB1]

ID	NAME
10	Amy
20	Bill
30	Chris

[TAB2]

ID	AGE
20	37
30	41
40	53

[실행 결과]

ID	NAME	AGE
20	Bill	37
30	Chris	41
40	NULL	53

① SELECT *

  FROM TAB1 INNER JOIN TAB2 USING(ID);

② SELECT *

  FROM TAB1 LEFT OUTER JOIN TAB2 USING(ID);

③ SELECT *

  FROM TAB1 RIGHT OUTER JOIN TAB2 USING(ID);

④ SELECT *

  FROM TAB1 FULL OUTER JOIN TAB2 USING(ID);

32

아래 SQL의 실행 결과는?

[학생]

학생ID	학생명
1000	김길수
1001	박진영
1002	박춘식
1003	최영자

[수상자명단]

학생ID	소속학과	연락처
1001	통계학과	010-123-4567
1002	통계학과	010-234-5678
1003	철학과	010-345-6789
1005	국문학과	02-1000-1234
1006	철학과	02-1000-2345

[SQL]
```
SELECT COUNT(*)
FROM 학생 NATURAL JOIN 수상자명단;
```

① 3

② 4

③ 5

④ 6

33

아래 SQL의 실행 결과는?

[T1]

C1
30
10
40
50
20

[T2]

C1
30
40
NULL

[SQL]
```
SELECT COUNT(*)
FROM T1
WHERE C1 NOT IN (SELECT C1 FROM T2);
```

① 0

② 1

③ 2

④ 3

34

아래 SQL에 대한 설명으로 가장 적절한 것은?

```
[테이블 생성]
지점 (지점ID, 지점명, 전화번호)
제품 (제품ID, 제품명, 가격)
제품판매 (지점ID, 제품ID, 판매일자, 판매수량)

[SQL]
SELECT 지점.지점ID, SUM(판매수량)
        AS 총판매수량
FROM 지점, 제품, 제품판매
WHERE 지점.지점ID = 제품판매.지점ID
AND 제품.제품ID = 제품판매.제품ID
GROUP BY 지점.지점ID
HAVING MAX(판매수량) > 20
ORDER BY 2;
```

① 판매수량이 20을 초과한 판매를 한 기록이 있는 지점의 지점ID와 판매수량의 총합을 구하고, 총판매수량이 큰 순서대로 정렬한다.

② 판매수량이 20을 초과한 판매를 한 기록이 있는 지점의 지점ID와 판매수량의 총합을 구하고, 총판매수량이 작은 순서대로 정렬한다.

③ 21회 이상 제품 판매를 한 지점의 지점ID와 판매수량의 총합을 구하고, 총판매수량이 큰 순서대로 정렬한다.

④ 21회 이상 제품 판매를 한 지점의 지점ID와 판매수량의 총합을 구하고, 총판매수량이 작은 순서대로 정렬한다.

35

집합 연산자(Set Operation) 중에서 수학의 차집합의 기능을 수행하는 연산자로 가장 적절한 것은?

① MINUS
② SUBTRACT
③ INTERSECT
④ DIFFERENCE

36

아래 SQL의 실행 결과는?

[TBL1]

K_ID	ID	AMT
1	A001	1000
2	A002	2000
3	A001	1600
4	A002	2500
5	A003	1300

[TBL2]

ID	NAME
A001	Andrew
A002	James
A003	Linda

```
[SQL]
SELECT NAME
FROM TBL2
WHERE ID IN (SELECT ID FROM TBL1
        WHERE AMT > 1500);
```

①

NAME
Andrew

②

NAME
Andrew
James

③

NAME
Andrew
Linda

④

NAME
Andrew
James
Linda

37

아래 테이블을 참고할 때 SQL의 실행 결과가 다른 하나는?

```
[SQL]
CREATE TABLE TBL (
    C1 VARCHAR2(5)
);

INSERT INTO TBL VALUES('A');
INSERT INTO TBL VALUES('B');
INSERT INTO TBL VALUES('C');
INSERT INTO TBL VALUES(NULL);
COMMIT;
```

① SELECT * FROM TBL
  WHERE C1 NOT IN ('A', 'B');
② SELECT * FROM TBL
  WHERE C1 IN ('C', NULL);
③ SELECT * FROM TBL T1
  WHERE NOT EXISTS (
      SELECT 1 FROM TBL T2
      WHERE T1.C1 = T2.C1);
④ SELECT * FROM TBL T1
  WHERE EXISTS (
      SELECT 1 FROM TBL T2
      WHERE T1.C1 = T2.C1 AND T2.C1
      IN ('C', NULL));

38

SELF JOIN에 대한 설명으로 가장 적절하지 않은 것은?

① SELF JOIN은 하나의 테이블이 자기 자신과 조인할 때 사용한다.
② SELF JOIN에서는 테이블에 별칭(Alias)을 부여하여 사용한다.
③ SELF JOIN은 서로 다른 두 테이블 간의 관계를 표현할 때 사용한다.
④ SELF JOIN은 하나의 테이블에서 두 개의 칼럼이 연관 관계가 있을 때 사용한다.

39

대상 문자열에서 정규표현식 패턴과 일치하는 부분 문자열을 반환하는 함수로 가장 적절한 것은?

① REGEXP_LIKE
② REGEXP_INSTR
③ REGEXP_SUBSTR
④ REGEXP_REPLACE

40

아래 테이블을 참고할 때 조건에 해당되는 사원명과 관리자명을 조회하는 SQL로 가장 적절한 것은?

[조건]
전체 사원의 이름과 사원의 관리자 이름을 모두 출력한다(단, 관리자가 없는 사원은 출력하지 않음).

[사원]

사원ID	사원명	관리자ID	관리자명
100	김민수	NULL	NULL
101	김철수	100	김민수
102	박영희	101	김철수
103	박진영	102	박영희
104	정영식	103	박진영
105	최철민	104	정영식
106	최미영	105	최철민

① SELECT 사원명, 관리자명 FROM 사원
  START WITH 관리자ID = 100
  CONNECT BY PRIOR 관리자ID = 사원ID;
② SELECT 사원명, 관리자명 FROM 사원
  START WITH 사원ID = 101
  CONNECT BY PRIOR 관리자ID = 사원ID;
③ SELECT 사원명, 관리자명 FROM 사원
  START WITH 관리자ID IS NULL
  CONNECT BY PRIOR 사원ID = 관리자ID;
④ SELECT 사원명, 관리자명 FROM 사원
  START WITH 관리자ID = 100
  CONNECT BY PRIOR 사원ID = 관리자ID;

41

아래 SQL의 실행 결과는?

```
[SQL]
SELECT
    REGEXP_SUBSTR('AABBBAA', 'B{1,2}')
FROM DUAL;
```

① B
② BB
③ BBB
④ NULL

42

실행 결과가 <u>다른</u> 하나는?

① ```
SELECT ENAME, DEPTNO DNO, EMPNO
FROM EMP
ORDER BY 1, DNO ASC, EMPNO DESC;
```

② ```
SELECT ENAME, DEPTNO, EMPNO
FROM EMP
ORDER BY ENAME, DEPTNO, 3 DESC;
```

③ ```
SELECT ENAME, DEPTNO DNO, EMPNO
FROM EMP
ORDER BY ENAME DESC, DNO, 3 DESC;
```

④ ```
SELECT ENAME, DEPTNO DNO, EMPNO
FROM EMP
ORDER BY 1, DNO, 3 DESC;
```

43

아래에서 설명하는 트랜잭션의 특징으로 가장 적절한 것은?

> 트랜잭션은 독립적으로 수행되며, 하나의 트랜잭션이 실행되는 동안 다른 트랜잭션이 그 작업에 영향을 주거나 중간 결과를 볼 수 없도록 보장한다.

① 원자성(Atomicity)
② 일관성(Consistency)
③ 고립성(Isolation)
④ 영속성(Durability)

44

DELETE 명령어에 대한 설명으로 가장 적절하지 <u>않은</u> 것은?

① DML 명령어에 포함되며, 자동커밋 모드로 실행된다.
② COMMIT 전에는 ROLLBACK이 가능하지만, COMMIT 후에는 ROLLBACK이 불가능하다.
③ WHERE 절을 사용하여 특정 행만 삭제할 수 있다.
④ 작업취소를 위한 로그 데이터를 생성하기 때문에 TRUNCATE보다 속도가 느리다.

45

주어진 테이블을 참고할 때 아래 실행 결과를 출력하는 SQL로 가장 적절한 것은?

[TBL]

EMP_ID	EMP_NAME	SALARY
1	James	3550
2	Linda	3550
3	Andrew	3800
4	Frank	3800
5	Kevin	3100
6	Maria	3200

[실행 결과]

RANK	EMP_NAME	SALARY
1	Andrew	3800
1	Frank	3800
2	James	3550
2	Linda	3550
3	Maria	3200
4	Kevin	3100

① SELECT ROW_NUMBER() OVER
    (ORDER BY SALARY DESC) AS RANK,
    EMP_NAME, SALARY
  FROM TBL;

② SELECT RANK() OVER
    (ORDER BY SALARY DESC) AS RANK,
    EMP_NAME, SALARY
  FROM TBL;

③ SELECT DENSE_RANK() OVER
    (ORDER BY SALARY DESC) AS RANK,
    EMP_NAME, SALARY
  FROM TBL;

④ SELECT PERCENT_RANK() OVER
    (ORDER BY SALARY DESC) AS RANK,
    EMP_NAME, SALARY
  FROM TBL;

46

아래 SQL의 실행 결과는?

[T1]

회원ID	회원명
101	김철수
102	이영희
103	박영식

[T2]

회원ID	주문제품	주문금액
101	사과	3000
102	바나나	2500
102	바나나	3500
103	토마토	4000
103	토마토	2000
103	오이	1500

[SQL]
```
SELECT T1.회원ID, T1.회원명
FROM T1 JOIN T2 ON T1.회원ID = T2.회원ID
GROUP BY T1.회원ID, T1.회원명
HAVING COUNT(*) >= 2;
```

①

회원ID	회원명
102	이영희

②

회원ID	회원명
103	박영식

③

회원ID	회원명
102	이영희
103	박영식

④

회원ID	회원명
101	김철수
102	이영희
103	박영식

47

아래 실행 결과를 참고할 때 SQL의 빈칸 ㉠에 들어갈 내용으로 가장 적절한 것은?

[SQL]
```
SELECT A.제품, A.지점, FLOOR(AVG(A.판매수량))
        AS 평균판매량
FROM 제품판매량 A
GROUP BY [   ㉠   ];
```

[실행 결과]

제품	지점	판매수량
노트북	서울	15
노트북	인천	14
노트북	부산	10
모니터	서울	11
모니터	인천	13
모니터	부산	13
키보드	서울	9
키보드	인천	10
키보드	부산	8
NULL	NULL	11

① ROLLUP(제품)
② ROLLUP(제품, 지점)
③ ROLLUP((제품, 지점))
④ ROLLUP((제품, 지점), 제품)

48

아래 SQL의 실행 결과는? (단, DBMS는 오라클로 가정함)

[사원보너스]

부서ID	사원ID	사원명	보너스
A001	9976	Alex	850
A001	9977	Bill	1050
A001	9978	Chris	600
A001	9978	Chris	800
A002	9979	Emma	750
A002	9979	Emma	850
A003	9980	George	450
A003	9981	Helen	900

[SQL]
```
SELECT 부서ID,
       MAX(보너스) KEEP (DENSE_RANK LAST
         ORDER BY 사원ID) AS 보너스2
FROM 사원보너스
GROUP BY 부서ID;
```

①

부서ID	보너스2
A001	800
A002	850
A003	900

②

부서ID	보너스2
A001	1050
A002	850
A003	900

③

부서ID	보너스2
A001	850
A002	850
A003	450

④

부서ID	보너스2
A001	850
A002	850
A003	900

49

아래 실행 결과를 출력하는 SQL은?

[실행 결과]

부서명	직급	급여총액
NULL	NULL	36500
NULL	부장	15000
NULL	과장	12000
NULL	대리	9500
인사부	NULL	19500
인사부	부장	8000
인사부	과장	6500
인사부	대리	5000
총무부	NULL	17000
총무부	부장	7000
총무부	과장	5500
총무부	대리	4500

① SELECT 부서명, 직급, SUM(급여) AS 급여총액
　FROM 직원급여
　GROUP BY CUBE(부서명, 직급);

② SELECT 부서명, 직급, SUM(급여) AS 급여총액
　FROM 직원급여
　GROUP BY ROLLUP(부서명, 직급);

③ SELECT 부서명, 직급, SUM(급여) AS 급여총액
　FROM 직원급여
　GROUP BY GROUPING SETS(부서명, 직급);

④ SELECT 부서명, 직급, SUM(급여) AS 급여총액
　FROM 직원급여
　GROUP BY GROUPING SETS((부서명, 직급));

50

아래 SQL의 실행 결과는?

```
[SQL]
CREATE TABLE TBL(COL1 NUMBER,COL2 NUMBER);
INSERT INTO TBL VALUES(10, 20);
INSERT INTO TBL VALUES(20, 30);
INSERT INTO TBL VALUES(30, 40);
COMMIT;
SAVEPOINT S1;

UPDATE TBL SET COL1 = 40
WHERE COL2 > 25;
COMMIT;
SAVEPOINT S2;

DELETE FROM TBL WHERE COL1 = 40;
ROLLBACK TO SAVEPOINT S2;

INSERT INTO TBL VALUES(40, 20);
SELECT COUNT(*) FROM TBL
WHERE COL1 = 40;
```

① 0
② 1
③ 2
④ 3

제55회 기출 변형 모의고사

제한시간 | 90분   정답 및 해설 | 10p

※ 문항당 2점

1 과목   데이터 모델링의 이해

01

내부 스키마에 대한 설명으로 옳은 것을 모두 고른 것은?

> (가) 사용자 또는 애플리케이션이 데이터를 쉽게 다룰 수 있
>   도록 인터페이스를 제공한다.
> (나) 데이터가 실제로 저장되는 물리적 구조를 정의한다.
> (다) 파일의 저장 방식, 인덱스 구조, 데이터 압축 기법 등을
>   포함한다.
> (라) 조직 전체의 관점에서 통합된 뷰를 제공한다.

① (가), (나)
② (나), (다)
③ (가), (나), (다)
④ (나), (다), (라)

02

엔터티를 명명하는 방법으로 가장 적절하지 않은 것은?

① 현업의 업무 용어를 사용하며, 만약 용어가 길고 복잡
   하다면 약어 사용이 권장된다.
② 복수명사 대신 단수명사를 사용한다.
③ 모든 엔터티에서 유일하게 이름이 부여되어야 한다.
④ 엔터티 생성 의미대로 이름을 부여한다.

03

아래 테이블을 기준으로 엔터티, 인스턴스, 속성, 속성값 간의 관계를 올바르게 짝지은 것은?

㉠

E_NO	NAME	DNAME	GEN
I-103	Piyush	IT	Male
M-87	Andrew	Marketing	Male
M-256	Jessica	Marketing	Female
H-33	Linda	HR	Female
S-88	James	Sales	Male
S-15	Mandy	Sales	Female

㉡ (H-33 행)
㉢ (Female 열)

① ㉠ 엔터티, ㉡ 인스턴스, ㉢ 속성
② ㉠ 엔터티, ㉡ 인스턴스, ㉢ 속성값
③ ㉠ 속성, ㉡ 인스턴스, ㉢ 속성값
④ ㉠ 속성, ㉡ 엔터티, ㉢ 인스턴스

04

아래과 같이 테이블을 [A]에서 [B]로 변환하였을 때, 이에 대한 설명으로 가장 적절하지 <u>않은</u> 것은? [단, [A] 테이블에서 기본 키는 [학생ID, 신청과목]이며, 신청과목이 담당교수를 결정하는 함수 종속성(신청과목 → 담당교수)이 존재한다고 가정함]

[A]

학생ID	신청과목	담당교수
M-173	빅데이터분석	백찬영
M-302	선형대수	김재직
M-98	빅데이터분석	백찬영
H-398	통계학입문	박종선
M-29	선형대수	김재직

[B]

학생ID	신청과목		신청과목	담당교수
M-173	빅데이터분석		빅데이터분석	백찬영
M-302	선형대수		선형대수	김재직
M-98	빅데이터분석		통계학입문	박종선
H-398	통계학입문			
M-29	선형대수			

① [A]는 제1정규형을 위반하고 있다.
② [B]는 제2정규형을 만족한다.
③ [B]는 제3정규형까지 만족하는 형태이다.
④ [B]에서는 학생ID별 신청과목에 따른 담당교수를 조회하는 작업의 효율성이 낮아질 수 있다.

05

두 엔터티 간의 관계에서 특정 엔터티가 반드시 관계에 참여해야 하는지 여부를 나타내는 용어로 가장 적절한 것은?

① 관계명
② 관계차수
③ 관계선택사양
④ 관계정의

06

기본 엔터티의 특징으로 가장 적절하지 <u>않은</u> 것은?

① 발생 시점이나 상속 관계에 따라 분류되는 엔터티의 유형에 해당된다.
② 독립적으로 존재할 수 있다.
③ 다른 엔터티로부터 주식별자를 상속받는다.
④ 주요 데이터베이스 테이블로 활용될 가능성이 높다.

07

외래 키에 대한 설명으로 가장 적절하지 <u>않은</u> 것은?

① 외래 키는 다른 테이블의 기본 키를 참조할 수 있다.
② 외래 키는 참조된 기본 키 값이 변경되거나 삭제될 때, 관계를 유지하기 위한 제약 조건을 설정할 수 있다.
③ 외래 키는 단일 속성뿐만 아니라, 두 개 이상의 속성(복합 키)으로도 구성될 수 있다.
④ 외래 키를 설정하면 개체 무결성을 유지하여 데이터의 일관성을 보장할 수 있다.

08

아래 테이블에서 필요한 정규화 단계로 가장 적절한 것은?

[교수]

교번(PK)	교수명	학과	담당과목
F-1730	백찬영	통계학과	빅데이터분석, 데이터마이닝
F-1801	김재직	수학교육과	선형대수, 집합론
F-2001	박종선	통계학과	통계학입문, 수치해석, 확률론

① 1차 정규화
② 2차 정규화
③ 3차 정규화
④ BCNF

09

아래에서 설명하는 트랜잭션의 특성으로 가장 적절한 것은?

> 동시에 실행되는 여러 트랜잭션이 서로 영향을 주지 않도록 독립적으로 수행되며, 중간 수행 결과가 다른 트랜잭션에 노출되지 않도록 보장하는 특성이다.

① 원자성(Atomicity)

② 의존성(Dependency)

③ 고립성(Isolation)

④ 영속성(Durability)

10

반정규화에 대한 설명으로 가장 적절하지 <u>않은</u> 것은?

① 자주 조회되는 데이터를 미리 저장하거나 캐싱하여 성능을 높이는 방식으로 반정규화를 적용할 수 있다.

② 대량의 데이터를 활용한 보고서나 통계 분석에서 조회 속도를 높이기 위해 집계 테이블을 생성하는 방식으로 반정규화를 적용할 수 있다.

③ 특정 테이블 조회 시 디스크 I/O 부하가 크다면, 데이터를 중복 저장하여 성능을 최적화할 수 있다.

④ 데이터의 중복을 최소화하고 무결성을 유지하는 것이 중요한 경우, 반정규화를 수행하는 것이 적절하다.

2 과목   SQL 기본 및 활용

11

데이터 조작어에 해당되지 <u>않는</u> 명령어는?

① INSERT

② ALTER

③ UPDATE

④ DELETE

12

COL1의 값이 NULL이 아닌 경우를 조회하는 SQL로 가장 적절한 것은?

① SELECT * FROM TABLE1
   WHERE COL1 NOT NULL;

② SELECT * FROM TABLE1
   WHERE COL1 != NULL;

③ SELECT * FROM TABLE1
   WHERE COL1 ^= NULL;

④ SELECT * FROM TABLE1
   WHERE COL1 IS NOT NULL;

13

아래 SQL의 실행 결과로 가장 적절하지 <u>않은</u> 것은?

① ROUND(2.89, 1) = 2.9

② SIGN(2.7) = 1

③ LTRIM('AABBCC', 'A') = 'ABBCC'

④ SUBSTR('Good Morning', 4, 3)= 'd M'

14

별칭(Alias)에 대한 설명으로 가장 적절하지 <u>않은</u> 것은? (단, DBMS는 오라클로 가정함)

① 칼럼에 별칭을 지정할 때, AS 키워드를 사용하거나 생략할 수 있다.

② 셀프 조인(SELF JOIN)을 수행하는 경우 별칭을 반드시 지정해야 한다.

③ 별칭은 칼럼 앞과 뒤에 둘 다 지정할 수 있다.

④ 별칭을 사용할 경우, 대소문자를 구별하려면 큰따옴표 (" ")를 이용해야 한다.

15

테이블 생성 시 오류가 발생하는 SQL은? (단, DBMS는 오라클로 가정함)

① CREATE TABLE 2025_EMP (
   EMP_ID VARCHAR2(20),
   NAME VARCHAR2(100));

② CREATE TABLE EMP_2025 (
   EMP_ID VARCHAR2(20),
   NAME VARCHAR2(100));

③ CREATE TABLE EMP#2025 (
   EMP_ID VARCHAR2(20),
   NAME VARCHAR2(100));

④ CREATE TABLE "emp2025" (
   EMP_ID VARCHAR2(20),
   NAME VARCHAR2(100));

16

UNION ALL에 대한 설명으로 가장 적절한 것은?

① UNION ALL은 집합 간의 결과에서 중복 행을 제외하고 결과를 반환한다.

② UNION ALL은 집합 간의 결과가 중복되지 않은 경우, UNION과 동일한 결과를 반환한다.

③ UNION ALL은 UNION – INTERSECT와 동일한 결과를 반환한다.

④ UNION ALL은 스키마가 다른 테이블을 병합할 때 사용된다.

17

아래 SQL의 실행 결과는?

[TAB]

COL1	COL2
1	2025-06-30 00:00:00
1	2025-05-31 00:00:00
2	2025-04-21 00:00:00
2	2025-02-21 00:00:00
2	2025-03-21 00:00:00

[SQL]
```
SELECT COL1, COL2
FROM TAB
ORDER BY 1, 2 DESC;
```

①

COL1	COL2
1	2025-05-31 00:00:00
1	2025-06-30 00:00:00
2	2025-02-21 00:00:00
2	2025-03-21 00:00:00
2	2025-04-21 00:00:00

②

COL1	COL2
1	2025-06-30 00:00:00
1	2025-05-31 00:00:00
2	2025-04-21 00:00:00
2	2025-03-21 00:00:00
2	2025-02-21 00:00:00

③

COL1	COL2
2	2025-04-21 00:00:00
2	2025-03-21 00:00:00
2	2025-02-21 00:00:00
1	2025-06-30 00:00:00
1	2025-05-31 00:00:00

④

COL1	COL2
2	2025-02-21 00:00:00
2	2025-03-21 00:00:00
2	2025-04-21 00:00:00
1	2025-05-31 00:00:00
1	2025-06-30 00:00:00

18

아래 SQL의 실행 결과는?

[TAB_A]

사원ID	사원명
1	김미영
2	김수영
3	김영수
4	남궁영준
5	최선영
6	최영

```
[SQL]
SELECT COUNT(*)
FROM TAB_A
WHERE 사원명 LIKE '%영_';
```

① 2
② 3
③ 4
④ 5

19

아래 빈칸 ㉠에 들어갈 명령어로 가장 적절한 것은?

> ⠀⠀㉠⠀⠀은/는 SQL에서 테이블의 구조를 유지하면서 테이블의 데이터만 삭제하는 명령어이다. WHERE 절을 사용하면 특정 조건을 만족하는 행만 삭제할 수 있고, WHERE 절을 생략하면 모든 데이터가 삭제된다. 트랜잭션을 적용 시 ROLLBACK(복구)이 가능하며, 삭제 후에도 테이블 구조는 그대로 유지된다.

① DELETE
② DROP
③ REMOVE
④ TRUNCATE

20

COMMIT, ROLLBACK 명령어에 대한 설명으로 옳은 것을 모두 고른 것은? (단, DBMS는 오라클로 가정함)

> (가) COMMIT은 모든 트랜잭션 작업을 영구적으로 저장하는 역할을 한다.
> (나) COMMIT을 실행하면 SAVEPOINT가 자동으로 생성된다.
> (다) ROLLBACK은 COMMIT 이후에도 작업을 되돌릴 수 있다.
> (라) DDL 명령어는 기본적으로 자동 COMMIT이 되기 때문에 ROLLBACK이 불가능하다.

① (가), (나)
② (가), (라)
③ (나), (다)
④ (나), (라)

21

아래 연산의 실행 결과는?

```
100/0, 0/100, 100/NULL
```

① 오류 발생, 0, NULL
② 오류 발생, 0, 오류 발생
③ 0, 오류 발생, NULL
④ 0, 오류 발생, 오류 발생

22

아래 테이블을 참고할 때 SQL의 실행 결과는?

[학생1]

학생ID	학생명	학과명
100	김영수	국문학과
101	정영재	경영학과
102	박진영	경영학과
103	김철수	철학과
104	최준식	수학과

[학생2]

학생ID	학생명	학과명
100	김영수	국문학과
101	정영재	경영학과
103	김철수	철학과
105	허재웅	철학과

[SQL]
```
SELECT 학생명, 학과명
FROM 학생1
WHERE 학생ID IN (101, 103)
UNION ALL
SELECT 학생명, 학과명
FROM 학생2
WHERE 학생ID IN (101, 103)
ORDER BY 1;
```

①

학생명	학과명
정영재	경영학과
김철수	철학과

②

학생명	학과명
정영재	경영학과
박진영	경영학과
김철수	철학과

③

학생명	학과명
정영재	경영학과
정영재	경영학과
김철수	철학과
김철수	철학과

④

학생명	학과명
김철수	철학과
김철수	철학과
정영재	경영학과
정영재	경영학과

23

아래 테이블을 참고할 때 실행 결과가 <u>다른</u> 하나는?

[고객]

고객ID	고객명
1	박미영
2	김영자
3	최철민
NULL	최창안
NULL	김철수
6	김영희

① SELECT COUNT(4) FROM 고객;
② SELECT COUNT(고객ID) FROM 고객;
③ SELECT COUNT(*) FROM 고객
   WHERE 고객ID IS NOT NULL;
④ SELECT COUNT(*) FROM 고객
   WHERE 고객ID IN (1, 2, 3, 6, NULL);

24

아래 SQL의 실행 결과는?

[TAB]

COL1	COL2
10	100
20	200
30	300
NULL	NULL

[SQL]
```
SELECT SUM(COL1) + SUM(NVL(COL2, 0))
FROM TAB;
```

① 60
② 660
③ NULL
④ 오류 발생

25

아래 실행 결과를 참고할 때 SQL의 빈칸 ㉠에 들어갈 내용으로 가장 적절한 것은?

[고객]

고객ID	고객등급	등록연도
100	GOLD	2023
101	VIP	2022
102	VIP	2021
103	GOLD	2023
104	GOLD	2023
105	VIP	2022
106	GOLD	2021

[실행 결과]

고객등급	등록연도	고객수
GOLD	2021	1
GOLD	2023	3
GOLD	NULL	4
VIP	2021	1
VIP	2022	2
VIP	NULL	3
NULL	NULL	7

[SQL]
```
SELECT 고객등급, 등록연도, COUNT(*) AS 고객수
FROM 고객
GROUP BY      ㉠      (고객등급, 등록연도)
ORDER BY 고객등급, 등록연도;
```

① CUBE
② GROUPING
③ GROUPING SETS
④ ROLLUP

26

서브쿼리에 대한 설명으로 가장 적절하지 않은 것은?

① 스칼라 서브쿼리는 단일칼럼, 단일행을 반환한다.
② 다중행 서브쿼리 비교 연산자는 단일행 서브쿼리 비교 연산자로도 사용할 수 있다.
③ 단일행 비교 연산자와 함께 사용할 때는 서브쿼리의 결과가 반드시 1건 이상이어야 한다.
④ 인라인 뷰는 FROM 절의 테이블이 입력되는 위치에 들어가는 서브쿼리를 말한다.

27

아래 테이블과 실행 결과를 참고할 때 SQL의 빈칸 ㉠에 들어갈 내용으로 가장 적절한 것은?

[점수]

학생명	국어	수학	총점
김지수	90	65	155
박수진	70	85	155
김명진	100	80	180
노진영	90	90	180
김철수	70	40	110
최철민	75	45	120

[실행 결과]

순위	학생명	국어	수학	총점
1	김명진	100	80	180
1	노진영	90	90	180
2	김지수	90	65	155
2	박수진	70	85	155
3	최철민	75	45	120
4	김철수	70	40	110

[SQL]
```
SELECT      ㉠      OVER (ORDER BY 총점 DESC)
            AS 순위, 학생명, 국어, 수학, 총점
FROM 점수;
```

① DENSE_RANK( )
② RANK( )
③ ROWNUM( )
④ ROW_NUMBER( )

28

아래에서 설명하는 개념으로 가장 적절한 것은?

> DBMS에서 여러 개의 권한을 묶어 그룹화하여 사용자에게 부여할 수 있는 개념이다. 이를 활용하면 여러 사용자에게 동일한 권한을 쉽게 부여하고 관리할 수 있어 유지보수성이 향상된다. 또한, 특정 권한을 추가하거나 제거할 때 개별 사용자에게 적용하는 대신 그룹 단위로 조정할 수 있어 보안과 효율성이 높아진다.

① GRANT
② ROLE
③ REVOKE
④ PACKAGE

29

아래 산술 연산자를 연산 우선순위대로 올바르게 나열한 것은?

> ( ), *, /, +, −

① ( ), *, /, +, −
② ( ), +, −, *, /
③ *, /, +, −, ( )
④ *, /, ( ), +, −

30

아래 SQL의 실행 결과는?

```
[SQL]
SELECT SUBSTR('Hello World', 5, 3) FROM DUAL;
```

① 'o W'
② ' Wo'
③ 'Wor'
④ NULL

31

오라클 계층형 질의에 대한 설명으로 가장 적절하지 <u>않은</u> 것은?

① 루트 노드의 LEVEL 값은 1이다.
② 역방향 전개란 자식 노드에서 부모 노드 방향으로 전개하는 것을 말한다.
③ 'PRIOR 부모 = 자식' 형태로 사용하면 순방향 전개로 수행된다.
④ ORDER SIBLINGS BY 절은 같은 레벨의 형제 노드끼리 정렬을 지정한다.

32

아래 SQL의 실행 결과는?

[TAB1]

학생명	학과
이세영	국문학과
박유림	영문학과
김영수	철학과
김수철	수학과

[TAB2]

학생명	학년	학과
박유림	2	영문학과
김수철	3	수학과
이수연	1	철학과

```
[SQL]
SELECT COUNT(*)
FROM TAB1 LEFT OUTER JOIN TAB2
ON TAB1.학생명 = TAB2.학생명;

SELECT COUNT(*)
FROM TAB1 RIGHT OUTER JOIN TAB2
ON TAB1.학생명 = TAB2.학생명;

SELECT COUNT(*)
FROM TAB1 FULL OUTER JOIN TAB2
ON TAB1.학생명 = TAB2.학생명;
```

① 2, 3, 4
② 3, 2, 4
③ 3, 4, 5
④ 4, 3, 5

33

아래 테이블과 같은 방식으로 순위를 매기는 데 사용되는 적절한 함수 또는 키워드는? (단, [TAB] 테이블의 '순위' 칼럼은 사원들의 급여에 대한 순위로 가정함)

[TAB]

사원ID	사원명	급여	순위
1000	박진희	8000	1
1001	김미화	7000	2
1002	박영수	7000	2
1003	김철수	5000	4
1004	최영식	5000	4
1005	김명진	4000	6

① RANK( )

② DENSE_RANK( )

③ ROWNUM( )

④ ROW_NUMBER( )

34

아래 SQL의 실행 결과는?

```
[SQL]
SELECT REGEXP_INSTR('ABCDEFG',
'(AB)((CD)E)(FG)', 1, 1, 0, 'i', 3)
FROM DUAL;
```

① 1

② 3

③ 5

④ 6

35

아래 SQL의 실행 결과는?

```
[SQL]
CREATE TABLE TBL(COL1 VARCHAR2(10),
                COL2 NUMBER);
INSERT INTO TBL VALUES('A', 5000);
INSERT INTO TBL VALUES('B', 4000);
INSERT INTO TBL VALUES('C', 3000);
INSERT INTO TBL VALUES('C', 2000);
COMMIT;

SELECT COUNT(*)
FROM TBL
GROUP BY ROLLUP(COL1), COL1;
```

① 3

② 5

③ 6

④ 7

36

아래 테이블에서 특정한 한 명의 사원에 대한 상위 관리자를 조회하는 SQL로 가장 적절한 것은?

[EMP]

EMP_ID	EMP_NAME	MANAGER_ID
101	James	100
102	John	101
103	Linda	102
104	Andrew	103
105	Olivia	104
106	Kevin	105

① SELECT * FROM EMP
   START WITH MANAGER_ID = 100
   CONNECT BY PRIOR EMP_ID = MANAGER_ID;
② SELECT * FROM EMP
   START WITH MANAGER_ID = 107
   CONNECT BY PRIOR EMP_ID = MANAGER_ID;
③ SELECT * FROM EMP
   WHERE EMP_ID = 103
   START WITH MANAGER_ID = 100
   CONNECT BY PRIOR EMP_ID = MANAGER_ID;
④ SELECT * FROM EMP
   WHERE EMP_ID = 103
   START WITH MANAGER_ID = 100
   CONNECT BY PRIOR MANAGER_ID = EMP_ID;

37

아래 SQL의 실행 결과는?

[등록회원]

회원ID	회원명	등록일시
1	김진숙	2025-01-01 00:00:00
2	박진영	2025-01-01 10:00:00
3	박연자	2025-01-01 23:59:59
4	김미영	2025-01-02 00:00:00
5	이미화	2025-01-02 10:10:00
6	김철수	2025-01-02 23:59:59
7	남미정	2025-01-03 00:00:00

[SQL]
SELECT COUNT(*)
FROM 등록회원
WHERE 등록일시 BETWEEN
   TO_DATE('2025-01-01', 'YYYY-MM-DD')
   AND TO_DATE('2025-01-02', 'YYYY-MM-DD');

① 3
② 4
③ 5
④ 6

38

아래 SQL의 실행 결과는?

```
[SQL]
SELECT
  REGEXP_SUBSTR('data science', '[abc]')
  AS COL1,
  REGEXP_SUBSTR('data science', '[^abc]')
  AS COL2,
  REGEXP_SUBSTR('data science', '^abc')
  AS COL3
FROM DUAL;
```

①

COL1	COL2	COL3
a	d	NULL

②

COL1	COL2	COL3
a	NULL	d

③

COL1	COL2	COL3
NULL	d	NULL

④

COL1	COL2	COL3
a	NULL	NULL

39

NATURAL JOIN에 대한 설명으로 가장 적절한 것은?

① ON 절에 조인 조건을 추가할 수 없다.
② 칼럼명이 같은 경우 데이터 타입이 달라도 조인할 수 있다.
③ NATURAL JOIN 시 조인에 이용되는 칼럼을 명시해야 한다.
④ 각 테이블의 행이 상대 테이블의 모든 행과 조합되어 새로운 행이 생성된다.

40

아래 SQL의 실행 결과는?

[TBL]

학생ID	학생명	점수
100	김진수	40
101	박진영	50
102	김미영	60
103	김철수	70
104	최창안	80
105	임수연	90

```
[SQL]
SELECT AVG(점수)
FROM (SELECT 학생명, 점수
      FROM TBL ORDER BY 점수 DESC)
WHERE ROWNUM <= 3;
```

① 50   ② 60   ③ 70   ④ 80

41

아래 테이블을 참고할 때 오류가 발생하는 INSERT 문은?

```
[SQL]
CREATE TABLE 강좌신청 (
    신청번호 NUMBER PRIMARY KEY,
    학생번호 NUMBER NOT NULL,
    신청일자 DATE,
    신청현황 VARCHAR2(3) DEFAULT '000');
```

① INSERT INTO 강좌신청(신청번호, 학생번호, 신청
                      일자, 신청현황)
   VALUES(1, 100, 20250301, '001');
② INSERT INTO 강좌신청(신청번호, 학생번호, 신청
                      일자, 신청현황)
   VALUES(2, 200, '20250301', '001');
③ INSERT INTO 강좌신청(신청번호, 학생번호, 신청
                      일자, 신청현황)
   VALUES(3, 300, SYSDATE, '003');
④ INSERT INTO 강좌신청(신청번호, 학생번호, 신청
                      일자, 신청현황)
   VALUES(4, 400, SYSDATE+1, '001');

42

아래 SQL의 실행 결과는?

[PLAYER]

PLAYER_ID	TEAM_ID	SALARY
1001	A	3500
1002	A	4000
1003	B	5500
1004	B	4000
1005	B	3500
1006	C	5500
1007	C	4000

[SQL]
```
SELECT PLAYER_ID, C2
FROM (SELECT PLAYER_ID,
             ROW_NUMBER() OVER(
               PARTITION BY TEAM_ID ORDER BY SALARY DESC
               ) AS C1,
             SUM(SALARY) OVER(
               PARTITION BY TEAM_ID ORDER BY PLAYER_ID ROWS BETWEEN UNBOUNDED
               PRECEDING AND CURRENT ROW
               ) AS C2
      FROM PLAYER)
WHERE C1 = 2
ORDER BY PLAYER_ID;
```

①

PLAYER_ID	C2
1001	7500
1004	7500
1007	4000

②

PLAYER_ID	C2
1001	3500
1004	7500
1007	9500

③

PLAYER_ID	C2
1001	3500
1004	9500
1007	9500

④

PLAYER_ID	C2
1001	7500
1004	7500
1007	9500

43

아래 테이블과 실행 결과를 참고할 때 SQL의 빈칸 ㉠에 들어갈 내용으로 가장 적절한 것은?

[주문]

고객ID	주문제품	주문수량
100	모니터	1
100	키보드	2
101	모니터	1
101	키보드	2
102	모니터	1
102	키보드	1
102	마우스	2

[SQL]
```
SELECT 고객ID, 주문제품, SUM(주문수량)
            AS 주문수량
FROM 주문
GROUP BY GROUPING SETS(     ㉠     );
```

[실행 결과]

고객ID	주문제품	주문수량
100	모니터	1
100	키보드	2
100	NULL	3
101	모니터	1
101	키보드	2
101	NULL	3
102	모니터	1
102	키보드	1
102	마우스	2
102	NULL	4

① (고객ID, 주문제품)

② (고객ID, 주문제품), 고객ID

③ (고객ID, 주문제품), 주문제품

④ (고객ID, 주문제품), ( )

44

아래 SQL의 실행 결과는?

[EMP]

EMP_ID	EMP_NAME	DEPT_ID	SALARY
1001	Kim	10	3000
1002	Lee	20	4000
1003	Park	20	4500
1004	Choi	30	5000
1005	Jung	10	3500
1006	Han	20	3800

[SQL]
```
SELECT EMP_NAME
FROM EMP E
WHERE SALARY >
    (SELECT AVG(SALARY) FROM EMP
      WHERE DEPT_ID = E.DEPT_ID);
```

①

EMP_NAME
Kim
Lee

②

EMP_NAME
Park
Choi

③

EMP_NAME
Lee
Jung

④

EMP_NAME
Park
Jung

45

아래 SQL의 실행 결과는?

[사원]

사원ID	사원명	관리자ID
1	김명수	NULL
2	박영진	1
3	한수진	1
4	김영자	2
5	김미영	3
6	박영희	3

[SQL]
```
SELECT * FROM 사원
START WITH 관리자ID = 2
CONNECT BY 사원ID = PRIOR 관리자ID;
```

①

사원ID	사원명	관리자ID
2	박영진	1
1	김명수	NULL

②

사원ID	사원명	관리자ID
4	김영자	2
2	박영진	1
1	김명수	NULL

③

사원ID	사원명	관리자ID
4	김영자	2
2	박영진	1
3	한수진	1
1	김명수	NULL

④

사원ID	사원명	관리자ID
4	김영자	2
5	김미영	3
6	박영희	3

46

아래 SQL의 빈칸 ㉠, ㉡에 들어갈 내용으로 가장 적절한 것은?

[테이블]
학생(학생번호, 학생명, 소속학과),
수강정보(수강번호, 학생번호, 과목명)
* 수강정보 테이블의 학생번호는 학생 테이블의 학생번호를 참조하는 외래 키이다.

[조건]
수강 이력이 있는 학생 중 수강 횟수가 5회 이상인 학생의 이름과 소속학과를 출력

[SQL]
```
SELECT A.학생명, A.소속학과
FROM 학생 A
    [ ㉠ ]
GROUP BY A.학생명, A.소속학과
    [ ㉡ ];
```

① ㉠ NATURAL JOIN 수강정보 B,
　㉡ HAVING SUM(B.수강번호) >= 5

② ㉠ LEFT OUTER JOIN 수강정보 B ON A.학생번호 = B.학생번호,
　㉡ WHERE B.수강번호 >= 5

③ ㉠ INNER JOIN 수강정보 B ON A.학생번호 = B.학생번호,
　㉡ HAVING COUNT(B.수강번호) >= 5

④ ㉠ LEFT OUTER JOIN 수강정보 B ON A.학생번호 = B.학생번호,
　㉡ HAVING SUM(B.수강번호) >= 5

47

아래 테이블에서 PHONE_NUMBER 칼럼을 추가하고자 할 때 가장 적절한 SQL 문은?

```
[SQL]
CREATE TABLE EMP (
    EMP_ID NUMBER(5) PRIMARY KEY,
    EMP_NAME VARCHAR2(20),
    DEPT_ID NUMBER(3)
);
```

① ALTER TABLE EMP
  MODIFY PHONE_NUMBER VARCHAR2(20);
② ALTER TABLE EMP
  ADD PHONE_NUMBER VARCHAR2(20);
③ ALTER TABLE EMP
  ALTER PHONE_NUMBER VARCHAR2(20);
④ ALTER TABLE EMP ADD CONSTRAINT
  PHONE_NUMBER VARCHAR2(20);

48

아래 SQL의 실행 결과는?

```
[SQL]
CREATE TABLE CUSTOMER (
    CUST_ID NUMBER(3),
    CUST_NAME VARCHAR2(20)
);

INSERT INTO CUSTOMER VALUES(1, 'Kim');
SAVEPOINT A;
INSERT INTO CUSTOMER VALUES(2, 'Lee');
SAVEPOINT B;
INSERT INTO CUSTOMER VALUES(3, 'Park');
ROLLBACK TO A;
INSERT INTO CUSTOMER VALUES(4, 'Choi');
INSERT INTO CUSTOMER VALUES(5, 'Jung');
SELECT COUNT(*) FROM CUSTOMER;
```

① 2   ② 3
③ 4   ④ 5

49

ROW LIMITING 절에 대한 설명으로 가장 적절하지 <u>않은</u> 것은?

① ONLY: FETCH 절과 함께 사용되어 지정된 행의 개수나 백분율만큼의 행을 반환한다.
② FETCH: 반환할 행의 개수나 백분율을 지정한다.
③ WITH TIES: FETCH 절과 함께 사용되어 첫 번째 행과 동일한 값의 행들을 포함하여 반환한다.
④ OFFSET offset: 건너뛸 행의 개수를 지정한다.

50

TX1, TX2 트랜잭션에서 아래 SQL을 순서대로 실행할 때, 오류가 발생하는 구문은?

```
[테이블]
CREATE TABLE 도서 (
    도서ID NUMBER,
    도서명 VARCHAR2(20),
    CONSTRAINT 도서_PK PRIMARY KEY (도서ID)
);
CREATE TABLE 대여정보 (
    대여번호 NUMBER,
    회원ID NUMBER,
    도서ID NUMBER,
    CONSTRAINT 대여정보_PK PRIMARY KEY (대여번호),
    CONSTRAINT 대여정보_F1 FOREIGN KEY (도서ID) REFERENCES 도서 (도서ID)
);
INSERT INTO 도서 VALUES(101, '데미안');
INSERT INTO 도서 VALUES(102, '오만과 편견');
INSERT INTO 도서 VALUES(103, '어린왕자');
COMMIT;
```

[SQL]

시간	TX1	TX2
t1	(가) DELETE FROM 도서 　　WHERE 도서ID = 101;	
t2	COMMIT;	
t3		(나) INSERT INTO 대여정보 　　VALUES(9987, 1, 101);
t4	COMMIT;	
t5		(다) UPDATE 도서 SET 도서ID = 101 　　WHERE 도서ID = 103;
t6	(라) INSERT INTO 대여정보 　　VALUES(9988, 2, 102);	
t7		ROLLBACK;
t8	COMMIT;	

① (가)
② (나)
③ (다)
④ (라)

제54회 기출 변형 모의고사

제한시간 | 90분 **정답 및 해설** | 18p

※ 문항당 2점

1 과목 데이터 모델링의 이해

01

아래에서 설명하는 모델링 단계로 가장 적절한 것은?

> 가장 높은 추상화 레벨을 가진 모델링으로, 고객의 비즈니스 요구사항을 반영하여 데이터의 엔터티, 속성 등을 추상적으로 정의하는 과정이며 주로 ERD를 활용한다.

① 개념적 데이터 모델링
② 논리적 데이터 모델링
③ 물리적 데이터 모델링
④ 계층적 데이터 모델링

02

엔터티의 특징으로 가장 적절하지 않은 것은?

① 엔터티는 해당 업무에서 관리할 필요가 있는 정보를 포함해야 한다.
② 엔터티는 반드시 속성을 가지고 있어야 한다.
③ 엔터티는 다른 엔터티와 1개 이상의 관계를 가지고 있어야 한다.
④ 엔터티는 1개 이상의 인스턴스를 가지고 있어야 한다.

03

속성의 특징으로 가장 적절하지 않은 것은?

① 속성은 의미상 더 이상 분해되지 않는 최소 데이터 단위이다.
② 한 개의 속성은 일반적으로 하나의 속성값을 가진다.
③ 모든 속성이 엔터티의 주식별자에 함수적으로 종속되어야 하는 것은 아니다.
④ 속성은 특성에 따라 기본 속성, 설계 속성, 파생 속성 등으로 분류된다.

04

주식별자의 특징으로 가장 적절하지 않은 것은?

① 각 엔터티 인스턴스에 유니크함을 부여해야 한다.
② 유일성을 보장하는 최소 개수의 속성이어야 한다.
③ 속성값이 가급적이면 변경되지 않고 유지되어야 한다.
④ 값을 가지지 않는 경우에는 NULL 값으로 처리한다.

05

식별자/비식별자 관계에 대한 설명으로 가장 적절하지 않은 것은?

① 식별자 관계에서는 부모 엔터티의 기본 키가 자식 엔터티의 기본 키에 포함된다.
② 비식별자 관계에서는 부모 엔터티가 삭제되면 자식 엔터티도 반드시 삭제된다.
③ 식별자 관계는 부모 엔터티와 자식 엔터티 간의 강한 종속 관계를 의미한다.
④ 비식별자 관계에서는 자식 엔터티가 독립적인 기본 키를 가질 수 있다.

06

인조식별자에 대한 설명으로 가장 적절한 것은?

① 엔터티 인스턴스를 유일하게 구별할 수 있으며 유일성, 최소성, 불변성, 존재성을 만족하는 식별자이다.
② 엔터티 내부에서 스스로 만들어지는 식별자이다.
③ 다른 엔터티와의 관계에 의해 외부 엔터티로부터 받아오는 식별자이다.
④ 본질식별자가 너무 복잡하거나 유일성을 보장하기 어려울 때 대체식별자로 사용되는 식별자이다.

07

NULL에 대한 설명으로 가장 적절한 것은?

① Barker 표기법에서는 NULL 허용 여부를 명확하게 표현하지 않는다.

② 단일행 연산 시 'NULL + 10 = NULL'이다.

③ 문자열형의 경우 NULL은 'NULL'과 같은 값이다.

④ I/E 표기법에서는 NULL 허용 여부를 명확하게 표현한다.

08

트랜잭션의 특성으로 가장 적절하지 <u>않은</u> 것은?

① 원자성(Atomicity)

② 동시성(Concurrency)

③ 고립성(Isolation)

④ 영속성(Durability)

09

아래 ERD에 대한 설명으로 가장 적절하지 <u>않은</u> 것은?

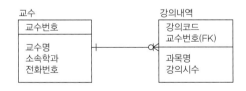

① 한 명의 교수는 여러 개의 강의를 개설할 수 있다.

② 교수는 강의를 개설하지 않을 수도 있다.

③ [강의내역] 테이블의 교수번호는 [교수] 테이블을 참조하고 있다.

④ 교수와 강의내역의 관계는 비식별 관계이다.

10

아래과 같이 희망도서신청 엔터티를 만들었을 때 필요한 정규화 작업으로 가장 적절한 것은?

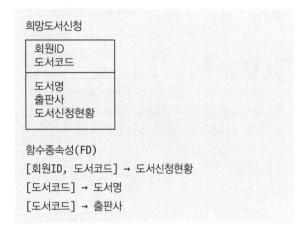

① 1차 정규화(1NF)

② 2차 정규화(2NF)

③ 3차 정규화(3NF)

④ BCNF

※ 문항당 2점

2과목　SQL 기본 및 활용

11

아래 빈칸 ㉠에 들어갈 내용으로 가장 적절한 것은?

> ___㉠___ 은/는 트랜잭션 수행 중 오류가 발생하거나 작업을 취소할 때, 데이터 변경 사항을 무효화하고 이전 상태로 복구하는 명령어이다. 트랜잭션이 완료되기 이전에만 실행 가능하며, 작업 중 문제가 발생했을 때 데이터 무결성을 유지하고 데이터 손실을 방지하는 데 사용된다.

① COMMIT
② ROLLBACK
③ SAVEPOINT
④ REVOKE

12

뷰(View)에 대한 설명으로 가장 적절하지 <u>않은</u> 것은?

① 복합 뷰의 경우에는 테이블과 마찬가지로 삽입, 수정, 삭제 작업이 모두 가능하다.
② 뷰는 실제 테이블을 기반으로 생성된 가상의 테이블로, 실제 데이터를 저장하지 않는다.
③ 뷰는 데이터 보안을 위해 특정 열이나 행만 사용자에게 제공하는 데 사용할 수 있다.
④ 뷰는 기본 테이블의 데이터가 변경되면 자동으로 반영된다.

13

아래에서 설명하는 용어로 가장 적절한 것은?

> 데이터베이스에 데이터를 읽고 쓸 때, 한 번에 수행되어야 하는 논리적인 작업 단위를 말한다.

① 로그(Log)
② 세그먼트(Segment)
③ 프로시저(Procedure)
④ 트랜잭션(Transaction)

14

아래 SQL의 실행 결과와 동일한 것은?

```
[SQL]
SELECT COL1,
  CASE
    WHEN COL1 = '01' THEN NULL
    ELSE COL1
  END AS R1
FROM TAB;
```

① SELECT COL1, NULLIF(COL1, '01') AS R1
  FROM TAB;
② SELECT COL1, NVL(COL1, '01') AS R1
  FROM TAB;
③ SELECT COL1,
        NVL(NULLIF(COL1, '01'), COL1) AS R1
  FROM TAB;
④ SELECT COL1,
    CASE
      WHEN COL1 IS NULL THEN '01'
      ELSE COL1
    END AS R1
  FROM TAB;

15

아래 SQL의 실행 결과는?

[회원]

회원ID	나이
101	10
102	20
103	30
104	30
105	NULL

[SQL]
```
SELECT AVG(DISTINCT 나이) AS 평균나이
FROM 회원;
```

① 18.0
② 20.0
③ 22.5
④ NULL

16

아래 SQL의 실행 결과는?

[TBL]

A	B
NULL	NULL
NULL	2
3	NULL
4	4
NULL	5

[SQL]
```
SELECT COALESCE(A, B*10, '10') AS R1
FROM TBL;
```

①

R1
NULL
20
3
4
50

②

R1
10
20
3
4
50

③

R1
10
20
3
40
50

④

R1
10
20
30
40
50

17

오류가 발생하는 SQL은? (단, DBMS는 오라클로 가정함)

① SELECT * FROM TAB;
② SELECT T.* FROM TAB AS T;
③ SELECT T.COL1 FROM TAB T
   WHERE COL1 > 10;
④ SELECT * FROM TAB
   WHERE COL1 > (SELECT SUM(COL1) FROM TAB);

18

제품번호가 100, 200인 제품을 동시에 주문한 고객의 고객번호를 구하는 SQL로 가장 적절한 것은?

① SELECT 고객번호
   FROM 주문정보
   WHERE 제품번호 = 100 AND 제품번호 = 200;
② SELECT 고객번호
   FROM 주문정보
   WHERE 제품번호 IN (100, 200);
③ SELECT 고객번호
   FROM 주문정보
   WHERE 제품번호 = 100
   INTERSECT
   SELECT 고객번호
   FROM 주문정보
   WHERE 제품번호 = 200;
④ SELECT 고객번호
   FROM 주문정보
   WHERE 제품번호 = 100
   UNION
   SELECT 고객번호
   FROM 주문정보
   WHERE 제품번호 = 200;

19

서브쿼리에 대한 설명으로 가장 적절하지 않은 것은?

① 서브쿼리에서는 ORDER BY 절을 단독으로 사용할 수 없다.
② 서브쿼리는 메인쿼리의 칼럼을 모두 사용할 수 있지만, 메인쿼리는 서브쿼리의 칼럼을 사용할 수 없다.
③ 단일행 비교 연산자와 함께 사용할 때는 서브쿼리의 결과가 반드시 1건 이하이어야 한다.
④ 단일행 서브쿼리의 비교 연산자는 다중행 서브쿼리 비교 연산자로도 사용할 수 있다.

20

INNER JOIN에 대한 설명으로 가장 적절하지 않은 것은?

① 두 테이블 간의 공통된 키 값을 기준으로 데이터를 결합하는 방식이다.
② 조인 조건에서 NULL이 포함된 행은 결과에서 제외한다.
③ INNER JOIN으로 조인 시 사용되는 칼럼은 반드시 칼럼명이 같아야 한다.
④ 명시적으로 INNER JOIN을 작성하지 않고, JOIN만 사용해도 동일하게 작동한다.

21

아래 SQL의 실행 결과는?

[T1]

C1	C2
NULL	1
1	5
2	10
3	15
4	20
5	NULL

```
[SQL]
SELECT COUNT(*)
FROM T1
WHERE C2 NOT IN (SELECT C1 FROM T1);
```

① 0   ② 1
③ 2   ④ 3

22

아래 SQL의 실행 결과는?

[TAB_A]

사원ID	사원명	나이
101	김철민	41
102	김영수	37
103	박영식	39

[TAB_B]

사원ID	사원명	부서
101	김철민	기획부
103	박영식	홍보부

[SQL]
```
SELECT COUNT(*)
FROM TAB_A NATURAL JOIN TAB_B;
```

① 0

② 1

③ 2

④ 오류 발생

23

테이블의 제약 조건(Constraint)에 대한 설명으로 가장 적절하지 않은 것은?

① 기본 키(Primary Key)로 지정된 칼럼은 모든 값이 고유해야 한다.

② 고유 키(Unique Key) 제약 사항은 NULL 값을 허용하지 않는다.

③ 외래 키(Foreign key)는 한 테이블에 여러 개를 생성할 수 있다.

④ Check 제약 사항은 특정 칼럼의 값을 제한하는 역할을 한다.

24

아래 SQL의 실행 결과는?

[TAB]

C1	C2
A	10
B	20
AB	30
BA	40
NULL	50

[SQL]
```
SELECT *
FROM TAB
WHERE C1 IN ('A', 'B', NULL);
```

①

C1	C2
A	10
B	20

②

C1	C2
A	10
B	20
AB	30

③

C1	C2
A	10
B	20
AB	30
BA	40

④

C1	C2
A	10
B	20
AB	30
BA	40
NULL	50

25

비율 함수에 대한 설명으로 가장 적절하지 않은 것은?

① CUME_DIST 함수는 파티션별 합계의 값에 대한 누적 백분율을 반환하며, 마지막 행은 1로 끝난다.

② PERCENT_RANK 함수는 파티션별로 그룹핑하여 상대적 백분율 순위를 반환하며, 첫 행은 0으로 시작된다.

③ NTILE 함수는 파티션을 N개의 그룹으로 나누어 1부터 N까지의 등급 값을 반환하며, 첫 행은 1로 시작된다.

④ RATIO_TO_REPORT 함수는 파티션별 합계에 대한 비율을 반환하며, 첫 행은 0으로 시작된다.

26

아래 SQL의 실행 결과는?

[EMP]

EMP_ID	NAME
100	ALEX
101	JAMES
102	MARIA
103	JULIA
104	NATHAN
105	ARIANA

[SQL]
```
SELECT COUNT(*)
FROM EMP
WHERE NAME LIKE '_A%';
```

① 3

② 4

③ 5

④ 6

27

아래의 실행 결과를 참고할 때 SQL의 빈칸 ㉠에 들어갈 함수로 가장 적절한 것은?

[EMP_TAB]

E_NO	E_NAME	D_NO	SAL
1001	Eric	1	4000
1002	Emily	2	3700
1003	James	2	3800
1004	Cindy	3	6000
1005	Amy	1	4100
1006	Andrew	2	3500
1007	Julian	2	5300
1008	Linda	1	4200

[실행 결과]

E_NO	E_NAME	D_NO	SAL	SAL_2
1006	Andrew	2	3500	NULL
1002	Emily	2	3700	NULL
1003	James	2	3800	3500
1001	Eric	1	4000	3700
1005	Amy	1	4100	3800
1008	Linda	1	4200	4000
1007	Julian	2	5300	4100

[SQL]
```
SELECT E_NO,
       E_NAME,
       D_NO,
       SAL,
       ㉠       (SAL, 2) OVER (
       ORDER BY SAL
       ) AS SAL2
FROM EMP_TAB
WHERE D_NO < 3;
```

① FIRST_VALUE

② LAST_VALUE

③ LAG

④ LEAD

28

아래 SQL의 실행 결과는?

[TAB1]

COL1	COL2
1	10
2	20
3	30
4	40
5	50

[TAB2]

COL1	COL2
1	10
2	20
3	30
4	40

[SQL]
```
SELECT *
FROM TAB1 T1 LEFT OUTER JOIN TAB2 T2
ON (T1.COL1 = T2.COL1
    AND T2.COL2 IN (30, NULL))
ORDER BY T1.COL1;
```

①

COL1	COL2	COL1	COL2
3	30	3	30

②

COL1	COL2	COL1	COL2
1	10	NULL	NULL
2	20	NULL	NULL
3	30	3	30

③

COL1	COL2	COL1	COL2
1	10	1	10
2	20	2	20
3	30	3	30
4	40	NULL	NULL
5	50	NULL	NULL

④

COL1	COL2	COL1	COL2
1	10	NULL	NULL
2	20	NULL	NULL
3	30	3	30
4	40	NULL	NULL
5	50	NULL	NULL

29

아래에서 설명하는 참조동작은?

> [부모] 테이블의 데이터가 삭제되거나 수정될 때, 이를 참조하는
> [자식] 테이블의 데이터도 자동으로 삭제되거나 업데이트된다.

① AUTOMATIC
② CASCADE
③ DEPENDENT
④ RESTRICT

30

아래 SQL의 실행 결과는?

[TAB]

COL1	COL2	COL3
10	NULL	10
20	20	20
NULL	30	30
40	NULL	40

[SQL]
```
SELECT MIN(COL2), MAX(COL2),
       SUM(COL1 + COL2 + COL3)
FROM TAB;
```

① NULL, NULL, 60
② NULL, NULL, 100
③ 20, 30, 60
④ 20, 30, 100

31

실행 결과가 <u>다른</u> 하나는? (단, [TAB] 테이블의 행은 2개로 가정함)

① SELECT * FROM TAB WHERE ROWNUM > 0;
② SELECT * FROM TAB WHERE ROWNUM <= 3;
③ SELECT * FROM TAB WHERE ROWNUM <= 2;
④ SELECT * FROM TAB WHERE ROWNUM = 2;

32

아래 테이블을 참고할 때 출력되는 행의 개수가 가장 많은 SQL은?

[T1]

CODE	PRODUCT
1	컴퓨터
2	모니터
3	키보드
4	마우스

[T2]

CODE	BRAND
1	A
2	B
3	C
4	D

① SELECT *
  FROM T1 * T2
  WHERE T1.CODE = T2. CODE;
② SELECT *
  FROM T1, T2
  WHERE T1.PRODUCT
    IN ('컴퓨터', '모니터', '키보드')
  AND T2.BRAND IN ('A', 'B', 'C');
③ SELECT *
  FROM T1 LEFT OUTER JOIN T2
  ON T1.CODE = T2.CODE;
④ SELECT CODE
  FROM T1
  UNION ALL
  SELECT CODE
  FROM T2;

33

아래 SQL의 실행 결과는?

[T1]

C1	C2	C3
A	가	1
B	나	NULL
C	다	2

[T2]

C1	C2
A	가
C	나

[SQL]
```
SELECT *
FROM T1 INNER JOIN T2 ON T1.C2 = T2.C2
WHERE 1 = 1
  AND T1.C3 >= 1
  AND T2.C2 IN ('가', '나');
```

①

T1.C1	T1.C2	T1.C3	T2.C1
A	가	1	A

②

T1.C1	T1.C2	T1.C3	T2.C1	T2.C2
A	가	1	A	가

③

T1.C1	T1.C2	T1.C3	T2.C1
A	가	1	A
B	나	NULL	C

④

T1.C1	T1.C2	T1.C3	T2.C1	T2.C2
A	가	1	A	가
B	나	NULL	C	나

34

아래 SQL의 실행 결과는?

[TBL]

COL1	COL2
1	1
NULL	1
3	2
NULL	2
5	3
NULL	3

[SQL]
```
SELECT COUNT(*) + COUNT(COL1) +
        COUNT(DISTINCT COL2)
FROM TBL;
```

① 9

② 12

③ 15

④ 18

35

아래 SQL의 실행 결과는?

[DEPT]

DEPT_NO
01
02
03
04
05

[SQL]
```
SELECT DEPT_NO,
  CASE DEPT_NO
    WHEN '01' THEN 'HR'
    WHEN '02' THEN 'IT'
    WHEN '04' THEN 'Sales'
    ELSE 'etc'
  END AS DEPT_NAME
FROM DEPT;
```

①

DEPT_NO	DEPT_NAME
01	HR
02	IT
03	IT
04	Sales
05	Sales

②

DEPT_NO	DEPT_NAME
01	HR
02	IT
03	Sales
04	Sales
05	etc

③

DEPT_NO	DEPT_NAME
01	HR
02	IT
03	etc
04	Sales
05	etc

④

DEPT_NO	DEPT_NAME
01	HR
02	IT
03	NULL
04	Sales
05	NULL

36

아래 실행 결과를 출력하는 SQL은?

[연도별매출]

지점ID	연도	매출
S-001	2017	3000
S-001	2018	3500
S-001	2019	2500
S-002	2017	5000
S-002	2018	5500
S-002	2019	4000
S-003	2017	2000
S-003	2018	1500
S-003	2019	1500

[실행 결과]

지점ID	연도	매출
S-001	2017	3000
S-002	2017	5000
S-003	2017	2000
NULL	2017	10000
S-001	2018	3500
S-002	2018	5500
S-003	2018	1500
NULL	2018	10500
S-001	2019	2500
S-002	2019	4000
S-003	2019	1500
NULL	2019	8000

① SELECT 지점ID, 연도, SUM(매출) AS 매출
   FROM 연도별매출
   WHERE 연도 BETWEEN '2017' AND '2019'
   GROUP BY GROUPING SETS((지점ID, 연도));

② SELECT 지점ID, 연도, SUM(매출) AS 매출
   FROM 연도별매출
   WHERE 연도 BETWEEN '2017' AND '2019'
   GROUP BY GROUPING SETS(연도, 지점ID);

③ SELECT 지점ID, 연도, SUM(매출) AS 매출
   FROM 연도별매출
   WHERE 연도 BETWEEN '2017' AND '2019'
   GROUP BY GROUPING SETS((연도, 지점ID), 연도);

④ SELECT 지점ID, 연도, SUM(매출) AS 매출
   FROM 연도별매출
   WHERE 연도 BETWEEN '2017' AND '2019'
   GROUP BY GROUPING SETS((연도, 지점ID), ());

37

CTAS에 대한 설명으로 가장 적절한 것은?

① NOT NULL을 제외한 모든 제약 조건이 복사된다.
② 일부 제약 조건은 별도로 추가가 가능하다.
③ PRIMARY KEY(PK)가 복사된다.
④ CHECK 제약 조건이 적용된다.

38

단일행 함수에 대한 설명으로 가장 적절하지 않은 것은?

① 각 행에 대해서 개별적 연산이 적용된다.
② 입력되는 인자는 1개 이상일 수 있으나, 연산 결과는 단일값을 반환한다.
③ GROUP BY 절에서 사용할 수 있다.
④ ORDER BY 절에서 사용할 수 없다.

39

아래 SQL에 대한 설명으로 가장 적절한 것은?

회원 (회원ID, 회원명, 주소, 생년월일)
상품 (상품ID, 상품명, 가격)
주문내역 (회원ID, 상품ID, 주문개수, 주문날짜)

[SQL]
```
SELECT 회원.회원ID, SUM(주문개수)
        AS 총주문개수
FROM 회원, 상품, 주문내역
WHERE 회원.회원ID = 주문내역.회원ID
AND 상품.상품ID = 주문내역.상품ID
GROUP BY 회원.회원ID
HAVING MAX(주문개수) > 50
ORDER BY 2 DESC;
```

① 51회 이상 주문을 한 회원의 회원ID와 주문개수의 총합을 구하고, 총주문개수가 작은 순서대로 정렬한다.

② 주문개수의 총합이 50을 초과한 회원의 회원ID와 주문개수의 총합을 구하고, 총주문개수가 큰 순서대로 정렬한다.

③ 주문개수가 50을 초과한 주문을 한 회원의 회원ID와 주문개수의 총합을 구하고, 총주문개수가 큰 순서대로 정렬한다.

④ 51회 이상 주문을 한 회원의 회원ID와 주문개수의 총합을 구하고, 총주문개수가 큰 순서대로 정렬한다.

40

아래 SQL의 실행 결과는?

[부서별입사자수]

부서번호	부서명	날짜	입사자수
D-01	기획부	2019-11	3
D-01	기획부	2019-12	2
D-02	홍보부	2019-10	4
D-02	홍보부	2019-11	5
D-02	홍보부	2019-12	1
D-03	총무부	2019-10	1
D-03	총무부	2019-11	2
D-03	총무부	2019-12	2
D-04	영업부	2019-12	10

[SQL]
```
SELECT 부서번호, 부서명, SUM(입사자수)
        AS 총입사자수
FROM 부서별입사자수
GROUP BY 부서번호
ORDER BY 총입사자수, 부서명 DESC;
```

①

부서번호	부서명	총입사자수
D-01	기획부	5
D-02	홍보부	10
D-03	총무부	5
D-04	영업부	10

②

부서번호	부서명	총입사자수
D-01	기획부	5
D-03	총무부	5
D-02	홍보부	10
D-04	영업부	10

③

부서번호	부서명	총입사자수
D-02	홍보부	10
D-03	총무부	5
D-04	영업부	10
D-01	기획부	5

④

부서번호	부서명	총입사자수
D-03	총무부	5
D-01	기획부	5
D-02	홍보부	10
D-04	영업부	10

41

아래 SQL의 실행 결과는?

[TBL1]

COL1	COL2
1	10
2	20
3	30
4	40

[TBL2]

COL1	COL2
1	100
1	100
2	200
2	300
3	400

[SQL]
```
SELECT SUM(B.COL2)
FROM TBL1 A INNER JOIN TBL2 B
ON A.COL1 = B.COL1
WHERE A.COL1 IN (2, 3);
```

① 700

② 750

③ 900

④ 950

42

아래 SQL에 대한 설명으로 가장 적절하지 <u>않은</u> 것은?

[EMP]

EMP_ID	EMP_NAME	DEPT	SALARY
101	James	HR	7000
102	Andrew	IT	5000
103	Linda	HR	5500
104	Olivia	Sales	3500
105	Kevin	Sales	3000
106	Frank	IT	6000

[SQL]
```
CREATE TABLE MP_TEST AS SELECT * FROM EMP;
UPDATE EMP_TEST a
SET SALARY = (
    SELECT SALARY * 1.2 FROM EMP_TEST b
    WHERE a.EMP_ID = b.EMP_ID
    AND b.DEPT = 'IT');
SELECT * FROM EMP_TEST
WHERE DEPT = 'HR';
```

① 부서가 'IT'인 사원들의 급여를 20% 인상하는 쿼리이다.

② 실행 결과에 포함되는 사원은 'James', 'Linda' 총 2명이다.

③ 부서가 'IT'가 아닌 모든 사원들의 급여는 기존 테이블의 급여와 동일하다.

④ 테이블 EMP의 데이터와 구조를 그대로 복사하여 테이블 EMP_TEST를 생성하였다.

43

아래 계층형 쿼리에 대한 설명으로 가장 적절하지 <u>않은</u> 것은?

[사원]

사원ID	사원명	관리자ID
10	김철수	NULL
20	김미영	10
21	박진영	20
22	박영식	20
30	노경호	10
31	박용철	30
32	김수영	30

[SQL]
```
SELECT LEVEL AS LVL, 사원ID, 사원명, 관리자ID
FROM 사원
START WITH 사원ID = '30'
CONNECT BY PRIOR 관리자ID = 사원ID
UNION
SELECT LEVEL AS LVL, 사원ID, 사원명, 관리자ID
FROM 사원
START WITH 사원ID = '30'
CONNECT BY 관리자ID = PRIOR 사원ID
ORDER BY 사원ID;
```

① 결과 테이블에서 LVL이 1인 사원명은 '김철수'이다.
② 결과 테이블은 총 4개의 행으로 구성된다.
③ 결과 테이블에는 사원명이 '김수영'인 행이 포함된다.
④ 사원ID가 '30'인 노드로부터 시작하여 역방향으로 전개한 것과 순방향으로 전개한 것을 UNION으로 병합하고 있다.

44

아래 SQL의 실행 결과와 동일한 것은?

[T1]

C1	C2
A	10
B	20
C	30
D	40

[T2]

C1	C2	C3
A	10	100
B	20	200
C	30	300
D	40	NULL

[SQL]
```
SELECT * FROM T1
WHERE (T1.C1, T1.C2)
  IN (SELECT T2.C1, T2.C2
      FROM T2
      WHERE T2.C3 < 200);
```

①
```
SELECT * FROM T1
WHERE EXISTS (SELECT 1 FROM T2
              WHERE T1.C1 = T2.C1
              AND T1.C2 = T2.C2
              AND T2.C3 < 200);
```
②
```
SELECT * FROM T1
WHERE EXISTS (SELECT 1 FROM T2
              WHERE T1.C1 = T2.C1
              AND T1.C2 = T2.C2
              OR T2.C3 < 200);
```
③
```
SELECT * FROM T1
WHERE NOT EXISTS (SELECT 1 FROM T2
                  WHERE T1.C1 = T2.C1
                  AND T1.C2 = T2.C2
                  AND T2.C3 >= 200);
```
④
```
SELECT * FROM T1
WHERE NOT EXISTS (SELECT 1 FROM T2
                  WHERE T1.C1 = T2.C1
                  AND T1.C2 = T2.C2
                  OR T2.C3 >= 200);
```

45

아래 조건에서 설명하는 SQL로 가장 적절한 것은?

> **[테이블]**
>
> 사원 (사원ID, 사원명, 부세ID, 급여)
>
> **[조건]**
>
> 부세ID가 20인 사원의 ID, 사원명, 급여, 해당 사원의 급여에서 −300부터 +400 사이에 해당되는 급여를 받는 사원의 수를 구하고, 실행 결과는 급여가 낮은 순으로 정렬한다.

① SELECT 사원ID, 사원명, 급여,
    COUNT(*) OVER(PARTITION BY 부서ID ORDER BY 급여 RANGE
                    BETWEEN 300 PRECEDING AND 400 FOLLOWING)
  FROM 사원
  WHERE 1 = 1 AND 부서ID = 20
  ORDER BY 급여 DESC;

② SELECT 사원ID, 사원명, 급여,
    COUNT(*) OVER(PARTITION BY 부서ID ORDER BY 급여 RANGE
                    BETWEEN 300 PRECEDING AND 400 FOLLOWING)
  FROM 사원
  WHERE 1 = 1 AND 부서ID = 20
  ORDER BY 급여;

③ SELECT 사원ID, 사원명, 급여,
    COUNT(*) OVER(PARTITION BY 부서ID ORDER BY 급여 RANGE
                    BETWEEN 400 PRECEDING AND 300 FOLLOWING)
  FROM 사원
  WHERE 1 = 1 AND 부서ID = 20
  ORDER BY 급여 DESC;

④ SELECT 사원ID, 사원명, 급여,
    COUNT(*) OVER(PARTITION BY 부서ID ORDER BY 급여 RANGE
                    BETWEEN 400 PRECEDING AND 300 FOLLOWING)
  FROM 사원
  WHERE 1 = 1 AND 부서ID = 20
  ORDER BY 급여;

46

아래 테이블을 참고할 때 SQL의 실행 결과는?

```
[TBL]
CREATE TABLE TBL(
    EMP_ID NUMBER PRIMARY KEY,
    NAME VARCHAR(20),
    SALARY NUMBER NOT NULL,
    CHECK (SALARY > 3000)
);

[SQL]
INSERT INTO TBL VALUES(1, 'James', 4000);
UPDATE TBL SET SALARY = 2000
        WHERE EMP_ID = 1;
INSERT INTO TBL VALUES(1, 'Linda', 5000);
INSERT INTO TBL VALUES(2, 'Andrew', 6000);
INSERT INTO TBL(EMP_ID, NAME) VALUES(3,
'Olivia');

SELECT SUM(SALARY) FROM TBL;
```

① 8000

② 10000

③ 11000

④ 13000

47

아래 SQL의 실행 결과는?

[국어점수]

학생ID	학생명	국어점수
1001	김진수	100
1002	김명수	70
1003	박진영	80
1004	노경호	90
1005	박영호	90
1006	김미영	80
1007	김진화	70
1008	김철수	60

```
[SQL]
SELECT R1, R2
FROM (SELECT 학생ID, 학생명, 국어점수,
   DENSE_RANK() OVER
   (ORDER BY 국어점수 DESC) AS R1,
   RANK() OVER(ORDER BY 국어점수 DESC) AS R2
   FROM 국어점수)
WHERE 학생ID = 1002;
```

① 4, 5

② 4, 6

③ 6, 5

④ 6, 4

48

아래의 SQL의 실행 결과는?

```
[SQL]
SELECT PHONE_NUMBER
FROM USERS
WHERE REGEXP_LIKE(PHONE_NUMBER,
   '^\(0[2-3]{1,2}\)-[0-9]{3,4}-[0-9]{4}$');
```

① (02)-178-2646

② 02)-178-2646

③ (053)-9876-5432

④ 053)-9876-5432

49

아래 실행 결과를 출력하는 SQL로 가장 적절한 것은?

[사원]

사원ID	사원명	관리자ID
10	김수민	13
11	김영희	15
12	박철수	15
13	박민수	15
14	정영수	16
15	최진영	16
16	최영식	NULL

[조건]

사원 테이블을 자기 자신과 조인(Self Join)하여 각 사원의 상위 관리자의 이름을 출력

[실행 결과]

사원ID	사원명	관리자명
10	김수민	박민수
11	김영희	최진영
12	박철수	최진영
13	박민수	최진영
14	정영수	최영식
15	최진영	최영식

① SELECT A.사원ID, A.사원명, B.사원명 AS 관리자명
　 FROM 사원 A, 사원 B
　 WHERE A.관리자ID = B.관리자ID;

② SELECT A.사원ID, A.사원명, B.사원명 AS 관리자명
　 FROM 사원 A, 사원 B
　 WHERE A.사원ID = B.사원ID;

③ SELECT B.사원ID, B.사원명, A.사원명 AS 관리자명
　 FROM 사원 A, 사원 B
　 WHERE A.관리자ID = B.사원ID;

④ SELECT B.사원ID, B.사원명, A.사원명 AS 관리자명
　 FROM 사원 A, 사원 B
　 WHERE A.사원ID = B.관리자ID;

50

아래 실행 결과를 출력하는 SQL의 빈칸 ㉠, ㉡에 들어갈 내용으로 가장 적절한 것은?

```
[SQL]
WITH TBL1 AS(
    SELECT * FROM(
    SELECT '김철수' 사원명, 3000 급여 FROM DUAL
    UNION ALL
    SELECT '김영수' 사원명, 4000 급여 FROM DUAL
    UNION ALL
    SELECT '박영진' 사원명, 5000 급여 FROM DUAL
    UNION ALL
    SELECT '최영자' 사원명, 5000 급여 FROM DUAL
    UNION ALL
    SELECT '김미영' 사원명, 5500 급여 FROM DUAL
    UNION ALL
    SELECT '노진호' 사원명, 6000 급여 FROM DUAL
    )
)
SELECT 사원명, 급여, (SELECT [    ㉠    ] FROM TBL1 TBL2 WHERE [    ㉡    ]) AS 순위
FROM TBL1
ORDER BY 순위;
```

[실행 결과]

사원명	급여	순위
노진호	6000	1
김미영	5500	2
박영진	5000	3
최영자	5000	3
김영수	4000	5
김철수	3000	6

① ㉠ COUNT(*), ㉡ TBL2.급여 < TBL1.급여

② ㉠ COUNT(*) + 1, ㉡ TBL2.급여 > TBL1.급여

③ ㉠ RANK() OVER(ORDER BY TBL2.급여), ㉡ TBL1.급여 < TBL2.급여

④ ㉠ DENSE_RANK() OVER(ORDER BY TBL2.급여), ㉡ TBL2.급여 > TBL1.급여

제53회 기출 변형 모의고사

제한시간 | 90분   정답 및 해설 | 27p

※ 문항당 2점

1 과목   데이터 모델링의 이해

01

데이터 모델링의 관점에 해당되지 않는 것은?

① 데이터 관점
② 논리적 관점
③ 프로세스 관점
④ 데이터와 프로세스의 상관 관점

02

성능 데이터 모델링을 수행할 때 고려해야 할 사항으로 가장 적절하지 않은 것은?

① 데이터베이스 용량 산정을 수행한다.
② 데이터베이스에 발생되는 트랜잭션의 유형을 파악한다.
③ 용량과 트랜잭션의 유형에 따라 정규화를 수행한다.
④ 이력 모델의 조정, PK/FK, 슈퍼타입/서브타입 조정 등을 수행한다.

03

엔터티의 분류에 대한 설명으로 가장 적절하지 않은 것은?

① 물리적 형태 없이 개념적으로 정의되는 엔터티를 유형 엔터티라고 한다.
② 자신의 고유한 주식별자를 가지며 독립적으로 생성되는 엔터티를 기본 엔터티라고 한다.
③ 두 개 이상의 엔터티를 상속받아 생성되며 내용이 자주 변경되는 엔터티를 행위 엔터티라고 한다.
④ 업무를 수행함에 따라 발생하는 행위나 이벤트 등을 나타내는 엔터티를 사건 엔터티라고 한다.

04

아래에서 설명하는 정규화 단계로 옳은 것은?

> 기본 키가 2개 이상의 속성으로 이루어진 경우, 부분 함수 종속성을 제거한다.

① 1차 정규화(1NF)
② 2차 정규화(2NF)
③ 3차 정규화(3NF)
④ BCNF

05

식별자의 분류에 대한 설명으로 가장 적절하지 않은 것은?

① 해당 엔터티 인스턴스를 유일하게 구별할 수 있는 식별자로 유일성, 최소성, 불변성, 존재성을 만족하는 대표식별자를 주식별자라고 한다.
② 해당 엔터티 인스턴스를 유일하게 구별하는 식별자는 아니지만 다른 엔터티와 참조관계를 연결할 수 있는 식별자를 보조식별자라고 한다.
③ 다른 엔터티와의 관계를 통해 만들어지는 식별자를 외부식별자라고 한다.
④ 주식별자의 속성이 여러 개인 경우, 그 속성들을 하나로 묶기 위해 인위적으로 만든 식별자를 인조식별자라고 한다.

06

다른 속성의 속성값을 계산하거나 특정한 규칙으로 변형하여 생성한 속성은?

① PK 속성
② FK 속성
③ 설계 속성
④ 파생 속성

07

아래 데이터 모델에서 수행한 정규화 작업으로 가장 적절한 것은? (단, 이후 필요한 정규화 작업은 계속 진행될 예정)

[변경 전]

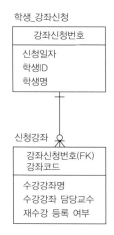

학생_강좌신청

강좌신청번호
신청일자 학생ID 학생명

신청강좌

강좌신청번호(FK) 강좌코드
수강강좌명 수강강좌 담당교수 재수강 등록 여부

[변경 후]

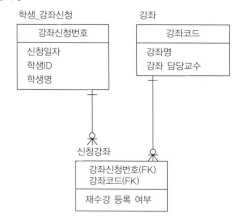

학생_강좌신청

강좌신청번호
신청일자 학생ID 학생명

강좌

강좌코드
강좌명 강좌 담당교수

신청강좌

강좌신청번호(FK) 강좌코드(FK)
재수강 등록 여부

① 1차 정규화
② 2차 정규화
③ 3차 정규화
④ BCNF

08

트랜잭션의 특징에 대한 설명 중 가장 적절하지 <u>않은</u> 것은?

① 트랜잭션은 모두 실행되거나, 일부가 실행되어야 한다.
② 트랜잭션이 성공적으로 수행되면 그 결과는 영구적으로 저장되어야 한다.
③ 트랜잭션이 실행되기 전과 후의 데이터가 무결성을 유지해야 한다.
④ 트랜잭션 실행 중간에 다른 트랜잭션이 간섭하거나 영향을 미치지 않아야 한다.

09

식별자 관계에 대한 설명으로 가장 적절하지 <u>않은</u> 것은?

① 식별자 관계는 엔터티 간의 강한 연결 관계, 비식별자 관계는 엔터티 간의 약한 연결 관계를 나타낸다.
② IE 표기법에서는 식별자 관계를 ERD상에서 점선으로 표현한다.
③ 부모 엔터티 인스턴스와 자식 엔터티 인스턴스가 다른 생명주기를 가질 때 비식별자 관계로 표현하는 것이 적합하다.
④ 비식별자 관계는 부모 엔터티의 식별자가 자식 엔터티의 일반 속성이 되는 관계이다.

10

반정규화에 대한 설명으로 가장 적절하지 <u>않은</u> 것은?

① 반정규화는 성능 개선을 위해 데이터 모델을 분석하고 최적의 방법을 선택하는 과정이다.
② 반정규화는 데이터 무결성을 떨어뜨릴 수 있어 신중한 검토가 필요하다.
③ 조회 성능을 높이기 위해 데이터의 중복을 줄이는 것이다.
④ 반정규화 대신 뷰(View) 생성, 인덱스 조정, 클러스터링 조정 등을 활용할 수 있다.

2 과목 SQL 기본 및 활용

11

트랜잭션 제어어(TCL)에 해당되는 명령어는?

① CREATE, ALTER, DROP, RENAME

② SELECT, INSERT, UPDATE, DELETE

③ GRANT, REVOKE

④ COMMIT, ROLLBACK

12

실행 결과가 NULL인 SQL은? (단, DBMS는 오라클로 가정함)

① SELECT NVL(10, NULL) FROM DUAL;

② SELECT NULLIF(10, NULL) FROM DUAL;

③ SELECT COALESCE('A', 'B', 10, NULL)
   FROM DUAL;

④ SELECT
   CASE 'A' WHEN 'B' THEN 10 ELSE NULL
   FROM DUAL;

13

SQL의 실행 결과로 가장 적절하지 <u>않은</u> 것은?

① CEIL(2.7) = 2

② TRUNC(2.7, 1) = 2.7

③ REPLACE('I like you', ' ') = 'Ilikeyou'

④ SUBSTR('Hello World!', 5, 4)= 'o Wo'

14

아래 SQL의 실행 결과는?

[EMP]

EMP_ID	AGE	SALARY
100	27	3000
101	35	4000
102	51	6000
103	35	5000
104	30	4000

[SQL]
```
SELECT EMP_ID, AGE, SALARY
FROM EMP
ORDER BY AGE, SALARY DESC;
```

①

EMP_ID	AGE	SALARY
100	27	3000
104	30	4000
101	35	4000
103	35	5000
102	51	6000

②

EMP_ID	AGE	SALARY
100	27	3000
104	30	4000
103	35	5000
101	35	4000
102	51	6000

③

EMP_ID	AGE	SALARY
102	51	6000
103	35	5000
101	35	4000
104	30	4000
100	27	3000

④

EMP_ID	AGE	SALARY
102	51	6000
103	35	5000
104	30	4000
101	35	4000
100	27	3000

15

오류가 발생하는 SQL은?

① SELECT * FROM T1 a;
② SELECT T1.* FROM T1;
③ SELECT C1 FROM T1 a;
④ SELECT T1.C1 FROM T1 a;

16

아래 SQL의 실행 결과는?

[T1]

C1
1
2
3
4
5
6

[T2]

C1
1
1
2
2
3
3

[SQL]
```
SELECT COUNT(*)
FROM T1 INNER JOIN T2 ON T1.C1 = T2.C1;
```

① 3   ② 6
③ 9   ④ 12

17

집합 연산자에 대한 설명으로 가장 적절하지 않은 것은?

① UNION ALL은 스키마가 같은 테이블을 병합할 때 사용된다.
② UNION ALL은 두 개 이상의 집합을 결합하며, 중복을 제거하지 않고 그대로 반환한다.
③ UNION을 사용한 SQL은 전체 결과에 대해 서브쿼리 없이 GROUP BY 절을 적용할 수 있다.
④ UNION을 사용한 SQL은 각각의 집합에 대해 ORDER BY 절을 적용할 수 없다.

18

아래 SQL의 실행 결과는?

[TAB]

C1	C2
100	NULL
100	aaa
100	AAA
101	AAA

[SQL]
```
SELECT COUNT(*)
FROM TAB
WHERE (C1, C2) IN ((100, 'AAA'));
```

① 0   ② 1
③ 2   ④ 3

19

아래 SQL의 실행 결과는?

[SQL]
```
SELECT RTRIM('AABBAA','A') FROM DUAL;
```

① BB   ② ABBA
③ AABB   ④ AABBA

20

DROP, DELETE, TRUNCATE 명령어에 대해 비교한 설명으로 가장 적절한 것은?

① DROP은 테이블을 초기상태로 만들고, TRUNCATE는 테이블의 스키마까지 완전히 삭제한다.
② DROP과 TRUNCATE는 자동 커밋되고, DELETE는 사용자 커밋으로 실행된다.
③ DELETE는 작업 취소(UNDO)를 위한 로그 데이터를 생성하지 않기 때문에 TRUNCATE보다 동일 데이터를 빠르게 삭제할 수 있다.
④ DELETE와 TRUNCATE는 모두 WHERE 절을 사용하여 특정 데이터를 삭제할 수 있다.

21

순위 함수에 대한 설명으로 가장 적절하지 <u>않은</u> 것은?

① ROWNUM 함수는 각 행에 순차적인 번호를 부여하며, ORDER BY 적용 후 정렬된 순위를 반환한다.

② ROW_NUMBER 함수는 중복과 관계없이 순차적으로 순위를 반환한다.

③ RANK 함수는 동일한 값에 대해 중복 순위를 부여하고, 다음 순위는 해당 개수만큼 건너뛰고 반환한다.

④ DENSE_RANK 함수는 동일한 값에 대해 중복 순위를 부여하고, 다음 순위는 중복 순위와 상관없이 순차적으로 반환한다.

22

아래 SQL의 실행 결과는?

[고객]

고객ID	고객명
C-01	김민수
C-02	남미정
C-03	박진영

[제품]

제품ID	제품명
P-01	노트북
P-02	키보드
P-03	마우스

[SQL]
```
SELECT COUNT(*)
FROM 고객 CROSS JOIN 제품;
```

① 0
② 3
③ 6
④ 9

23

아래 조건에 해당되는 학생명을 조회하는 SQL로 가장 적절한 것은?

[조건]
"학생의 이름이 3글자 이상이고, 두 번째 글자는 '영'으로 시작한다."

① SELECT name
```
  FROM student
  WHERE name LIKE '_영%';
```
② SELECT name
```
  FROM student
  WHERE name LIKE '_영_%';
```
③ SELECT name
```
  FROM student
  WHERE name LIKE '%영_';
```
④ SELECT name
```
  FROM student
  WHERE name LIKE '%_영_%';
```

24

아래 SQL의 실행 결과와 동일한 것은?

[SQL]
```
SELECT *
FROM TAB
WHERE (C1, C2) IN ((1, 2), (1, 3));
```

① SELECT *
```
  FROM TAB
  WHERE C1 = 1 AND C2 = 2 OR C2 = 3;
```
② SELECT *
```
  FROM TAB
  WHERE C1 = 1 AND (C2 = 2 AND C2 = 3);
```
③ SELECT *
```
  FROM TAB
  WHERE C1 = 1 AND (C2 = 2 OR C2 = 3);
```
④ SELECT *
```
  FROM TAB
  WHERE C1 = 1 OR C2 = ANY(2, 3);
```

25

함수의 실행 결과로 가장 적절한 것은? (단, DBMS는 오라클로 가정함)

① MOD(7, 3) = 2
② ROUND(1.786, 1) = 1.8
③ CHR(97) = '97'
④ TRIM(TRAILING 'A' FROM 'ABCCBA') = 'BCCB'

26

아래 SQL을 실행했을 때 오류가 발생한 원인으로 가장 적절한 것은?

```
[SQL]
SELECT DEPTNO, ROUND(MAX(SAL), 1) AS MAX_SAL
FROM EMP
WHERE AVG(AGE) > 30
GROUP BY DEPTNO
HAVING AVG(SAL) >= 50000
ORDER BY 2 DESC;
```

① SELECT 절에서 숫자 함수의 인자로 집계 함수를 사용하고 있어 오류가 발생한다.
② WHERE 절에서 집계 함수를 사용하고 있어 오류가 발생한다.
③ HAVING 절에서 집계 함수를 사용하고 있어 오류가 발생한다.
④ ORDER BY 절에서 정렬 순서로 칼럼의 별칭(Alias)을 사용하지 않아 오류가 발생한다.

27

아래 SQL의 실행 결과는?

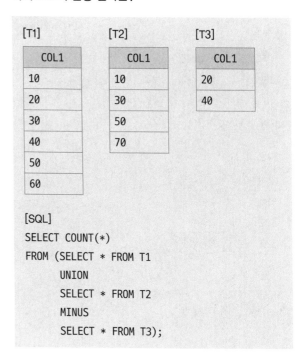

```
[SQL]
SELECT COUNT(*)
FROM (SELECT * FROM T1
      UNION
      SELECT * FROM T2
      MINUS
      SELECT * FROM T3);
```

① 5
② 6
③ 7
④ 8

28

아래 SQL의 실행 결과는?

[학생1]

학생ID	학생명	나이
100	김준수	20
101	노경호	21
102	박영수	23

[학생2]

학생ID	학생명
100	김준수
102	박영수
105	최민영

[SQL]
```
SELECT COUNT(*) FROM 학생1
NATURAL JOIN 학생2;
```

① 2

② 4

③ 6

④ 오류 발생

29

사원 테이블에서 사원명은 오름차순, 나이와 급여는 내림차순으로 조회하는 SQL로 가장 적절한 것은?

① SELECT 사원명, 나이, 급여

   FROM 사원

   ORDER BY 사원명 ASC, 나이, 급여 DESC;

② SELECT 사원명, 나이, 급여

   FROM 사원

   ORDER BY 사원명 ASC, DESC 나이, 3;

③ SELECT 사원명, 나이, 급여

   FROM 사원

   ORDER BY 사원명, DESC 나이, DESC 급여;

④ SELECT 사원명, 나이, 급여

   FROM 사원

   ORDER BY 사원명, 나이 DESC, 3 DESC;

30

아래 SQL의 실행 결과는?

[TABLE_A]

COL1	COL2
1	10
5	15
10	20
15	25
20	30
25	35

[SQL]
```
SELECT *
FROM TABLE_A
WHERE COL1 <= ALL(10, 20)
      AND COL2 >= ANY(10, 20);
```

①

COL1	COL2
1	10
5	15
10	20

②

COL1	COL2
10	20
15	25
20	30

③

COL1	COL2
1	10
5	15
10	20
15	25
20	30

④

COL1	COL2
1	10
5	15
10	20
15	25
20	30
25	35

31

아래 SQL의 실행 결과는?

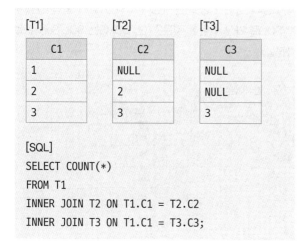

[T1]

C1
1
2
3

[T2]

C2
NULL
2
3

[T3]

C3
NULL
NULL
3

```
[SQL]
SELECT COUNT(*)
FROM T1
INNER JOIN T2 ON T1.C1 = T2.C2
INNER JOIN T3 ON T1.C1 = T3.C3;
```

① 0

② 1

③ 2

④ 3

32

아래 SQL의 실행 결과는?

```
[SQL]
SELECT
  REGEXP_SUBSTR('Gold,Silver,Bronze',
  '[^,]+', 1, 2)
FROM DUAL;
```

① Gold

② Silver

③ Bronze

④ GoldSilver

33

아래 테이블에 대한 INSERT 구문 수행 시 오류가 발생하지 않는 SQL은?

```
[SQL]
CREATE TABLE EMP(
    ID NUMBER PRIMARY KEY,
    ID2 NUMBER UNIQUE,
    NAME VARCHAR2(20) NOT NULL,
    GENDER VARCHAR2(1)
);
```

① INSERT INTO EMP VALUES(100, 200, 'Linda');

② INSERT INTO EMP(ID, NAME, GENDER) VALUES(101, 'Kevin', 'Male');

③ INSERT INTO EMP(ID, GENDER) VALUES(102, 'F');

④ INSERT INTO EMP VALUES(103, NULL, 'Alex', NULL);

34

아래 SQL의 실행 결과는? (단, [EMP] 테이블에서 NAME 칼럼의 1행과 2행은 대문자, 3행부터는 소문자로 저장됨)

[EMP]

EMP_NO	NAME
1	WINSTON
2	SUSAN
3	steven
4	jones
5	kevin
6	jennifer

```
[SQL]
SELECT COUNT(*)
FROM EMP
WHERE NAME LIKE '%n';
```

① 2

② 3

③ 4

④ 5

35

아래 SQL의 실행 결과는?

```
[SQL]
CREATE TABLE TBL (C1 NUMBER);
INSERT INTO TBL VALUES(1);
INSERT INTO TBL VALUES(2);
INSERT INTO TBL VALUES(3);
SAVEPOINT S1;
UPDATE TBL SET C1 = 4 WHERE C1 = 3;
SAVEPOINT S1;
DELETE TBL WHERE C1 >= 3;
ROLLBACK TO S1;
SELECT MAX(C1) FROM TBL;
```

① 1

② 2

③ 3

④ 4

36

아래 테이블에서 국어점수가 높은 순으로 2등까지 출력하되, 2등의 점수가 동일한 학생이 있다면 함께 출력하기 위한 SQL로 가장 적절한 것은? (단, DBMS는 SQL Server로 가정함)

[학생별국어점수]

학생ID	학생명	국어점수
1	김철수	100
2	박영자	75
3	박은영	60
4	김민지	80
5	남재준	90
6	이가영	90

① SELECT TOP(2) 학생ID, 학생명, 국어점수
   FROM 학생별국어점수;

② SELECT TOP(2) 학생ID, 학생명, 국어점수
   FROM 학생별국어점수
   ORDER BY 국어점수 DESC;

③ SELECT TOP(2) WITH TIES 학생ID, 학생명, 국어점수
   FROM 학생별국어점수
   ORDER BY 국어점수 DESC;

④ SELECT 학생ID, 학생명, 국어점수
   FROM 학생별국어점수
   WHERE ROWNUM <= 2
   ORDER BY 국어점수 DESC;

37

뷰(View)에 대한 설명으로 가장 적절하지 <u>않은</u> 것은?

① 가상의 테이블로, 실제 데이터를 저장하지 않는다.
② 특정 칼럼이나 행만 노출이 가능하여 데이터 보안 목적으로 활용이 가능하다.
③ 기존 테이블의 구조가 변경되면 응용 프로그램을 변경해야 한다.
④ 동일한 쿼리를 반복해서 사용할 수 있어 유지보수가 편리하다.

38

GROUP BY 절과 HAVING 절에 대한 설명으로 가장 적절하지 <u>않은</u> 것은?

① WHERE 절에서는 SUM( ), AVG( ) 등의 집계 함수를 사용할 수 없다.
② HAVING 절에서는 SUM( ), AVG( ) 등의 집계 함수를 사용할 수 있다.
③ HAVING 절은 일반적으로 ORDER BY 절 뒤에 위치한다.
④ GROUP BY 절에서는 SELECT 절에서 지정한 별칭(Alias)을 사용할 수 없다.

39

아래 SQL의 실행 결과와 <u>다른</u> 것은?

```
[SQL]
SELECT REGEXP_SUBSTR('Oracle Database 23c',
      '[0-9]+')
FROM DUAL;
```

① SELECT REGEXP_SUBSTR('Oracle Database 23c', '\d+') FROM DUAL;
② SELECT REGEXP_SUBSTR('Oracle Database 23c', '[[:digit:]]+') FROM DUAL;
③ SELECT REGEXP_SUBSTR('Oracle Database 23c', '\d+\s?') FROM DUAL;
④ SELECT REGEXP_SUBSTR('Oracle Database 23c', '\d{3}') FROM DUAL;

40

아래 SQL에 대한 설명으로 가장 적절한 것은?

```
[SQL]
SELECT 부서번호,
       AVG(급여) AS 급여,
       COUNT(*) OVER(
           ORDER BY AVG(급여)
           RANGE BETWEEN 1000 PRECEDING AND
           1000 FOLLOWING
           ) AS 평균급여_CNT
FROM 사원
GROUP BY 부서번호;
```

① 평균급여_CNT 칼럼은 부서번호별 평균급여를 서로 비교하여 −1000 ~ +1000 사이에 존재하는 부서번호의 수를 구한 것이다.
② 평균급여_CNT 칼럼은 부서 전체의 평균급여를 서로 비교하여 −1000 ~ +1000 사이에 존재하는 인원 수를 구한 것이다.
③ WINDOW FUNCTION의 ORDER BY 절에 집계 함수를 사용하였으므로 오류가 발생한다.
④ WINDOW FUNCTION의 RANGE 키워드를 ROWS로 변경해도 동일한 결과가 나온다.

41

아래 계층형 쿼리에 대한 설명으로 가장 적절한 것은?

[EMP]

EMP_ID	MGR_ID	EMP_NAME	MGR_NAME	DEPTH
1	NULL	James	NULL	1
2	NULL	Linda	NULL	1
3	1	Olivia	James	2
4	1	Kevin	James	2
5	1	Susan	James	2
6	1	Frank	James	2
7	5	Lisa	Susan	3
8	2	Andrew	Linda	2
9	2	Lucas	Linda	2

[SQL]
```
SELECT EMP_ID, MGR_ID, EMP_NAME, MGR_NAME
FROM EMP
WHERE MGR_ID NOT IN (1)
START WITH MGR_ID IS NULL
CONNECT BY PRIOR EMP_ID = MGR_ID
ORDER SIBLINGS BY MGR_ID, EMP_ID;
```

① EMP_NAME 칼럼의 데이터가 'James'인 행은 출력되지 않는다.
② EMP 테이블 전체를 기준으로 정렬을 수행한다.
③ 자식 노드에서 부모 노드로 전개되는 역방향 전개이다.
④ 무한 루프를 방지하기 위해 NOCYCLE 옵션을 지정할 수 있다.

42

아래 SQL의 실행 결과는? (단, DBMS는 오라클로 가정함)

[EMP_SAL]

EMP_ID	EMP_NAME	SALARY	BONUS
101	Alice	5000	700
102	Bob	4500	800
103	Charlie	6000	900
104	David	5200	1000
105	Eve	4700	1100

[SQL]
```
SELECT MIN(SALARY) + MAX(TO_CHAR(BONUS))
FROM EMP_SAL;
```

① 5400
② 5500
③ 5600
④ 오류 발생

43

아래 SQL의 실행 결과는?

[TBL]

COL1	COL2	COL3
10	NULL	20
15	30	NULL
12	25	10
NULL	NULL	20
18	20	NULL

[SQL]
```
SELECT NVL(MIN(COL1), 0) FROM TBL;
SELECT NVL(MAX(COL2), 0) FROM TBL;
SELECT SUM(NVL(COL3, 0)) FROM TBL;
```

① 0, 30, 50
② 10, 30, 50
③ 10, 30, NULL
④ 0, NULL, 50

44

테이블의 칼럼을 수정할 때 고려해야 할 점으로 가장 적절하지 않은 것은? (단, DBMS는 오라클로 가정함)

① 데이터의 유형을 바꾸기 위해서는 칼럼이 비어있어야 한다.

② 칼럼의 데이터 크기를 제한 없이 축소하거나 늘릴 수 있다.

③ 칼럼에 NULL 값이 없을 경우에만 NOT NULL 제약 조건을 추가할 수 있다.

④ 칼럼의 DEFAULT 값을 바꾸면 변경 작업 이후 삽입된 행에만 적용된다.

45

아래 테이블을 참고할 때 오류가 발생하는 SQL은?

[T1]

ID	COL1
100	A
101	B
102	C

[T2]

ID	COL2
100	A
101	B
103	D

① SELECT *
   FROM T1 LEFT OUTER JOIN T2 USING(ID);
② SELECT *
   FROM T1 NATURAL JOIN T2;
③ SELECT *
   FROM T1 LEFT OUTER JOIN T2 ON(ID);
④ SELECT *
   FROM T1 JOIN T2 USING(ID);

46

아래 SQL의 실행 결과와 동일한 것은?

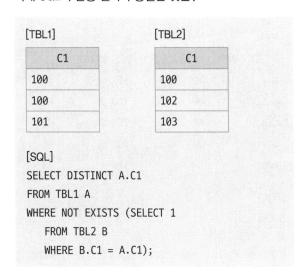

[TBL1]

C1
100
100
101

[TBL2]

C1
100
102
103

[SQL]
```
SELECT DISTINCT A.C1
FROM TBL1 A
WHERE NOT EXISTS (SELECT 1
   FROM TBL2 B
   WHERE B.C1 = A.C1);
```

① SELECT C1 FROM TBL1
   UNION
   SELECT C1 FROM TBL2;
② SELECT C1 FROM TBL1
   UNION ALL
   SELECT C1 FROM TBL2;
③ SELECT C1 FROM TBL1
   INTERSECT
   SELECT C1 FROM TBL2;
④ SELECT C1 FROM TBL1
   MINUS
   SELECT C1 FROM TBL2;

47

아래 SQL의 실행 결과는?

[TAB]

STD_NAME	ENGLISH	MATH	SCIENCE
Amy	30	50	40
Billy	90	100	95
Cindy	60	75	80
David	70	80	90
Eve	90	100	90

[SQL]
```
SELECT STD_NAME, SUBJECT, SCORE
FROM TAB
UNPIVOT (SCORE FOR SUBJECT IN (ENGLISH, MATH, SCIENCE))
WHERE STD_NAME = 'Billy'
ORDER BY STD_NAME, SUBJECT;
```

①

STD_NAME	SUBJECT	SCORE
Billy	SUBJECT	285

②

STD_NAME	SUBJECT	SCORE
Billy	ENGLISH	90
Billy	MATH	100
Billy	SCIENCE	95

③

STD_NAME	Billy
SUBJECT	SUBJECT
SCORE	285

④

STD_NAME	Billy	Billy	Billy
SUBJECT	ENGLISH	MATH	SCIENCE
SCORE	90	100	95

48

아래 실행 결과를 출력하는 SQL로 가장 적절한 것은?

[데이터 모델]

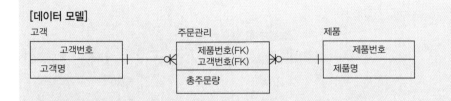

고객

| 고객번호 |
| 고객명 |

주문관리

| 제품번호(FK) |
| 고객번호(FK) |
| 총주문량 |

제품

| 제품번호 |
| 제품명 |

[설명]

제품별로 총주문량에 따라 순위가 5위 이내인 고객을 선별하여 상품권을 증정하려고 한다(단, 총주문량이 같은 고객의 경우 동일 순위로 계산함).

[실행 결과]

제품번호	고객번호	총주문량	순위
101	9986	103	1
101	9987	97	2
101	9987	97	2
101	9989	87	4
101	9990	83	5

① SELECT 제품번호, 고객번호, 총주문량, 순위
　 FROM (SELECT DENSE_RANK() OVER(PARTITION BY 고객번호
　　　　　　　　　ORDER BY 총주문량) AS 순위, 고객번호, 제품번호, 총주문량
　　　　FROM 주문관리)
　　WHERE 순위 <= 5;

② SELECT 제품번호, 고객번호, 총주문량, 순위
　 FROM (SELECT RANK() OVER(PARTITION BY 고객번호
　　　　　　　　　ORDER BY 총주문량) AS 순위, 고객번호, 제품번호, 총주문량
　　　　FROM 주문관리)
　　WHERE 순위 <= 5;

③ SELECT 제품번호, 고객번호, 총주문량, 순위
　 FROM (SELECT DENSE_RANK() OVER(PARTITION BY 제품번호
　　　　　　　　　ORDER BY 총주문량 DESC) AS 순위, 고객번호, 제품번호, 총주문량
　　　　FROM 주문관리)
　　WHERE 순위 <= 5;

④ SELECT 제품번호, 고객번호, 총주문량, 순위
　 FROM (SELECT RANK() OVER(PARTITION BY 제품번호
　　　　　　　　　ORDER BY 총주문량 DESC) AS 순위, 고객번호, 제품번호, 총주문량
　　　　FROM 주문관리)
　　WHERE 순위 <= 5;

49

아래 SQL의 실행 결과는?

```
[TBL]
CREATE TABLE TBL (
    COL1 NUMBER
);

[SQL]
INSERT INTO TBL VALUES(1);
INSERT INTO TBL VALUES(2);
ALTER TABLE TBL ADD COL2 NUMBER;
DELETE TBL WHERE COL1 = 2;
INSERT INTO TBL VALUES(3, 3);
ROLLBACK;
UPDATE TBL SET COL1 = 4
  WHERE COL1 = 3;
INSERT INTO TBL VALUES(4, 4);
ROLLBACK;
SELECT COUNT(*) FROM TBL;
```

① 1
② 2
③ 3
④ 4

50

아래를 참고할 때 빈칸 ㉠에 들어갈 내용으로 가장 적절한 것은?

[직원급여]

부서명	직급	급여
기획부	과장	6000
기획부	대리	5000
기획부	사원	4000
영업부	과장	5500
영업부	대리	4500
영업부	사원	3500

[SQL]
```
SELECT 부서명, 직급, SUM(급여)
FROM 직원급여
GROUP BY      ㉠      ;
```

[실행 결과]

부서명	직급	SUM(급여)
NULL	NULL	28500
NULL	과장	11500
NULL	대리	9500
NULL	사원	7500
기획부	NULL	15000
기획부	과장	6000
기획부	대리	5000
기획부	사원	4000
영업부	NULL	13500
영업부	과장	5500
영업부	대리	4500
영업부	사원	3500

① CUBE(부서명, 직급)
② ROLLUP(부서명, 직급)
③ GROUPING SETS(부서명, 직급)
④ 부서명, ROLLUP(직급)

제52회 기출 변형 모의고사

제한시간 | 90분   정답 및 해설 | 35p

※ 문항당 2점

1 과목   데이터 모델링의 이해

01

발생시점에 따라 구분할 수 있는 엔터티의 유형이 아닌 것은?

① 기본 엔터티
② 중심 엔터티
③ 유형 엔터티
④ 행위 엔터티

02

아래 ERD에 대한 설명으로 가장 적절하지 않은 것은?

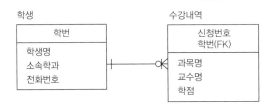

① 한 명의 학생은 여러 과목을 수강할 수 있다.
② 하나의 수강내역은 반드시 한 명의 학생에 의해 만들어진다.
③ 한 명의 학생은 과목을 수강할 수도, 수강하지 않을 수도 있다.
④ [학생] 테이블에 데이터를 입력할 때는 수강내역이 존재하는 학생만 입력이 가능하다.

03

개념 스키마에 대한 설명으로 가장 적절하지 않은 것은?

① 개체 간의 관계와 제약 조건 등을 나타내고 데이터베이스의 접근 권한, 보안 및 무결성 규칙에 관한 명세를 정의한다.
② 사용자나 응용 프로그래머가 개인의 입장에서 필요한 데이터베이스의 논리적 구조를 정의한다.
③ 데이터베이스의 전체적인 논리적 구조로, 모든 응용 프로그램이나 사용자들이 필요로 하는 데이터를 종합한 조직 전체의 데이터베이스로 하나만 존재한다.
④ 데이터베이스 파일에 저장되는 데이터의 형태를 나타내는 것으로, 단순한 스키마라고도 한다.

04

논리적 데이터 모델링에 대한 설명으로 가장 적절하지 않은 것은?

① 식별자를 도출하고 필요한 모든 관계를 정의한다.
② 정규화를 수행해서 중복 데이터를 최소화한다.
③ 데이터베이스를 실제로 구현하기 위해 성능이나 가용성 등을 고려하여 설계하는 단계이다.
④ 데이터 모델에 대한 키, 속성, 관계 등을 모두 표현하며 재사용성이 가장 높은 모델링이다.

05

자신의 고유한 주식별자를 가지며 독립적으로 생성되는 엔터티로 가장 적절한 것은?

① 기본 엔터티
② 중심 엔터티
③ 유형 엔터티
④ 행위 엔터티

06

식별자 관계에 대한 설명으로 가장 적절한 것은?

① 식별자 관계는 엔터티 간의 강한 연결 관계를 나타내며, ERD로 그릴 때 점선으로 표현한다.

② 식별자 관계는 부모 엔터티의 식별자가 자식 엔터티의 일반 속성이 되는 관계이다.

③ 부모 엔터티 인스턴스와 자식 엔터티 인스턴스가 다른 생명주기를 가질 때 식별자 관계로 표현하는 것이 적절하다.

④ 식별자 관계에서 부모 엔터티와 자식 엔터티는 1:1이나 1:M 관계가 형성된다.

07

정규화에 대한 설명으로 가장 적절한 것은?

① 1차 정규화(1NF)는 테이블에서 중복된 속성을 허용한다.

② 2차 정규화(2NF)는 기본 키에 대해 완전 함수 종속을 만족하도록 한다.

③ 3차 정규화(3NF)는 모든 함수 종속성을 제거하는 과정이다.

④ 정규화 과정에서는 정규형의 높은 단계로 갈수록 항상 성능이 향상된다.

08

아래 ERD에 대한 설명으로 가장 적절하지 않은 것은?

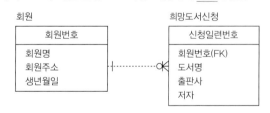

① [회원] 테이블의 회원번호는 내부식별자이다.

② [회원] 테이블의 회원번호는 복합식별자이다.

③ [희망도서신청] 테이블의 회원번호는 외부식별자이다.

④ [희망도서신청] 테이블의 신청일련번호는 단일식별자이다.

09

엔터티, 인스턴스, 속성, 속성값 간의 관계에 대한 설명으로 가장 적절하지 않은 것은?

① 속성이 없는 엔터티도 존재할 수 있다.

② 한 개의 엔터티는 두 개 이상의 인스턴스를 가진다.

③ 한 개의 속성은 한 개의 속성값만 가진다.

④ 엔터티는 다른 엔터티와 한 개 이상의 관계를 가진다.

10

아래와 같이 학생지도 엔터티를 만들었을 때 필요한 정규화 작업으로 가장 적절한 것은?

학생지도

학번
지도교수 소속학과

[학생지도]

학번(PK)	지도교수	소속학과
1005	백찬영	통계학과
1006	김재직	수학교육과
1007	박종선	통계학과
1008	김재직	수학교육과

함수종속성(FD)

[학번] → {지도교수, 소속학과}

[지도교수] → 소속학과

① 1차 정규화(1NF)

② 2차 정규화(2NF)

③ 3차 정규화(3NF)

④ BCNF

2과목 | **SQL 기본 및 활용**

11

SQL의 종류와 해당되는 명령어로 올바르게 짝지어지지 <u>않은</u> 것은?

① DML – UPDATE
② DML – ALTER
③ DDL – DROP
④ DCL – GRANT

12

아래 빈칸에 들어갈 내용으로 올바르게 짝지어진 것은?

> ⑦ 은/는 관계형 데이터베이스에서 데이터를 저장하는 기본 단위로, 행과 열로 구성된다. ⑥ 은/는 관계형 데이터베이스에서 데이터의 구조와 구성을 정의하는 개념으로, 저장할 데이터의 형식, 속성, 데이터 타입 등을 포함한다. ⑥ 은 특정 유형의 데이터를 저장하는 필드로, 테이블에서 각 속성을 정의하는 역할을 한다. ⑥ 은 테이블 내에서 각 개별 데이터를 구성하는 단위이며, 레코드 또는 튜플이라고 한다.

① ⑦ 테이블, ⑥ 스키마, ⑥ 칼럼, ⑧ 행
② ⑦ 스키마, ⑥ 테이블, ⑥ 칼럼, ⑧ 행
③ ⑦ 테이블, ⑥ 스키마, ⑥ 행, ⑧ 칼럼
④ ⑦ 스키마, ⑥ 테이블, ⑥ 행, ⑧ 칼럼

13

아래 SQL의 실행 결과로 NULL이 출력되는 것은? (단, DBMS는 오라클로 가정함)

① SELECT NVL('A', 'B')
  FROM DUAL;
② SELECT NULLIF('A', 'B')
  FROM DUAL;
③ SELECT COALESCE('A', 'B', 'C', NULL)
  FROM DUAL;
④ SELECT DECODE('A', 'B', 'C', NULL)
  FROM DUAL;

14

아래 테이블을 참고할 때 실행 결과가 <u>다른</u> SQL은? (단, DBMS는 오라클로 가정함)

[T1]

C1	C2
10	10
NULL	20
30	NULL
40	40
NULL	50

① SELECT NVL(C1, C2) AS R1 FROM T1;
② SELECT COALESCE(C1, C2) AS R1 FROM T1;
③ SELECT NULLIF(C1, C2) AS R1 FROM T1;
④ SELECT CASE WHEN C1 IS NULL THEN C2 ELSE
  C1 END AS R1 FROM T1;

15

집합 연산자에 해당되는 연산자로 가장 적절하지 <u>않은</u> 것은? (단, DBMS는 오라클로 가정함)

① JOIN
② UNION
③ MINUS
④ INTERSECT

16

아래 SQL의 실행 결과는?

[TAB1]

COL1	COL2	COL3
NULL	NULL	NULL
NULL	NULL	1
NULL	1	2

[SQL]
```
SELECT SUM(COALESCE(COL1, COL2, COL3))
FROM TAB1;
```

① NULL

② 1

③ 2

④ 3

17

아래 조건에 해당되는 사원명을 조회하는 SQL로 가장 적절한 것은?

[조건]
"사원의 이름이 4글자 이상이고, 두 번째 글자는 J로 시작한다."

① SELECT name

   FROM employee

   WHERE name LIKE '_J_%';

② SELECT name

   FROM employee

   WHERE name LIKE '_J__%';

③ SELECT name

   FROM employee

   WHERE name LIKE '%J__';

④ SELECT name

   FROM employee

   WHERE name LIKE '%J__%';

18

ORDER BY 절에 대한 설명으로 가장 적절하지 않은 것은?

① GROUP BY 절보다 논리적 실행 순서가 나중이므로 집계 함수와 함께 사용할 수 있다.

② ASC/DESC 옵션은 각 칼럼 뒤에 덧붙이며 생략 시 기본 정렬 방식(DESC)이 적용된다.

③ SELECT 절이 실행된 이후 ORDER BY 절이 수행되므로 칼럼에 대한 별칭(Alias)이나 칼럼의 순서를 나타내는 정수를 사용할 수 있다.

④ 여러 개의 칼럼을 지정할 수 있으며, 앞에 명시된 칼럼을 기준으로 먼저 정렬한 후, 동일한 값이 있을 경우 다음 칼럼을 기준으로 정렬한다.

19

중복된 행을 제거하는 데 사용되는 키워드로 가장 적절한 것은?

① DISTINCT   ② ORDER BY

③ REMOVE   ④ FILTER

20

아래 SQL의 실행 결과는?

[TAB_A]

C1	C2
1	10
2	NULL
3	NULL
4	20
5	30
NULL	40

[SQL]
```
SELECT COUNT(*)
FROM TAB_A
WHERE NOT (C1 >= 3 AND C1 <= 5);
```

① 0   ② 1

③ 2   ④ 3

21

아래과 같은 상황에서 위반된 트랜잭션의 특성으로 가장 적절한 것은?

[EMP]

EMP_ID	NAME	DEPT
101	James	Sales
102	Alex	Marketing

[트랜잭션]

시간	X	Y
t1	UPDATE EMP SET DEPT ='Sales' WHERE EMP_ID = 102;	
t2		UPDATE EMP SET DEPT = 'IT' WHERE EMP_ID = 102;
t3		COMMIT;
t4	COMMIT;	

① 고립성(Isolation)

② 영속성(Durability)

③ 원자성(Atomicity)

④ 일관성(Consistency)

22

서브쿼리에 대한 설명으로 가장 적절하지 <u>않은</u> 것은?

① 서브쿼리는 메인쿼리의 칼럼을 사용할 수 있다.
② 메인쿼리는 서브쿼리의 결과를 사용할 수 있다.
③ 서브쿼리는 WHERE 절, HAVING 절에서 사용할 수 있다.
④ 스칼라 서브쿼리의 결과는 하나 이상의 칼럼을 가져야 한다.

23

오라클 계층형 질의에서 사용하는 키워드에 대한 설명으로 가장 적절하지 <u>않은</u> 것은?

① NOCYCLE은 사이클이 발생할 경우 무한 루프를 방지한다.
② LEVEL은 전체 계층 구조에서 현재의 노드의 계층 깊이를 나타낸다.
③ PRIOR는 계층 구조에서 같은 LEVEL에 있는 형제 노드 간의 관계를 정의한다.
④ CONNECT BY는 부모 노드와 자식 노드 간의 관계를 정의하며 계층적 데이터를 조회한다.

24

아래 실행 결과를 출력하는 SQL은?

[EMP]

EMP_NO	NAME	SALARY
101	Joshua	4000
102	David	3500
103	Emma	6000
104	Maria	4000
105	Emily	5000
106	Jessica	5000
107	Andrew	5300
108	John	3500

[실행 결과]

RANK	NAME	SALARY
1	Emma	6000
2	Andrew	5300
3	Emily	5000
3	Jessica	5000
4	Joshua	4000
4	Maria	4000
5	David	3500
5	John	3500

① SELECT RANK()
     OVER (ORDER BY SALARY DESC)
     AS RANK, NAME, SALARY
   FROM EMP;
② SELECT DENSE_RANK()
     OVER (ORDER BY SALARY DESC)
     AS RANK, NAME, SALARY
   FROM EMP;
③ SELECT PERCENT_RANK()
     OVER (ORDER BY SALARY DESC)
     AS RANK, NAME, SALARY
   FROM EMP;
④ SELECT ROW_NUMBER()
     OVER (ORDER BY SALARY DESC)
     AS RANK, NAME, SALARY
   FROM EMP;

25

HAVING 절에 대한 설명으로 가장 적절한 것은?
(단, DBMS는 오라클로 가정함)

① HAVING 절은 집계 함수를 포함한 경우 GROUP BY 절 없이도 사용할 수 있다.

② HAVING 절은 SELECT 절에서 정의한 별칭(Alias)을 사용할 수 있다.

③ HAVING 절은 일반적으로 GROUP BY 절 앞에 위치한다.

④ HAVING 절은 WHERE 절과 달리 집계 함수를 사용할 수 없다.

26

아래 빈칸에 들어갈 내용으로 올바르게 짝지어진 것은?

> ⑦ 은/는 GROUP BY 절에서 특정 칼럼을 기준으로 단계별 그룹핑을 수행하는 함수로, 보통 소계 및 총계를 구할 때 사용된다. ⑦ 이/가 하위 그룹핑만 수행하는 반면, ⓒ 은/는 가능한 모든 조합을 계산하여 그룹핑을 수행한다. 따라서 인자가 하나인 경우에는 결과가 ⑦ 와/과 동일하지만, 두 개 이상일 경우는 결과가 달라진다.

① ⑦ ROLLUP, ⓒ CUBE

② ⑦ ROLLUP, ⓒ GROUPING

③ ⑦ GROUPING, ⓒ ROLLUP

④ ⑦ GROUPING, ⓒ GROUPING SETS

27

고유 키에 대한 설명으로 가장 적절하지 않은 것은?

① 고유 키 값은 NULL 값이 허용된다.

② 중복을 허용하지 않는 칼럼을 지정할 때 사용한다.

③ 하나의 테이블에 여러 개의 고유 키를 설정할 수 있다.

④ 테이블 간의 관계를 설정하고, 참조 무결성을 보장한다.

28

SELECT 문장의 실행 순서가 올바르게 나열된 것은?

① SELECT – FROM – WHERE – ORDER BY – GROUP BY – HAVING

② SELECT – FROM – WHERE – GROUP BY – HAVING – ORDER BY

③ FROM – WHERE – GROUP BY – HAVING – SELECT – ORDER BY

④ FROM – WHERE – ORDER BY – SELECT – GROUP BY – HAVING

29

SET OPERATOR 중에서 수학의 합집합과 같은 역할을 하는 연산자로 가장 적절한 것은?

① UNION

② UNION ALL

③ INTERSECT

④ JOIN

30

ROLE에 대한 설명으로 가장 적절하지 않은 것은?

① ROLE은 권한을 패키지로 묶어서 관리할 수 있도록 한다.

② 한 명의 사용자는 여러 개의 ROLE을 가질 수 있다.

③ ROLE도 사용자와 마찬가지로 다른 ROLE을 포함할 수 있다.

④ ROLE 사용 시 여러 사용자에게 개별적으로 적용해야 한다는 단점이 있다.

31

아래 SQL의 실행 결과는?

[TBL]

COL1	COL2	COL3
10	A	200
11	B	NULL
12	C	1000
13	A	500
14	A	300
15	D	1200
16	B	300

[SQL]
```
SELECT SUM(COL3)
FROM TBL
WHERE COL1 >= 15 OR COL2 NOT IN ('C', 'D')
      AND COL3 BETWEEN 500 AND 1000;
```

① 1000 ② 1500
③ 2000 ④ NULL

32

아래 데이터 모델에 대한 설명으로 가장 적절한 것은?

① 학생과 강좌수강 엔터티를 JOIN 시 적절한 JOIN 조건이 있으므로 카테시안 곱이 발생한다.
② 학생과 강좌수강 엔터티를 JOIN 시 적절한 JOIN 조건이 없으므로 카테시안 곱이 발생한다.
③ 학생과 강좌 엔터티를 JOIN 시 적절한 JOIN 조건이 있으므로 카테시안 곱이 발생한다.
④ 학생과 강좌 엔터티를 JOIN 시 적절한 JOIN 조건이 없으므로 카테시안 곱이 발생한다.

33

아래 SQL의 실행 결과는?

[TAB]

COL1	COL2
A	NULL
B	20
C	30
D	40
E	50

[SQL]
```
SELECT SUM(NVL(COL2, 10)) FROM TAB;
```

① 130
② 140
③ 150
④ 오류 발생

34

NATURAL JOIN에 대한 설명으로 가장 적절하지 않은 것은?

① ON 절에 조인 조건을 추가할 수 있다.
② 조인에 이용되는 칼럼은 명시하지 않아도 자동으로 조인된다.
③ 반드시 두 테이블 간의 동일한 이름, 타입을 가진 칼럼이 필요하다.
④ NATURAL JOIN 사용 시 SELECT 절의 칼럼명에 테이블 별칭(Alias)을 함께 표기할 수 없다.

35

아래 SQL의 실행 결과는?

[주문내역]

주문번호	주문날짜	주문개수
1	2019-01-01 00:00:00	1
2	2019-01-01 14:10:10	1
3	2019-01-03 13:30:00	3
4	2019-01-07 00:00:00	2
5	2019-01-07 10:10:00	2
6	2019-01-07 23:59:59	2

[SQL]
```
SELECT SUM(주문개수) AS 주문개수
FROM 주문내역
WHERE 주문날짜
 BETWEEN TO_DATE('2019-01-01', 'YYYY-MM-DD')
 AND TO_DATE('2019-01-07', 'YYYY-MM-DD');
```

① 7
② 9
③ 10
④ 11

36

아래 SQL의 실행 결과와 <u>다른</u> 것은?

[테이블 생성]
```
CREATE TABLE T1
(ID NUMBER, COL VARCHAR2(20));
INSERT INTO T1 VALUES(100, 'A');

CREATE TABLE T2
(ID NUMBER, COL VARCHAR2(20));
INSERT INTO T2 VALUES(100, 'A');
INSERT INTO T2 VALUES(200, 'B');
COMMIT;
```

[SQL]
```
SELECT T1.ID, T1.COL, T2.COL
FROM T1, T2
WHERE T1.ID = T2.ID;
```

①
```
SELECT T1.ID, T1.COL, T2.COL
 FROM T1, T2
 WHERE T1.ID = T2.ID;
```
②
```
SELECT ID, T1.COL, T2.COL
 FROM T1 INNER JOIN T2
 ON T1.ID = T2.ID;
```
③
```
SELECT T1.ID, T1.COL, T2.COL
 FROM T1 CROSS JOIN T2;
```
④
```
SELECT T1.ID, T1.COL, T2.COL
 FROM T1 NATURAL JOIN T2;
```

37

외부 스키마에 대한 설명으로 가장 적절하지 <u>않은</u> 것은?

① 개별 사용자나 응용 프로그램이 바라보는 데이터베이스 스키마를 말한다.
② 같은 데이터베이스라도 사용자마다 다른 뷰(View)를 제공할 수 있다.
③ 데이터베이스의 접근 권한, 보안 및 무결성 규칙에 관한 명세를 정의한다.
④ 하나의 데이터베이스 시스템에 여러 개의 외부 스키마가 존재할 수 있다.

38

아래와 같은 테이블에서 [CLUB]의 cid가 '1'인 행이 삭제될 때, [STUDENT]의 cid가 '1'인 행도 같이 삭제되도록 하는 방법으로 가장 적절한 것은? (단, [STUDENT] 테이블의 cid는 [CLUB] 테이블의 cid를 참조하는 외래 키로 가정함)

```
[SQL]
STUDENT(sid, sname, cid)
CLUB(cid, cname)
```

① STUDENT 릴레이션을 생성할 때, PRIMARY KEY(cid) 명령어를 추가한다.
② STUDENT 릴레이션을 생성할 때, FOREIGN KEY(cid) REFERENCES CLUB(cid) ON DELETE CASCADE 명령어를 추가한다.
③ CLUB 릴레이션을 생성할 때, FOREIGN KEY(cid) REFERENCES STUDENT(cid) ON DELETE CASCADE 명령어를 추가한다.
④ CLUB 릴레이션을 생성할 때, CLUB(cid) ON DELETE SET DEFAULT 명령어를 추가한다.

39

WINDOW FUNCTION에서 RANGE BETWEEN 10 PRECEDING AND 10 FOLLOWING이 의미하는 바로 가장 적절한 것은?

① 현재 행을 기준으로 위/아래 10개의 행을 포함한다.
② 현재 값보다 10만큼 작고, 10만큼 큰 값의 평균을 나타낸다.
③ 현재 행의 값보다 최소 10 작은 값부터 최대 10 큰 값까지의 범위를 나타낸다.
④ 전체 행 값의 상위 10% 값에서부터 하위 10% 값까지의 범위를 나타낸다.

40

아래 테이블에 대한 INSERT 구문 수행 시 오류가 발생하지 않는 SQL은?

```
[SQL]
CREATE TABLE 고객(
    고객ID NUMBER PRIMARY KEY,
    고객명 VARCHAR2(20) NOT NULL,
    등급 VARCHAR2(1),
    나이 NUMBER
);
```

① INSERT INTO 고객 VALUES(100, 'Emma', 'A');
② INSERT INTO 고객 VALUES(101, 'Olivia', 'SS', 37);
③ INSERT INTO 고객(고객ID, 고객명) VALUES (102, 'James');
④ INSERT INTO 고객(고객ID, 등급, 나이) VALUES (103, 'S', 41);

41

CTAS에 대한 설명으로 가장 적절하지 않은 것은?

① PK 제약 사항은 복사한 테이블에 자동으로 지정되지 않는다.
② Check 제약 사항은 복사한 테이블에 자동으로 지정되지 않는다.
③ NOT NULL 제약 사항은 복사한 테이블에 자동으로 지정된다.
④ Default 제약 사항은 복사한 테이블에 자동으로 지정된다.

42

아래 SQL의 실행 결과는?

[TBL]

COL1
10
20
NULL
40
50

[SQL]
```
SELECT AVG(COL1) FROM TBL;
SELECT AVG(NVL(COL1, 0)) FROM TBL;
```

① 24.0, 24.0
② 30.0, 24.0
③ NULL, 24.0
④ 30.0, NULL

43

아래 테이블과 실행 결과를 참고할 때 SQL의 빈칸 ㉠에 들어갈 내용으로 가장 적절한 것은?

[EMP]

EMP_ID	EMP_NAME	MGR_ID
100	James	NULL
101	Olivia	103
102	Linda	100
103	Kevin	104
104	Frank	102

[SQL]
```
SELECT LEVEL, EMP_ID, MGR_ID
FROM EMP
START WITH MGR_ID IS NULL
CONNECT BY          ㉠          ;
```

[실행결과]

LEVEL	EMP_ID	EMP_NAME	MGR_ID
1	100	James	NULL
2	102	Linda	100
3	104	Frank	102
4	103	Kevin	104
5	101	Olivia	103

① PRIOR MGR_ID = EMP_ID;
② MGR_ID PRIOR = EMP_ID;
③ MGR_ID = PRIOR EMP_ID;
④ MGR_ID = EMP_ID PRIOR;

44

아래 SQL의 실행 결과는?

[TBL]

COL1	AMT
A	5000
A	3000
A	4000
B	3000
B	2000

[SQL]
```
SELECT SUM(AMT_SUM)
FROM (
     SELECT COL1, MAX(AMT) AS AMT_SUM
     FROM TBL
     GROUP BY COL1
     UNION
     SELECT COL1, MIN(AMT) AS AMT_SUM
     FROM TBL
     GROUP BY COL1
);
```

① 7000

② 9000

③ 11000

④ 13000

45

아래 실행 결과를 출력하는 SQL로 가장 적절한 것은?

[SALES]

SALES_DATE	SALES_AMT
1/15/2023	500
1/31/2023	1000
2/15/2023	1500
2/28/2023	800
3/15/2023	1200
3/31/2023	1800

[조건]

2주 동안의 누적 매출(SALES_AMT)을 월별 매출(RESULT)로 반환할 때, 월별 매출액이 3000 이상인 경우에는 '달성'이라고 표시하고 3000 미만인 경우에는 월별 매출액을 그대로 표시한다.

[실행 결과]

SALES_MONTH	RESULT
202301	1500
202302	2300
202303	달성

① SELECT TO_CHAR(SALES_DATE, 'YYYYMM') AS SALES_MONTH,
    CASE WHEN MAX(SALES_AMT) >= 3000 THEN '달성'
        ELSE TO_CHAR(SUM(SALES_AMT)) END AS RESULT
  FROM SALES
  GROUP BY TO_CHAR(SALES_DATE, 'YYYYMM');

② SELECT TO_CHAR(SALES_DATE, 'YYYYMM') AS SALES_MONTH,
    CASE WHEN MAX(SALES_AMT) >= 3000 THEN TO_CHAR(SUM(SALES_AMT))
        ELSE '달성' END AS RESULT
  FROM SALES
  GROUP BY TO_CHAR(SALES_DATE, 'YYYYMM');

③ SELECT TO_CHAR(SALES_DATE, 'YYYYMM') AS SALES_MONTH,
    CASE WHEN SUM(SALES_AMT) >= 3000 THEN TO_CHAR(SUM(SALES_AMT))
        ELSE '달성' END AS RESULT
  FROM SALES
  GROUP BY TO_CHAR(SALES_DATE, 'YYYYMM');

④ SELECT TO_CHAR(SALES_DATE, 'YYYYMM') AS SALES_MONTH,
    CASE WHEN SUM(SALES_AMT) >= 3000 THEN '달성'
        ELSE TO_CHAR(SUM(SALES_AMT)) END AS RESULT
  FROM SALES
  GROUP BY TO_CHAR(SALES_DATE, 'YYYYMM');

46

[학생] 테이블에는 [강의수강] 테이블에 존재하지 않는 학생ID가 있다. 강의수강을 한 번도 하지 않은 학생을 조회하는 SQL을 모두 고른 것은? (단, [강의수강] 테이블의 학생ID 칼럼에는 NULL 값이 포함되지 않는다고 가정함)

```
(가) SELECT * FROM 학생
     WHERE NOT EXISTS (SELECT 1
             FROM 강의수강
             WHERE 학생.학생ID = 강의수강.학생ID);
(나) SELECT * FROM 학생
     WHERE 학생.학생ID NOT IN
             (SELECT 강의수강.학생ID
              FROM 강의수강);
(다) SELECT 학생.* FROM 학생
     LEFT OUTER JOIN 강의수강
     ON 학생.학생ID = 강의수강.학생ID;
(라) SELECT * FROM 학생
     WHERE EXISTS (SELECT 1
             FROM 강의수강
             WHERE 학생.학생ID <> 강의수강.학생ID);
```

① (가), (나)
② (가), (라)
③ (나), (다)
④ (다), (라)

47

아래 SQL의 실행 결과는?

```
[SQL]
CREATE TABLE TBL (C1 NUMBER);
INSERT INTO TBL VALUES(1);
ALTER TABLE TBL ADD C2 NUMBER;
INSERT INTO TBL VALUES(2, 2);
INSERT INTO TBL VALUES(3, 3);
ROLLBACK;
SAVEPOINT S1;
UPDATE TBL SET C1 = 2 WHERE C1 = 1;
SAVEPOINT S1;
DELETE TBL WHERE C1 = 2;
ROLLBACK TO S1;
SELECT COUNT(*) FROM TBL;
```

① 0
② 1
③ 2
④ 3

48

아래 실행 결과를 참고할 때 SQL의 빈칸 ㉠에 들어갈 내용으로 가장 적절한 것은?

```
[SQL]
SELECT A.직급, A.부서,
         ROUND(AVG(A.보너스)) AS 평균보너스
FROM 직원 A
GROUP BY [    ㉠    ];
```

[실행 결과]

직급	부서	평균보너스
사원	기획부	850
사원	총무부	340
사원	영업부	1150
대리	기획부	1300
대리	총무부	900
대리	영업부	1450
과장	기획부	1550
과장	총무부	1500
과장	영업부	1900
NULL	NULL	1254

① ROLLUP(직급)
② ROLLUP(직급, 부서)
③ ROLLUP((직급, 부서))
④ ROLLUP((직급, 부서), 직급)

49

MERGE 명령어에 대한 설명으로 가장 적절하지 <u>않은</u> 것은?

① 테이블 단위로 데이터 갱신 작업을 수행한다.
② WHEN MATCHED 구문에서는 UPDATE 작업이 수행된다.
③ WHEN NOT MATCHED 구문에서는 INSERT 작업이 수행된다.
④ WHEN MATCHED 구문과 WHEN NOT MATCHED 구문 중 하나라도 빠지면 오류가 발생한다.

50

아래 SQL의 실행 결과는? (단, DBMS는 오라클로 가정함)

[EMP]

EMP_ID	EMAIL
100	kim99@company.com
101	lee88@company.net
102	park100@company.com
103	choi77@company.net
104	jang12@company.co.kr
105	77rick@company.com

```
[SQL]
SELECT COUNT(*)
FROM EMP
WHERE REGEXP_LIKE(EMAIL,
  '^[a-z]+[0-9]{2}@company\.(com|net)$', 'i');
```

① 2
② 3
③ 4
④ 5

삶의 순간순간이
아름다운 마무리이며
새로운 시작이어야 한다.

– 법정 스님

memo

2025 에듀윌 SQL 개발자 SQLD 2주끝장

발 행 일	2025년 6월 10일 초판
편 저 자	김남규
펴 낸 이	양형남
펴 낸 곳	(주)에듀윌
I S B N	979-11-360-3749-7
등록번호	제25100-2002-000052호
주 소	08378 서울특별시 구로구 디지털로34길 55
	코오롱싸이언스밸리 2차 3층

www.eduwill.net

대표전화 1600-6700

여러분의 작은 소리
에듀윌은 크게 듣겠습니다.

본 교재에 대한 여러분의 목소리를 들려주세요.
공부하시면서 어려웠던 점, 궁금한 점,
칭찬하고 싶은 점, 개선할 점, 어떤 것이라도 좋습니다.

에듀윌은 여러분께서 나누어 주신 의견을
통해 끊임없이 발전하고 있습니다.

EXIT 합격 서비스 exit.eduwill.net
- 부가학습자료 및 정오표: EXIT 합격 서비스 → 자료실 / 정오표 게시판
- 교재 문의: EXIT 합격 서비스 → 실시간 질문답변 게시판(내용) /
  Q&A 게시판(내용 외)

매달 선물이 팡팡!
독자참여 이벤트

교재 후기 이벤트

나만 알고 있기 아까운!
에듀윌 교재의 장단점, 더 필요한 서비스 등을 자유롭게 제안해주세요.

이벤트 참여

오타 제보 이벤트

더 나은 콘텐츠 제작을 돕는 일등 공신!
사소한 오타, 오류도 제보만 하면 매월 사은품이 팡팡 터집니다.

이벤트 참여

IT자격증 A~Z 이벤트

모르고 지나치기엔 아쉬운!
에듀윌 IT자격증에서 제공 중인 무료 이벤트를 확인해보세요.

이벤트 참여

참여 방법 | 각 이벤트의 QR 코드 스캔
당첨자 발표 | 매월 5일, EXIT 합격 서비스(exit.eduwill.net) 공지사항
사은품 | 매월 상이하며, 당첨자 발표 후 순차 발송

2025 최신판

에듀윌 SQL 개발자
SQLD 2주끝장
+무료특강

정답 및 해설

eduwill

2025 최신판

에듀윌 SQL 개발자 SQLD 2주끝장 +무료특강

2025 최신판

에듀윌 SQL 개발자
SQLD 2주끝장
+무료특강

정답 및 해설

eduwill

제56회 기출 변형 모의고사

정답 확인

01	②	02	④	03	③	04	②	05	②
06	①	07	②	08	②	09	③	10	②
11	③	12	③	13	①	14	④	15	②
16	③	17	③	18	①	19	②	20	②
21	④	22	④	23	④	24	③	25	④
26	②	27	①	28	②	29	①	30	③
31	③	32	①	33	①	34	②	35	①
36	②	37	③	38	③	39	③	40	④
41	②	42	③	43	③	44	①	45	③
46	③	47	③	48	①	49	①	50	④

성적 분석

과목	번호	출제 영역	틀린 문제
1과목	01	데이터 모델의 이해	☐
	02	데이터 모델의 이해	☐
	03	엔터티	☐
	04	식별자	☐
	05	속성	☐
	06	속성	☐
	07	관계	☐
	08	식별자	☐
	09	정규화	☐
	10	관계와 조인의 이해	☐
2과목	11	SELECT 문	☐
	12	함수	☐
	13	함수	☐
	14	GROUP BY, HAVING 절	☐
	15	WHERE 절	☐
	16	WHERE 절	☐
	17	함수	☐
	18	WHERE 절	☐
	19	WHERE 절	☐
	20	WHERE 절	☐
	21	GROUP BY, HAVING 절	☐
	22	SELECT 문	☐
	23	WHERE 절	☐
	24	표준 조인	☐
	25	ORDER BY 절	☐

과목	번호	출제 영역	틀린 문제
2과목	26	GROUP BY, HAVING 절	☐
	27	WHERE 절	☐
	28	SELECT 문	☐
	29	표준 조인	☐
	30	표준 조인	☐
	31	표준 조인	☐
	32	표준 조인	☐
	33	WHERE 절	☐
	34	GROUP BY, HAVING 절	☐
	35	집합 연산자	☐
	36	서브쿼리	☐
	37	WHERE 절	☐
	38	계층형 질의와 셀프 조인	☐
	39	정규 표현식	☐
	40	계층형 질의와 셀프 조인	☐
	41	정규 표현식	☐
	42	ORDER BY 절	☐
	43	TCL	☐
	44	DML	☐
	45	윈도우 함수	☐
	46	GROUP BY, HAVING 절	☐
	47	그룹 함수	☐
	48	그룹 함수	☐
	49	그룹 함수	☐
	50	TCL	☐

01 정답 ②

출제 영역　데이터 모델의 이해
정답 해설　데이터 독립성 보장을 위한 데이터베이스 스키마 구조 3단계에는 외부 스키마, 개념 스키마, 내부 스키마가 포함된다.

02 정답 ④

출제 영역　데이터 모델의 이해
정답 해설　업무 규칙은 데이터 모델에 자세히 표현되어야 하며, 이를 통해 데이터의 일관성과 무결성을 유지할 수 있다. 업무 규칙을 최소화하거나 배제하는 것은 데이터 모델 설계 원칙에 어긋난다.

03 정답 ③

출제 영역　엔터티
정답 해설　발생 시점에 따라 구분할 수 있는 엔터티의 유형에는 기본 엔터티, 중심 엔터티, 행위 엔터티가 있다. 유형 엔터티는 물리적 형태의 존재 여부에 따라 구분할 수 있는 엔터티 유형에 속한다.

04 정답 ②

출제 영역　식별자
정답 해설　수강신청 엔터티에서는 학생번호와 강좌번호 두 속성이 복합 기본 키로 설정되어 있다. 기본 키는 중복을 허용하지 않으므로, 동일한 학생번호와 동일한 강좌번호의 조합은 수강신청 엔터티 내에서 한 번만 존재가 가능하다.

05 정답 ②

출제 영역　속성
정답 해설　설계 속성은 업무상의 실제 데이터에는 존재하지 않지만, 데이터 모델링 과정에서 업무 규칙을 명확히 하거나 시스템 구현을 위해 새롭게 정의하거나 변형하는 속성이다.

06 정답 ①

출제 영역　속성
정답 해설　단순 속성은 더 이상 나눌 수 없는 속성을 의미한다. 시, 군·구, 동 각각은 독립적인 값이며 더 이상 분해되지 않으므로 단순 속성이 맞다.
오답 해설　② 주소는 시, 군·구, 동으로 하위 속성을 가지므로 복합 속성에 해당한다.
③ 연락처는 한 회원이 여러 값을 가질 수 있어 다중값 속성으로 표현하는 것이 맞다.
④ 파생 속성은 다른 속성으로부터 계산되거나 유도되는 속성을 의미한다. 회원명은 입력되는 값이므로 파생 속성이 아니다.
　예 나이 = 현재연도 － 생년월일

07 정답 ②

출제 영역　관계
정답 해설　(교수 – 강의) 관계에서 교수 엔터티 쪽 관계선에 ○표시가 있고 까치발 표시는 없다. 이는 하나의 강의에 담당교수가 한 명만 존재하거나, 아예 존재하지 않는다는 것을 의미한다.
오답 해설　① 교수 엔터티 쪽 관계선에 ○표시가 있으므로 학교 엔터티 기준으로 교수 엔터티는 선택관계이다. 이는 교수가 없는 학교가 존재할 수 있다는 것을 의미한다.
③ 강의 엔터티 쪽 관계선에 ○표시와 까치발 표시가 있으므로, 한 명의 교수가 강의를 담당하지 않을 수도 있고, 여러 개의 강의를 담당할 수도 있다는 의미이다.
④ ㉠은 (학교 – 강의) 관계를 의미하는 것이지, (학교 – 교수) 관계와 (교수 – 강의) 관계를 합친 것을 의미하지 않는다.

08 정답 ②

출제 영역　식별자
정답 해설　보조식별자는 엔터티 내에서 인스턴스를 유일하게 구분할 수 있는 속성이지만, 주식별자로 선택되지 않은 식별자이다. 주식별자와 동일하게 유일성을 보장하지만, 다른 엔터티와의 참조 관계에는 사용되지 않는다는 차이점이 있다.

09 정답 ③

출제 영역　정규화
정답 해설　제3정규형은 모든 속성이 기본 키에 대해 이행적 함수 종속이 없는 상태를 의미한다. 이행적 함수 종속이란 A → B, B → C인 경우, A → C가 되는 상황을 말한다.

10 정답 ②

출제 영역 관계와 조인의 이해
정답 해설 정규화는 성능 저하를 감수하고서도 데이터의 무결성과 일관성을 위해 수행된다. 조인으로 인한 성능 저하가 예상되는 경우에는 정규화가 아니라 반정규화(정규화 해제)를 수행해야 한다.

2과목 SQL 기본 및 활용

11 정답 ③

출제 영역 SELECT 문
정답 해설

```
1) SELECT SUM(ALL COL2)
   FROM TBL WHERE COL1 = 'A';
2) SELECT SUM(DISTINCT COL2)
   FROM TBL WHERE COL1 = 'A';
```

1) 해당 쿼리는 COL1이 'A'인 행들의 COL2 값들을 모두 더한다는 의미이다. 따라서 결과는 '10 + 20 + 20 + 30 + 40 = 120'으로 나온다.
2) 해당 쿼리는 COL1이 'A'인 행들의 COL2 값들 중 중복을 제거한 후 합산한다는 의미이다. 따라서 결과는 '10 + 20 + 30 + 40 = 100'으로 나온다.

12 정답 ③

출제 영역 함수
정답 해설 • FLOOR(arg) 함수는 입력값 arg보다 크지 않은 가장 큰 정수값을 반환하므로, FLOOR(4)의 결과는 4이다.
• ROUND(arg1, [arg2]) 함수는 입력값 arg1을 소수점 arg2번째 자리까지 반올림하여 반환한다. arg2 생략 시 정수자리까지 반올림하므로, ROUND(3.9)의 결과는 4이다.
• TRUNC(arg1, [arg2]) 함수는 입력값 arg1을 소수점 arg2번째 자리까지 버림하여 반환한다. 마찬가지로 arg2 생략 시 기본값이 0이므로 소수점 부분을 버린다. 따라서 TRUNC(3.8)의 결과는 3이다.

13 정답 ①

출제 영역 함수
정답 해설 COALESCE(arg1, arg2, arg3, …) 함수는 왼쪽부터 차례대로 NULL이 아닌 첫 번째 값을 반환한다. 주어진 SQL 문에서 첫 번째 값은 NULL이므로 무시하고, 두 번째 값은 'He'(NULL이 아닌 값)이므로 'He'를 결과로 반환한다.

14 정답 ④

출제 영역 GROUP BY, HAVING 절
정답 해설 지점별 평균 매출을 계산하는 과정은 아래와 같다.
• 서울 → (980 + 1220) / 2 = 1100
• 대전 → (700 + 800) / 2 = 750
• 부산 → (500) / 1 = 500
NULL 값은 평균 계산에서 제외되므로, 부산은 1개의 유효값(500)으로만 계산된다.

15 정답 ②

출제 영역 WHERE 절
정답 해설 • SELECT COL1 FROM TAB WHERE COL1 = 100;은 테이블에 없는 데이터를 조회하기 때문에 아무 행도 출력하지 않으므로, 결과는 공집합이다.
• SELECT MIN(COL1) FROM TAB WHERE COL1 = 100;은 COL1에서 100이라는 데이터가 존재하지 않으므로, 빈 테이블에서 MIN 값을 구하는 상황이 된다. MIN, MAX, AVG, SUM 등의 집계 함수는 비어 있는 집합에서는 계산할 수 없기 때문에 결과로 NULL을 반환한다.

16 정답 ③

출제 영역 WHERE 절
정답 해설 LIKE '%a_%'에서 %(퍼센트)는 0개 이상의 문자, _(언더스코어)는 정확히 1개의 문자를 의미한다. 따라서 해당 구문은 'a' 뒤에 1개 이상의 문자가 있는 경우에 매칭된다는 의미이다. 테이블 회원 중에 'Linda'의 경우 'a' 뒤에 문자가 없기 때문에, 해당 선지의 경우 'Linda'를 제외한 회원들을 출력한다(다른 선지들의 경우 전체 회원을 출력함).

17 정답 ③

출제 영역 함수
정답 해설 NULLIF(DEPTNO, 'etc')는 DEPTNO가 'etc'이면 NULL을, 그렇지 않으면 DEPTNO 값을 그대로 반환하는 함수이다. 만약 DEPTNO가 NULL이면 NULLIF(NULL, 'etc')는 NULL을 반환하게 된다. 즉, DEPTNO가 NULL인 경우에도 'etc'가 출력되지 않고 NULL로 출력되므로, 다른 선지들과는 다른 결과를 나타낸다.
오답 해설 ① (가)는 DEPTNO가 NULL일 때 'etc'를 정상적으로 출력한다.
② (나)도 마찬가지로 DEPTNO가 NULL일 때 'etc'를 출력한다.
④ DECODE(DEPTNO, '10', 'HR', '20', 'Sales', 'etc')는 DEPTNO가 '10'일 때 'HR', '20'일 때 'Sales', 나머지의 경우 'etc'를 출력한다는 의미이다. 따라서 해당 선지도 (가), (나)와 동일한 결과를 출력한다.

18 정답 ①

출제 영역 WHERE 절

정답 해설 오라클 기준으로 SQL 연산자 우선순위는 '괄호 > 산술 연산자 > 비교 연산자 > BETWEEN 연산자 > 논리 연산자' 순이다. NOT, AND, OR 모두 논리 연산자에 해당되므로 보기에서는 BETWEEN 연산자의 우선순위가 가장 높다.

19 정답 ②

출제 영역 WHERE 절

정답 해설 주어진 테이블에서는 모든 행이 NOT (C2 < 40 AND C3 > 20) 조건을 만족한다. 따라서 해당 선지는 C1이 'A' 또는 'B'인 경우를 조회하며, 실행 결과로 'M-100', 'M-101', 'M-102', 'M-103'을 출력한다.

오답 해설 1번 선지의 C1 IN ('A', 'B')는 4번 선지의 (C1 = 'A' OR C1 = 'B')와 완전히 동일한 조건이다. 3번 선지의 C1 LIKE '_' 조건은 C1이 정확히 1개의 문자일 때를 의미한다. 따라서 세 개의 선지 모두 실행 결과로 동일하게 'M-102', 'M-103'을 출력한다.

20 정답 ②

출제 영역 WHERE 절

정답 해설 DISTINCT 키워드는 중복을 제거하고 고유한 값의 개수를 센다. 제품ID는 'A001', 'A002', 'A003'으로 총 3가지 종류이므로, 첫 번째 SQL 문은 실행 결과로 3을 반환한다. 두 번째 SQL 문에서는 IN 절에 NULL이 포함되어 있으나, NULL은 비교 연산에서 항상 제외된다. 따라서 WHERE 절의 조건은 제품ID IN ('A001')과 동일하게 작동하며, 실행 결과로 10을 반환한다.

21 정답 ④

출제 영역 GROUP BY, HAVING 절

정답 해설 해당 선지는 부서별로 그룹을 만든 뒤, MIN(SALARY) >= 4000 조건을 사용해 해당 부서에서 가장 급여가 낮은 사원이 4000 이상인지를 확인한다. 즉, 부서 내 모든 사원의 급여가 4000 이상인 경우에만 평균 급여를 계산하여 출력하므로, 문제의 조건을 정확히 만족하는 쿼리이다.

오답 해설 ① 해당 선지는 사원 개별 조건으로 필터링한 후 평균을 계산하기 때문에, 급여가 4000 미만인 사원이 있는 부서도 포함될 수 있다.

② AVG(SALARY) >= 4000 조건은 부서의 평균 급여가 4000 이상인 경우를 의미한다. 하지만 개별 사원의 급여가 4000 미만이어도 부서의 평균 급여가 4000 이상일 수 있으므로, 문제의 조건인 '모든 사원의 급여가 4000 이상'을 만족하지 않는다.

③ 해당 선지는 SELECT 절에 GROUP BY 절 없이 일반 칼럼(D_NAME)과 집계 함수(AVG)를 함께 사용했기 때문에 실행 시 오류가 발생한다.

22 정답 ④

출제 영역 SELECT 문

정답 해설 • SQL 문 실행 순서: FROM – WHERE – GROUP BY – HAVING – SELECT – ORDER BY

• SQL 문 작성 순서: SELECT – FROM – WHERE – GROUP BY – HAVING – ORDER BY

23 정답 ④

출제 영역 WHERE 절

정답 해설 해당 선지에는 WHERE 조건이 없기 때문에 NULL을 포함한 모든 행을 출력한다. 반면 나머지 선지들은 LIKE 조건을 사용하는데, LIKE는 NULL 값과 비교 자체가 불가능하므로 NULL 값은 결과에서 제외된다.

24 정답 ③

출제 영역 표준 조인

정답 해설 보기의 SQL 문은 명시적인 JOIN 조건 없이 테이블 두 개를 나열한 것으로, 이는 CROSS JOIN 연산을 의미한다. CROSS JOIN은 두 테이블의 모든 행을 곱한 만큼의 결과를 생성하기 때문에, 각각 20개의 행이 있는 경우에는 20 × 20 = 400개의 행이 출력된다.

25 정답 ④

출제 영역 ORDER BY 절

정답 해설 ORDER BY SUM(월매출) DESC는 월 매출 합계를 기준으로 내림차순 정렬하는 구문이다. 하지만 문제에서는 낮은 순, 즉 오름차순 정렬을 요구하고 있으므로, DESC 대신 ASC를 사용해야 한다. 참고로 ASC는 SQL에서 기본값이므로 생략해도 동일한 결과를 얻을 수 있다.

26 정답 ②

출제 영역 GROUP BY, HAVING 절

정답 해설 GROUP BY 절이 포함된 쿼리에서는 SELECT 절이나 ORDER BY 절에 그룹화된 칼럼이나 집계 함수의 결과만 사용할 수 있다. 따라서 그룹 기준에 포함되지 않은 DEPT_NAME을 정렬 기준으로 사용하면 문법 오류가 발생한다.

27 정답 ①

출제 영역 WHERE 절

정답 해설 첫 번째 SQL 문은 C2=2 조건인데, [TAB1]에는 2라는 값 자체가 존재하지 않으므로 실행 결과는 공집합이다. 두 번째 SQL 문은 IS NULL 조건인데, [TAB2]에는 NULL 값이 없기 때문에 마찬가지로 실행 결과는 공집합이다.

28 정답 ②

출제 영역 SELECT 문

정답 해설 해당 선지는 COL2 칼럼에서 중복된 값을 제거한 후, 고유한 값의 개수를 세는 쿼리이다. [TBL] 테이블에서 COL2에는 10, 10, 20, 20, 30이 있으므로 중복을 제거하면 10, 20, 30 총 3개의 값이 남게 되어 결과는 3이 된다.

오답 해설 ① 중복을 제거하지 않고 COL2의 전체 값 개수를 세므로 아래와 같이 결과로 5가 출력된다.

R1
5

③ COL2 기준으로 그룹핑한 후 각 그룹별로 COUNT 값을 계산하므로 결과는 아래와 같이 여러 행이 출력된다(10: 2건, 20: 2건, 30: 1건).

R1
2
2
1

④ DISTINCT가 GROUP BY 내부에서 적용되어 각 그룹마다 중복이 제거되고 COUNT되기 때문에 결과는 아래와 같이 1, 1, 1이 된다.

R1
1
1
1

29 정답 ①

출제 영역 표준 조인

정답 해설 NATURAL JOIN은 두 테이블에서 공통된 칼럼명을 기준으로 자동으로 JOIN을 수행한다. 두 테이블에 모두 ID 칼럼이 존재하므로, 'T1.ID = T2.ID' 조건으로 INNER JOIN이 수행된다. T1.ID와 T2.ID 중 같은 값은 10뿐이므로, JOIN 결과는 아래와 같이 1개의 행이 출력된다.

ID	C1	X1
10	CCC	AAA

30 정답 ③

출제 영역 표준 조인

정답 해설 INNER JOIN은 'TBL1.C1 = TBL2.C1' 조건이 성립하는 행만 결과에 포함한다. C1 칼럼에 공통으로 30이 포함되어 있으므로, [TBL1]의 C1이 30인 행(2개)과 [TBL2]의 C1이 30인 행(1개)이 조인되어 아래와 같이 총 2개의 행이 출력된다.

A.C1	A.C2	B.C1	B.C2
30	20	30	NULL
30	NULL	30	NULL

이 중에서 SELECT A.C2, B.C2만 추출하면 아래와 같은 결과가 출력된다.

A_C2	B_C2
20	NULL
NULL	NULL

31 정답 ③

출제 영역 표준 조인

정답 해설 조인 결과에서 [TAB2]에만 존재하는 ID값(40)은 포함되어 있고, [TAB1]에만 존재하는 ID값(10)은 포함되어 있지 않으므로, [TAB2]를 기준으로 한 외부 조인임을 알 수 있다. 따라서 RIGHT OUTER JOIN이 정답이다.

32 정답 ①

출제 영역 표준 조인

정답 해설 NATURAL JOIN은 [학생] 테이블과 [수상자명단] 테이블에서 공통 칼럼인 '학생ID'를 기준으로 조인한다. 따라서 학생ID가 양쪽 모두에 존재하는 값(1001, 1002, 1003)만 조인되어 최종적으로 3개의 행이 생성된다.

33 정답 ①

출제 영역 WHERE 절

정답 해설 C1 NOT IN (30, 40, NULL) 조건과 같이 NOT IN의 괄호 안에 NULL이 포함되어 있는 경우에는 무조건 FALSE를 반환하므로, SQL의 실행 결과는 0이다.

34 정답 ②

출제 영역 GROUP BY, HAVING 절

정답 해설 보기의 SQL 문은 '지점ID'를 기준으로 그룹화하여, 각 지점의 총판매수량을 구하는 쿼리이다. HAVING MAX(판매수량) > 20 조건에 따라 해당 지점에서 단일 제품의 판매수량이 20을 초과한 기록이 하나라도 있는 지점만 필터링된다. 이후 ORDER BY 2 조건에 따라 총 판매수량을 기준으로 오름차순 정렬한다.

35 정답 ①

출제 영역 집합 연산자

정답 해설 오라클에서 차집합 기능을 수행하는 연산자는 MINUS이고, SQL Server이나 PostgreSQL 등에서는 EXCEPT를 사용하여 같은 기능을 수행한다.

36 정답 ②

출제 영역 서브쿼리

정답 해설 서브쿼리를 통해 [TBL1]에서 AMT > 1500 조건을 만족하는 ID 값들(A001, A002)을 추출하고, 메인쿼리에서는 [TBL2]에서 해당하는 ID 값들의 NAME을 조회하여 최종적으로 'Andrew'와 'James'가 출력된다.

37 정답 ③

출제 영역 WHERE 절

정답 해설 해당 선지의 SQL 문은 자기 자신이 [T2] 테이블에 존재하지 않을 경우에 출력된다. 'A', 'B', 'C'는 자기 자신과 매칭되기 때문에 결과에서 제외된다. 반면, NULL은 비교가 불가능해 매칭되지 않으므로 조건을 만족해 결과에 포함된다. 따라서 실행 결과로는 NULL만 출력된다.

오답 해설 ① C1이 'A', 'B'가 아닌 값을 찾는 SQL 문이다. NULL은 비교가 불가능하므로 제외되고, 결과로는 'C'만 출력된다.
② 조건 C1 IN ('C', NULL)은 C1 = 'C' OR C1 = NULL과 같이 해석할 수 있다. C1 = NULL은 UNKNOWN이므로 WHERE 조건에서 제외되고, 결과로는 'C'만 출력된다.

④ 해당 선지의 SQL 문은 자기 자신이 [T2] 테이블에 존재할 경우에 출력된다. WHERE 절에서 T1.C1 = T2.C1 조건으로 인해 'A', 'B', 'C'가 자기 자신과 매칭된다. T2.C1 IN ('C', NULL) 조건에 해당되는 데이터는 'C'이다. 두 조건은 AND 연산자로 이어져 있으므로, 결과로는 'C'가 출력된다.

38 정답 ③

출제 영역 계층형 질의와 셀프 조인

정답 해설 SELF JOIN은 동일한 테이블 내에서 두 칼럼 간의 관계를 표현할 때 사용하는 조인 방식이며, 서로 다른 두 테이블을 조인할 때는 INNER JOIN 또는 OUTER JOIN과 같은 일반적인 JOIN 방식을 사용한다.

39 정답 ③

출제 영역 정규 표현식

정답 해설 REGEXP_SUBSTR는 정규 표현식 패턴과 일치하는 부분 문자열을 추출하는 함수이다.

오답 해설 ① REGEXP_LIKE는 정규 표현식 패턴과의 일치 여부를 TRUE 또는 FALSE로 반환한다.
② REGEXP_INSTR는 정규 표현식 패턴과 일치하는 문자열의 시작 위치를 반환한다.
④ REGEXP_REPLACE는 정규 표현식 패턴과 일치하는 부분 문자열을 다른 문자열로 치환한다.

40 정답 ④

출제 영역 계층형 질의와 셀프 조인

정답 해설 해당 선지의 SQL 문은 START WITH 관리자ID = 100으로 '김철수' 사원부터 시작해서 CONNECT BY PRIOR 사원ID = 관리자ID를 통해 관리자에서 부하로 내려가는 계층을 순방향으로 탐색한다. 따라서 관리자가 존재하는 사원만 출력되고 각 사원과 관리자명을 정확히 조회할 수 있다.

41 정답 ②

출제 영역 정규 표현식

정답 해설 정규 표현식 'B{1,2}'는 'B'가 1개 이상 2개 이하 반복된 문자열을 찾는다는 의미이다. 이 패턴에 매칭되는 후보는 'B', 'BB' 두 가지이며, REGEXP_SUBSTR 함수는 문자열에서 처음으로 정규식과 일치하는 부분을 반환한다. 이때 같은 위치에서 여러 후보가 가능한 경우, 패턴에 맞는 가장 긴 문자열이 반환된다. 따라서 'AABBBAA'에서는 'BB'가 가장 먼저, 가장 길게 매칭되어 결과로 반환된다.

42 정답 ③

출제 영역 ORDER BY 절

정답 해설 ENAME 칼럼을 내림차순 정렬하여 나머지 선지들과 실행 결과가 다르다. 나머지 선지들은 ENAME 칼럼 기준 오름차순, DEPTNO 칼럼 기준 오름차순, EMPNO 칼럼 기준 내림차순 정렬하여 결과를 반환한다.

43 정답 ③

출제 영역 TCL

정답 해설 고립성은 동시에 실행되는 트랜잭션들이 서로 간섭하지 않도록 보장하는 특성이다.

44 정답 ①

출제 영역 DML

정답 해설 DELETE는 사용자 COMMIT으로 실행되고, DROP과 TRUNCATE는 자동 COMMIT 모드로 실행된다.

45 정답 ③

출제 영역 윈도우 함수

정답 해설 DENSE_RANK( )는 동일한 값에는 같은 순위를, 이후 값에는 건너뛰지 않고 연속된 순위를 부여한다. 주어진 실행 결과에서도 동일한 SALARY는 같은 RANK를 가지며, 이후 순위가 1씩 증가하므로 DENSE_RANK( )를 사용하는 것이 가장 적절하다.

46 정답 ③

출제 영역 GROUP BY, HAVING 절

정답 해설 보기의 SQL 문은 두 테이블 [T1(회원정보)]과 [T2(주문내역)]를 조인한 뒤, 회원별로 주문 건수를 집계하여 두 건 이상인 회원만 추출하는 쿼리이다. 회원 단위로 그룹화되었기 때문에, HAVING COUNT(*) >= 2 조건은 '주문 건수가 2건 이상인 경우'를 의미한다. [T2] 테이블에서 주문이 2건 이상인 회원은 이영희(102, 2건)와 박영식(103, 3건)이므로 실행 결과로 이 두 명의 회원정보가 출력된다.

47 정답 ③

출제 영역 그룹 함수

정답 해설 GROUP BY ROLLUP((제품, 지점))은 (제품 + 지점)별 조합으로 판매수량의 평균을 구하고, 마지막 행에 전체 평균(NULL, NULL)을 출력한다.

오답 해설 ① GROUP BY ROLLUP(제품)은 제품별 평균과 전체 평균(NULL, NULL)을 구하는 구문이다. 보기의 SELECT 문에서 '지점'을 조회하고 있으므로, ROLLUP에 '지점' 칼럼을 추가로 지정해야 한다.

② GROUP BY ROLLUP(제품, 지점)은 제품 + 지점별, 제품별, 전체 평균(NULL, NULL)을 구하는 구문이다.

④ GROUP BY ROLLUP((제품, 지점), 제품)은 '제품'과 '지점'을 먼저 묶어 ROLLUP하고, 그 뒤에 '제품' 칼럼을 또 ROLLUP한다. '제품'이 중복 적용되어 실행 결과보다 더 많은 NULL 조합이 생긴다.

48 정답 ①

출제 영역 그룹 함수

정답 해설 보기의 SQL 문은 각 부서에서 사원ID가 가장 큰 사원의 최대보너스금액을 구하는 쿼리로, KEEP (DENSE_RANK LAST ORDER BY 사원ID)는 사원ID의 숫자가 가장 큰 행을 기준으로 MAX(보너스) 값을 선택한다. 따라서 부서 'A001'에서는 사원ID가 9978인 'Chris'의 보너스 중 최댓값인 800이 선택되고, 부서 'A002'는 사원ID가 9979인 'Emma'의 보너스 중 최댓값인 850이 선택된다. 마지막으로, 부서 'A003'은 사원ID가 9981인 'Helen'의 보너스 9000이 선택된다.

> **+ KEEP 절**
>
> KEEP 절은 오라클에서 MAX, MIN 같은 집계 함수와 함께 사용되어, 특정 정렬 기준에 따라 '첫 번째' 또는 '마지막' 행을 기준으로 집계값을 선택할 수 있게 하는 문법이다.
>
> ```
> KEEP (DENSE_RANK FIRST | LAST ORDER BY 칼럼명
> [ASC|DESC])
> ```
>
> • DENSE_RANK FIRST: 정렬 기준으로 가장 앞에 오는 행(처음 순위)
> • DENSE_RANK LAST: 정렬 기준으로 가장 뒤에 오는 행(마지막 순위)
> • ORDER BY: 순서를 결정할 칼럼

49 정답 ①

출제 영역 그룹 함수

정답 해설 [실행 결과] 테이블에서는 (부서명, 직급), (부서명), (직급), (전체)로 그룹핑되고 있으므로, 각 부서별 총합, 직급별 총합, 전체 총합을 모두 구할 수 있다.

오답 해설 ② ROLLUP(부서명, 직급) 사용 시 (부서명, 직급), (부서명), (전체)로 그룹핑되므로, 직급별 총합은 출력되지 않는다.

③ GROUPING SETS(부서명, 직급) 사용 시 (부서명), (직급)으로만 그룹핑된다.

④ GROUPING SETS((부서명, 직급)) 사용 시 단순히 (부서명, 직급) 조합만 출력된다.

50 정답 ④

출제 영역 TCL

정답 해설 SQL 문의 실행 흐름을 보면, 먼저 (10,20), (20,30), (30,40) 세 행이 추가되고 COMMIT되어 확정된다. 이후 COL2 > 25인 두 행이 COL1 = 40으로 UPDATE되고 다시 COMMIT되면서 이 변경도 확정된다. 다음으로 'SAVEPOINT S2' 이후 COL1 = 40인 행들을 DELETE했지만, 'ROLLBACK TO SAVEPOINT S2'로 인해 이 삭제는 취소되고 데이터는 그대로 복구된다. 마지막으로 (40, 20)이 새로 추가되어 최종적으로 COL1 = 40인 행은 총 3개가 되므로, SELECT COUNT(*) 결과는 3이 된다.

정답 및 해설 | 제55회 기출 변형 모의고사

정답 확인

01	②	02	①	03	③	04	①	05	③
06	③	07	④	08	①	09	③	10	④
11	②	12	④	13	③	14	③	15	①
16	②	17	②	18	①	19	①	20	②
21	①	22	④	23	①	24	②	25	④
26	③	27	①	28	②	29	①	30	①
31	③	32	④	33	①	34	②	35	③
36	③	37	②	38	①	39	①	40	④
41	①	42	③	43	②	44	④	45	②
46	③	47	②	48	②	49	③	50	②

성적 분석

과목	번호	출제 영역	틀린 문제
1과목	01	데이터 모델의 이해	☐
	02	엔터티	☐
	03	속성	☐
	04	정규화	☐
	05	관계	☐
	06	엔터티	☐
	07	식별자	☐
	08	정규화	☐
	09	TCL	☐
	10	관계와 조인의 이해	☐
2과목	11	관계형 데이터베이스 개요	☐
	12	WHERE 절	☐
	13	함수	☐
	14	SELECT 문	☐
	15	DDL	☐
	16	집합 연산자	☐
	17	ORDER BY 절	☐
	18	WHERE 절	☐
	19	DDL	☐
	20	TCL	☐
	21	SELECT 문	☐
	22	집합 연산자	☐
	23	WHERE 절	☐
	24	함수	☐
	25	그룹 함수	☐

과목	번호	출제 영역	틀린 문제
	26	서브쿼리	☐
	27	윈도우 함수	☐
	28	DCL	☐
	29	SELECT 문	☐
	30	함수	☐
	31	계층형 질의와 셀프 조인	☐
	32	표준 조인	☐
	33	윈도우 함수	☐
	34	정규 표현식	☐
	35	그룹 함수	☐
	36	계층형 질의와 셀프 조인	☐
2과목	37	함수	☐
	38	정규 표현식	☐
	39	표준 조인	☐
	40	Top N 쿼리	☐
	41	DML	☐
	42	윈도우 함수	☐
	43	그룹 함수	☐
	44	서브쿼리	☐
	45	계층형 질의와 셀프 조인	☐
	46	GROUP BY, HAVING 절	☐
	47	DDL	☐
	48	TCL	☐
	49	Top N 쿼리	☐
	50	DDL	☐

01 정답 ②

출제 영역　데이터 모델의 이해
정답 해설　(나) 내부 스키마는 데이터베이스의 가장 낮은 계층으로, 데이터가 물리적으로 저장되는 방식을 정의한다.
(다) 파일 구조, 인덱스 구성, 저장 위치, 압축 방식 등 물리적 저장과 관련된 다양한 정보가 이에 포함된다.
오답 해설　(가) 외부 스키마에 대한 설명이다.
(라) 개념 스키마에 대한 설명이다.

02 정답 ①

출제 영역　엔터티
정답 해설　일반적으로 엔터티의 명명에는 약어 사용을 지양하는 것이 원칙이다. 약어는 가독성을 떨어뜨리고, 의미 전달이 모호할 수 있기 때문이다.

03 정답 ③

출제 영역　속성
정답 해설　• 엔터티: 데이터베이스에서 관리해야 할 개체(테이블 전체)를 의미한다.
• 인스턴스: ⓒ과 같이 엔터티의 개별적인 행(튜플, 레코드)을 의미한다.
• 속성: ㉠과 같이 테이블의 열(칼럼, 필드)을 의미한다.
• 속성값: ⓒ과 같이 속성에 저장된 개별적인 값(셀의 값)을 의미한다.

04 정답 ①

출제 영역　정규화
정답 해설　[A] 테이블은 각 속성이 개별적인 값만 포함하고 있으므로 제1정규형을 만족한다.
오답 해설　② [B]에서 담당교수 정보를 별도 테이블로 분리하여 부분 함수 종속성을 제거했으므로, 제2정규형을 만족한다.
③ [B]는 담당교수 정보를 별도의 과목 테이블로 이동하여 이행적 종속성을 제거했으므로, 제3정규형까지 만족하는 형태이다.
④ [B]에서 담당교수 정보가 별도 테이블로 분리되었기 때문에, 학생ID별 신청과목에 따른 담당교수를 조회하려면 별도의 테이블과 JOIN 연산이 필요하다. 따라서 쿼리 성능이 저하될 가능성이 있다.

05 정답 ③

출제 영역　관계
정답 해설　관계선택사양은 관계에 참여하는 엔터티가 필수적으로 참여해야 하는지, 또는 선택적으로 참여할 수 있는지를 나타낸다. 필수적 관계의 경우 NULL 값을 가질 수 없고, 선택적 관계의 경우 NULL 값을 가질 수 있다.

06 정답 ③

출제 영역　엔터티
정답 해설　기본 엔터티는 고유한 주식별자를 가지며, 다른 엔터티로부터 주식별자를 상속받지 않는다.

07 정답 ④

출제 영역　식별자
정답 해설　개체 무결성은 기본 키에 대한 무결성 규칙으로, 각 행을 고유하게 식별하도록 기본 키의 NULL 값과 중복을 허용하지 않는다. 이는 데이터의 일관성을 유지하기 위한 필수 조건이며, 기본 키와 직접적인 관련이 있다.

08 정답 ①

출제 영역　정규화
정답 해설　주어진 테이블의 '담당과목' 칼럼 데이터에 다중값이 존재한다. 한 개의 속성(칼럼) 안에 여러 개의 값이 들어가는 것은 제1정규형(1NF) 위배에 해당된다.

09 정답 ③

출제 영역　TCL
정답 해설　고립성은 여러 트랜잭션이 동시에 실행될 때 서로 영향을 주지 않고 개별적으로 수행되도록 하는 특성이다. 즉, 트랜잭션이 완료되기 전에는 그 과정이 다른 트랜잭션에 간섭받거나 노출되지 않도록 보장된다.

10 정답 ④

출제 영역 관계와 조인의 이해

정답 해설 조회 성능을 높여야 하는 경우, 데이터를 중복 저장하는 방식으로 반정규화를 적용한다. 그러나 데이터의 중복성을 최소화하고 무결성을 유지해야 하는 경우, 정규화를 유지하는 것이 적절하다.

---

2 과목 | **SQL 기본 및 활용**

11 정답 ②

출제 영역 관계형 데이터베이스 개요

정답 해설 데이터 조작어(DML)는 사용자가 데이터를 효율적으로 관리하고 조작할 수 있도록 도와주는 SQL 명령어이다. 데이터 조작어의 주요 명령어로는 INSERT, UPDATE, DELETE 등이 있다. ALTER는 데이터 정의어(DDL)의 명령어에 해당된다.

12 정답 ④

출제 영역 WHERE 절

정답 해설 NULL은 값이 아닌 상태이기 때문에 일반 비교 연산자(=, !=, ^=, < >)로는 비교할 수 없다. WHERE 절에서는 IS NOT NULL 사용 시에만 NULL 여부를 정확하게 확인할 수 있다.

13 정답 ③

출제 영역 함수

정답 해설 LTRIM은 문자열의 왼쪽에서 연속된 특정 문자를 모두 제거하는 함수이다. 따라서 'AABBCC'에서 'A'를 연속하여 제거하면 'BBCC'가 된다.

14 정답 ③

출제 영역 SELECT 문

정답 해설 SQL에서 별칭은 항상 칼럼 뒤에만 작성해야 하며, 칼럼 앞에 작성하면 문법 오류가 발생한다.

15 정답 ①

출제 영역 DDL

정답 해설 테이블명을 지정할 때는 반드시 문자로 시작해야 하며, 숫자로 시작하면 오류가 발생한다.

16 정답 ②

출제 영역 집합 연산자

정답 해설 두 집합 간에 중복된 행이 없는 경우, UNION ALL은 UNION과 동일한 결과를 반환한다.

오답 해설 ① UNION 연산자에 대한 설명이다.

③ UNION ALL은 UNION + INTERSECT와 동일한 결과를 반환한다.

④ UNION ALL을 사용하려면 열 개수와 데이터 유형이 같아야 한다 (JOIN은 스키마가 다른 테이블을 병합할 때 사용함).

17 정답 ②

출제 영역 ORDER BY 절

정답 해설 · ORDER BY 1, 2 DESC의 의미는 다음과 같다.

· ORDER BY 1, 2 DESC: 첫 번째 열(COL1) 오름차순

· ORDER BY 1, 2 DESC: 두 번째 열(COL2) 내림차순

1차 정렬(COL1 오름차순) 후 동일한 COL1 내에서 2차 정렬(COL2 내림차순)을 수행한다.

18 정답 ①

출제 영역 WHERE 절

정답 해설 패턴문자 %(퍼센트 기호)는 0개 이상의 문자를 의미하고, _(언더스코어)는 임의의 문자 1개를 의미한다. 주어진 SQL 문에 따라 '영'이 끝에서 두 번째에 위치하고, 그 뒤에 정확히 한 글자가 있는 경우(김영수, 남궁영준)의 개수는 2이다.

19 정답 ①

출제 영역 DDL

정답 해설 DELETE는 WHERE 절을 사용해 특정 데이터를 선택적으로 삭제하고, ROLLBACK이 가능하며, 테이블 구조는 유지되는 명령어이다. 반면, TRUNCATE는 테이블의 구조를 유지하면서 모든 데이터를 삭제하지만, WHERE 절을 사용할 수 없으며 ROLLBACK도 불가능하다.

20 정답 ②

출제 영역 TCL

정답 해설 (가) COMMIT은 트랜잭션 작업을 영구적으로 저장하는 역할을 한다.

(라) DDL 명령어는 자동커밋되므로 ROLLBACK이 불가능하다.

오답 해설 (나) SAVEPOINT는 ROLLBACK을 하기 위한 저장점을 지정한 것으로, 사용자가 명시적으로 설정해야 한다.

(다) COMMIT 이후에는 ROLLBACK이 불가능하다.

21 정답 ①

출제 영역 SELECT 문

정답 해설 • 100/0: 수학적으로 어떤 숫자도 0으로 나눌 수 없다. SQL에서도 0으로 나누는 연산을 수행하면 오류가 발생한다.

• 0/100: 0은 어떤 숫자로 나누든 결과는 항상 0이 된다.

• 100/NULL: SQL에서 NULL은 알 수 없는 값(Unknown Value)을 의미한다. 어떤 숫자든 NULL과 연산을 하면 그 결과는 항상 NULL이 된다.

22 정답 ④

출제 영역 집합 연산자

정답 해설 주어진 SQL 문은 [학생1] 테이블과 [학생2] 테이블에서 특정 학생ID를 기준으로 데이터를 조회한 뒤, UNION ALL을 사용해 결과를 합치고 학생명을 기준으로 오름차순 정렬하는 과정이다.

• 첫 번째 SELECT: [학생1] 테이블에서 학생ID가 101과 103인 데이터를 조회한다.

• 두 번째 SELECT: [학생2] 테이블에서 학생ID가 101과 103인 데이터를 조회한다.

• UNION ALL: 두 결과를 중복 제거 없이 그대로 합친다.

• ORDER BY 1: 첫 번째 열인 학생명을 기준으로 오름차순 정렬한다.

첫 번째 SELECT 문의 결과와 두 번째 SELECT 문의 결과로 UNION ALL하면 아래와 같은 결과가 도출된다.

학생명	학과명
정영재	경영학과
김철수	철학과
정영재	경영학과
김철수	철학과

마지막으로 학생명으로 오름차순 정렬을 수행하면 '김철수 – 김철수 – 정영재 – 정영재' 순으로 데이터 정렬이 완료된다.

23 정답 ①

출제 영역 WHERE 절

정답 해설 COUNT(4)를 하면 전체 행의 개수(6)가 반환된다.

오답 해설 ② COUNT(칼럼)는 NULL 값을 제외한 칼럼의 개수만 세기 때문에, 결과는 4이다.

③ COUNT(*)는 NULL을 포함하여 모든 행의 개수를 반환하지만, WHERE 절에서 고객ID가 NULL이 아니라는 조건이 적용되어, 결과는 4가 반환된다.

④ IN 연산자로는 NULL 값을 비교할 수 없다. 즉, (고객ID = NULL) 조건은 항상 FALSE이므로 필터링되지 않는다. 결국 고객ID가 1, 2, 3, 6인 행만 선택되어 결과는 4이다.

24 정답 ②

출제 영역 함수

정답 해설 • SUM(COL1): 10 + 20 + 30 = 60(NULL 값은 무시됨)

• SUM(NVL(COL2, 0)): 100 + 200 + 300 + 0 = 600(NULL이 0으로 변환됨)

• 최종 연산: SUM(COL1) + SUM(NVL(COL2, 0)) = 60 + 600 = 660

25 정답 ④

출제 영역 그룹 함수

정답 해설 실행 결과에서 (고객등급, 등록연도), (고객등급), (전체)로 그룹핑되었기 때문에, ROLLUP 함수를 사용해야 한다.

GROUP BY ROLLUP(고객등급, 등록연도)

→ 고객등급, 등록연도별 고객 수 집계

→ 고객등급별 고객 수 소계(등록연도 = NULL)

→ 전체 고객 수 총계(고객등급 = NULL, 등록연도 = NULL)

26 정답 ③

출제 영역 서브쿼리

정답 해설 단일행 비교 연산자(=, <, >, <=, >=)는 반드시 1건 이하의 결과만 반환해야 한다. 서브쿼리가 2건 이상 반환될 경우에는 오류가 발생한다.

27 정답 ①

출제 영역 윈도우 함수
정답 해설 실행 결과를 보면 공동 순위(동점자)가 존재하며, 공동 순위 이후 순위가 연속적으로 증가하는 형태이다. 공동 순위 이후 순위가 연속적으로 증가해야 하므로 DENSE_RANK 함수가 적절한 답이다.

28 정답 ②

출제 영역 DCL
정답 해설 ROLE은 여러 개의 권한을 묶어 그룹화하여 관리하는 개념으로, 이를 사용하여 여러 사용자에게 동일한 권한을 쉽게 부여하고 유지보수를 간편하게 할 수 있다.
오답 해설 ① GRANT는 사용자 또는 ROLE에 특정 권한을 부여하는 명령어이다.
③ REVOKE는 기존에 부여된 권한이나 ROLE을 회수하는 명령어이다.
④ PACKAGE는 PL/SQL에서 관련된 프로시저, 함수 등을 하나의 단위로 묶어서 관리하는 개념이다.

29 정답 ①

출제 영역 SELECT 문
정답 해설 산술 연산자는 연산의 우선순위에 따라 계산 순서가 달라진다. 아래는 연산자의 일반적인 우선순위이다.
• 괄호 ( ) : 가장 높은 우선순위로, 괄호 안의 식을 먼저 계산한다.
• 곱셈 * , 나눗셈 / : 괄호 다음으로 높은 우선순위를 가진다.
• 덧셈 + , 뺄셈 − : 곱셈, 나눗셈보다 낮은 우선순위를 가진다.

30 정답 ①

출제 영역 함수
정답 해설 SUBSTR('Hello World', 5, 3)는 문자열 'Hello World'의 5번째 문자에서부터 3글자를 추출한다는 의미이다. 따라서 'o W'가 정답이다.

31 정답 ③

출제 영역 계층형 질의와 셀프 조인
정답 해설 CONNECT BY PRIOR 부모 = 자식의 형태는 자식 노드에서 부모 노드로 이어지는 역방향 전개를 의미한다.

32 정답 ④

출제 영역 표준 조인
정답 해설 [TAB1]과 [TAB2]에 대해 '학생명' 칼럼을 기준으로 OUTER JOIN을 수행한 결과는 아래와 같다.

• LEFT OUTER JOIN

학생명	학과	학생명	학년	학과
박유림	영문학과	박유림	2	영문학과
김수철	수학과	김수철	3	수학과
이세영	국문학과	NULL	NULL	NULL
김영수	철학과	NULL	NULL	NULL

• RIGHT OUTER JOIN

학생명	학과	학생명	학년	학과
박유림	영문학과	박유림	2	영문학과
김수철	수학과	김수철	3	수학과
NULL	NULL	이수연	1	철학과

• FULL OUTER JOIN

학생명	학과	학생명	학년	학과
이세영	국문학과	NULL	NULL	NULL
박유림	영문학과	박유림	2	영문학과
김영수	철학과	NULL	NULL	NULL
김수철	수학과	김수철	3	수학과
NULL	NULL	이수연	1	철학과

따라서 각 JOIN 결과를 COUNT한 실행 결과는 4, 3, 5이다.

33 정답 ①

출제 영역 윈도우 함수
정답 해설 주어진 테이블에서는 동일한 급여를 가진 사원들에게 같은 순위가 부여되었으며, 다음 순위는 건너뛰고 부여되고 있다. 이러한 순위 부여 방식은 RANK 함수의 특징이므로 해당 함수를 사용하는 것이 적절하다.

34 정답 ②

출제 영역 정규 표현식
정답 해설 주어진 SQL은 REGEXP_INSTR 함수를 사용하여 특정 정규 표현식 패턴을 찾고, 문자열에서 해당 패턴의 특정 그룹의 시작 위치를 반환하는 문제이다.
• 검색할 문자열: 'ABCDEFG'
• 정규 표현식: '(AB)((CD)E)(FG)'

         (AB) → 첫 번째 그룹

         ((CD)E) → 두 번째 그룹

         (CD) → 세 번째 그룹

         (FG) → 네 번째 그룹

마지막 인자인 서브 표현식 값이 3이므로 주어진 문자열에서 세 번째 그룹인 (CD)의 위치를 문자열에서 탐색한다. 따라서 결과로는 문자열 'ABCDEFG'에서 'CD'의 위치인 3을 반환한다. 추가로 여섯 번째 인자인 'i'는 '대소문자를 구분하지 않는다'의 의미이다.

[참고] REGEXP_INSTR의 기본적인 함수 문법은 아래와 같다.

```
REGEXP_INSTR(문자열, 정규표현식
[, 시작 위치 [, 발생 순서 [, 반환값 [,
매칭 옵션 [, 서브 표현식]]]]])
```

매개변수	설명	기본값
문자열	검색할 대상 문자열	필수
정규 표현식	찾을 패턴을 정규 표현식으로 지정	필수
시작 위치	검색을 시작할 위치(1부터 시작)	1
발생 순서	N번째 일치하는 패턴의 위치를 반환	1
반환값	0: 패턴 시작 위치, 1: 패턴이 끝난 후의 위치	0
매칭 옵션	Match를 시도할 때의 옵션(주로 대소문자 구분 여부 지정)	c
서브 표현식	지정된 그룹의 위치를 반환(0에서 9까지의 정수)	0(전체 패턴)

35 정답 ③

출제 영역 그룹 함수

정답 해설 • GROUP BY ROLLUP(COL1): COL1로 집계 → 전체로 집계 먼저 COL1별로 그룹핑하고, 마지막에 전체를 하나로 묶은 그룹을 추가한다는 의미이다.

• GROUP BY ROLLUP(COL1), COL1: (COL1, COL1)로 집계 → (전체, COL1)로 집계

아래와 같은 형식으로 생각하면 이해하기 쉽다.

```
GROUP BY COL1, COL1      -- A, B, C 3행
UNION ALL
GROUP BY (전체), COL1     -- A, B, C 3행
```

(COL1, COL1)와 (전체, COL1) 모두 COL1로 집계한 것과 다름없으므로 최종 결과는 COL1로 두 번 집계한 것으로 계산된다. 따라서 실행 결과는 A, B, C, A, B, C로 총 6행이 출력된다.

36 정답 ③

출제 영역 계층형 질의와 셀프 조인

정답 해설 'PRIOR 자식 = 부모'의 형태는 순방향 전개, 'PRIOR 부모 = 자식'의 형태는 역방향 전개이다. 3번 선지에서는 MANAGER_ID가 100인 노드부터 순방향 전개를 하고 있으며, 그중 EMP_ID가 103인 행만 출력하여 특정한 한 명의 사원에 대한 상위 관리자를 조회할 수 있다.

오답 해설 ① MANAGER_ID가 100인 노드부터 순방향 전개를 하며, 모든 행을 출력한다.

② MANAGER_ID가 107인 노드부터 순방향 전개이나, MANAGER_ID가 107인 노드가 없으므로 아무것도 출력되지 않는다.

④ MANAGER_ID가 100인 노드부터 역방향 전개이나, EMP_ID가 103인 행이 탐색 범위에 없기 때문에 아무것도 출력되지 않는다.

37 정답 ②

출제 영역 함수

정답 해설 주어진 SQL에서는 BETWEEN 연산자를 사용하여 특정 기간(2025-01-01 ~ 2025-01-02)에 등록한 회원의 수를 구하고 있다. 날짜함수를 변환할 때는 초깃값으로 처리되기 때문에 아래와 같이 해석해야 한다.

• BETWEEN '2025-01-01' AND '2025-01-02'

• BETWEEN '2025-01-01 00:00:00'
  AND '2025-01-02 00:00:00'

따라서 '2025-01-02'의 경우 등록일자가 '2025-01-02 00:00:00'에 해당되는 데이터만 포함하기 때문에, 출력되는 행은 1행부터 4행까지 총 4개의 행이다.

38 정답 ①

출제 영역 정규 표현식

정답 해설 REGEXP_SUBSTR 함수는 정규 표현식을 사용하여 문자열에서 특정 패턴과 일치하는 부분 문자열을 추출하는 SQL 함수이다. 두 번째 인자까지만 표기할 경우, 문자열에서 가장 먼저 발견된 일치하는 부분을 반환한다.

• 정규 표현식 [abc]: 대괄호 [ ] 안의 문자 a, b, c 중 하나와 일치하는 첫 번째 문자를 찾는다. 'data science' 문자열에서 가장 먼저 등장하는 'a' 패턴과 일치한다.

• 정규 표현식 [^abc]: ^(캐럿, caret) 기호가 대괄호 [ ] 안에서 사용되면 '부정(not)'을 의미한다. 즉, a, b, c 중에 해당되지 않는 첫 번째 문자를 찾는다. 'data science' 문자열에서 첫 번째 문자 'd'가 a, b, c에 포함되지 않으므로 패턴과 일치한다.

• 정규 표현식 ^abc: ^(캐럿, caret) 기호가 대괄호 [ ] 없이 사용되면 '문자열의 시작'을 의미한다. 즉, 문자열이 정확히 'abc'로 시작하는 경우에만 매칭된다. 'data science' 문자열은 'abc'로 시작하지 않으므로 일치하는 값이 없다. 따라서 NULL 값을 반환한다.

39 정답 ①

출제 영역 표준 조인

정답 해설 NATURAL JOIN은 자동으로 동일한 이름과 타입을 가진 칼럼을 기준으로 조인한다. 따라서 ON 절에 조인 조건을 지정할 필요가 없으며, 명시적으로 사용할 수도 없다.

오답 해설 ② NATURAL JOIN은 두 테이블 간에 동일한 이름과 동일한 데이터 타입을 가진 칼럼이 존재해야 동작한다.

③ NATURAL JOIN에서는 조인에 이용되는 칼럼을 명시하지 않아도 자동으로 조인된다.

④ 해당 선지는 CROSS JOIN에 대한 설명이다.

40 정답 ④

출제 영역 Top N 쿼리

정답 해설 주어진 SQL 문은 [TBL] 테이블의 데이터를 점수를 기준으로 내림차순 정렬한 결과에서 상위 3위의 행의 점수를 평균낸 값을 구하고 있다. 즉, 점수가 상위 3등 안에 드는 학생들의 평균점수를 구하는 것이므로, 정답은 '(90 + 80 + 70)/3 = 80'이다.

41 정답 ①

출제 영역 DML

정답 해설 20250301은 NUMBER 타입이므로 DATE 필드(신청일자)에 입력하면 오류가 발생한다.

42 정답 ③

출제 영역 윈도우 함수

정답 해설 아래는 FROM 절의 서브쿼리에 대한 상세 설명이다.

- ROW_NUMBER() OVER(PARTITION BY TEAM_ID ORDER BY SALARY DESC) AS C1: C1 구문에서는 TEAM_ID별로 SALARY가 높은 순서대로 행에 번호를 매긴다. 즉, 'C1 = 2'인 것은 각 팀에서 두 번째로 높은 연봉을 가진 PLAYER들이다. 따라서 'WHERE C1 = 2' 조건에 해당되는 PLAYER_ID는 1001, 1004, 1007이다.
- SUM(SALARY) OVER(PARTITION BY TEAM_ID ORDER BY PLAYER_ID ROWS BETWEEN UNBOUNDED PRECEDING AND CURRENT ROW) AS C2: C2 구문에서는 TEAM_ID별로 PLAYER_ID 기준 오름차순 정렬 후 누적 합계(SUM)를 구한다. 'ROWS BETWEEN UNBOUNDED PRECEDING AND CURRENT ROW' 옵션은 그룹 내에서 처음부터 현재 행까지의 합을 계산한다.

TEAM_ID	PLAYER_ID	SALARY	누적 SUM
A	1001	3500	3500
A	1002	4000	7500
B	1003	5500	5500
B	1004	4000	9500
B	1005	3500	13000
C	1006	5500	5500
C	1007	4000	9500

위의 테이블을 참고하여 C1 = 2인 PLAYER_ID에 대응되는 C2 값을 구하면 아래과 같다.

- 1001 (A팀) → 3500
- 1004 (B팀) → 9500
- 1007 (C팀) → 9500

43 정답 ②

출제 영역 그룹 함수

정답 해설 주어진 실행 결과를 보면, 아래 두 가지 그룹화가 적용된 것을 알 수 있다.

- (고객ID, 주문제품) → 고객별 & 제품별 주문 수량을 계산
- (고객ID) → 고객별 총 주문 수량을 계산('주문제품' 칼럼의 데이터는 NULL로 표기됨)

44 정답 ④

출제 영역 서브쿼리

정답 해설 주어진 SQL 문에서는 WHERE 절의 상관 서브쿼리를 통해 현재 사원이 속한 부서(DEPT_ID)의 평균 급여를 구하여 자신의 급여와 비교하고 있다. 아래는 각 부서별 평균 급여(SALARY)이다.

DEPT_ID	평균 SALARY
10	3250
20	4100
30	5000

이를 참고할 때 WHERE 절의 조건에 해당되는 사원은 'Park'과 'Jung'이다.

45 정답 ②

출제 영역 계층형 질의와 셀프 조인
정답 해설 • START WITH 관리자ID = 2는 관리자ID가 2인 사원부터 시작한다는 의미이다(사원ID가 4인 '김영자' 사원부터 시작).
• CONNECT BY 사원ID = PRIOR 관리자ID는 CONNECT BY 부모칼럼 = PRIOR 자식칼럼의 형태로, 사원의 관리자를 조회하는 역방향 쿼리이다.
사원ID가 4인 '김영자' 사원의 관리자 → 관리자 → 관리자를 계속 따라가는 형식이므로, 실행 결과로는 '김영자' → '박영진' → '김명수' 사원이 차례로 출력된다.

46 정답 ③

출제 영역 GROUP BY, HAVING 절
정답 해설 [학생] 테이블과 [수강정보] 테이블은 학생번호로 INNER JOIN해야 하며, 수강 과목 수를 세기 위해 COUNT 함수를 사용해야 한다. 또한 수강 횟수가 5회 이상인 학생을 추출하기 위해 HAVING 절을 사용해야 한다.

47 정답 ②

출제 영역 DDL
정답 해설 기존 테이블에 새로운 칼럼을 추가할 때는 ALTER TABLE ⋯ ADD 구문을 사용한다.

48 정답 ②

출제 영역 TCL
정답 해설 ROLLBACK TO SAVEPOINT A 실행 시, A 이후의 모든 작업이 취소된다. 따라서 아래의 설명과 같이 ROLLBACK 실행으로 인해 SAVEPOINT A 이전의 (1, 'Kim')만 남고, 이후 삽입한 데이터가 저장되어 최종 출력되는 회원은 'Kim', 'Choi', 'Jung'이다.

```
INSERT INTO CUSTOMER VALUES(1, 'Kim');
SAVEPOINT A;
--- (1, 'Kim') 데이터가 추가된 상태를 저장

INSERT INTO CUSTOMER VALUES(2, 'Lee');
SAVEPOINT B;
--- (1, 'Kim'), (2, 'Lee') 데이터가 추가된 상태를 저장

INSERT INTO CUSTOMER VALUES(3, 'Park');
ROLLBACK TO A;
--- SAVEPOINT A까지 롤백, 즉 (1, 'Kim')만 남기고 이후에 삽
입된 (2, 'Lee')와 (3, 'Park')은 모두 취소된다.
```

49 정답 ③

출제 영역 Top N 쿼리
정답 해설 WITH TIES는 FETCH 시 마지막 행과 동일한 정렬 기준값을 가진 행들(동점)도 함께 반환하는 옵션이다.

➕ ROW LIMITING 절

ROW LIMITING 절은 ANSI 표준 SQL 문법으로, 결과 집합에서 반환할 행의 수를 제한하거나 특정 조건에 맞는 행만을 반환할 때 사용된다. ORDER BY 절 다음에 기술하며, 주로 OFFSET, FETCH, WITH TIES, ONLY 등의 키워드와 함께 사용된다(오라클 12c 버전부터 사용이 가능함).

50 정답 ②

출제 영역 DDL
정답 해설 t1 시점에서 '도서ID = 101' 삭제를 시도하고, 실제 삭제 완료는 t2 시점에서 COMMIT한 이후에 이루어진다. t3 시점에서는 101번 도서를 참조하는 대여정보를 추가하려고 하나, t2에서 이미 '도서ID = 101'이 삭제되었기 때문에 외래 키 제약 조건을 위반하여 오류가 발생한다.

정답 및 해설 　 제54회 기출 변형 모의고사

정답 확인

01	①	02	④	03	③	04	④	05	②
06	④	07	②	08	②	09	④	10	②
11	②	12	①	13	④	14	①	15	②
16	②	17	②	18	③	19	④	20	③
21	①	22	③	23	②	24	①	25	④
26	①	27	③	28	④	29	②	30	③
31	④	32	②	33	①	34	②	35	③
36	③	37	②	38	④	39	③	40	④
41	③	42	③	43	①	44	①	45	②
46	②	47	②	48	①	49	④	50	②

성적 분석

과목	번호	출제 영역	틀린 문제
1과목	01	데이터 모델의 이해	☐
	02	엔터티	☐
	03	속성	☐
	04	식별자	☐
	05	식별자	☐
	06	본질식별자 vs. 인조식별자	☐
	07	SELECT 문	☐
	08	TCL	☐
	09	관계	☐
	10	정규화	☐
2과목	11	TCL	☐
	12	서브쿼리	☐
	13	TCL	☐
	14	함수	☐
	15	SELECT 문	☐
	16	함수	☐
	17	SELECT 문	☐
	18	집합 연산자	☐
	19	서브쿼리	☐
	20	표준 조인	☐
	21	WHERE 절	☐
	22	표준 조인	☐
	23	DDL	☐
	24	WHERE 절	☐
	25	윈도우 함수	☐

과목	번호	출제 영역	틀린 문제
2과목	26	WHERE 절	☐
	27	윈도우 함수	☐
	28	표준 조인	☐
	29	DDL	☐
	30	그룹 함수	☐
	31	Top N 쿼리	☐
	32	표준 조인	☐
	33	표준 조인	☐
	34	그룹 함수	☐
	35	함수	☐
	36	그룹 함수	☐
	37	DDL	☐
	38	함수	☐
	39	GROUP BY, HAVING 절	☐
	40	ORDER BY 절	☐
	41	표준 조인	☐
	42	서브쿼리	☐
	43	계층형 질의와 셀프 조인	☐
	44	서브쿼리	☐
	45	윈도우 함수	☐
	46	DDL	☐
	47	윈도우 함수	☐
	48	정규 표현식	☐
	49	계층형 질의와 셀프 조인	☐
	50	서브쿼리	☐

01 정답 ①

출제 영역 데이터 모델의 이해
정답 해설 개념적 데이터 모델링은 추상화 레벨이 높은 모델링으로, EA(Enterprise Architecture)를 수립할 때 주로 이용되며 이 단계에서 데이터의 엔터티, 속성, 관계 등을 도출한다.

02 정답 ④

출제 영역 엔터티
정답 해설 엔터티는 단순히 데이터를 저장하는 것이 아니라 반복적으로 관리되는 데이터의 집합이므로 최소 2개 이상의 인스턴스를 가지고 있어야 한다. 예를 들어, 쇼핑몰에 '고객'이라는 엔터티가 있다고 가정했을 때, 오직 한 명의 고객만 존재하고 앞으로도 쭉 유지될 예정이라면 굳이 엔터티로 만들 필요가 없을 것이다.

03 정답 ③

출제 영역 속성
정답 해설 모든 속성은 엔터티의 주식별자에 함수적으로 종속되어야 한다.

04 정답 ④

출제 영역 식별자
정답 해설 주식별자는 반드시 값을 가져야 하며, NULL 값을 가질 수 없다.

05 정답 ②

출제 영역 식별자
정답 해설 비식별자 관계에서는 부모와 자식이 완전히 독립적일 수 있다. 따라서 부모 엔터티가 삭제되어도, 자식 엔터티가 독립적인 기본 키를 가지면 유지될 수 있다. 예를 들어, 고객(Customer) – 주문(Order) 관계에서, 주문이 'Order_ID'라는 독립적인 기본 키를 가지고 있다면, 고객이 삭제되더라도 주문 데이터는 남을 수 있다.

06 정답 ④

출제 영역 본질식별자 vs. 인조식별자
정답 해설 인조식별자는 업무적으로 만들어지는 않지만, 본질식별자가 너무 복잡할 때 데이터베이스에서 인위적으로 생성되는 식별자이다.
오답 해설 ① 주식별자에 대한 설명이다.
② 내부식별자에 대한 설명이다.
③ 외부식별자에 대한 설명이다.

07 정답 ②

출제 영역 SELECT 문
정답 해설 단일행 연산에서 NULL 값과 연산을 수행할 경우 결과는 항상 NULL이 된다. 즉, (NULL + 10), (NULL * 5) 등의 연산은 모두 NULL 값을 반환한다. 반면, 다중행 연산(집계 함수)에서는 NULL 값이 연산에 포함되지 않거나, 연산 방식에 따라 처리 방식이 달라질 수 있다.
오답 해설 ① Barker 표기법은 ERD를 표현하는 방법 중 하나로, 속성에서 NULL 허용 여부를 명확하게 표현할 수 있다.
③ NULL 값은 아무런 값도 가지고 있지 않은 상태를 의미하는 표현이다. NULL과 문자열형의 'NULL'은 동일한 값이 아니다.
④ I/E 표기법에서는 기본적으로 NULL 허용 여부를 별도의 표시 없이 설계하는 경우가 많다.

08 정답 ②

출제 영역 TCL
정답 해설 트랜잭션의 네 가지 특성에는 원자성(Atomicity), 일관성(Consistency), 고립성(Isolation), 영속성(Durability)이 포함되며, 이를 일반적으로 ACID 특성이라고 부른다. 동시성은 데이터베이스의 성능 및 효율성과 관련된 개념이지, 트랜잭션의 ACID 특성에는 포함되지 않는다.

09 정답 ④

출제 영역 관계
정답 해설 [교수] 테이블의 주식별자인 교수번호가 [강의내역] 테이블의 주식별자에 들어가 있으므로 둘의 관계는 식별관계이다.
오답 해설 ① 교수와 강의내역은 ERD상에서 1:N 관계로 표기되고 있다(까치발 기호). 이는 한 명의 교수가 여러 개의 강의를 개설할 수 있다는 의미이다.
② 교수와 강의내역 간의 관계에서 교수에 대해 강의내역은 선택적 관계이다(○ 기호).

③ [강의내역] 테이블의 교수번호는 외래 키(FK)로 [교수] 테이블을 참
조하고 있으므로, 강의내역은 반드시 특정 교수(교수번호)와 연결되
어야 한다.

10 정답 ②

출제 영역 정규화
정답 해설 현재 테이블에서는 부분 함수 종속이 발생하고 있다. 기본
키(회원ID, 도서코드) 중 '도서코드'만으로 '도서명'과 '출판사'가 결정되
고 있다. 따라서 부분 함수 종속을 제거하기 위해 2차 정규화 작업을
수행해야 한다.

---

2 과목 | **SQL 기본 및 활용**

11 정답 ②

출제 영역 TCL
오답 해설 ① COMMIT은 트랜잭션에서 수행된 입력 · 수정 · 삭제 작
업을 영구적으로 반영하고 최종 확정하는 명령어이다.
③ SAVEPOINT는 트랜잭션 내에서 특정 지점을 설정하고, 해당 지점
까지 ROLLBACK할 수 있도록 지원하는 명령어이다. 전체 트랜잭
션 복구는 불가능하다.
④ REVOKE는 사용자가 부여받은 권한을 회수하는 명령어로 SELECT,
INSERT, UPDATE 등의 권한을 제거하는 데 사용되며, 트랜잭션과
는 무관하다.

12 정답 ①

출제 영역 서브쿼리
정답 해설 뷰는 기본 테이블을 기반으로 한 가상의 테이블이므로, 단
일 테이블을 기반으로 하는 단순 뷰는 DML 작업(삽입 · 수정 · 삭제)이
가능하다. JOIN, GROUP BY, UNION 등을 사용한 복합 뷰의 경우에는
DML 작업(삽입 · 수정 · 삭제)이 제한된다.

13 정답 ④

출제 영역 TCL
정답 해설 트랜잭션은 하나의 논리적 작업 단위로, 데이터 일관성을
유지하고 무결성을 보장하는 역할을 한다.

오답 해설 ① 로그는 데이터베이스의 변경 사항을 기록하는 파일로,
트랜잭션의 시작, 변경 내역, COMMIT 또는 ROLLBACK 상태 등을 기
록한다(작업 이력만 기록할 뿐, 논리적 작업 단위와는 무관함).
② 세그먼트는 테이블, 인덱스 등 데이터를 저장하는 물리적 공간이다.
③ 프로시저는 미리 정의된 SQL 문들의 집합으로, 반복적으로 수행되
어야 하는 작업들을 효율적으로 처리할 수 있게 해준다(일정한 작
업을 묶어 실행하는 수단일 뿐, 트랜잭션처럼 하나의 논리적 작업
단위를 보장하는 개념은 아님).

14 정답 ①

출제 영역 함수
정답 해설 NULLIF(COL1, '01')는 COL1이 '01'이면 NULL을 반환하고,
그렇지 않으면 COL1의 원래 값을 반환하므로, 보기의 SQL 문과 동일
한 결과를 출력한다.
오답 해설 ② NVL 함수는 첫 번째 인수가 NULL일 때 두 번째 인수
를 반환한다. NVL(COL1, '01')는 COL1이 NULL이면 '01'로 변환하므로
문제의 의도와 다르다.
③ NULLIF(COL1, '01')는 '01'일 때 NULL을 반환하고, NVL(… , COL1)
은 NULL이면 다시 COL1을 반환하므로, 결과적으로 COL1 값을 그
대로 반환하게 된다.
④ 해당 SQL 문은 COL1이 NULL일 때 '01'로 변환하는 로직이므로, 문
제의 의도와 반대되는 결과를 출력한다.

15 정답 ②

출제 영역 SELECT 문
정답 해설 AVG 함수는 NULL 값을 제외하고 평균을 계산한다. 나이
칼럼에서 유효한 값은 10, 20, 30, 30이다. (DISTINCT 나이)는 중복을
제거하므로, 나이 칼럼에서 10, 20, 30만 사용된다. 따라서 실행 결과
는 (10 + 20 + 30)/3 = 60/3 = 20.0으로 출력된다.

16 정답 ②

출제 영역 함수
정답 해설 COALESCE 함수는 주어진 인수 중 NULL이 아닌 첫 번째
값을 반환하는 함수이다. 아래는 행별 실행 과정을 나타낸 것이다.
• 1행: A와 B가 모두 NULL → '10' 반환
• 2행: A는 NULL, B = 2 → 2 * 10 = 20 반환
• 3행: A = 3, B는 NULL → 3 반환
• 4행: A = 4, B = 4 → A가 NULL이 아니므로 4 반환
• 5행: A는 NULL, B = 5 → 5 * 10 = 50 반환

17 정답 ②

출제 영역 SELECT 문
정답 해설 오라클에서는 FROM 절에서 AS 키워드를 사용할 수 없다.

18 정답 ③

출제 영역 집합 연산자
정답 해설 INTERSECT 연산자는 두 SELECT 결과의 교집합을 반환한다. 따라서 해당 SQL 문에서 제품번호 100과 200을 모두 주문한 고객만 정확히 추출된다.
오답 해설 ① 제품번호는 한 번에 하나의 값만 존재하므로, 하나의 행에서 제품번호가 100과 200을 동시에 만족하는 것은 불가능하다.
② 해당 SQL 문은 제품번호가 100 또는 200 중 하나만 주문한 고객도 포함하기 때문에, 두 제품을 모두 주문했는지 여부는 확인할 수 없다.
④ UNION 연산자는 중복을 제거한 합집합을 반환하므로, 제품번호 100 또는 200을 주문한 모든 고객을 포함하며, 두 제품을 동시에 주문했는지 여부는 확인할 수 없다.

19 정답 ④

출제 영역 서브쿼리
정답 해설 다중행 서브쿼리 비교 연산자(IN, ALL 등)는 단일행 서브쿼리 비교 연산자(=, <, <=, <> 등)로도 사용될 수 있지만, 반대의 경우는 불가능하다.

20 정답 ③

출제 영역 표준 조인
정답 해설 칼럼명이 달라도 INNER JOIN을 수행할 수 있다. 아래와 같이 ON 절에서 각 칼럼명을 명시하면 된다.

```
SELECT A.EMP_ID, B.EMPLOYEE_ID
FROM TABLE_A A
INNER JOIN TABLE_B B
ON A.EMP_ID = B.EMPLOYEE_ID;
```

21 정답 ①

출제 영역 WHERE 절
정답 해설 NOT IN의 경우 AND 조건으로 리스트의 모든 데이터와 비교하게 된다. NULL 값이 포함된 리스트를 비교하는 경우, NULL이 존재하면 UNKNOWN을 반환하므로 전체 조건이 FALSE로 평가된다. 따라서 모든 행이 필터링되어 COUNT(*)의 실행 결과는 0이 된다.

22 정답 ③

출제 영역 표준 조인
정답 해설 NATURAL JOIN은 두 테이블에서 동일한 이름을 가진 모든 칼럼을 기준으로 조인하는 방식이다. 즉, ON 절 없이 자동으로 공통 칼럼을 찾아서 조인을 수행한다(만약 공통 칼럼이 여러 개라면 모두 일치하는 행만 결과에 포함함).
[TAB_A]와 [TAB_B] 두 테이블 모두 '사원ID'와 '사원명'이라는 공통 칼럼이 존재한다. 따라서 NATURAL JOIN은 '사원ID'와 '사원명'을 동시에 비교하여 일치하는 데이터만 반환한다. 조인 결과는 아래와 같다.

사원ID	사원명	나이	부서
101	김철민	41	기획부
103	박영식	39	홍보부

23 정답 ②

출제 영역 DDL
정답 해설 고유 키 제약 사항은 중복값을 허용하지는 않지만, NULL 값은 허용한다.

> **+ DBMS별 Unique Key의 NULL 처리 방식**
>
> MySQL, PostgreSQL, Oracle 등 대다수의 DBMS에서는 Unique Key 제약 사항에서 여러 개의 NULL 값을 허용하지만, SQL Server의 경우에는 NULL을 중복값으로 취급하기 때문에 NULL은 기본적으로 하나만 허용한다.

24 정답 ①

출제 영역 WHERE 절
정답 해설 WHERE C1 IN ('A', 'B', NULL) 조건에서 NULL 값과의 비교는 항상 FALSE이다. IN 연산자의 경우 OR 조건으로 리스트의 데이터들을 비교하기 때문에 NULL 값은 제외된다. 따라서 C1 = 'A'인 경우와 C1 = 'B'인 경우만 결과에 포함된다.

25 정답 ④

출제 영역 윈도우 함수
정답 해설 RATIO_TO_REPORT는 파티션별 합계에 대한 비율을 계산하여 반환하는 함수이다. 첫 행은 0으로 시작하는 것이 아니라, (해당 행의 값/그룹의 총합)으로 계산된다.

26 정답 ①

출제 영역 WHERE 절

정답 해설 '_A%' 조건은 글자 'A' 앞에 임의의 한 글자가 오고, 'A' 다음에는 어떤 글자가 오든 상관없음을 의미한다. 즉, 두 번째 글자가 'A'인 이름을 가진 직원의 수를 구하는 SQL 문이다. 따라서 두 번째 글자가 'A'인 직원 JAMES, MARIA, NATHAN이 결과로 출력된다.

27 정답 ③

출제 영역 윈도우 함수

정답 해설 LAG(SAL, 2) OVER (ORDER BY SAL)조건은 현재 행을 기준으로 2칸 앞(SAL) 값을 가져오며, ORDER BY SAL에 의해 급여 순으로 정렬된 후 이전 데이터를 가져온다.

E_NO	E_NAME	D_NO	SAL	SAL2
1006	Andrew	2	3500	NULL
1002	Emily	2	3700	NULL
1003	James	2	3800	3500
1001	Eric	1	4000	3700
1005	Amy	1	4100	3800
1008	Linda	1	4200	4000
1007	Julian	2	5300	4100

오답 해설 ① FIRST_VALUE는 파티션별로 그룹핑한 후 첫 번째 행 값을 반환하는 함수이다.

② LAST_VALUE는 파티션별로 그룹핑한 후 마지막 행 값을 반환하는 함수이다.

④ LEAD는 현재 행을 기준으로 N번째 이후 값을 가져오는 함수이다.

28 정답 ④

출제 영역 표준 조인

정답 해설 LEFT OUTER JOIN은 기준 테이블(TAB1)의 모든 행을 유지한다. [TAB2]에 매칭되는 행이 있으면 데이터를 가져오고, 없으면 NULL로 채운다. 조인 조건은 아래와 같다.

```
T1.COL1 = T2.COL1
AND T2.COL2 IN (30, NULL)
```

위 조건은 [TAB1]과 [TAB2]에서 같은 COL1 값을 가지는 행을 찾고, T2.COL2 = 30일 경우에만 조인하고 나머지는 NULL로 처리한다는 의미이다. NULL의 경우는 IN 연산에서 비교할 수 없으므로 무시된다. 따라서 COL1 = 3만 JOIN이 되고, 나머지는 NULL로 채워진 4번 선지가 정답이다.

29 정답 ②

출제 영역 DDL

정답 해설 CASCADE는 [부모] 테이블의 데이터가 삭제되거나 수정될 때, 이를 참조하는 [자식] 테이블의 데이터도 자동으로 삭제되거나 업데이트되는 옵션이다.

- **ON DELETE CASCADE**: [부모] 테이블의 데이터가 삭제될 때 해당 외래 키를 참조하는 [자식] 테이블의 모든 데이터도 자동으로 삭제된다.
- **ON UPDATE CASCADE**: [부모] 테이블의 기본 키 값이 변경될 때 해당 외래 키를 참조하는 [자식] 테이블의 값도 자동으로 업데이트되도록 한다.

30 정답 ③

출제 영역 그룹 함수

정답 해설 집계 함수 MIN(), MAX()는 NULL 값을 무시하기 때문에, MIN(COL2), MAX(COL2)는 각각 COL2의 최솟값(20), 최댓값(30)으로 계산된다. SUM(COL1 + COL2 + COL3)은 COL1 + COL2 + COL3을 먼저 계산한 후, 여기에 SUM 함수를 호출한 것이다. 따라서 각 행의 결과는 NULL, 60, NULL, NULL이 되고, 여기에 SUM을 적용하면 결과는 60이 된다.

31 정답 ④

출제 영역 Top N 쿼리

정답 해설 ROWNUM은 1부터 시작하여 행을 하나씩 처리하면서 증가하여, WHERE 절에서 조건이 FALSE가 되는 순간 더 이상 행을 읽지 않는다. 따라서 'ROWNUM = 2'와 같은 조건은 ROWNUM이 1일 때 FALSE가 되기 때문에 이후의 행도 평가되지 않아 아무것도 출력되지 않는다.

오답 해설 ① ROWNUM은 항상 1부터 시작하므로, 모든 행(2개)이 출력된다.

② ROWNUM이 3 이하인 행을 출력하는 조건이므로, 최대 3개의 행을 선택하지만 실제 테이블에 2개만 존재하므로 2개가 출력된다.

③ ROWNUM이 2 이하인 행을 선택하는 조건이므로, 최대 2개의 행을 선택하며, 실제 테이블에도 2개가 존재하므로 2개가 출력된다.

32 정답 ②

출제 영역 표준 조인

정답 해설 FROM T1, T2는 CROSS JOIN(카테시안 곱)의 의미로 T1(4개)과 T2(4개)를 곱하여 16개를 생성한다. WHERE 절의 조건은 아래와 같다.

- PRODUCT가 ('컴퓨터', '모니터', '키보드')에 포함되는 행만 남김 → 3개 유지
- BRAND가 ('A', 'B', 'C')인 행만 남김 → 3개 유지

따라서 결과적으로 3 × 3 = 9개의 행이 출력된다.

오답 해설 ① FROM T1 * T2는 SQL 문법적으로 잘못된 표현이다. SQL에서는 * 연산자를 테이블 조인에 사용할 수 없다. 따라서 Syntax Error가 발생하여, 실행이 되지 않는다.

③ LEFT OUTER JOIN은 [T1]의 모든 행을 유지하면서, [T2]에서 일치하는 행을 가져온다. 주어진 테이블에서는 [T1]과 [T2]의 CODE 칼럼의 데이터가 모두 일치하므로, 이러한 경우 INNER JOIN과 동일한 결과를 생성한다(4개 행).

④ UNION ALL은 중복을 제거하지 않으므로, [T1]의 CODE(4개) + T2의 CODE(4개)를 모두 합쳐 총 8개의 행이 출력된다.

33 정답 ①

출제 영역 표준 조인

정답 해설 FROM T1 INNER JOIN T2 ON T1.C2 = T2.C2에 따라 FROM 절에서 C2 칼럼 기준으로 [T1] 테이블과 [T2] 테이블을 INNER JOIN 수행한 결과는 아래와 같다(C2 칼럼은 한 번만 작성).

T1.C1	T1.C2	T1.C3	T2.C1
A	가	1	A
B	나	NULL	C

WHERE T1.C3 >= 1 AND T2.C2 IN ('가', '나')에 따라 [T1] 테이블의 C3 칼럼의 값이 1 이상이고, [T2] 테이블의 C2 칼럼의 값이 '가' 또는 '나'인 경우의 행만 남긴다. 따라서 최종 결과는 아래와 같다.

T1.C1	T1.C2	T1.C3	T2.C1
A	가	1	A

34 정답 ②

출제 영역 그룹 함수

정답 해설 • COUNT(*)는 테이블의 전체 행 개수를 반환한다(총 6개의 행).

- COUNT(COL1)는 칼럼 COL1에서 NULL이 아닌 값만에 대하여 행 개수를 반환한다(NULL이 아닌 값 총 3개).
- COUNT(DISTINCT COL2)는 칼럼 COL2에서 중복을 제거한 후의 행 개수를 반환한다. 고유값은 1, 2, 3으로 총 3개이다.

따라서 '6 + 3 + 3 = 12'가 정답이다.

35 정답 ③

출제 영역 함수

정답 해설 주어진 SQL에서 CASE 문은 DEPT_NO 값에 따라 다른 문자열(부서 이름)을 반환하고, 조건에 해당되지 않는 경우는 'etc'를 반환한다. 따라서 DEPT_NO가 '01', '02', '04'인 경우는 각각 'HR', 'IT', 'Sales'로 반환되고, 나머지의 경우는 'etc'로 반환된 3번 선지가 정답이다.

36 정답 ③

출제 영역 그룹 함수

정답 해설 주어진 실행 결과를 보면, 각 연도별로 지점ID + 연도 단위 집계 행들과 해당 연도 전체의 총합 행이 함께 출력되고 있다. 예를 들어, 2017년에는 S-001, S-002, S-003의 매출이 각각 출력되고, 그 아래에 지점ID = NULL인 2017년 총합 10000이 출력된다. 즉, (연도, 지점ID) 기준의 세부 집계와 연도 단독 기준의 집계(전체 지점 총합)가 함께 나타나는 구조이다. 이러한 결과를 출력하려면 GROUPING SETS((연도, 지점ID), 연도)를 사용해야 한다.

37 정답 ②

출제 영역 DDL

정답 해설 CTAS(CREATE TABLE AS SELECT)란 기존 테이블의 데이터셋을 기반으로 새로운 테이블을 생성하는 SQL 문이다. 기존 테이블에서 데이터와 일부 구조만 복사하여 새 테이블을 만들 수 있고, 'NOT NULL'을 제외한 기존 테이블의 제약 조건이나 인덱스를 상속받지 않는다는 특징이 있다. 따라서 필요한 경우라면, CTAS 구문으로 테이블을 생성한 다음 제약 조건이나 인덱스를 추가해주어야 한다.

38 정답 ④

출제 영역 함수

정답 해설 단일행 함수는 ORDER BY 절에서도 사용할 수 있다.

오답 해설 ① 단일행 함수는 한 행씩 개별적으로 연산이 이루어진다.

② 인자를 여러 개 입력할 수는 있지만, 연산 결과는 단일값을 반환한다.

③ SELECT 절, WHERE 절은 물론 GROUP BY 절, ORDER BY 절에서도 사용이 가능하다.

39 정답 ③

출제 영역 GROUP BY, HAVING 절

정답 해설 주어진 SQL은 주문개수가 50을 초과한 경우의 회원ID와 총주문개수를 구하여, 총주문개수를 기준으로 내림차순 정렬한다.

- HAVING MAX(주문개수) > 50: 한 번이라도 주문개수가 50을 초과한 경우를 찾는다.
- ORDER BY 2 DESC: SELECT 절에서 2번 째 칼럼(총주문개수)의 값이 큰 순서대로 정렬한다.

40 정답 ④

출제 영역 ORDER BY 절

정답 해설 주어진 SQL은 부서별 총입사자수를 구한 후, '총입사자수' 칼럼을 기준으로 오름차순, 총입사자수가 같을 경우, 부서명을 기준으로 내림차순 정렬한다.

- ORDER BY 총입사자수 ASC → (5, 5, 10, 10)
- ORDER BY 부서명 DESC → (총무부, 기획부), (홍보부, 영업부)

41 정답 ③

출제 영역 표준 조인

정답 해설 SQL의 FROM, ON 절에서 [TBL1]과 [TBL2]를 COL1을 기준으로 INNER JOIN 연산을 수행하고 있다. WHERE 절에서는 [TBL1]의 COL1의 값이 2 또는 3인 경우만 포함하도록 조건을 걸고 있다. 아래는 두 테이블을 조인한 결과이다. SELECT 절에서 SUM(B.COL2) 값을 구하고 있으므로 정답은 '200 + 300 + 400 = 900'이다.

COL1	COL2	COL1	COL2
2	20	2	200
2	20	2	300
3	30	3	400

42 정답 ③

출제 영역 서브쿼리

정답 해설 UPDATE 구문의 서브쿼리 조건에 맞지 않는 경우(부서가 'IT'가 아닌 사원)는 서브쿼리의 결과가 없으므로 해당 사원의 SALARY는 NULL로 변경된다. 따라서 'IT'가 아닌 사원들의 급여는 기존과 동일하지 않다.

43 정답 ①

출제 영역 계층형 질의와 셀프 조인

정답 해설 주어진 [사원] 테이블을 트리 구조로 표현하면 아래와 같다.

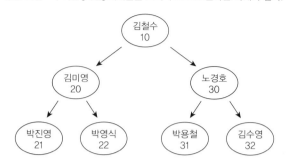

주어진 SQL에서는 사원ID가 '30'인 노드('노경호')로부터 시작하여 역방향으로 전개한 것과 순방향으로 전개한 것을 UNION으로 병합하고 있다.

- 사원ID가 '30'인 노드에서 역방향 전개: '노경호' 노드에서 역방향 전개를 수행하면 상위 관리자인 '김철수' 노드까지 탐색하게 된다. 따라서 실행 결과는 아래와 같다.

LVL	사원ID	사원명	관리자ID
1	30	노경호	10
2	10	김철수	NULL

- 사원ID가 '30'인 노드에서 순방향 전개: '노경호' 노드에서 순방향 전개를 수행하면 부하 직원들인 '박용철', '김수영' 노드까지 탐색하게 된다. 따라서 실행 결과는 아래와 같다.

LVL	사원ID	사원명	관리자ID
1	30	노경호	10
2	31	박용철	30
2	32	김수영	30

역방향 전개 결과와 순방향 전개 결과를 UNION으로 병합하여 사원ID를 기준으로 정렬하면 아래와 같은 결과가 도출된다.

LVL	사원ID	사원명	관리자ID
2	10	김철수	NULL
1	30	노경호	10
2	31	박용철	30
2	32	김수영	30

[실행 결과] 테이블에서 '김철수' 노드의 LVL은 2이므로 1번 선지는 틀린 선지이다.

44 정답 ①

출제 영역 서브쿼리

정답 해설 보기의 SQL 문은 [T2] 테이블에서 C3가 200보다 작은 행의 (C1, C2) 값과 일치하는 [T1] 테이블의 행을 조회한다. 따라서 [T2]의 (A, 10)만 조건을 만족하므로, [T1]에서 (A, 10)만 출력된다.

① 해당 선지의 실행 결과는 아래와 같다.

C1	C2
A	10

오답 해설 ② OR 연산자로 인해 아래 두 가지 조건 중 하나라도 만족하면 TRUE가 되기 때문에, 모든 행이 출력된다.

- [T1]의 C1, C2가 [T2]와 모두 일치하거나
- [T2] 테이블에 C3 < 200인 행이 하나라도 존재하는 경우

C1	C2
A	10
B	20
C	30
D	40

③ 언뜻 보면 1번 선지와 동일한 결과를 나타내는 것으로 보일 수 있으나, 결과는 아래와 같이 출력된다.

C1	C2
A	10
D	40

(D, 40)의 경우, [T2]에서 같은 (D, 40) 행의 C3가 NULL이라 T2.C3 ≥ 200 조건이 비교 불가(UNKNOWN)로 처리된다.

→ 조건이 거짓이 되므로, [T2]에서 매칭되는 행이 없다고 판단되어 (D, 40)이 출력된다.

④ OR 연산자로 인해 아래 조건 중 하나라도 만족하면 EXISTS가 TRUE가 되고, NOT EXISTS는 FALSE가 되어 해당 [T1] 행은 출력되지 않는다.

- [T1]의 C1, C2가 [T2]와 모두 일치하거나
- [T2] 테이블에 C3 >= 200인 행이 하나라도 존재하는 경우

→ 실제 [T2]에는 C3 >= 200인 행이 존재하므로, 결과적으로 [T1]의 모든 행이 출력되지 않는다.

45 정답 ②

출제 영역 윈도우 함수

정답 해설 RANGE BETWEEN에서는 PRECEDING 값이 FOLLOWING 값보다 작은 순서로 쓰는 것이 논리적으로 맞다. 따라서, 현재 급여에서 −300부터 +400 사이 범위를 정확히 표현한 구문은 'BETWEEN 300 PRECEDING AND 400 FOLLOWING'이다. 또한, 문제에서 급여를 낮은 순으로 정렬하라고 했으므로, 'ORDER BY 급여'를 통해 오름차순 정렬을 수행해야 한다.

46 정답 ②

출제 영역 DDL

정답 해설 • INSERT INTO TBL VALUES(1, 'James', 4000);

→ 모든 제약 조건을 만족하므로 정상적으로 입력된다.

- UPDATE TBL SET SALARY = 2000 WHERE EMP_ID = 1;
  - → EMP_ID = 1의 SALARY 값을 2000으로 변경하려고 시도했지만, CHECK(SALARY > 3000) 조건을 위반하였으므로 UPDATE를 실패하여 기존 SALARY(4000)는 그대로 유지된다.
- INSERT INTO TBL VALUES(1, 'Linda', 5000);
  - → EMP_ID = 1이 중복되었으므로 PK 제약 조건을 위반하여 INSERT에 실패하게 된다.
- INSERT INTO TBL VALUES(2, 'Andrew', 6000);
  - → 모든 제약 조건을 만족하므로 정상적으로 입력된다.
- INSERT INTO TBL(EMP_ID, NAME) VALUES(3, 'Olivia);
  - → SALARY 칼럼에는 NOT NULL 제약 조건이 존재한다. INSERT 구문에서 SALARY 값을 미입력하였으므로 NOT NULL 제약 조건에 위반되어 INSERT에 실패한다.

따라서 정답은 '4000 + 6000 = 10000'이다.

47 정답 ②

출제 영역 윈도우 함수

정답 해설 DENSE_RANK( )는 동일 점수는 같은 순위를 주고, 다음 순위는 연속하여 매기는 함수이다. RANK( )는 동일 점수는 같은 순위를 주고, 다음 순위는 동점자 수만큼 건너뛰는 함수이다.
아래는 국어점수가 높은 순으로 등수를 매긴 것이다. 학생ID가 1002인 김명수의 국어점수 등수는 DENSE_RANK( )로 계산하면 4등, RANK( )로 계산하면 6등이다.

학생ID	학생명	국어점수	R1(DENSE_RANK)	R2(RANK)
1001	김진수	100	1	1
1004	노경호	90	2	2
1005	박영호	90	2	2
1006	김미영	80	3	4
1003	박진영	80	3	4
1007	김진화	70	4	6
1002	김명수	70	4	6
1008	김철수	60	5	8

48 정답 ①

출제 영역 정규 표현식
정답 해설 WHERE 절에서 정규 표현식을 통해 전화번호의 형식에 대한 조건을 걸고 있다.

'^\(0[2-3]{1,2}\)-[0-9]{3,4}-[0-9]{4}$'

→ 전화번호는 반드시 괄호로 지역번호 앞뒤를 감싸야 하며, 지역번호는 '0'으로 시작하고, 두 번째 숫자는 2 또는 3이다. 그 뒤로는 숫자 1자리(2 또는 3)가 더 올 수 있어 2자리 또는 3자리 지역번호가 허용된다. 또한, 하이픈(-)으로 구분된 뒤의 중간 번호는 숫자 3자리 또는 4자리, 마지막은 숫자 4자리이다. 위 조건에 해당되는 전화번호 선지는 1번뿐이다.

49 정답 ④

출제 영역 계층형 질의와 셀프 조인
정답 해설 [사원] 테이블에서 각 사원의 상위 관리자를 찾기 위해서는 자기 자신과 조인(Self Join)하여 사원의 관리자ID와 다른 사원의 사원ID를 연결해야 한다. 4번 선지에서는 [A] 테이블을 관리자, [B] 테이블을 사원으로 두고 A.사원ID = B.관리자ID 조건으로 조인하여 각 사원의 상위 관리자의 이름을 정확히 출력하고 있다.

50 정답 ②

출제 영역 서브쿼리
정답 해설

```
(SELECT COUNT(*) + 1,
    FROM TBL1 TBL2
    WHERE TBL2.급여 > TBL1.급여) AS 순위
```

문제 풀이의 핵심은 위의 서브쿼리에 있다. FROM 절에서는 같은 테이블 [TBL1]을 사용하여 자기 자신과 비교해야 하기 때문에 [TBL1]에 [TBL2]라는 별칭(Alias)을 부여한다. WHERE 절에서는 각 사원에 대하여 자신보다 급여가 높은 경우를 조건으로 정하고, SELECT 절에서는 조건에 해당되는 (사원의 수 + 1)을 구한다. 등수를 표기할 때 0부터 시작하기 때문에 기본적으로 1을 더해주어야 한다.

정답 확인

01	②	02	③	03	①	04	②	05	②
06	④	07	②	08	①	09	②	10	③
11	④	12	④	13	①	14	②	15	④
16	②	17	③	18	②	19	③	20	②
21	①	22	④	23	②	24	③	25	②
26	②	27	①	28	①	29	④	30	①
31	②	32	②	33	④	34	①	35	④
36	③	37	③	38	③	39	④	40	①
41	④	42	①	43	②	44	②	45	③
46	④	47	②	48	④	49	②	50	①

성적 분석

과목	번호	출제 영역	틀린 문제
1과목	01	데이터 모델의 이해	☐
	02	관계와 조인의 이해	☐
	03	엔터티	☐
	04	정규화	☐
	05	식별자	☐
	06	속성	☐
	07	정규화	☐
	08	TCL	☐
	09	식별자	☐
	10	관계와 조인의 이해	☐
2과목	11	관계형 데이터베이스 개요	☐
	12	함수	☐
	13	함수	☐
	14	ORDER BY 절	☐
	15	SELECT 문	☐
	16	표준 조인	☐
	17	집합 연산자	☐
	18	WHERE 절	☐
	19	함수	☐
	20	DDL	☐
	21	윈도우 함수	☐
	22	표준 조인	☐
	23	WHERE 절	☐
	24	WHERE 절	☐
	25	함수	☐

과목	번호	출제 영역	틀린 문제
2과목	26	GROUP BY, HAVING 절	☐
	27	집합 연산자	☐
	28	표준 조인	☐
	29	ORDER BY 절	☐
	30	WHERE 절	☐
	31	표준 조인	☐
	32	정규 표현식	☐
	33	DDL	☐
	34	WHERE 절	☐
	35	TCL	☐
	36	Top N 쿼리	☐
	37	서브쿼리	☐
	38	GROUP BY, HAVING 절	☐
	39	정규 표현식	☐
	40	윈도우 함수	☐
	41	계층형 질의와 셀프 조인	☐
	42	함수	☐
	43	함수	☐
	44	DDL	☐
	45	표준 조인	☐
	46	WHERE 절	☐
	47	PIVOT 절과 UNPIVOT 절	☐
	48	Top N 쿼리	☐
	49	TCL	☐
	50	그룹 함수	☐

01 정답 ②

출제 영역 데이터 모델의 이해
정답 해설 데이터 모델링의 대표적인 세 가지 관점에는 데이터 관점, 프로세스 관점, 데이터와 프로세스의 상관 관점 등이 있다.

02 정답 ③

출제 영역 관계와 조인의 이해
정답 해설 성능 데이터 모델링이란 분석 및 설계 단계에서부터 데이터베이스의 성능을 충분히 고려하여 데이터모델링을 수행하는 것이며 아래의 절차를 따른다.
• 데이터 모델링을 수행할 때 정규화를 수행한다.
• 데이터베이스의 용량 산정을 수행하고 트랜잭션 유형을 파악한다.
• 용량과 트랜잭션의 유형을 고려하여 반정규화를 수행한다.
• 이력 모델의 조정, PK/FK 조정, 슈퍼타입/서브타입 조정 등을 수행함으로써 성능을 향상시킨다.
• 데이터 모델의 성능을 검증한다.

03 정답 ①

출제 영역 엔터티
정답 해설 물리적 형태 없이 개념적으로 정의되는 엔터티는 개념 엔터티이다. 유형 엔터티는 물리적 형태가 존재하는 엔터티이다.

04 정답 ②

출제 영역 정규화
정답 해설 2차 정규화란, 제1정규형을 충족한 상태에서 부분 함수 종속을 제거하는 과정이다.

05 정답 ②

출제 영역 식별자
정답 해설 보조식별자는 해당 엔터티 인스턴스를 유일하게 구별할 수 있는 식별자이지만, 대표식별자는 아니며 다른 엔터티와 참조 관계로 연결할 수 없는 식별자이다.

06 정답 ④

출제 영역 속성
정답 해설 파생 속성은 다른 속성의 속성 값을 이용하여 특정한 규칙이나 계산식을 적용해 생성된 속성을 의미한다. 즉, 데이터베이스에 명시적으로 저장되지 않고, 다른 속성값을 기반으로 동적으로 계산되는 속성이다.

07 정답 ②

출제 영역 정규화
정답 해설 변경 전 데이터 모델에서, '학생_강좌신청'과 '신청강좌' 테이블의 모든 속성은 반복되는 그룹 없이 원자값으로 구성되어 있어 제1정규형은 충족하고 있다. 그러나 '강좌코드'가 '수강강좌명'과 '담당교수'를 결정하는 부분 함수 종속이 존재하므로 제2정규형을 위배하는 상태이다. 이를 해결하기 위해 '강좌' 테이블을 분리하여 부분 함수 종속을 제거함으로써, 제2정규형을 충족하도록 정규화를 수행한 것이다.

08 정답 ①

출제 영역 TCL
정답 해설 트랜잭션의 일부만 실행되는 경우 데이터의 무결성이 깨질 수 있으므로 원자성 원칙을 위배하는 잘못된 설명이다.
오답 해설 ② 영속성 원칙에 대한 설명이다.
③ 일관성 원칙에 대한 설명이다.
④ 고립성 원칙에 대한 설명이다.

09 정답 ②

출제 영역 식별자
정답 해설 IE 표기법에서는 비식별자 관계를 점선으로 표현하고, 식별자 관계를 실선으로 표현한다.
오답 해설 ③ 비식별자 관계는 부모 엔터티가 삭제되더라도 자식 엔터티가 독립적으로 존재할 수 있는 경우에 사용된다. 즉, 부모와 자식의 생명주기가 다를 때는 비식별자 관계를 사용하는 것이 적절하다.
④ 비식별자 관계에서는 [부모] 테이블의 기본 키가 [자식] 테이블에서 기본 키로 사용되지 않고, 일반 속성으로 들어간다.

10 정답 ③

출제 영역 관계와 조인의 이해

정답 해설 반정규화는 조회 성능을 최적화하기 위해 정규화된 데이터 구조를 일부 변경하는 과정이다. 예를 들어, 조인 연산을 줄이기 위해 데이터 중복을 허용하거나, 테이블을 합치거나 칼럼을 추가할 수 있다. 이렇게 하면 조회 속도는 빨라지지만, 데이터 중복으로 인해 무결성이 깨질 수 있다. 반정규화 없이 성능을 개선하는 대안으로는 인덱스 조정, 클러스터링 조정, 뷰 활용 등의 방법이 있다.

---

2 과목 **SQL 기본 및 활용**

---

11 정답 ④

출제 영역 관계형 데이터베이스 개요

정답 해설 트랜잭션 제어어(TCL)에는 COMMIT, ROLLBACK, SAVEPOINT 등이 포함된다.

오답 해설 ① 데이터 정의어(DDL)에 해당되는 명령어이다.
② 데이터 조작어(DML)에 해당되는 명령어이다.
③ 데이터 제어어(DCL)에 해당되는 명령어이다.

12 정답 ④

출제 영역 함수

정답 해설 해당 선지의 SQL 문은 CASE 'A'가 'B'와 같을 때 10을 결과로 출력하고, 같지 않을 때는 기본값인 NULL을 출력한다는 의미이다. 따라서 결과는 NULL이 출력된다.

오답 해설 ① NVL(expr1, expr2) 함수는 expr1이 NULL이면 expr2를 반환하고 그렇지 않으면 그대로 expr1을 반환한다. 10은 NULL이 아니므로 그대로 10이 반환된다.
② NULLIF(expr1, expr2) 함수는 expr1과 expr2가 같으면 같으면 NULL을 반환하고, 다르면 그대로 expr1을 반환한다. 10과 NULL은 같지 않으므로 그대로 10이 반환된다.
③ COALESCE(expr1, expr2, …) 함수는 NULL이 아닌 첫 번째 값을 반환한다. 주어진 값들 중 'A'가 첫 번째로 등장하며 NULL이 아니므로, 결과로는 'A'가 반환된다.

13 정답 ①

출제 영역 함수

정답 해설 CEIL(arg1)은 arg1보다 크거나 같은 가장 작은 정수를 반환하는 함수이다. 따라서 CEIL(2.7)의 결과는 3이다.

오답 해설 ② TRUNC(arg1 [, arg2])는 소수점 아래 arg2번째 자리까지만 남기고 나머지를 버리는 함수이다. TRUNC(2.7, 1)는 소수점 첫째 자리까지만 남기므로 결과는 2.7이 맞다. arg2를 생략할 경우 arg2는 기본값 0으로 간주된다.
③ REPLACE(arg1, arg2 [, arg3])는 문자열에서 특정 문자를 다른 문자로 변경하는 함수이다. arg3이 생략될 경우는 arg1에서 arg2를 삭제하는 결과를 가져온다.
④ SUBSTR(arg1, arg2 [, arg3])는 특정 위치(arg2)로부터 주어진 길이(arg3)만큼 문자열을 추출하는 함수이다. SUBSTR('Hello World!', 5, 4)은 'Hello World!' 문장의 5번째 문자부터 4개의 문자를 추출한다는 의미이므로, 결과는 'o Wo'가 출력된다.

14 정답 ②

출제 영역 ORDER BY 절

정답 해설 ORDER BY 칼럼명 (ASC 또는 DESC) 형식으로 작성하여 오름차순 및 내림차순 정렬을 수행할 수 있다. 정렬방식 생략 시 기본적으로 오름차순으로 정렬된다.
• 나이(AGE) 오름차순 정렬: 27 → 30 → 35 → 35 → 51
• 같은 나이일 때 급여(SALARY) 내림차순 정렬
 : 35세 → 5000 > 4000

15 정답 ④

출제 영역 SELECT 문

정답 해설 테이블에 별칭(Alias)이 부여된 경우 원본 테이블명으로는 칼럼 접근이 불가능하다. 따라서 별칭을 사용한 경우에는 별칭.칼럼명 형태로만 접근이 가능하다. 4번 선지의 SQL 문에서는 테이블 [T1]에 별칭 a를 부여하였으므로, SELECT a.C1 형태로 접근해야 한다.

16 정답 ②

출제 영역 표준 조인
정답 해설 보기의 SQL 문의 INNER JOIN을 수행하면, T1.C1과 T2.C1이 같은 값만 매칭되기 때문에, 아래와 같은 조인 결과가 도출된다.

T1.C1	T2.C1
1	1
1	1
2	2
2	2
3	3
3	3

17 정답 ③

출제 영역 집합 연산자
정답 해설 UNION을 사용한 SQL에서 전체 결과에 대해 바로 GROUP BY 절을 적용할 수는 없다. 그러나 아래와 같이 UNION으로 결합한 결과를 서브쿼리로 감싸면 그 외부에서 GROUP BY 절을 적용할 수 있다.

```
SELECT department, COUNT(*)
FROM (
    SELECT department
    FROM employees
    WHERE salary > 5000
    UNION
    SELECT department
    FROM contractors
    WHERE salary > 5000
) AS combined_results
GROUP BY department;
```

위의 예시에서는 두 개의 SELECT 문을 UNION으로 결합한 후, 그 결과를 서브쿼리 combined_results로 감싸고, 외부에서 GROUP BY 절을 사용하여 department별로 그룹화하고 있다.

18 정답 ②

출제 영역 WHERE 절
정답 해설 조건 (100, 'AAA')와 정확히 일치하는 행은 1건이다. 'aaa'는 대소문자가 다르므로 제외되며, NULL 값과의 비교는 FALSE로 처리된다.

19 정답 ③

출제 영역 함수
정답 해설 RTRIM(arg1 [, arg2])는 문자열의 오른쪽에서 특정 문자를 제거하는 함수이다. 오른쪽 끝에서부터 지정된 문자를 찾으며, 해당 문자가 연속되면 모두 제거한다.

20 정답 ②

출제 영역 DDL
오답 해설 ① DROP 명령어는 테이블과 스키마(구조)까지 완전히 삭제하는 명령어이다. TRUNCATE 명령어는 테이블 데이터만 삭제하고 구조는 유지한다(테이블을 초기화).
③ TRUNCATE 명령어는 UNDO를 위한 트랜잭션 로그 데이터를 기록하지 않아 DELETE 명령어보다 훨씬 빠르다.
④ DELETE는 WHERE 절을 사용하여 특정 데이터를 사용할 수 있지만, TRUNCATE는 전체 데이터만 삭제하고 WHERE 절은 사용할 수 없다.

21 정답 ①

출제 영역 윈도우 함수
정답 해설 ROWNUM 함수는 ORDER BY 절보다 먼저 적용되므로, 정렬 후 올바른 순위를 매길 수 없다. ORDER BY 절 이후 순위를 부여하려면 서브쿼리를 사용해야 한다.

22 정답 ④

출제 영역 표준 조인
정답 해설 CROSS JOIN은 두 테이블 간의 모든 조합(카테시안 곱, Cartesian Product)을 생성하는 조인 방식이다. A 테이블에 m개의 행, B 테이블에 n개의 행이 존재할 경우, 결과 테이블에는 m * n개의 행이 생성된다. 고객 테이블과 제품 테이블은 각각 3행으로 구성되어 있으므로, SQL 문의 실행 결과는 총 9행(3 × 3)으로 출력된다.

23 정답 ②

출제 영역 WHERE 절
정답 해설 _(언더스코어)는 '한 글자와 매칭됨', %(퍼센트)는 '0개 이상의 문자와 매칭됨'을 의미한다. 따라서 LIKE '_영_%' 패턴은 두 번째 글자가 '영'이고, 첫 번째와 세 번째 글자가 반드시 존재함을 의미한다.

24 정답 ③

출제 영역 WHERE 절
정답 해설 • WHERE C1 = 1 AND (C2 = 2 OR C2 = 3);
• WHERE (C1, C2) IN ((1, 2), (1, 3));
위의 두 SQL 문은 'C1 = 1이면서, C2가 2 또는 3일 때 참이다'로 해석할 수 있다.
오답 해설 ① SQL 문에서 AND 연산자는 OR 연산자보다 우선순위가 높기 때문에, 해당 선지의 SQL 문의 실제 해석은 WHERE (C1 = 1 AND C2 = 2) OR C2 = 3과 같다. 이는 C1과 관계없이 C2 = 3인 경우 전부 TRUE가 되기 때문에, 원래의 SQL 문과 다른 결과를 출력한다.
② (C2 = 2 AND C2 = 3)은 C2가 동시에 2와 3인 경우를 나타낸다. 이는 논리적으로 불가능한 조건이기 때문에 무조건 FALSE가 된다.
④ 해당 선지의 경우도 C1 = 1인 경우 C2와 관계없이 참이 되므로 원래의 SQL 문 결과보다 더 많은 행이 조회될 가능성이 있다.

25 정답 ②

출제 영역 함수
정답 해설 ROUND(arg1 [, arg2])는 arg1을 반올림하여 소수점 arg2 번째 자리까지 표기하는 함수이다. 1.786을 반올림하여 소수점 첫째 자리까지 표시하기 위해, 소수점 둘째 자리에서 반올림한 값은 1.8이다.
오답 해설 ① MOD(arg1 [, arg2])는 arg1을 arg2로 나눈 나머지를 반환하는 함수이다. 따라서 7을 3으로 나눈 나머지 1이 결과로 반환되어야 한다.
③ CHR(arg)는 ASCII 코드값에 해당되는 문자를 반환한다. ASCII 코드 97은 소문자 'a'에 해당되므로 'a'가 반환되어야 한다(SQL Server에서는 CHR 대신 CHAR 함수를 사용함).
④ TRIM(TRAILING 'A' FROM 'ABCCBA')는 문자열 'ABCCBA'의 뒤쪽에서 문자 'A'를 제거하는 함수이다. 따라서 결과는 'BCCB'가 아니라 'ABCCB'가 반환되어야 한다.

26 정답 ②

출제 영역 GROUP BY, HAVING 절
정답 해설 집계 함수는 GROUP BY 이후 실행되므로, WHERE 절에서는 사용할 수 없다. 집계된 결과를 필터링하려면 아래와 같이 HAVING 절을 사용해야 한다.

```
[수정된 SQL 문]
SELECT DEPTNO, ROUND(MAX(SAL), 1) AS MAX_SAL
FROM EMP
GROUP BY DEPTNO
HAVING AVG(SAL) >= 50000 AND AVG(AGE) > 30
ORDER BY 2 DESC;
```

27 정답 ①

출제 영역 집합 연산자
정답 해설 보기의 SQL 문은 UNION 연산을 수행한 후 MINUS 연산을 하여 실행 결과의 행 개수를 반환한다.
• UNION 적용
{10, 20, 30, 40, 50, 60} UNION {10, 30, 50, 70} → {10, 20, 30, 40, 50, 60, 70}
• MINUS 적용
{10, 20, 30, 40, 50, 60, 70} MINUS {20, 40} → {10, 30, 50, 60, 70}

28 정답 ①

출제 영역 표준 조인
정답 해설 NATURAL JOIN은 동일한 칼럼명을 가진 칼럼을 자동으로 조인한다. '학생ID'와 '학생명'이 두 테이블에 모두 존재하므로, 두 칼럼 모두 일치하는 행이 조인된다. 학생ID = 100(김준수)와 학생ID = 102(박영수)만 일치하므로, 최종 결과로는 2개의 행이 출력된다.

29 정답 ④

출제 영역 ORDER BY 절
정답 해설 ORDER BY 절에서 정렬 옵션을 생략하면 기본값(ASC)으로 지정된다. 그리고 칼럼명 대신 SELECT 목록의 순서를 대신 작성할 수 있다. 따라서 '사원명은 오름차순, 나이와 급여는 내림차순 정렬' 조건에 해당되는 SQL 문은 4번 선지이다.

30 정답 ①

출제 영역 WHERE 절
정답 해설 • ALL 연산자는 모든 값과 비교하여 참이어야 True가 된다. COL1 <= ALL(10, 20) 조건에 따라 10과 20보다 작거나 같아야 하므로, 결국 COL1 <= 10인 값만 결과에 포함된다.
• ANY 연산자는 하나라도 참이면 True가 된다. COL2 >= ANY(10, 20) 조건에 따라 COL2가 10 또는 20 중 하나 이상보다 크거나 같으면 True가 되므로, COL2 >= 10이면 결과에 포함한다.
따라서 두 조건을 모두 만족하는 실행 결과는 1번 선지이다.

31 정답 ②

출제 영역 표준 조인

정답 해설 • 첫 번째 조인 결과(T1 INNER JOIN T2): INNER JOIN 시 NULL은 매칭이 안 되고, 나머지는 매칭이 되어서 아래와 같은 결과가 나온다.

C1	C2
2	2
3	3

• 두 번째 조인 결과(첫 번째 조인결과 INNER JOIN T3): 첫 번째 조인 결과와 T3을 한 번 더 조인한다. 이번에도 NULL은 매칭이 안 된다. 따라서 결과는 아래와 같이 나온다.

C1	C2	C3
3	3	3

32 정답 ②

출제 영역 정규 표현식

정답 해설 REGEXP_SUBSTR 함수는 정규 표현식을 사용하여 문자열에서 특정 패턴을 추출하는 SQL 함수이다. 보기의 SQL 문은 'Gold,Silver,Bronze' 문자열에서 쉼표가 아닌 문자들의 그룹을 찾고, 이 중 두 번째로 일치하는 값(Silver)을 반환한다.

• 정규 표현식 [^,]+

[^,]: 쉼표(,)가 아닌 문자 찾기

+: 1개 이상 연속된 문자 찾기

즉, 쉼표(구분자)로 나뉜 단어들을 추출하는 패턴을 의미한다.

• 매개변수 분석

1(세 번째 인자): 검색 시작 위치

2(네 번째 인자): 두 번째로 일치하는 값 반환

33 정답 ④

출제 영역 DDL

정답 해설 각 칼럼에 대한 제약사항을 해석하면 아래와 같다.

```
CREATE TABLE EMP(
    ID NUMBER PRIMARY KEY,
-- 기본 키 (NULL 불가, 중복 불가)
    ID2 NUMBER UNIQUE,
-- 유니크 제약 조건 (NULL 가능, 중복 불가)
    NAME VARCHAR2(20) NOT NULL,
-- NULL 불가 (반드시 값 필요)
    GENDER VARCHAR2(1)
-- NULL 가능 (1글자 제한)
);
```

'ID2' 칼럼은 UNIQUE 제약 조건이 있지만, NULL 값은 허용되므로 4번 선지는 오류가 발생하지 않는다.

오답 해설 ① INSERT 문에서 삽입할 칼럼을 지정하지 않으면 모든 칼럼에 값을 입력해야 한다. 해당 선지에서는 GENDER 칼럼을 생략했기 때문에 오류가 발생한다.

② 'Male'은 4글자이며, GENDER 칼럼은 VARCHAR2(1) 타입으로 한 글자만 저장 가능하므로 오류가 발생한다.

③ NAME 칼럼은 NOT NULL 제약 조건이 있어 값을 반드시 입력해야 한다. 그러나 해당 INSERT 문에서는 NAME 칼럼의 값을 입력하지 않아 오류가 발생한다.

34 정답 ①

출제 영역 WHERE 절

정답 해설 LIKE '%n' 패턴은 끝자리가 n인 사원의 이름을 검색하므로, 실행 시 결과로 'steven', 'kevin' 총 2명(2행)이 출력된다. LIKE 연산자는 대소문자를 구분하므로, 끝자리가 대문자 'N'으로 끝나는 'WINSTON'과 'SUSAN'은 포함되지 않는다.

35 정답 ④

출제 영역 TCL

정답 해설 동일한 이름의 SAVEPOINT를 선언할 때 앞에서 선언된 SAVEPOINT는 무시된다. 따라서 ROLLBACK 수행 시 DELETE가 수행되기 전인 마지막 SAVEPOINT S1로 돌아간다. 이때 C1 칼럼은 (1, 2, 4)로 이루어져 있으므로, MAX(C1)의 값은 4이다.

36 정답 ③

출제 영역 Top N 쿼리

정답 해설 SQL Server에서 동점자를 포함해 상위 N개를 가져올 때는 'TOP(N) WITH TIES'를 사용한다. 'TOP(N)'만 사용할 경우에는 동점자를 포함하지 않는다. 추가로 'TOP(N) WITH TIES'를 사용하기 위해서는 ORDER BY 절이 반드시 함께 와야 한다.

37 정답 ③

출제 영역 서브쿼리

정답 해설 뷰는 실제 데이터를 저장하지 않으며, 기존 테이블이나 다른 뷰를 기반으로 정의되는 가상의 테이블이다. 따라서 기존 테이블의 구조가 변경되더라도, 뷰를 사용하는 응용 프로그램은 그 영향을 직접 받지 않기 때문에 변경할 필요가 없다.

38 정답 ③

출제 영역 GROUP BY, HAVING 절
정답 해설 HAVING 절은 그룹화된 데이터를 필터링하는 역할을 하며, ORDER BY 절은 최종 정렬을 담당한다. 따라서 GROUP BY → HAVING → ORDER BY 순서로 작성해야 하며, HAVING 절이 ORDER BY 절 뒤에 오면 SQL 문법 오류가 발생한다.

39 정답 ④

출제 영역 정규 표현식
정답 해설 주어진 SQL의 정규 표현식 '[0-9]+'는 숫자가 1개 이상 반복되는 경우 추출한다는 의미로, SQL 실행 결과로 '23'을 출력한다. 4번 선지의 정규 표현식 '\d{3}'은 숫자 3자리가 연속되는 경우를 추출한다는 의미이다. 주어진 문장에서 숫자는 '23'으로 두 자리이기 때문에, 정규식이 매칭되지 않아 실행 결과로 NULL을 출력한다.
오답 해설 ① 정규 표현식 '\d+'는 숫자가 1개 이상 반복되는 경우를 추출하므로, SQL 실행 결과로 '23'을 반환한다.
② '[[:digit:]]+'는 1번 선지와 동일한 의미이므로, 마찬가지로 SQL 실행 결과로 '23'을 반환한다.
③ 정규 표현식 '\d+\s?'는 1개 이상 반복되는 숫자를 추출한다. 숫자 뒤에 빈칸이 있는 경우와 없는 경우를 모두 포함하기 때문에, 해당 SQL 문에서는 정규 표현식 '\d+'와 같은 결과를 반환한다.

40 정답 ①

출제 영역 윈도우 함수
정답 해설 평균급여_CNT 칼럼은 부서번호로 GROUP BY한 집합으로 부서번호별 평균급여를 서로 비교하여 부서번호의 평균급여 대비 -1000 ~ +1000 범위 사이에 포함되는 부서번호의 수를 구한 것이다.
오답 해설 ③ GROUP BY 절과 ORDER BY 절을 함께 사용 시 ORDER BY 절에서 집계 함수를 사용하여 정렬할 수 있다.
④ RANGE와 ROWS는 다르게 동작하며, 같은 결과를 보장하지 않는다. RANGE BETWEEN 1000 PRECEDING AND 1000 FOLLOWING은 현재 값(평균 급여) ±1000 범위 내에 포함되는 모든 행을 포함한다는 의미이지만, ROWS BETWEEN 1000 PRECEDING AND 1000 FOLLOWING은 현재 행을 기준으로 위/아래 1000개의 행을 포함한다는 의미이다.

41 정답 ④

출제 영역 계층형 질의와 셀프 조인
정답 해설 NOCYCLE 옵션은 계층형 쿼리에서 순환 참조가 발생할 경우 무한 루프를 방지하는 기능을 한다.

오답 해설 ① WHERE 절에서 MGR_ID가 1인 경우 포함하지 않는다고 지정했으므로, MGR_ID가 1인 사원 4명('Olivia', 'Kevin', 'Susan', 'Frank')은 제외하여 출력된다.
② 'ORDER SIBLINGS BY'는 같은 레벨의 노드끼리 정렬을 수행한다는 의미이다.
③ CONNECT BY 조건절에 따라 부모노드(MGR_ID)에서 자식노드(EMP_ID)로 전개되기 때문에 순방향 전개이다.

42 정답 ①

출제 영역 함수
정답 해설 MAX(TO_CHAR(BONUS))는 BONUS 칼럼 데이터를 문자열로 변환한 후 최댓값을 구하는 함수이다. BONUS 칼럼의 데이터들이 문자열로 처리되었기 때문에 '1100'이 최댓값이 아니라, '900'이 최댓값으로 처리된다(문자열 '9' > 문자열 '1'). 따라서 MIN(SALARY)의 결과 4500과 MAX(TO_CHAR(BONUS))의 결과 '900'을 더하여 5400이 정답이 된다('900'은 묵시적 변환이 일어나면서 900으로 처리됨).

43 정답 ②

출제 영역 함수
정답 해설 1) NVL(MIN(COL1), 0)
· COL1 값: 10, 15, 12, NULL, 18
· MIN(COL1): 10 (NULL 값은 무시됨)
따라서 NVL(10, 0)의 결과는 10이다.
2) NVL(MAX(COL2), 0)
 · COL2 값: NULL, 30, 25, NULL, 20
 · MAX(COL2): 30 (NULL 값은 무시됨)
 따라서 NVL(30, 0)의 결과는 30이다.
3) SUM(NVL(COL3, 0))
 · COL3 값: 20, NULL, 10, 20, NULL
 · NVL(COL3, 0) 적용 후: 20, 0, 10, 20, 0
 따라서 SUM(20, 0, 10, 20, 0)의 결과는 50이다.

44 정답 ②

출제 영역 DDL
정답 해설 오라클에서는 칼럼의 데이터 크기를 늘리는 것은 가능하지만, 축소 시 기존 데이터가 축소된 크기보다 클 경우에 오류가 발생한다.

45 정답 ③

출제 영역 표준 조인
정답 해설 ON 절은 반드시 'T1.ID = T2.ID'처럼 두 테이블의 칼럼 간 비교 조건이 필요하며, 단순히 칼럼명(ID)만 쓰면 SQL이 해석할 수 없어 오류가 발생한다.

46 정답 ④

출제 영역 WHERE 절
정답 해설 주어진 SQL에서는 [TBL1]의 각 C1 값에 대해, [TBL2]에서 동일한 값이 존재하는지 확인하고 [TBL2]에 존재하지 않는 값만 출력하고 있다. 즉, [TBL1]에서 [TBL2]에 없는 값을 구하는 쿼리이므로, 차집합(MINUS) 연산을 이용한 4번 선지가 정답이다.

47 정답 ②

출제 영역 PIVOT 절과 UNPIVOT 절
정답 해설 주어진 SQL은 UNPIVOT 연산을 사용해 ENGLISH, MATH, SCIENCE 칼럼을 SUBJECT와 SCORE라는 두 칼럼으로 행 형태로 변환한 후, 'Billy' 학생의 데이터만 출력한다. 따라서 'Billy' 학생의 과목별 성적이 각각 행으로 나오는 2번 선지가 정답이며, 다른 보기들은 집계나 테이블 형태가 달라 결과가 일치하지 않는다.

48 정답 ④

출제 영역 Top N 쿼리
정답 해설 해당 문제는 제품별로 총주문량을 기준으로 내림차순 정렬하여 순위를 매기고, 순위가 5위 이내인 고객을 선별하는 문제이다. 이를 위해 윈도우 함수에서 PARTITION BY 제품번호로 제품별로 그룹화하고, ORDER BY 총주문량 DESC로 내림차순 정렬해야 한다. 또한 동일한 총주문량을 가진 고객은 동일한 순위를 가져야 하므로 RANK() 함수를 사용해야 한다. 이러한 조건을 모두 만족하는 선지는 4번이다.

49 정답 ②

출제 영역 TCL
정답 해설 초기에 INSERT로 값 1과 2가 입력되어 테이블에는 두 개의 행이 존재하게 된다. 이후 ALTER TABLE로 칼럼이 추가되는데, 이는 DDL 명령어이므로 AUTO COMMIT되어서 해당 구문 전으로는 ROLLBACK의 영향을 받지 않는다. 주어진 SQL 문에는 ROLLBACK이 두 번 수행되며, DML 문장들은 모두 트랜잭션 내에서 실행되므로 ROLLBACK 시 취소된다. 따라서 최종적으로 테이블에는 초기에 입력된 값 1과 2만 남게 되어, SELECT COUNT(*)의 결과는 2가 된다.

50 정답 ①

출제 영역 그룹 함수
정답 해설 실행 결과 테이블에서 (부서명, 직급), (부서명), (직급), (전체)로 그룹핑되고 있으므로, 부서명과 직급의 모든 조합에 대한 집계를 구할 수 있다. 다른 선지들은 일부 집계만 계산하기 때문에, CUBE(부서명, 직급)를 사용해야 보기의 결과를 출력할 수 있다.

정답 확인

01	③	02	④	03	②	04	③	05	①
06	④	07	②	08	②	09	①	10	③
11	②	12	①	13	④	14	③	15	①
16	③	17	②	18	②	19	①	20	③
21	①	22	④	23	③	24	②	25	①
26	①	27	④	28	③	29	①	30	④
31	③	32	④	33	③	34	①	35	①
36	③	37	③	38	②	39	③	40	③
41	④	42	②	43	③	44	④	45	④
46	①	47	②	48	③	49	④	50	②

성적 분석

과목	번호	출제 영역	틀린 문제
1과목	01	엔터티	☐
	02	관계	☐
	03	데이터 모델의 이해	☐
	04	데이터 모델의 이해	☐
	05	엔터티	☐
	06	식별자	☐
	07	정규화	☐
	08	식별자	☐
	09	속성	☐
	10	정규화	☐
2과목	11	관계형 데이터베이스 개요	☐
	12	관계형 데이터베이스 개요	☐
	13	함수	☐
	14	함수	☐
	15	집합 연산자	☐
	16	함수	☐
	17	WHERE 절	☐
	18	ORDER BY 절	☐
	19	SELECT 문	☐
	20	WHERE 절	☐
	21	TCL	☐
	22	서브쿼리	☐
	23	계층형 질의와 셀프 조인	☐
	24	윈도우 함수	☐
	25	GROUP BY, HAVING 절	☐

과목	번호	출제 영역	틀린 문제
2과목	26	그룹 함수	☐
	27	DDL	☐
	28	SELECT 문	☐
	29	집합 연산자	☐
	30	DCL	☐
	31	WHERE 절	☐
	32	조인	☐
	33	함수	☐
	34	표준 조인	☐
	35	함수	☐
	36	표준 조인	☐
	37	데이터 모델의 이해	☐
	38	DDL	☐
	39	윈도우 함수	☐
	40	DDL	☐
	41	DDL	☐
	42	함수	☐
	43	계층형 질의와 셀프 조인	☐
	44	GROUP BY, HAVING 절	☐
	45	함수	☐
	46	WHERE 절	☐
	47	TCL	☐
	48	그룹 함수	☐
	49	DML	☐
	50	정규 표현식	☐

01 정답 ③

출제 영역 엔터티

정답 해설 일반적으로 엔터티는 유무형에 따라 유형 엔터티, 개념 엔터티, 사건 엔터티로 구분된다. 유형 엔터티는 물리적 형태가 존재하는 엔터티로, 안정적이고 지속적으로 활용될 수 있기 때문에 업무로부터 엔터티를 구분하기가 가장 용이하다. 발생시점에 따라 구분할 수 있는 엔터티의 유형으로는 기본 엔터티, 중심 엔터티, 행위 엔터티 등이 있다.

02 정답 ④

출제 영역 관계

정답 해설 [학생] 테이블은 학번을 기본 키(PK)로 가지며, 수강내역과 독립적으로 존재가 가능하다. 즉, [학생] 테이블에 데이터를 입력할 때, 반드시 수강내역이 존재할 필요는 없다. 반대로, 수강내역을 입력할 때는 [학생] 테이블에 해당 학번이 존재해야 한다.

오답 해설 ① 학생(학번)과 수강내역(학번 FK) 간 일대다(1:N) 관계를 가지고 있다. 이는 한 명의 학생이 여러 개의 수강내역을 가질 수 있다는 의미이다.
② [수강내역] 테이블의 학번은 외래 키(FK)로 [학생] 테이블을 참조하고 있으므로, 수강내역은 반드시 특정 학생과 연결되어야 한다.
③ 학생은 수강내역 없이도 존재할 수 있다(수강내역이 없어도 학생 정보는 유지됨).

03 정답 ②

출제 영역 데이터 모델의 이해

정답 해설 외부 스키마는 사용자 또는 응용 프로그래머의 관점에서 데이터베이스의 논리적 구조를 정의한 것이며, 동일한 데이터에 대해서로 다른 관점을 정의할 수 있도록 허용한다. 응용 프로그래머의 관점은 애플리케이션의 관점과 동일한 의미이다.

04 정답 ③

출제 영역 데이터 모델의 이해

정답 해설 데이터베이스를 구현하기 위해 성능이나 가용성 등의 물리적인 성격을 고려하여 모델을 표현하는 단계는 물리적 데이터 모델링에 대한 설명이다.

05 정답 ①

출제 영역 엔터티

정답 해설 자신의 고유한 주식별자를 가지며 독립적으로 생성되는 엔터티는 기본 엔터티이다.

오답 해설 ② 중심 엔터티는 기본 엔터티로부터 주식별자를 상속받아 생성되며, 보통 여러 엔터티들과 관계를 맺으며 업무의 중심 역할을 한다.
③ 유형 엔터티는 물리적인 실체를 표현하는 개념이지만, 데이터 모델링에서 반드시 독립적으로 생성되지는 않는다.
④ 행위 엔터티는 다른 엔터티의 데이터를 참조하여 생성되므로, 독립적으로 존재하지 않는다.

06 정답 ④

출제 영역 식별자

정답 해설 식별자 관계에서는 부모 엔터티와 자식 엔터티가 1:M 관계인 경우가 일반적이며, 1:1 관계도 가능하다.

오답 해설 ① 식별자 관계는 엔터티 간의 강한 연결 관계를 나타내며, ERD에서는 실선으로 표현된다. 비식별자 관계의 경우 ERD에서 점선으로 표현된다.
② 식별자 관계에서 부모 엔터티의 식별자는 자식 엔터티의 일반 속성이 아니라, 자식의 주식별자가 되어야 한다.
③ 식별자 관계에서는 부모와 자식이 동일한 생명주기를 공유해야 한다. 따라서 생명주기가 다를 경우 비식별자 관계를 사용하는 것이 적절하다.

07 정답 ②

출제 영역 정규화

정답 해설 2차 정규화는 부분 함수 종속을 제거하는 과정으로, 기본 키에 대해 완전 함수 종속을 만족하도록 한다.

오답 해설 ① 1차 정규화는 테이블에서 중복된 속성을 제거하면서 모든 속성이 원자값을 가지도록 하는 과정이다.
③ 3차 정규화는 이행적 종속을 제거하는 과정이다. 모든 함수 종속성을 제거하는 과정은 BCNF에서 다룬다.
④ 정규화는 데이터의 무결성과 일관성을 높이는 과정이지만, 정규화의 단계가 높아질수록 무조건 성능이 향상되는 것은 아니다. 일반적으로 3NF ~ BCNF 단계 이후로는 조인 연산이 많아져 성능이 저하될 수도 있다.

08 정답 ②

출제 영역 식별자

정답 해설 회원번호는 [회원] 테이블에서 단일 기본 키(PK)로 사용되므로, 복합식별자가 아니다. 복합식별자는 두 개 이상의 속성을 조합하여 기본 키를 구성할 때 사용하는 개념이다.

오답 해설 ① [회원] 테이블의 회원번호는 기본 키이므로 내부적으로 회원을 식별하는 값이다.

③ [희망도서신청] 테이블의 회원번호(FK)는 [회원] 테이블을 참조하는 외래 키(FK) 역할을 하므로, 외부식별자라고 볼 수 있다.

④ 단일식별자는 한 개의 속성으로만 구성된 기본 키를 의미한다. [희망도서신청] 테이블에서 신청일련번호는 테이블의 기본 키 역할을 하므로, 단일식별자가 맞다.

09 정답 ①

출제 영역 속성

정답 해설 엔터티는 반드시 하나 이상의 속성을 가져야 한다. 속성이 없는 엔터티는 존재할 수 없다.

오답 해설 ② 엔터티는 두 개 이상의 인스턴스를 가진다. 한 개의 인스턴스만 있는 경우는 굳이 엔터티로 정의할 필요가 없다.

③ 속성은 하나의 값을 가지며, 한 속성에 여러 값이 들어가는 경우는 일반적으로 허용되지 않는다.

④ 엔터티는 다른 엔터티와 한 개 이상의 관계를 가질 수 있다. 이는 관계형 데이터 모델에서 엔터티들이 서로 연관되어 데이터를 주고받을 수 있음을 의미한다.

10 정답 ③

출제 영역 정규화

정답 해설 학생지도 엔터티에서 이행 함수 종속성(학번 → 지도교수 → 소속학과)이 존재하기 때문에, 3차 정규화를 통해 [학생]과 [교수] 테이블을 분리해야 한다.

11 정답 ②

출제 영역 관계형 데이터베이스 개요

정답 해설 ALTER는 데이터 정의어(DDL)에 해당된다.

• DDL: CREATE, ALTER, DROP, RENAME
• DML: SELECT, INSERT, UPDATE, DELETE
• DCL: GRANT, REVOKE
• TCL: COMMIT, ROLLBACK

12 정답 ①

출제 영역 관계형 데이터베이스 개요

정답 해설 • 테이블: 관계형 데이터베이스에서 데이터를 저장하는 기본 단위로, 여러 개의 행과 열로 구성된다. 데이터는 테이블을 통해 체계적으로 관리된다.

• 스키마: 데이터베이스에서 데이터의 구조를 정의하는 개념으로, 속성, 데이터 타입, 제약 조건 등을 포함한다. 쉽게 말해, 데이터의 저장 방식과 관계를 설계하는 역할을 한다.

• 칼럼: 테이블에서 각 속성을 정의하는 요소로, 동일한 데이터 유형을 가진 값을 저장하는 필드이다. 예를 들어, [고객 정보] 테이블의 '이름', '연락처', '이메일' 같은 항목이 칼럼이 될 수 있다.

• 행: 테이블에서 하나의 레코드 또는 튜플에 해당하며, 여러 개의 칼럼 값을 함께 저장하는 데이터 단위이다.

13 정답 ④

출제 영역 함수

정답 해설 DECODE(expr, search, result, default) 함수는 expr이 search와 같으면 result를 반환하고, 일치하는 값이 없으면 기본값(default)을 반환한다. 4번 선지의 'A'는 'B'와 같지 않으므로 기본값인 NULL이 반환된다.

오답 해설 ① NVL(expr1, expr2) 함수는 expr1이 NULL이면 expr2를 반환하고 그렇지 않으면 그대로 expr1을 반환한다. 'A'는 NULL이 아니므로 그대로 'A'가 반환된다.

② NULLIF(expr1, expr2) 함수는 expr1과 expr2가 같으면 NULL을 반환하고, 다르면 그대로 expr1을 반환한다. 'A'는 'B'와 같지 않으므로, 그대로 'A'가 반환된다.

③ COALESCE(expr1, expr2, …) 함수는 NULL이 아닌 첫 번째 값을 반환한다. 'A'는 NULL이 아니므로, COALESCE 함수의 원칙에 따라 첫 번째 NULL이 아닌 값인 'A'가 반환된다.

14 정답 ③

출제 영역 함수

정답 해설 NULLIF(expr1, expr2)는 첫 번째 인자와 두 번째 인자가 같은 경우는 NULL을 반환하고, 그렇지 않은 경우에는 첫 번째 인자를 반환한다. 비교 연산에 NULL이 포함되어 있을 경우, 항상 FALSE로 처리되므로, 이 경우에도 첫 번째 인자를 결과로 반환한다. 해당 선지의 SQL 실행 결과는 아래와 같다.

C1	C2	R1
10	10	NULL
NULL	20	NULL
30	NULL	30
40	40	NULL
NULL	50	NULL

나머지 선지들의 SQL 실행 결과는 아래와 같다.

C1	C2	R1
10	10	10
NULL	20	20
30	NULL	30
40	40	40
NULL	50	50

15 정답 ①

출제 영역 집합 연산자
정답 해설 JOIN은 두 개 이상의 테이블을 특정 칼럼을 기준으로 연결하여 연산을 수행하는 연산자이다. 반면, 집합 연산자는 각 테이블의 SELECT 결과를 연산하여 하나의 결과 집합을 생성하며, 특정 칼럼을 기준으로 하지 않는다.

16 정답 ③

출제 영역 함수
정답 해설 [TAB1] 테이블의 각 행에서 COALESCE(COL1, COL2, COL3)의 결과는 아래와 같다.

COL1	COL2	COL3	COALESCE (COL1, COL2, COL3) 결과
NULL	NULL	NULL	NULL
NULL	NULL	1	1
NULL	1	2	1

COALESCE 함수는 각 행에서 NULL이 아닌 첫 번째 값을 반환하며, 모든 값이 NULL이면 NULL을 반환한다. SUM 함수는 다중행 연산에서 NULL을 자동으로 제외하고 합산하므로, 최종적으로 2(=1+1)가 반환된다.

17 정답 ②

출제 영역 WHERE 절
정답 해설 패턴 문자 _(언더스코어)는 임의의 문자 1개를 의미하고, 패턴 문자 %(퍼센트)는 0개 이상의 문자를 의미한다. LIKE '_J__%' 구문은 4글자 이상의 문자를 보장하고, 'J'가 두 번째로 시작해야 함을 의미한다.

18 정답 ②

출제 영역 ORDER BY 절
정답 해설 ORDER BY 절에서 정렬 옵션을 명시하지 않으면 기본값인 ASC(오름차순)으로 정렬된다.
오답 해설 ① SQL의 실행 순서상 GROUP BY 절이 먼저 실행되고, ORDER BY 절은 나중에 실행된다. 따라서 ORDER BY 절에서는 SUM( ), COUNT( ), AVG( )와 같은 집계 함수를 사용할 수 있다.
③ ORDER BY 절은 SELECT 절이 실행된 이후 수행되므로, SELECT 에서 설정한 칼럼의 별칭이나 칼럼 순서를 나타내는 숫자를 사용할 수 있다.
④ ORDER BY 절에서는 여러 개의 칼럼을 지정하여 정렬할 수 있다. 첫 번째로 명시된 칼럼을 기준으로 정렬을 수행한다. 만약 해당 칼럼의 값이 동일한 경우, 다음으로 명시된 칼럼을 기준으로 추가 정렬을 진행한다.

19 정답 ①

출제 영역 SELECT 문
정답 해설 DISTINCT는 특정 칼럼을 조회할 때 중복된 데이터를 제거하고 고유한 값만 반환한다.

20 정답 ③

출제 영역 WHERE 절
정답 해설 WHERE NOT (C1 >= 3 AND C1 <= 5)은 'C1이 3, 4, 5가 아닌 행을 선택함'을 의미한다. NULL 값은 비교 연산에서 평가되지 않으므로 WHERE 절에서 자동으로 제외된다. 따라서 C1이 1 또는 2인 행만 남아 최종 개수는 2가 된다.

21 정답 ①

출제 영역 TCL
정답 해설 X 트랜잭션에서 EMP_ID = 102의 DEPT 값을 'Sales'로 변경하려고 했지만, Y 트랜잭션에서 동일한 데이터를 'IT'로 변경하였다. Y 트랜잭션이 먼저 커밋되었기 때문에, X 트랜잭션이 수행한 'Sales' 값이 덮어씌워지는 갱신 손실(Lost Update) 문제가 발생한다. 따라서 이는 트랜잭션의 ACID 특성 중 고립성을 위반한 사례에 해당된다.

22 정답 ④

출제 영역 서브쿼리

정답 해설 스칼라 서브쿼리는 반드시 하나의 값(칼럼)을 반환해야 하며, 여러 개의 칼럼을 반환하면 오류가 발생한다.

오답 해설 ① 서브쿼리는 메인쿼리의 칼럼을 사용할 수 있다. 특히 상관 서브쿼리의 경우, 메인쿼리의 칼럼을 참조하여 실행된다.

② 메인쿼리는 서브쿼리의 결과(반환값)를 사용할 수 있다. 서브쿼리는 SELECT, FROM, WHERE, HAVING 등의 절에서 활용되며, 메인쿼리는 이를 활용하여 원하는 데이터를 조회할 수 있다.

③ 서브쿼리는 WHERE 절과 HAVING 절에서 사용할 수 있다. WHERE 절은 개별 데이터 값을 필터링할 때 사용되고, HAVING 절은 그룹별 데이터를 필터링할 때 사용된다.

23 정답 ③

출제 영역 계층형 질의와 셀프 조인

정답 해설 동일한 LEVEL에 있는 형제 노드끼리 정렬하는 키워드는 ORDER SIBLINGS BY이다.

오답 해설 ① NOCYCLE 키워드는 계층형 쿼리에서 순환 참조(Cycle)로 인한 무한 루프를 방지하는 역할을 한다. 계층 데이터가 자기 자신을 부모로 참조하는 경우 무한 반복될 가능성이 있는데, 이를 방지하려면 NOCYCLE을 사용해야 한다.

② LEVEL은 현재 행(노드)의 계층 깊이를 나타내는 가상의 칼럼이며, 계층 구조에서 특정 레벨 이상의 데이터만 조회하는 데 유용하다.

④ CONNECT BY는 계층 구조를 탐색할 때 사용되는 핵심 키워드이며, 부모-자식 관계를 정의하여 재귀적으로 데이터를 조회할 수 있도록 한다. PRIOR 키워드와 함께 사용되어 어떤 칼럼이 부모-자식 관계를 형성하는지를 설정한다.

24 정답 ②

출제 영역 윈도우 함수

정답 해설 주어진 문제는 직원들의 급여(SALARY)를 내림차순(DESC)으로 정렬한 후, 같은 급여를 받는 직원들에게 동일한 순위를 부여하는 SQL을 찾는 문제이다. 실행 결과를 보면, 같은 급여를 받는 직원들이 동일한 순위를 부여받고, 다음 순위가 연속적으로 증가하는 형태로 되어있으므로, DENSE_RANK 함수를 사용해야 한다.

25 정답 ①

출제 영역 GROUP BY, HAVING 절

정답 해설 HAVING 절은 일반적으로 GROUP BY 절과 함께 사용되지만, 집계 함수가 포함된 경우에는 GROUP BY 없이도 사용할 수 있다.

이때는 Oracle이 전체 테이블을 하나의 그룹으로 간주하여 집계를 수행하기 때문에 HAVING 절이 유효하게 작동한다.

오답 해설 ② HAVING 절은 SELECT 절보다 먼저 수행되므로 SELECT 절에서 정의된 별칭을 사용할 수 없다.

③ HAVING 절은 일반적으로 GROUP BY 절 뒤에 위치한다.

④ HAVING 절에서는 집계 함수를 사용할 수 있다. 반면에, WHERE 절에서는 집계 함수를 사용할 수 없다.

26 정답 ①

출제 영역 그룹 함수

정답 해설 ROLLUP은 계층적으로 그룹핑하여 부분 합계를 계산하는 함수이고, CUBE는 모든 가능한 조합의 그룹핑을 수행하는 함수이다. CUBE는 ROLLUP보다 더 많은 조합을 계산하며, 다차원 분석(OLAP)에 적합하다.

27 정답 ④

출제 영역 DDL

정답 해설 테이블 간의 관계(참조 무결성)를 설정하는 것은 외래 키의 역할이다.

28 정답 ③

출제 영역 SELECT 문

정답 해설 • SELECT 문 실행 순서: FROM - WHERE - GROUP BY - HAVING - SELECT - ORDER BY

• SELECT 문 작성 순서: SELECT - FROM - WHERE - GROUP BY - HAVING - ORDER BY

29 정답 ①

출제 영역 집합 연산자

정답 해설 수학의 합집합(∪)과 같은 역할을 하는 연산자는 UNION과 UNION ALL이지만, 수학적 개념과 가장 유사한 것은 UNION이다.

30 정답 ④

출제 영역 DCL

정답 해설 ROLE은 여러 사용자에게 개별적으로 적용해야 하는 것이 아니라, 한 번 설정하면 여러 사용자에게 쉽게 부여할 수 있다.

31 정답 ③

출제 영역 WHERE 절

정답 해설 AND 연산자가 OR 연산자보다 우선순위가 높으므로, 보기의 SQL 문의 WHERE 절은 아래와 같이 해석된다.

```
WHERE COL1 >= 15
  OR ((COL2 NOT IN ('C', 'D')) AND (COL3 BETWEEN 500
  AND 1000));
```

즉, 조건을 만족하는 행은 다음 두 가지 경우이다.

- COL1 >= 15인 행
- 또는 COL2의 값이 'C', 'D'가 모두 아니면서 COL3의 값이 500 이상 1000 이하인 행

위 조건에 만족하는 경우는 아래와 같다. 따라서 정답은 2000(= 500 + 1200 + 300)이다.

COL1	COL2	COL3
13	A	500
15	D	1200
16	B	300

32 정답 ④

출제 영역 조인

정답 해설 카테시안 곱(Cartesian Product)이란 JOIN 시 적절한 조인 조건이 없을 때 발생하는 현상으로, 두 개의 테이블을 조인할 때 모든 행을 서로 조합하여 곱집합을 생성한다. 학생과 강좌 엔터티를 조인할 때, 강좌수강 엔터티를 거치지 않고 직접 조인하면 조인 조건이 없으므로 카테시안 곱이 발생한다.

33 정답 ③

출제 영역 함수

정답 해설 NVL은 첫 번째 인자가 NULL일 경우 두 번째 인자를 반환하고, NULL이 아닐 경우 그대로 반환하는 함수이다. COL2의 첫 행이 NULL이므로, 이때 NVL(COL2, 10)은 10을 반환한다. 따라서 COL2의 모든 행을 더하면 10 + 20 + 30 + 40 + 50 = 150이다.

34 정답 ①

출제 영역 표준 조인

정답 해설 NATURAL JOIN은 자동으로 동일한 이름과 타입을 가진 칼럼을 기준으로 조인한다. 따라서 ON 절을 직접 지정할 필요가 없으며, 명시적으로 사용할 수도 없다.

35 정답 ①

출제 영역 함수

정답 해설 이 문제는 BETWEEN 연산자를 사용하여 특정 기간(2019-01-01 ~ 2019-01-07)의 주문개수의 합계를 구하는 문제이다. 날짜 함수를 변환할 때는 초깃값으로 처리되기 때문에, 아래와 같이 해석할 수 있다.

- BETWEEN '2019-01-01' AND '2019-01-07':
- BETWEEN '2019-01-01 00:00:00'
  AND '2019-01-07 00:00:00'

따라서 보기의 테이블에서 주문날짜가 '2019-01-01 00:00:00'에서 '2019-01-07 00:00:00' 사이에 있는 행의 상품주문개수의 합을 구하면 된다. 5행과 6행은 '2019-01-07 00:00:00' 이후의 데이터이므로 포함되지 않는다.

36 정답 ③

출제 영역 표준 조인

정답 해설 3번 선지의 SQL 문은 [T1] 테이블과 [T2] 테이블을 CROSS JOIN한 결과로, 실행 시 (100, 'A', 'A'), (100, 'A', 'B') 총 2건이 출력된다. 나머지 선지들의 실행 결과는 (100, 'A', 'A')로 1건만 출력된다.

37 정답 ③

출제 영역 데이터 모델의 이해

정답 해설 데이터베이스의 접근 권한, 보안 및 무결성 규칙에 관한 명세 정의는 개념 스키마에 대한 특징이다. 무결성 규칙이란 데이터의 일관성과 정확성을 유지하기 위한 규칙으로, 예시로는 기본 키, 외래 키 제약 조건, 트랜잭션 일관성 등이 있다.

38 정답 ②

출제 영역 DDL

정답 해설 [STUDENT] 테이블의 'cid'는 [CLUB] 테이블의 'cid'를 참조하는 외래 키이므로, ON DELETE CASCADE 옵션을 설정하면 참조하는 CLUB(cid)이 삭제될 때 STUDENT의 해당 데이터도 자동 삭제된다.

39 정답 ③

출제 영역 윈도우 함수

정답 해설 RANGE BETWEEN 10 PRECEDING AND 10 FOLLOWING 은 현재 행의 값이 기준이 되어, 그 값보다 최소 10 작은 값부터 최대 10 큰 값까지 포함되는 모든 행을 선택하는 방식이다.

40 정답 ③

출제 영역 DDL
정답 해설 '등급' 칼럼과 '나이' 칼럼은 NOT NULL 제약 조건이 없기 때문에 입력할 때 해당 선지와 같이 '등급' 칼럼과 '나이' 칼럼을 생략하더라도 오류가 발생하지 않는다. 각 칼럼에 대한 제약사항을 해석하면 아래와 같다.

```
CREATE TABLE 고객(
    고객ID NUMBER PRIMARY KEY,
    -- 기본 키 (NULL 불가, 중복 불가)
    고객명 VARCHAR2(20) NOT NULL,
    -- NULL 불가 (반드시 값 필요)
    등급 VARCHAR2(1),
    -- NULL 가능 (1글자 제한)
    나이 NUMBER
);
```

오답 해설 ① INSERT 문에서 삽입할 칼럼을 지정하지 않으면 모든 칼럼에 값을 입력해야 한다. 해당 선지에서는 '나이' 칼럼을 생략했으므로 오류가 발생한다.
② 'SS'은 두 글자이며, '등급' 칼럼은 VARCHAR2(1) 타입으로 한 글자만 저장 가능하므로 오류가 발생한다.
④ '고객명' 칼럼은 NOT NULL로 지정되어 있기 때문에, 칼럼값을 입력하지 않으면 오류가 발생한다.

41 정답 ④

출제 영역 DDL
정답 해설 CTAS(Create Table As Select)를 사용하면 원본 테이블의 데이터와 구조는 복사되지만, NOT NULL을 제외한 다른 제약 조건들은 자동으로 복사되지 않는다.

42 정답 ②

출제 영역 함수
정답 해설 AVG 함수는 NULL 값을 제외하고 평균을 계산하기 때문에, AVG(COL1)의 값을 계산하게 되면 (10 + 20 + 40 + 50)/4 = 30.0이 결과로 나온다. AVG(NVL(COL1, 0))는 COL1 칼럼 데이터의 NULL 값을 0으로 변환한 후에 평균값을 구한다. 따라서 NULL 값을 0으로 처리한 후, (10 + 20 + 0 + 40 + 50)/5 = 24.0이 결과로 나온다.

43 정답 ③

출제 영역 계층형 질의와 셀프 조인
정답 해설 실행 결과를 보면, MGR_ID가 NULL인 노드('James')부터 시작해 자신의 부하 직원인 자식 노드들이 순서대로 출력되고 있다. 이는 부모 → 자식 방향으로 전개되는 순방향 계층 구조로, CONNECT BY PRIOR EMP_ID = MGR_ID와 같이 작성해야 한다.
참고로, CONNECT BY MGR_ID = PRIOR EMP_ID로 작성해도 동일한 의미이다(PRIOR의 위치만 다른 표현).

44 정답 ④

출제 영역 GROUP BY, HAVING 절
정답 해설 주어진 SQL은 두 가지 집계 결과를 UNION으로 합친 뒤, 최종적으로 모든 값을 SUM하는 구조이다. 아래 결과1에서는 COL1을 기준으로 그룹핑한 뒤 A 그룹의 MAX(AMT) 값, B 그룹의 MAX(AMT) 값을 구한다. 결과2에서도 마찬가지로 COL1을 기준으로 그룹핑한 뒤 A 그룹의 MIN(AMT) 값, B 그룹의 MIN(AMT) 값을 구한다. 결과1과 결과2에는 중복 칼럼이 없으므로, UNION 연산 시 제거되는 행이 없다. 따라서 정답은 결과1과 결과2의 AMT 데이터를 모두 더한 13000이다.

- 결과1: SELECT COL1, MAX(AMT) AS AMT_SUM FROM TBL GROUP BY COL1

COL1	AMT
A	5000
B	3000

- 결과2: SELECT COL1, MIN(AMT) AS AMT_SUM FROM TBL GROUP BY COL1

COL1	AMT
A	3000
B	2000

45 정답 ④

출제 영역 함수
정답 해설 해당 선지에서는 문제에서 요구하는 조건대로 SUM(SALES_AMT)으로 월별 총합을 계산한 뒤 3000 이상이면 '달성', 그 미만이면 숫자를 그대로 반환한다.
오답 해설 ① MAX(SALES_AMT)를 기준으로 조건 분기를 하기 때문에, SALES_AMT가 3000 이상인 경우만 '달성'으로 표시하는 쿼리이다. 하지만 문제의 조건은 월 총합(SUM) 기준이므로 잘못된 선지이다.
② 조건 판단 기준이 여전히 MAX(SALES_AMT)로 설정되어 있고, 로직 방향도 반대로 작성되어 있다(최대 금액이 3000 이상이면 합계를 출력하고, 아니면 '달성'으로 표시).

③ SUM(SALES_AMT)으로 월별 총합을 계산한 뒤 3000 이상이면 숫자, 그 미만이면 '달성'을 반환하는 쿼리이므로, 문제의 조건과 부합하지 않는다.

46 정답 ①

출제 영역 WHERE 절
정답 해설 (가) WHERE 절의 NOT EXISTS는 서브쿼리에서 조건을 만족하는 데이터가 하나도 없을 때 TRUE를 반환한다.

```
WHERE NOT EXISTS (SELECT 1
    FROM 강의수강
    WHERE 학생.학생ID = 강의수강.학생ID);
```

위의 서브쿼리에서는 현재 학생ID와 [강의수강] 테이블의 학생ID가 일치하는지를 검사한다. 해당 학생ID가 [강의수강] 테이블에 한 번이라도 존재하면 FALSE, 존재하지 않으면 TRUE이기 때문에 메인쿼리에서 그 학생을 반환한다.
(나) NOT IN은 서브쿼리에서 반환된 값에 NULL이 포함되어 있을 경우, 전체 결과가 나오지 않는다. 그러나 문제에서 [강의수강] 테이블에 NULL인 학생ID가 없다고 명시하고 있으므로, 문제의 의도대로 강의수강을 한 번도 하지 않은 학생에 대한 정보를 출력할 수 있다.
오답 해설 (다) 해당 SQL은 강의수강 여부와 상관없이 [학생] 테이블의 모든 데이터를 반환한다.
(라) EXISTS는 서브쿼리에서 조건을 만족하는 데이터가 한 건이라도 있으면 TRUE를 반환한다.

```
WHERE EXISTS (SELECT 1
    FROM 강의수강
    WHERE 학생.학생ID <> 강의수강.학생ID);
```

위의 서브쿼리에서는 [학생] 테이블의 학생ID와 [강의수강] 테이블의 학생ID가 서로 다르면 TRUE를 반환하고 있다. 그러나 [강의수강] 테이블에는 대부분 여러 학생ID가 들어있고, 현재 학생ID와 다른 학생ID가 항상 존재할 가능성이 높다. 결과적으로 대부분의 학생에 대해 서브쿼리가 TRUE가 되어서 모든 학생이 조회되는 문제가 발생한다.

47 정답 ②

출제 영역 TCL
정답 해설 초기에 값 1이 입력된 후, ALTER TABLE은 DDL 명령어이기 때문에 자동 COMMIT되어 이후 ROLLBACK의 영향을 받지 않는다. 따라서 이후 입력된 값 (2, 2)와 (3, 3)은 ROLLBACK으로 취소되어 테이블에는 값 1만 남게 된다. 이후 저장점(SAVEPOINT S1) 설정 후, 값 1이 2로 UPDATE되고 다시 동일한 이름의 저장점(S1)이 설정된다. DELETE로 값 2가 삭제되지만, ROLLBACK TO S1 명령으로 DELETE 구문만 취소되어 최종적으로 값 2 하나만 남게 된다.

48 정답 ③

출제 영역 그룹 함수
정답 해설 ROLLUP((직급, 부서))는 '직급' + '부서' 조합으로 평균값을 구하고, 마지막 행에 NULL, NULL로 전체 평균을 출력한다.
오답 해설 ① ROLLUP(직급)은 직급별 평균과 전체 평균(NULL, NULL)을 구하는 구문이다. 보기의 SELECT 문에서 '부서'를 조회하고 있으므로, ROLLUP에 '부서' 칼럼을 추가로 지정해야 한다.
② ROLLUP(직급, 부서)은 직급별, 직급 + 부서별, 전체 평균(NULL, NULL)을 구하는 구문이다.
④ ROLLUP((직급, 부서), 직급)은 '직급'과 '부서'를 먼저 묶고 ROLLUP하고, 그 뒤에 '직급' 칼럼을 다시 한 번 ROLLUP한다. 문법적으로 틀리진 않지만, '직급'이 중복 적용되어 실행 결과보다 더 많은 NULL 조합이 생긴다.

49 정답 ④

출제 영역 DML
정답 해설 WHEN MATCHED 구문과 WHEN NOT MATCHED 구문 중 하나만 작성해도 실행이 가능하며, 반드시 둘 다 써야하는 것은 아니다.

50 정답 ②

출제 영역 정규 표현식
정답 해설 REGEXP_LIKE(EMAIL, '^[a-z]+[0-9]{2}@company\.(com|net)$', 'i') 조건 분석
• ^[a-z]+: 영문 소문자 1개 이상으로 시작
• [0-9]{2}: 숫자 2자리가 반드시 뒤에 붙어야 함
• @company\.: 고정된 도메인 '@company.'을 사용
• (com|net): com 또는 net 도메인만 허용
• 'i' 옵션: 대소문자 구분 없이 비교
위의 조건들을 만족하는 이메일은 EMP_ID가 100, 101, 103인 사원들의 이메일이다.

memo

memo

memo

memo

memo

memo

정답 및 해설

2025 최신판

에듀윌 SQL 개발자
SQLD 2주끝장
+무료특강

고객의 꿈, 직원의 꿈, 지역사회의 꿈을 실현한다

꿈을 현실로 만드는
에듀윌

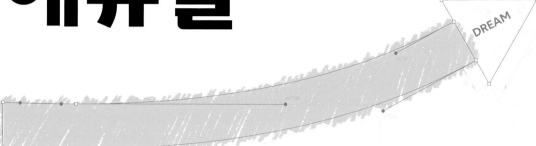

DREAM

공무원 교육
- 선호도 1위, 신뢰도 1위! 브랜드만족도 1위!
- 합격자 수 2,100% 폭등시킨 독한 커리큘럼

자격증 교육
- 9년간 아무도 깨지 못한 기록 합격자 수 1위
- 가장 많은 합격자를 배출한 최고의 합격 시스템

직영학원
- 검증된 합격 프로그램과 강의
- 1:1 밀착 관리 및 컨설팅
- 호텔 수준의 학습 환경

종합출판
- 온라인서점 베스트셀러 1위!
- 출제위원급 전문 교수진이 직접 집필한 합격 교재

어학 교육
- 토익 베스트셀러 1위
- 토익 동영상 강의 무료 제공

콘텐츠 제휴 · B2B 교육
- 고객 맞춤형 위탁 교육 서비스 제공
- 기업, 기관, 대학 등 각 단체에 최적화된 고객 맞춤형 교육 및 제휴 서비스

부동산 아카데미
- 부동산 실무 교육 1위!
- 상위 1% 고소득 창업/취업 비법
- 부동산 실전 재테크 성공 비법

학점은행제
- 99%의 과목이수율
- 17년 연속 교육부 평가 인정 기관 선정

대학 편입
- 편입 교육 1위!
- 최대 200% 환급 상품 서비스

국비무료 교육
- '5년우수훈련기관' 선정
- K-디지털, 산대특 등 특화 훈련과정
- 원격국비교육원 오픈

교육
문의 **1600-6700** www.eduwill.net